D1727987

Studien zum Internationalen Wirtschaftsrecht/
Studies on International Economic Law

Herausgegeben von
Prof. Dr. Marc Bungenberg, LL.M., Universität des Saarlandes
Prof. Dr. Christoph Herrmann, LL.M., Universität Passau
Prof. Dr. Markus Krajewski, Friedrich-Alexander-Universität
Erlangen-Nürnberg
Prof. Dr. Carsten Nowak, Europa Universität Viadrina,
Frankfurt/Oder
Prof. Dr. Jörg Philipp Terhechte,
Leuphana Universität Lüneburg
Prof. Dr. Wolfgang Weiß, Deutsche Universität
für Verwaltungswissenschaften, Speyer

Band 42

Senta May

Die Haftung für Sozialaudits in globalen Lieferketten

Eine Untersuchung am Beispiel der Textilindustrie

Nomos

Onlineversion
Nomos eLibrary

Die Deutsche Nationalbibliothek verzeichnet diese Publikation in
der Deutschen Nationalbibliografie; detaillierte bibliografische
Daten sind im Internet über http://dnb.d-nb.de abrufbar.

Zugl.: Frankfurt (Oder), Europa-Univ. Viadrina, Diss., 2024

ISBN 978-3-7560-1614-3 (Print)
ISBN 978-3-7489-4533-8 (ePDF)

1. Auflage 2024
© Nomos Verlagsgesellschaft, Baden-Baden 2024. Gesamtverantwortung für Druck
und Herstellung bei der Nomos Verlagsgesellschaft mbH & Co. KG. Alle Rechte, auch
die des Nachdrucks von Auszügen, der fotomechanischen Wiedergabe und der Über-
setzung, vorbehalten. Gedruckt auf alterungsbeständigem Papier.

Vorwort

Die vorliegende Arbeit wurde im Sommersemester 2024 vom Fachbereich Rechtswissenschaft der Europa-Universität Viadrina als Dissertation angenommen. Rechtsprechung und Literatur konnten bis April 2024 berücksichtigt werden.

Mein herzlicher Dank gilt all jenen, die durch inhaltliche, aber auch moralische Unterstützung zum Gelingen dieser Arbeit beigetragen haben. Ganz besonders danke ich meiner Betreuerin, Prof. Dr. Ulla Gläßer, die mir nicht nur wertvolle Impulse gegeben, sondern mich auch stets als Wissenschaftlerin motiviert und bestärkt hat. Herrn Prof. Dr. Bartosz Makowicz danke ich für die Erstellung des Zweitgutachtens und seine Expertise auf dem Gebiet der Compliance. Dank gebührt auch den in der Anlage aufgelisteten Expert*innen, die meine Arbeit durch ihren wertvollen Input bereichert haben. Bedanken möchte ich mich darüber hinaus bei Dr. Timo Schwandner, der mir stets als Ansprechpartner in allen Fragen rund um das Promovieren zur Verfügung stand, sowie bei Martin Suchrow-Köster, in dem ich einen leidenschaftlichen Mitstreiter für einen besseren Menschenrechtsschutz in globalen Lieferketten gefunden habe.

Von Herzen Danke sagen möchte ich zudem an meine Familie, die mir in der Promotionszeit den nötigen Rückhalt gegeben hat und stets ein offenes Ohr für mich hatte. Besonderer Dank gebührt an dieser Stelle meinem Mann Stefan für das Aushalten und das Freiräume schaffen. Und schließlich danke ich meiner Tochter Bruna, die just im richtigen Moment das Licht der Welt erblickt und dieser Dissertation damit auf die Zielgerade verholfen hat.

Leipzig, im Mai 2024   *Senta May*

Inhaltsübersicht

Inhaltsverzeichnis

Abkürzungen

aaO	am angegebenen Ort
a. A.	andere Ansicht
Abb.	Abbildung
ABl.	Amtsblatt
Abs.	Absatz
AcP	Archiv für die civilistische Praxis
AFL-CIO	American Federation of Labor and Congress of Industrial Organizations
AktG	Aktiengesetz
al.	andere
Alt.	Alternative
ARP III	Accountability and Remedy Project III
Art.	Artikel
AT	Allgemeiner Teil
Aufl.	Auflage
AVR	Archiv des Völkerrechts
Az.	Aktenzeichen
BAFA	Bundesamt für Wirtschaft und Ausfuhrkontrolle
BB	Betriebs-Berater
Bd.	Band
BeckOK	Beck'sche Online-Kommentare
BeckRS	Beck online Rechtsprechung
Beschl.	Beschluss
BGB	Bürgerliches Gesetzbuch
BGH	Bundesgerichtshof
BGHSt	Sammlung der Entscheidungen des Bundesgerichtshofs in Strafsachen
BGHZ	Sammlung der Entscheidungen des Bundesgerichtshofes in Zivilsachen
BMAS	Bundesministerium für Arbeit und Soziales

BMWK	Bundesministerium für Wirtschaft und Klimaschutz
BR-Drs.	Drucksache des Bundesrates
BT-Drs.	Drucksache des Bundestages
BVerfG	Bundesverfassungsgericht
BVerfGE	Sammlung der Entscheidungen des Bundesverfassungsgerichts
bzw.	beziehungsweise
CCZ	Corporate Compliance Zeitschrift
CMS	Compliance Management System
CSDDD	Corporate Sustainability Due Diligence Directive
CSR	Corporate Social Responsibility
CSRD	Corporate Sustainability Reporting Directive
DB	Der Betrieb
d. h.	das heißt
Doc.	Dokument
ebd.	ebenda
ECCHR	European Center for Constitutional and Human Rights
ECCJ	European Coalition for Corporate Justice
ECLI	European Case Law Identifier
EGBGB	Einführungsgesetz zum Bürgerlichen Gesetzbuch
etc.	et cetera
EU	Europäische Union
EuGH	Europäischer Gerichtshof
EuZA	Europäische Zeitung für Arbeitsrecht
EuZPR	Europäisches Zivilprozessrecht
EuZW	Europäische Zeitschrift für Wirtschaftsrecht
f./ff.	folgende
FAQ	frequently asked questions
FAZ	Frankfurter Allgemeine Zeitung
Fn.	Fußnote
FS	Festschrift
GA	Goltdammer's Archiv für Strafrecht
gem.	gemäß
GG	Grundgesetz

ggf.	gegebenenfalls
GmbH	Gesellschaft mit beschränkter Haftung
GmbHR	GmbH–Rundschau
GRUR	Gewerblicher Rechtsschutz und Urheberrecht
GWR	Gesellschafts- und Wirtschaftsrecht
HGB	Handelsgesetzbuch
Hrsg.	Herausgeber
ILO	International Labour Organization
insb.	insbesondere
IPbpR	Internationaler Pakt für bürgerliche und politische Rechte
IPR	Internationales Privatrecht
IPrax	Praxis des Internationalen Privat- und Verfahrensrechts
IPwskR	Internationaler Pakt über wirtschaftliche, soziale und kulturelle Rechte
i. S. v.	im Sinne von
JA	Juristische Arbeitsblätter
JuS	Juristische Schulung
JZ	Juristenzeitung
KJ	Kritische Justiz
LG	Landgericht
lit.	litera
LkSG	Lieferkettensorgfaltspflichtengesetz
LMuR	Lebensmittel und Recht
MPG	Medizinproduktegesetz
MPR	Medizin Produkte Recht
MRM	Menschenrechtsmagazin
MSI	Multistakeholder-Initiative
MüKo	Münchener Kommentar
m. w. N.	mit weiteren Nachweisen
NAP	Nationaler Aktionsplan
Neubearb.	Neubearbeitung
NGO	non-governmental organisation (Nichtregierungsorganisation)
NJOZ	Neue Juristische Online Zeitschrift

NJW	Neue Juristische Wochenschrift
NJW-RR	NJW-Rechtsprechungsreport
NK	Nomos Kommentar
NKS	Nationale Kontaktstelle
Nr.	Nummer
NVwZ	Neue Zeitschrift für Verwaltungsrecht
NZA	Neue Zeitschrift für Arbeitsrecht
NZG	Neue Zeitschrift für Gesellschaftsrecht
NZWiSt	Neue Zeitschrift für Wirtschafts-, Steuer- und Unternehmensstrafrecht
OECD	Organisation for Economic Co-operation and Development
OHCHR	Office of the High Commissioner of Human Rights
OLG	Oberlandesgericht
OWiG	Ordnungswidrigkeitengesetz
ProdHaftG	Gesetz über die Haftung für fehlerhafte Produkte
RabelsZ	Rabels Zeitschrift für ausländisches und internationales Privatrecht
RdA	Recht der Arbeit
RG	Reichsgericht
RGZ	Sammlung der Entscheidungen des Reichsgerichts in Zivilsachen
RL	Richtlinie
Rn.	Randnummer
Rs.	Rechtssache
S.	Seite
sog.	so genannte(r)/(s)
SPA	Schnellinformation für Personalmanagement und Arbeitsrecht
StGB	Strafgesetzbuch
st. Rspr.	ständige Rechtsprechung
UN	United Nations
Urt.	Urteil
UWG	Gesetz gegen den unlauteren Wettbewerb
v.	vom
VersR	Zeitschrift für Versicherungsrecht, Haftungs- und Schadensrecht
vgl.	vergleiche

VO	Verordnung
VuR	Verbraucher und Recht
ZaöRV	Zeitschrift für ausländisches öffentliches Recht und Völkerrecht
z. B.	zum Beispiel
ZEuP	Zeitschrift für Europäisches Privatrecht
ZfBR	Zeitschrift für deutsches und internationales Bau- und Vergaberecht
ZGR	Zeitschrift für Unternehmens- und Gesellschaftsrecht
ZHR	Zeitschrift für das gesamte Handelsrecht und Wirtschaftsrecht
ZIP	Zeitschrift für Wirtschaftsrecht
ZIS	Zeitschrift für internationale Strafrechtsdogmatik
zit.	zitiert
ZPO	Zivilprozessordnung
ZRP	Zeitschrift für Rechtspolitik
zugl.	zugleich
ZUR	Zeitschrift für Umweltrecht
ZVertriebsR	Zeitrschrift für Vertriebsrecht

Einleitung

A. Problemaufriss und Zielsetzung der Arbeit

Der Umgang mit Menschenrechtsverletzungen durch Unternehmen in globalen Lieferketten beschäftigt seit Jahren intensiv den öffentlichen Diskurs, nicht nur, weil immer noch mit erschreckender Häufigkeit schwerwiegende Menschenrechtsverletzungen offengelegt werden,[1] sondern auch, weil der Ruf nach wirksamer staatlicher Regulierung immer lauter wird.[2] Die Problematik ist bei weitem keine neue. Seit Nichtregierungsorganisationen, Gewerkschaften und Verbraucher*innen in den 1990er Jahren die prekären Arbeitsbedingungen der weltweit für Unternehmen des globalen Nordens produzierenden Menschen in den Fokus der Öffentlichkeit rückten, sahen sich die Unternehmen gezwungen, zu reagieren.[3] Mittlerweile ist das Konzept *Corporate Social Responsibility*[4] eines, dem sich kaum ein Unternehmen mehr entziehen kann.[5]

Das Thema hat in Deutschland noch einmal zusätzlich an Aktualität gewonnen, seit am 1. Januar 2023 das *Gesetz über die unternehmerischen Sorgfaltspflichten in Lieferketten* (Lieferkettensorgfaltspflichtengesetz - LkSG)[6] in Kraft getreten ist. In den Jahren zuvor hatte die deutsche Bundesregierung im Rahmen eines Monitorings überprüft, inwieweit in

---

1 Siehe z. B. unter https://www.business-humanrights.org/en/latest-news/?&language =en (Stand: 18.04.2024).

2 Beispielhaft hierfür ist in Deutschland die Formierung der Initiative Lieferkettengesetz, ein Zusammenschluss einer Vielzahl von zivilgesellschaftlichen Organisationen, die eine wirksame gesetzliche Regelung fordern. Internetadresse abrufbar unter https://lief erkettengesetz.de/ (Stand: 18.04.2024).

3 *AFL-CIO,* Responsibility Outsourced, S. 4.

4 Hierunter versteht die Bundesregierung „die gesellschaftliche Verantwortung von Unternehmen im Sinne eines nachhaltigen Wirtschaftens", vgl. https://www.csr-in-deutsc hland.de/DE/CSR-Allgemein/CSR-Grundlagen/Nachhaltigkeit-und-CSR/nachhaltig keit-und-csr.html (Stand: 18.04.2024); ausführlich zum Konzept der Corporate Social Responsibility: *Mittwoch,* Nachhaltigkeit und Unternehmensrecht, S. 163 ff.

5 Mittlerweile ebenfalls Teil der öffentlichen Debatte ist die Verantwortung für Umweltschäden, so z. B. auch im deutschen Lieferkettensorgfaltspflichtengesetz. Im Rahmen dieser Arbeit soll es vor allem um die soziale Unternehmensverantwortung gehen. Aufgrund ähnlicher Strukturen sind die Ergebnisse jedoch teilweise transferierbar.

6 BGBl. I 2021 S. 2959.

Deutschland ansässige Unternehmen ihrer im Rahmen des Nationalen Aktionsplans Wirtschaft und Menschenrechte (NAP) statuierten Sorgfaltspflicht freiwillig nachkommen. Vor dem Hintergrund der ernüchternden Ergebnisse dieses Monitorings erschien den politischen Akteuren eine gesetzliche Regelung notwendig.[7] Auch auf der Ebene der Europäischen Union zeichnet sich eine gesetzliche Regulierung globaler Lieferketten ab. Am 15. März 2024 stimmte eine qualifizierte Mehrheit der Mitgliedsstaaten für die *Richtlinie über die Sorgfaltspflichten von Unternehmen im Hinblick auf Nachhaltigkeit* (Corporate Sustainability Due Diligence Directive – CSDDD, EU-Lieferkettenrichtlinie), am 24. April 2024 erfolgte die Zustimmung im Europäischen Parlament.[8] Auch wenn die Richtlinie aufgrund zunächst fehlender Mehrheit unter den Mitgliedsstaaten abgeschwächt wurde, geht sie doch deutlich über das deutsche LkSG hinaus und enthält insbesondere eine Regelung zur zivilrechtlichen Haftung.[9] Eine Vorreiterrolle unter den europäischen Staaten hatte zuvor bereits Frankreich eingenommen, welches im Jahr 2017 mit der *Loi relative au devoir de vigilance* erstmals eine umfassende gesetzliche Regelung zur unternehmerischen Sorgfaltspflicht einführte. Andere europäische Staaten haben ebenfalls bereits sektorspezifische Regelungen verabschiedet. In Großbritannien müssen große Unternehmen seit dem Inkrafttreten des *Modern Slavery Act* im Jahr 2015 jährlich öffentlich berichten, welche Maßnahmen sie gegen Sklaverei und Menschenhandel in ihren Lieferketten ergreifen. Die Niederlande verpflichten mit der 2019 verabschiedeten *Wet zorgplicht kinderarbeid* zur Berichterstattung über die Anwendung der angemessenen Sorgfalt gegen Kinderarbeit in ihren Lieferketten weltweit.[10]

Je mehr aber unternehmerisches Handeln nicht nur von der Zivilgesellschaft, sondern auch von staatlicher Seite unter die Lupe genommen wird, und je mehr menschenunwürdige Bedingungen in unternehmerischen Lieferketten somit nicht nur eine Bedrohung für den Ruf das Unternehmens

---

7 https://www.bmz.de/de/themen/lieferketten/hintergrund-lieferketten-lieferkettenges etz (Stand: 18.04.2024).

8 Legislative Entschließung des Europäischen Parlaments vom 24. April 2024 zu dem Vorschlag für eine Richtlinie des Europäischen Parlaments und des Rates über die Sorgfaltspflichten von Unternehmen im Hinblick auf Nachhaltigkeit und zur Änderung der Richtlinie (EU) 2019/1937 (COM(2022)0071 – C9-0050/2022 – 2022/0051(COD)).

9 Redaktion beck-aktuell, Verlag C.H.BECK, 15. März 2024 von bw (dpa), abrufbar unter https://beck-online.beck.de/Dokument?vpath=bibdata%2Freddok%2Fbecklin k%2F2030194.htm&pos=4&hlwords=on (Stand: 18.04.2024).

10 *Grabosch,* Unternehmen und Menschenrechte, S. 6ff..

darstellen, sondern auch zu einem Haftungsthema werden könnten, desto dringlicher wird für Unternehmen auch die Frage der effektiven Kontrolle der Auswirkungen der Unternehmenstätigkeit in den oft langen und weit verzweigten Lieferketten.

Über die letzten Jahrzehnte haben sich in globalen Lieferketten vor allem sogenannte Sozialaudits als Mittel zur Überprüfung der Arbeitsbedingungen bei Zulieferunternehmen etabliert.[11] Hierbei handelt es sich um Kontrollen, welche in der Regel durch kommerzielle Auditunternehmen, teilweise in Zusammenarbeit mit zivilgesellschaftlichen Akteuren, durchgeführt werden, um die Einhaltung privater Verhaltenskodizes, sogenannter *Codes of Conduct,* einer externen Verifizierung zu unterziehen.[12] Auftraggeber[13] sind zum Teil Bestellerunternehmen oder Sozialstandardinitiativen, häufig aber auch die Betreiber der zu überprüfenden Produktionsstätten selbst. Letztere erhoffen sich von dem erfolgreichen Bestehen der Audits den Aufbau oder die Festigung von Geschäftsbeziehungen mit mächtigen Käufern.[14] Dieses Vorgehen, welches seinen Ursprung Mitte der Neunziger Jahre fand, ist mittlerweile in der Textilindustrie fest etabliert, wird aber auch in anderen Sektoren wie Land- und Forstwirtschaft, Tourismus und Fischerei als Mittel zur Überprüfung der Arbeitsbedingungen herangezogen.[15] Jedes Jahr werden weltweit hunderttausende solcher Sozialaudits durchgeführt.[16] Auf diese Weise entwickelte sich die Durchführung von Sozialaudits selbst zu einer milliardenschweren und für die daran beteiligten Prüfunternehmen lukrativen Industrie.[17] Staatliche Kontrollen verloren

---

11 *Clean Clothes Campaign,* Looking for a quick fix, S. 12; *Terwindt/Saage-Maaß,* Zur Haftung von Sozialauditor_innen in der Textilindustrie, S. 4; *Burckhardt,* Wirksamkeit von Audits, S. 2; *Starmanns/Barthel/Mosel,* Sozial-Audits als Instrument zur Überprüfung von Arbeitsbedingungen, S. 14.

12 *LeBaron/Lister/Dauvergne,* Ethical audits as a mechanism of global value chain governance, 97, 98.

13 Sofern in dieser Arbeit auch juristische Personen unter einen Begriff fallen, wie z. B. für den hier im Text genannten Antragssteller, erfolgt keine Anpassung an unterschiedliche Geschlechterformen. Handelt es sich hingegen um natürliche Personen, die verschiedenen Geschlechts sein können, wird dies durch einen Gender-Stern sichtbar gemacht.

14 *Van Ho/Terwindt,* European Review of Private Law 2019, 3.

15 *Van der Vegt,* Social Auditing in Bulgaria, Romania and Turkey, S. 7; *ECCHR/Brot für die Welt/Misereor,* Menschenrechtsfitness von Audits und Zertifizierern?, S. 7; *LeBaron/Lister/Dauvergne,* Globalizations 14 (2017), 958, 959 f..

16 *Short/Toffel/Hugill,* ILR Review 73 (2020), 873, 874.

17 *Clean Clothes Campaign,* Fig Leaf for fashion, S. 6; *AFL-CIO,* Responsibility Outsourced, S. 4; *Burckhardt,* Wirksamkeit von Audits, S. 2.

hingegen in vielen Ländern des globalen Südens immer weiter an Bedeutung.[18]

Doch mit ihrer weiten Verbreitung kamen auch zunehmend Zweifel an der Wirksamkeit von Sozialaudits auf.[19] Kritiker*innen bemängeln unter anderem den wirtschaftlichen Fehlanreiz, der dadurch gesetzt wird, dass Auditfirmen häufig durch eben die Zuliefererfirmen bezahlt werden, deren Produktionsbedingungen sie überprüfen sollen.[20] Weitere häufig geäußerte Kritikpunkte sind beispielsweise die gravierenden methodischen Mängel bei der Durchführung von Audits sowie die Ungeeignetheit zur Offenlegung bestimmter Arten von Verstößen.[21]

Die Bilanz aus mehr als zwei Jahrzehnten Sozialaudits scheint den Kritiker*innen Recht zu geben. Die Liste von verheerenden Katastrophen und anhaltenden Missständen in Zuliefererbetrieben, welche durch Audits nicht verhindert werden konnten, ist lang. Das prominenteste Beispiel ist der Einsturz der Textilfabrik Rana Plaza in Bangladesch am 25. April 2013, bei dem mehr als 1000 Menschen ihr Leben verloren und viele weitere verletzt wurden. Mehrere zuvor in dem Gebäude durchgeführte Sozialaudits hatten die sichtbaren Risiken für die Struktur des Gebäudes nicht identifiziert.[22] Nur sechs Monate zuvor, am 24. November 2012, war ein Feuer in der Textilfabrik Ali Enterprises in Pakistan ausgebrochen. Die Fabrik wurde für über 200 Menschen zur tödlichen Falle, weil Notausgänge verschlossen und die Fenster der unteren Stockwerke vergittert waren. Viele weitere Arbeiter*innen verletzten sich bei Sprüngen aus den oberen Geschossen.[23]

---

18 *Binder,* Die Haftung von Zertifizierungs- und Prüfunternehmen, https://verfassungs blog.de/die-haftung-von-zertifizierungs-und-pruefunternehmen-als-gebotener-bestandteil-eines-effektiven-lieferkettengesetzes/ (Stand: 19.04.2024) erwähnt beispielsweise, dass in Ländern wie Bangladesch und Pakistan staatliche Betriebsinspektionen faktisch vollständig durch private Audits ersetzt wurden. *Anner,* Politics & Society 40 (2012), 609, 613 berichtet von einem Rückgang der staatlichen Arbeitsinspektionen in den USA mit der Zunahme unternehmerischer Verhaltenskodizes zum Schutz von Menschenrechten in den frühen 2000er Jahren; *LeBaron/Lister/Dauvergne,* Ethical audits as a mechanism of global value chain governance, 97, 99 bezeichnen Audits als „new gatekeeper" des globalen Produktionssystems.
19 *Klinger/Ernst,* Rechtsgutachten zur Akkreditierungspflicht von nachhaltigen Verbrauchersiegeln im Textilsektor, S. 4 sprechen von einer Vertrauenskrise der Zertifizierung von Nachhaltigkeit im Textilsektor.
20 *Burckhardt,* Wirksamkeit von Audits, S. 4; *Starmanns/Barthel/Mosel,* Sozial-Audits als Instrument zur Überprüfung von Arbeitsbedingungen, S. 53.
21 *Clean Clothes Campaign,* Fig Leaf for fashion, S. 17 ff.
22 *Clean Clothes Campaign,* Fig Leaf for fashion, S. 57.
23 https://saubere-kleidung.de/aktuelles/ali-enterprises/ (Stand: 18.04.2024).

Die Fabrik war ebenfalls mehrfach auditiert worden und hatte nur wenige Monate vor dem Unglück ein Zertifikat erhalten, mit dem die Einhaltung der Rechte von Arbeiter*innen bescheinigt wurde.[24]

Dass Sozialaudits tatsächlich verbesserte Bedingungen für die betroffenen Arbeiter*innen schaffen, ist hingegen nicht ausreichend belegt.[25] Viele Beobachter*innen halten die erzielten Verbesserungen für minimal[26] oder attestieren dem Auditsystem eine fehlende Eignung, Verbesserungen in wichtigen Bereichen wie dem Schutz der Vereinigungsfreiheit und der Bekämpfung von Diskriminierung herbeizuführen.[27] Manche sehen in Sozialaudits sogar ein Mittel, um bestehende Strukturen der Ausbeutung noch weiter zu verfestigen und staatliche Regulierung auszuhöhlen.[28] Wissenschaftler*innen und Journalist*innen machen schon seit mehr als 20 Jahren auf die Unzulänglichkeiten von Sozialaudits aufmerksam.[29] Mittlerweile besteht weitestgehend Konsens darüber, dass Sozialaudits allein nicht in der Lage sind, die Arbeitsbedingungen in globalen Lieferketten zu verbessern.[30] Selbst Unternehmen und politische Akteure scheuen sich nicht mehr, dies offen zu benennen.[31]

---

24 *Terwindt/Saage-Maaß,* Zur Haftung von Sozialauditor_innen in der Textilindustrie, S. 5.
25 *Short/Toffel/Hugill,* ILR Review 73 (2020), 873, 874.
26 *Egels-Zandén/Lindholm,* Journal of Cleaner Production 107 (2015), 31; *Esbenshade,* Sociology Compass 6 (2012), 541, 542; *Sanders/Cope/Pulsipher,* Social Sciences 7(6) (2018), 1.
27 *Anner,* Politics & Society 40 (2012), 609; *Barrientos/Smith,* Third World Quarterly 28 (2007), 713.
28 *LeBaron/Lister/Dauvergne,* Ethical audits as a mechanism of global value chain governance, 97.
29 *O'Rourke,* Monitoring the Monitors; *Clean Clothes Campaign,* Looking for a quick fix; *T. A. Frank,* Washington Monthly vom 01.04.2008.
30 *Gläßer et al.,* Außergerichtliche Beschwerdemechanismen, S. 97 m. w. N.
31 So weist z. B. das Europäische Parlament in ihrem Report on the EU flagship initiative on the garment sector (2016/2140(INI)), A8-0080/2017, S. 8 darauf hin, dass freiwillige Unternehmensbemühungen der letzten 20 Jahre unter Heranziehung von Verhaltenskodizes und Audits keine ausreichende Verbesserung von Arbeiterrechten bewirkt haben. Noch deutlicher wird ein Befragter einer Finanzinstitution in *European Commission, Directorate-General for Justice and Consumers,* Study on due diligence requirements through the supply chain, S. 73 f. mit den Worten „We all know that auditing isn't working.". Zu einer ähnlichen Einschätzung kommt ein weiterer Befragter aus einer zivilgesellschaftlichen Organisation mit der Äußerung „It's common knowledge that audits and certification schemes have their own limitations and challenges.".

Dennoch dienen Audits weiterhin als zentrale Grundlage, um die Einhaltung menschenrechtlicher Sorgfaltspflichten durch Unternehmen sicherzustellen. Die in vielen Fällen infolge der Überprüfungen ausgestellten Zertifikate sind auch für Verbraucher*innen von erheblicher Bedeutung. Gerade im Textilsektor spielt die nachhaltige Produktion mittlerweile eine wichtige Rolle bei der Kaufentscheidung.[32] Durch Zertifikate wird der Eindruck vermittelt, ein Produkt sei unter menschenwürdigen Arbeitsbedingungen hergestellt worden, auch wenn dies in vielen Fällen durch die zugrundeliegende Überprüfung nicht zuverlässig sichergestellt werden kann. Da Auditberichte jedoch in der Regel nicht veröffentlicht werden, gibt es kaum Wege, den Auditprozess einer unabhängigen Kontrolle zu unterziehen. Vor allem aber haben die Betroffenen in den Produktionsländern meist keine Möglichkeit, die Berichte zu überprüfen und Auditunternehmen zur Rechenschaft zu ziehen.[33]

Was sind juristische Stellschrauben, um sicherzustellen, dass Sozialaudits tatsächlich in einer Weise durchgeführt werden, die die Arbeiter*innen schützt und nicht lediglich den beauftragenden Unternehmen ein gutes Zeugnis ausstellt? Können Auditunternehmen nach dem geltenden Recht für ihre Prüfberichte zur Verantwortung gezogen werden oder ist eine zusätzliche Regulierung notwendig? Gibt es neben Auditunternehmen noch andere Akteure, die für fehlerhafte Sozialaudits einstehen müssen? Das sind Fragestellungen, denen in dieser Arbeit nachgegangen wird. Dabei soll vor allem die zivilrechtliche Haftung von Auditunternehmen, beleuchtet werden, welche aufgrund ihrer Ausgleichsfunktion, aber auch wegen der von ihr ausgehenden verhaltenssteuernden Wirkung von besonderer Relevanz ist. Inwieweit transnationale Unternehmen im Allgemeinen für Menschenrechtsverletzungen in ihren Lieferketten haften, ist auch nach Inkrafttreten des Lieferkettensorgfaltspflichtengesetzes noch höchst umstritten, da zwar keine zusätzliche Haftungsmöglichkeit geschaffen, eine unabhängig von dem Gesetz bestehende Haftung aber auch nicht ausgeschlossen wird.[34] Die Frage nach der Haftung von Auditunternehmen weist zudem einige Eigenheiten auf, die bislang noch nicht ausreichend Beachtung gefunden haben.

---

32 *Gailhofer/Glinski,* Haftungsrechtlicher Rahmen von nachhaltiger Zertifizierung in textilen Lieferketten, S. 6.

33 *Terwindt/Armstrong,* International Labour Review 158 (2019), 245, 246.

34 vgl. § 3 Abs. 3 LkSG.

Durch die zunehmende staatliche Regulierung unternehmerischer Sorgfaltspflichten hat die Erörterung der aufgeworfenen Fragestellungen zusätzlich an Dringlichkeit gewonnen. Während es nämlich in der Vergangenheit
vor allem darum ging, die Einhaltung freiwilliger Verhaltenskodizes unter
Beweis zu stellen, werden Sozialaudits nunmehr auch vermehrt eingesetzt,
um die Erfüllung gesetzlich verankerter Sorgfaltspflichten glaubhaft zu
machen.[35] Der Einsatz von Sozialaudits in ihrer derzeitigen unregulierten
Form birgt jedoch die Gefahr, dass gesetzliche Sorgfaltsregelungen ausgehöhlt werden.[36] Das Rechtssystem muss bei der Regulierung der Tätigkeit
transnationaler Unternehmen daher auch den Schwächen des Auditsystems
Rechnung tragen. Denn nur wenn ihre Verlässlichkeit hinreichend sichergestellt ist, können Sozialaudits tatsächlich zum Schutz von Menschenrechten in globalen Lieferketten beitragen.

B. Stand der Forschung

Der Umgang mit Menschenrechtsverletzungen durch Unternehmen wurde
und wird in der Wissenschaft rege diskutiert und war bereits Gegenstand
einer Vielzahl von Veröffentlichungen, die an dieser Stelle nur auszugsweise
dargestellt werden können.

Ein Forschungsschwerpunkt in der deutschen Rechtswissenschaft ist
dabei die Frage der Haftung transnationaler Unternehmen für Menschenrechtsverletzungen im Zusammenhang mit ihrer Tätigkeit. Auf diesem
Gebiet wurden in den letzten Jahren eine Reihe rechtswissenschaftlicher

---

35 Zum Einsatz von Sozialaudits zur Erfüllung der menschenrechtlichen Sorgfaltspflicht
    nach dem LkSG siehe in Kapitel 4 unter A I. Ein verstärktes Interesse an passgenauen
    Auditverfahren registrieren *F. Lorenz/Krülls*, CCZ 2023, 100, 108.
36 *ECCHR/Brot für die Welt/Misereor,* Menschenrechtsfitness von Audits und Zertifizie-
    rern?, S. 10.

Dissertationen[37], aber auch Aufsätze[38], Sammelbände[39] und Gutachten[40] verfasst. Beleuchtet wurden dabei zum einen nationale und internationale Haftungsmaßstäbe, zum anderen aber auch Verfahrensfragen und Rechtsschutzhürden. Stets stand jedoch die Verantwortlichkeit der transnationalen Bestellerunternehmen selbst, also der Firmen, deren Produktionsauslagerung in Länder des globalen Südens Ursache für das Risiko von Menschenrechtsverletzungen ist, im Vordergrund. Die Haftung von Auditunternehmen, welche die Bedingungen in den Zuliefererbetrieben in diesen Ländern überprüfen, wurde in diesen Arbeiten nicht vorrangig thematisiert.

Auch das Thema Sozialaudits beschäftigt die Forschung schon seit vielen Jahren. So veröffentlichte beispielsweise *O'Rourke* bereits im Jahr 2000 einen Bericht über die Auditmethoden des Wirtschaftsprüfungsunternehmens PricewaterhouseCoopers (PwC).[41] Er hatte PwC-Auditoren bei Fabrikinspektionen in China und Korea begleitet und dabei eine Vielzahl von methodischen Schwächen aufgedeckt. In den Jahren darauf folgten eine Reihe weiterer wissenschaftlicher Untersuchungen zu Funktionsweise und Wirkung von Sozialaudits, überwiegend aus Politik- und Sozialwissenschaft.[42] Darüber hinaus veröffentlichten Nichtregierungsorganisationen wie die *Clean Clothes Campaign*[43], *Human Rights Watch*[44] und die *Fondation des Droits de l'Homme au Travail*[45], aber auch der amerikanische Gewerkschafts-Dachverband *American Federation of Labor - Congress of*

---

37 z. B. *Massoud,* Menschenrechtsverletzungen im Zusammenhang mit wirtschaftlichen Aktivitäten von transnationalen Unternehmen aus dem Jahr 2018; *Görgen,* Unternehmerische Haftung in transnationalen Menschenrechtsfällen und *Haider,* Haftung von transnationalen Unternehmen und Staaten für Menschenrechtsverletzungen, beide aus dem Jahr 2019 sowie *von Falkenhausen,* Menschenrechtsschutz durch Deliktsrecht aus dem Jahr 2020.

38 z. B. *Habersack/Ehrl,* AcP 219 (2019), 155; *Thomale/Murko,* EuZA 2021, 40; *G. Wagner,* ZIP 42 (2021), 1095.

39 z. B. *Krajewski/Oehm/Saage-Maaß* (Hrsg.), Zivil- und strafrechtliche Unternehmensverantwortung; *Krajewski/Saage-Maaß* (Hrsg.), Die Durchsetzung menschenrechtlicher Sorgfaltspflichten von Unternehmen.

40 Etwa *Klinger et al.,* Verankerung menschenrechtlicher Sorgfaltspflichten von Unternehmen im deutschen Recht.

41 *O'Rourke,* Monitoring the Monitors.

42 Siehe etwa *Anner,* Politics & Society 40 (2012), 609; *Locke/Qin/Brause,* ILR Review 61 (2007), 3; *Esbenshade,* Sociology Compass 6 (2012), 541.

43 *Clean Clothes Campaign,* Looking for a quick fix; *Clean Clothes Campaign,* Fig Leaf for fashion.

44 *Human Rights Watch,* Obsessed with Audit Tools, Missing the Goal.

45 *Fondation des droits de l'homme au travail,* Beyond Social Auditing; *Fondation des droits de l'homme au travail,* Towards Social Assessment.

Industrial Organisations[46] ausführliche Berichte, in denen die Rolle von Auditunternehmen in globalen Lieferketten sowie der beteiligten Akteure beleuchtet und der Blick auf Schwächen und Reformbedürftigkeit der Auditindustrie gelenkt wurde. In einer 2021 veröffentlichten Studie warf das *European Center of Constitutional and Human Rights* zudem einen kritischen Blick auf die Menschenrechtsfitness von Audits und Zertifizierern im Allgemeinen.[47] Ebenfalls im Jahr 2021 veröffentlichte das *Beschaffungsamt des BMI* eine von *BSD Consulting* erstellte Studie zu Sozial-Audits als Instrument zur Überprüfung von Arbeitsbedingungen mit Empfehlungen im Kontext der öffentlichen Beschaffung.[48] Auch die Rolle sogenannter Sozialstandardinitiativen, insbesondere Multistakeholder-Initiativen im Zusammenhang mit der Durchführung von Sozialaudits war bereits Gegenstand diverser Veröffentlichungen.[49] Schließlich befassen sich einige Wissenschaftlicher*innen mit der Wirkung von Audits als Instrument privater Regulierung und Mittel politischer Machtausübung.[50]

In der breiten Öffentlichkeit scheint das in globalen Lieferketten vorherrschende Auditsystem hingegen noch wenig bekannt. Zwar gibt es vor allem in den englischsprachigen Medien eine Reihe aufsehenerregender Berichte über die Mängel in der Durchführung von Sozialaudits,[51] und auch in der deutschsprachigen Presse findet das Thema hin und wieder Erwähnung.[52] Die meisten Verbraucher*innen scheinen jedoch wenig über die Rolle von

---

46 *AFL-CIO*, Responsibility Outsourced.

47 *ECCHR/Brot für die Welt/Misereor*, Menschenrechtsfitness von Audits und Zertifizierern?

48 *Starmanns/Barthel/Mosel*, Sozial-Audits als Instrument zur Überprüfung von Arbeitsbedingungen.

49 Siehe etwa *Utting*, Regulating Business via Multistakeholder Initiatives; *Merk/Zeldenrust*, The Business Social Compliance Initiative (BSCI): A critical perspective; *Terwindt/Armstrong*, International Labour Review 158 (2019), 245; *MSI Integrity*, Not Fit-for-Purpose.

50 Siehe etwa *LeBaron/Lister*, SPERI Global Political Economy Brief No. 1 2016; *LeBaron/Lister/Dauvergne*, Ethical audits as a mechanism of global value chain governance, 97; *LeBaron/Lister/Dauvergne*, Globalizations 14 (2017), 958; *Paiement*, Regulation & Governance 13 (2019), 280.

51 *T. A. Frank*, Washington Monthly vom 01.04.2008; *Wilshaw*, The Guardian vom 12.07.2011; *G. Brown*, ISHN vom 01.02.2013; *Clifford/Greenhouse*, The New York Times vom 01.09.2013 und kürzlich erst wieder *Higgins*, The Guardian vom 10.10.2023 und *Dreier*, New York Times vom 28.12.2023.

52 So etwa *Dohmen*, Süddeutsche Zeitung vom 03.03.2016; *Bidder*, DER SPIEGEL vom 31.01.2019; *Kippenberg*, taz vom 30.01.2023 und zuletzt *Fischermann/Rudzio*, Die Zeit vom 08.02.2024.

Sozialaudits in globalen Lieferketten und die damit zusammenhängenden Probleme zu wissen.[53]

Vor allem aber gibt es nur wenige Autor*innen, die sich mit der Haftung von Auditunternehmen befassen. Zwar machen einige Wissenschaftler*innen bereits seit Jahren in ihren Veröffentlichungen auf die sich in diesem Zusammenhang stellenden Fragen aufmerksam und führten erste Analysen durch.[54] Zudem setzten sich *Gailhofer* und *Glinski* in einem im Auftrag des *Verbraucherzentrale Bundesverbandes* erstellten und November 2021 veröffentlichten Gutachtens mit dem haftungsrechtlichen Rahmen von nachhaltiger Zertifizierung in textilen Lieferketten auseinander und präsentierten Lösungsansätze für eine bessere Regulierung.[55] Eine umfassende wissenschaftliche Erörterung der Haftungsfrage hat jedoch bislang nicht stattgefunden und ist angesichts der Schlüsselrolle, die Sozialaudits bei der Kontrolle der Einhaltung der unternehmerischen Sorgfaltspflicht spielen, lange überfällig.[56] Die vorliegende Arbeit soll diese Lücke schließen und auf der Analyse der Haftungsfrage aufbauend darüber hinausgehende Regulierungsmöglichkeiten für die Überprüfung von Arbeitsbedingungen in globalen Lieferketten aufzeigen.

---

53 Dieser Eindruck entspringt den Beobachtungen der Verfasserin im Zuge der Erstellung der Arbeit.

54 Siehe insb. *Terwindt/Saage-Maaß,* Zur Haftung von Sozialauditor_innen in der Textilindustrie; *van Ho/Terwindt,* European Review of Private Law 2019; *Terwindt/Armstrong,* International Labour Review 158 (2019), 245; *Terwindt/Burckhardt,* Sozialaudits in der Textilbranche; *Binder,* Die Haftung von Zertifizierungs- und Prüfunternehmen, https://verfassungsblog.de/die-haftung-von-zertifizierungs-und-pruefunternehmen-als-gebotener-bestandteil-eines-effektiven-lieferkettengesetzes/; *Business & Human Rights Resource Centre,* Social audit liability.

55 *Gailhofer/Glinski,* Haftungsrechtlicher Rahmen von nachhaltiger Zertifizierung in textilen Lieferketten.

56 So auch *Marx/Wouters,* International Labour Review 155 (2016), 435, 443 die die Notwendigkeit der Untersuchung der Verantwortlichkeit von Auditunternehmen für die Qualität ihrer Berichte betonen. Eine Forschungslücke sehen auch *van Ho/Terwindt,* European Review of Private Law 2019, 19. In *Business & Human Rights Resource Centre,* Social audit liability, S. 16 werden Jurist*innen ebenfalls aufgefordert, auf den gefundenen Ergebnissen aufzubauen.

C. Präzisierung des Forschungsgegenstandes und Forschungsfragen

I. Die Textilindustrie als Beispiel

Sozialaudits werden mittlerweile in einer Vielzahl von Branchen durchgeführt, um die Arbeitsbedingungen in Zuliefererbetrieben zu überprüfen.[57] Allerdings weist jede Branche gewisse Eigenheiten auf, zum Beispiel im Hinblick auf die involvierten Akteure, die anzutreffenden Probleme oder auch die bestehenden Machtverhältnisse. Die Berücksichtigung dieser Faktoren ist notwendig, um den Problemen in der Auditindustrie auf den Grund zu gehen und nach Lösungen zu suchen. Eine umfassende Betrachtung aller Industrien würde jedoch den Rahmen dieser Arbeit sprengen. Daher soll die Untersuchung am Beispiel der Textilindustrie erfolgen.

Für diese Wahl gibt es mehrere Gründe. Zum einen fanden Sozialaudits ihren Ursprung in der Textilindustrie. Die Offenlegung der katastrophalen Bedingungen in den Textilfabriken war es, die erste Unternehmen dazu bewegte, sich einen Verhaltenskodex zu geben und dessen Einhaltung in den Fabriken ihrer Zulieferer zu überprüfen.[58] Zudem ist die Textilindustrie eine der größten und am meisten globalisierten Branchen der Welt.[59] Weltweit arbeiten mehr als 60 Millionen Menschen im Textil- und Bekleidungssektor, die meisten von ihnen in Entwicklungs- und Schwellenländern.[60] Wertschöpfungsketten in diesem Sektor sind meist fragmentiert und vielschichtig und dabei gleichzeitig wenig transparent, staatliche Institutionen in den Produktionsländern oft fragil und Korruption weit verbreitet.[61] Vor allem aber weist die Textilindustrie eine Reihe von Problemen auf, die durch Sozialaudits nur inadäquat adressiert werden.

Zum einen zeichnet sich die Textilindustrie durch ihre hohe Volatilität und Machtasymmetrie aus.[62] Da die Anlaufkosten für die Produktion von

---

57 *Van der Vegt*, Social Auditing in Bulgaria, Romania and Turkey, S. 7; *ECCHR/Brot für die Welt/Misereor*, Menschenrechtsfitness von Audits und Zertifizierern?, S. 7; *LeBaron/Lister/Dauvergne*, Globalizations 14 (2017), 958, 959 f..

58 *Burckhardt*, Wirksamkeit von Audits, S. 2; *Clean Clothes Campaign*, Fig Leaf for fashion, S. 5; *Anner*, Politics & Society 40 (2012), 609, 613.

59 *Esbenshade*, Sociology Compass 6 (2012), 541, 542; https://fashionunited.com/global-fashion-industry-statistics (Stand: 18.04.2024).

60 https://www.bmz.de/de/themen/textilwirtschaft (Stand: 18.04.2024).

61 *European Civil Society Strategy*, European Strategy for Sustainable Textile, Garments, Leather and Footwear, S. 2.

62 https://www.ilo.org/global/industries-and-sectors/textiles-clothing-leather-footwear/lang--ja/index.htm (Stand: 18.04.2024).

Textilien relativ niedrig sind, gibt es eine große Anzahl von Zulieferern. Gleichzeitig ist die Macht von Marken und Einzelhändlern recht konzentriert. Zulieferer sind also gezwungen, um die Aufträge einer begrenzten Anzahl von Abnehmern zu konkurrieren. Das gibt insbesondere großen Abnehmern eine enorme Verhandlungsmacht und führt häufig dazu, dass Konditionen einseitig diktiert werden können.[63] Sind die angebotenen Lieferbedingungen nicht attraktiv genug, können Zulieferer oder sogar Produktionsstandorte oft leicht gewechselt werden.[64] Vor diesem Hintergrund versuchen viele Zulieferer, ihre eigenen Kosten so niedrig wie möglich zu halten. Dies setzt die bei ihnen tätigen Arbeiter*innen häufig einem besonderen Risiko aus.[65] Hinzu kommt, dass auch die Länder, in denen die Produktion stattfindet, oft in hohem Maße wirtschaftlich abhängig sind von der Textilindustrie.[66] Die Angst vor einer Abwanderung der Auftraggeber an einen anderen Produktionsstandort kann eine strengere Regulierung hemmen und dazu führen, dass bestehende Gesetze nicht ausreichend durchgesetzt werden. Darüber hinaus ist die Textilindustrie eine sehr personalintensive Branche, in der viele geringqualifizierte Arbeitskräfte tätig sind.[67] Arbeiter*innen schrecken daher häufig aus Angst ihren Arbeitsplatz zu verlieren davor zurück, Missstände offenzulegen.[68]

Eine weitere Besonderheit der Textilindustrie sind die häufig extrem kurz angesetzten Lieferfristen. Aufgrund ständig wechselnder Modetrends werden oft große Bestellungen mit wenig Vorlaufzeit in Auftrag gegeben oder bestehende Aufträge in letzter Minute abgeändert. Zulieferer können die Aufträge meist nur ausführen, indem sie den Arbeiter*innen Überstun-

---

63 Zum Ganzen: *Anner*, Glob Policy 8 (2017), 56, 60; https://cleanclothes.org/file-rep ository/resources-publications-factsheets-general-factsheet-garment-industry-febr uary-2015.pdf/view (Stand: 18.04.2024) spricht in diesem Zusammenhang von einer 'buyer-driven chain.'

64 Die ILO weist unter https://www.ilo.org/global/industries-and-sectors/textiles-c lothing-leather-footwear/lang--ja/index.htm (Stand: 18.04.2024) darauf hin, dass die Tatsache, dass die Produktion meist in mehrere Länder ausgelagert ist, zu einer erzwungenen Konkurrenz und Kostensenkungen führt.

65 *Clean Clothes Campaign,* Fig Leaf for fashion, S. 12 f.

66 Laut *Martin,* Creating Sustainable Apparel Value Chains, S. 1 macht die Textilindustrie beispielsweise allein in Bangladesh 20 Prozent des BIP, 80 Prozent der Exporteinnahmen und über vier Millionen Jobs aus.

67 https://www.ilo.org/global/industries-and-sectors/textiles-clothing-leather-footwear/ lang--ja/index.htm (Stand: 18.04.2024).

68 In Bezug auf Sozialaudits: *Connor/Delaney/Rennie,* The Ethical Trading Initiative, S. 31.

den abverlangen. Exzessive Überstunden sind daher weit verbreitet in der Textilindustrie.[69] Die dahinterstehenden Einkaufspraktiken werden durch Sozialaudits aber meist gar nicht hinterfragt.[70]

Darüber hinaus machen Frauen einen Großteil der Arbeitskräfte im Textilsektor aus.[71] Diese sind aufgrund ihres Geschlechts besonderen Risiken ausgesetzt.[72] Die Arbeitsbedingungen der meisten Textilarbeiterinnen sind prekär. Sie führen niedrig bezahlte Arbeiten aus und leisten viele Überstunden. Am Arbeitsplatz sind sie oftmals Beschimpfungen und Demütigungen durch ihre Vorgesetzten ausgesetzt und auch sexuelle Belästigung ist in Textilfabriken weit verbreitet.[73] Viele Frauen erleben zudem eine Doppelbelastung, da sie sich nach der Arbeit noch um den Haushalt und ihre Familie kümmern müssen. Besonderen Schutz für schwangere Frauen oder Mütter gibt es hingegen kaum.[74] Sozialaudits erfassen geschlechterspezifische Risiken nur unzureichend.[75] Teilweise werden wichtige Unterstützungsleistungen für Frauen, wie z.B. unbezahlter Mutterschutz, gar nicht erst überprüft oder aber die entsprechenden Nachweise werden gefälscht.[76] Auch die Interviews mit den Arbeiterinnen werden nur selten von Frauen durchgeführt, was die Wahrscheinlichkeit der Offenlegung sensibler Problematiken verringert.[77]

Schließlich steht die Textilindustrie anders als viele andere Sektoren, in denen Menschenrechtsverletzungen stattfinden, in hohem Maße im Fokus von Verbraucher*innen. Missstände in diesem Sektor sind spätestens seit dem Einsturz der Rana Plaza-Fabrik auch der breiten Öffentlichkeit bekannt. Nachhaltige Mode ist mehr und mehr nachgefragt.[78] Gleichzeitig

---

69 *Bartley,* Rules without Rights, S. 174.
70 *Fondation des droits de l'homme au travail,* Beyond Social Auditing, S. 18.
71 https://cleanclothes.org/file-repository/resources-publications-factsheets-general-factsheet-garment-industry-february-2015.pdf/view (Stand: 18.04.2024) spricht von ungefähr drei Vierteln der weltweit in der Textilindustrie tätigen Arbeitskräfte.
72 Siehe hierzu insb. *Clean Clothes Campaign,* Made by Women; *Burckhardt,* Arbeitsbedingungen von Frauen in globalen Zulieferketten, 11; *Barrientos/Bianchi/Berman,* International Labour Review 158 (2019), 729.
73 https://cleanclothes.org/file-repository/resources-publications-factsheets-general-factsheet-garment-industry-february-2015.pdf/view (Stand: 18.04.2024); *Burckhardt,* Arbeitsbedingungen von Frauen in globalen Zulieferketten, 11, 13.
74 *Burckhardt,* Arbeitsbedingungen von Frauen in globalen Zulieferketten, 11, 12 f..
75 *Barrientos/Bianchi/Berman,* International Labour Review 158 (2019), 729, 730.
76 *Burckhardt,* Arbeitsbedingungen von Frauen in globalen Zulieferketten, 11, 14.
77 *MSI Integrity,* Not Fit-for-Purpose, S. 129.
78 *Zielinski/Tournois,* Understanding Consumers' attitudes toward sustainable Fashion.

ändern sich die Bedürfnisse der Verbraucher*innen beim Kauf von Bekleidung meist schnell, was es Anbietern erschwert, Schritt zu halten.[79] In diesem wettbewerbsgeprägten Markt gefährdet die Offenlegung menschenunwürdiger Produktionsbedingungen in besonderem Maße den unternehmerischen Ruf. Textilunternehmen haben daher ein hohes Interesse, glaubhaft zu machen, dass sie um gute Arbeitsbedingungen bemüht sind. Aus Sicht der Verbraucher*innen ist der derzeitige Markt mit seiner Vielzahl an verschiedenen Standards und Siegeln hingegen kaum mehr zu durchschauen.[80]

Die Volatilität der Textilindustrie und die extremen Machtungleichgewichte in textilen Lieferketten wurden durch die Coronapandemie noch einmal besonders verdeutlicht und auch verschärft. Die globale Textilindustrie ist unter den von der Pandemie am schlimmsten betroffenen Sektoren.[81] Als Ladenschließungen und Ausgangsbeschränkungen die Nachfrage in den Ländern des globalen Nordens einbrechen ließen, reagierten viele Marken und Einzelhandelsunternehmen, indem sie Aufträge bei Zulieferern stornierten, verschoben oder Preisnachlässe verlangten und teilweise sogar die Abnahme bereits hergestellter Ware verweigerten.[82] Zwar erklärten sich einige Unternehmen angesichts des wachsenden öffentlichen Drucks zur Abnahme der Bestellungen bereit, andere verweigerten jedoch weiterhin die Zahlung.[83] Dies hatte dramatische Auswirkungen auf die Beschäftigten in den Zulieferbetrieben. Lohnzahlungen blieben ganz oder teilweise aus, viele Arbeiter*innen wurden ohne Abfindung entlassen.[84] Die *Clean Clothes Campaign* schätzte in einem 2020 veröffentlichten Bericht, dass Textilarbeiter*innen weltweit allein für die ersten drei Monate der Pandemie ausstehende Lohnzahlungen im Wert von zwischen 3,19 und 5,78

---

79 vgl. https://ltlabs.co/blog/current-issues-faced-by-the-apparel-industry/ (Stand: 18.04.2024). Dass „ethischer Konsum" immer wichtiger wird und Konsument*innen bereit sind, für menschen- und umweltrechtskonform hergestellte Ware eine entsprechenden Preisaufschlag zu bezahlen, betont beispielsweise auch *Schirmer,* Nachhaltiges Privatrecht, 283 f.

80 *Klinger/Ernst,* Rechtsgutachten zur Akkreditierungspflicht von nachhaltigen Verbrauchersiegeln im Textilsektor sprechen in diesem Zusammenhang von einem Siegel-Dschungel.

81 *Worker Rights Consortium,* Who will bail out the workers that make our clothes?, S. 3; *ECCHR,* Das kranke System der Textilindustrie, S. 1.

82 *Anner, Mark in Association with the Worker Rights Consortium,* Abandoned.

83 *ECCHR/ILAW/WRC,* Force majeure.

84 *Jackson/Burger/Judd,* Mapping Social Dialogue in Apparel, S. 8.

Milliarden US-Dollar geschuldet wurden[85], für den Zeitraum zwischen März 2020 und März 2021 schätzte ein zweiter Bericht die weltweit ausstehenden Zahlungen in der Textilindustrie auf 11,85 Milliarden US-Dollar.[86] Die Situation verschlimmerte sich noch, als das Virus sich nach und nach auch in den Produktionsländern ausbreitete und weitere Fabrikschließungen erforderlich machte. In den betroffenen Ländern bestand häufig kein adäquates staatliches Auffangnetz für die Menschen, die sich durch ausbleibende Lohnzahlungen in ihrer Existenz bedroht sahen.[87] Das führte auch dazu, dass diejenigen Arbeiter*innen, die noch Arbeit hatten, sich oft gezwungen sahen, diese trotz erheblichen Risikos für die eigene Gesundheit selbst dann weiter auszuüben, wenn in den Fabriken keine ausreichenden Maßnahmen zum Schutz vor einer Infektion mit dem Virus getroffen wurden.[88] Auch wenn die Pandemie mittlerweile abgeebbt ist und sich die Textilindustrie zunächst erholt hatte, sind globale Lieferketten – unter anderem aufgrund des Ukraine-Kriegs – weiterhin vielfach gestört. Aufgrund der hohen Inflation wird zudem mit steigenden Kosten für Unternehmen und einer sinkenden Nachfrage der Verbraucher*innen gerechnet.[89] Eine Verbesserung der Lage der Arbeiter*innen ist daher nicht in Sicht. Angesichts dieser katastrophalen Auswirkungen werden die Stimmen lauter, die ein komplettes Überdenken des in der Textilindustrie vorherrschenden Geschäftsmodells fordern.[90]

Auch wenn diese Arbeit einen Fokus auf die Textilindustrie legt, ist es wichtig zu erwähnen, dass in anderen Branchen ebenfalls gravierende Missstände vorherrschen und dass auch dort Sozialaudits nicht die erhofften Verbesserungen herbeiführen. Viele der im Rahmen dieser Arbeit diskutierten Probleme treten auch in anderen Branchen auf und diskutierte Lösungsansätze können teilweise transferiert werden. Gleichzeitig bestehen in jeder Branche spezifische Herausforderungen, denen auch im Rahmen von Sozialaudits begegnet werden muss. Der in dieser Arbeit stattfindenden Analyse liegt die soeben geschilderte Ausgangslage in der Textilindustrie

---

85 *Clean Clothes Campaign,* Un(der)paid in the pandemic.
86 *Clean Clothes Campaign,* Still Un(der)paid, S. 57.
87 *ECCHR/ILAW/WRC,* Force majeure, S. 2f..
88 *Worker Rights Consortium,* Who will bail out the workers that make our clothes?, S. 5.
89 *The Business of Fashion/McKinsey & Company,* The State of Fashion 2023.
90 So z. B. *Anner, Mark in Association with the Worker Rights Consortium,* Abandoned, S. 7; *Clean Clothes Campaign,* Un(der)paid in the pandemic, S. 37; *ECCHR,* Das kranke System der Textilindustrie, S. 8.

zugrunde. Auf abweichende Beispiele wird gegebenenfalls gesondert hingewiesen.

II. Schwerpunkt auf der zivilrechtlichen Haftung von Auditunternehmen

Werden bestehende Risiken im Rahmen von Sozialaudits nicht aufgedeckt, können diese ungehindert fortbestehen. Kommt es infolgedessen zu
Rechtsverletzungen, sind verschiedene Verletzungskonstellationen und damit eine Haftung verschiedener Akteure denkbar. Die unmittelbare Rechtsverletzung erfolgt meist durch das Zulieferunternehmen. Häufig werden
diese jedoch erst durch die Organisation der Lieferkette sowie das Untätig-
bleiben anderer Akteure ermöglicht. Neben den Auditunternehmen selbst,
welche vor allem durch die Konzeption und das Anbieten unzureichender
Sozialaudits das Fortbestehen von Menschenrechtsverletzungen in globalen Lieferketten begünstigen, kommen auch einzelne Auditor*innen, die
Sozialaudits vor Ort durchführen und dabei entweder nicht genau genug
prüfen oder entdeckte Missstände unerwähnt lassen, sowie Verantwortliche
innerhalb der Auditunternehmen, die mit der Organisation der Audits befasst sind und Weisungen zur Durchführung der Überprüfungen sowie
der Erstellung der Auditberichte geben, als potenzielle Schädiger*innen in
Betracht. Auch ein Verletzungsbeitrag von Sozialstandardinitiativen, die bei
der Vermittlung von Sozialaudits und der Festlegung relevanter Standards
sowie der Akkreditierung von Auditunternehmen involviert sind, scheint
nicht ausgeschlossen. Schließlich ist sogar eine Mitverantwortung des be-
stellenden Unternehmens denkbar, wenn durch ein von diesem in Auftrag
gegebenes Sozialaudit eine Verletzung erst ermöglicht wurde. Das Zusammenwirken der soeben genannten Akteure in Auditfällen verdeutlicht Abbildung 1.

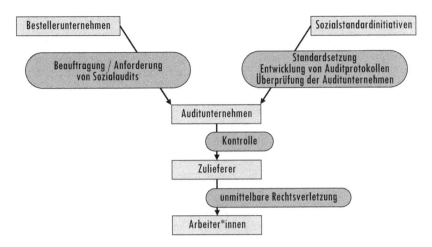

Abb. 1: Akteure in Auditfällen

In dieser Arbeit soll ein klarer Fokus auf der Haftung von Auditunternehmen liegen. Das hat mehrere Gründe. Zum einen sind Auditunternehmen in der Regel im Vergleich zu Einzelpersonen solventere Schuldnerinnen. Auch wenn eine drohende persönliche Haftung einen gewichtigen Verhaltensanreiz setzen kann, würde das finanzielle Einstehenmüssen für gravierende Verletzungen einer Vielzahl an Arbeiter*innen die meisten Einzelpersonen schlicht finanziell überfordern. Vor allem aber sind die in der Auditindustrie vorherrschenden Probleme letztlich auf das an Gewinnerzielung ausgerichtete Geschäftsmodell der Auditunternehmen zurückzuführen.[91] Die nötigen strukturellen Veränderungen können daher auch nur über ein Vorgehen gegen das dahinterstehende unternehmerische System erreicht werden.

Eine weitere Schwerpunktsetzung wird durch den Fokus auf die zivilrechtliche, insbesondere die deliktische Haftung erreicht. Mangels vertraglicher Bindungen zwischen Auditunternehmen und den Arbeiter*innen in den überprüften Fabriken scheint eine Haftung aus Vertrag ohnehin wenig erfolgversprechend. Dass die Inanspruchnahme aus Vertrag dennoch eine nicht zu vernachlässigende Rolle spielt, ist vor allem auf die mögliche Anwendung der Grundsätze des Vertrags mit Schutzwirkung zugunsten Dritter zurückzuführen. Diese Rechtsfigur soll jedoch gerade bestehende

---

91 Zu den wirtschaftlichen Fehlanreizen bei der Beauftragung von Sozialaudits siehe in Kapitel 1 unter C I 1 a.

Schwächen des Deliktsrechts ausgleichen.[92] Kern der Untersuchung bildet dementsprechend auch die deliktische Haftung, insbesondere die Haftung nach § 823 Abs. 1 BGB. Dabei wird sich die juristische Analyse vor allem um die Frage drehen, ob Auditunternehmen eine Verkehrspflicht zum Schutz der in den überprüften Betrieben Beschäftigten trifft. Zwar soll auch die Haftung nach § 823 Abs. 2 BGB sowie die strafrechtliche Verantwortung nicht außer Betracht gelassen werden; angesichts der fehlenden Unternehmensstrafbarkeit in Deutschland sowie der strengen Voraussetzungen, die an die Annahme eines strafbaren Verhaltens gestellt werden, spielen diese Möglichkeiten jedoch in der Praxis nur eine untergeordnete Rolle. Hinzu kommt, dass Betroffene von Menschenrechtsverletzungen durch ein strafrechtliches Vorgehen keinen finanziellen Ausgleich erreichen können, dieser jedoch vor dem Hintergrund der oft prekären wirtschaftlichen Situation der Betroffenen einen wichtigen Bestandteil effektiver Abhilfe ausmacht.[93] Auch aus diesem Grund soll das Strafrecht im Rahmen dieser Arbeit nur übersichtsweise dargestellt werden.

III. Betrachtung der Situation von Arbeiter*innen

Da Sozialaudits bei der Überprüfung von Arbeitsbedingungen in Produktionsstätten zum Einsatz kommen und zumeist – wenn auch nicht ausschließlich – in erster Linie dem Schutz der dort Beschäftigten dienen, sind diese auch die primären Leidtragenden mangelhafter Kontrollen. Aus diesem Grund sollen in dieser Arbeit schwerpunktmäßig die Auswirkungen des Auditsystems auf den Schutz von Arbeiter*innen untersucht werden. Dabei soll jedoch nicht verkannt werden, dass Menschenrechtsverletzungen im Zusammenhang mit der Tätigkeit transnationaler Unternehmen auch außerhalb von Fabriken stattfinden und Menschen betreffen können, die nicht Teil der Lieferkette sind, wie zum Beispiel Bewohner*innen um-

---

92 Grüneberg BGB-*Grüneberg*, § 328 Rn. 13; Jauernig-*Stadler*, § 328 Rn. 20; BeckOK BGB-*Janoscheck*, § 328 Rn. 50.

93 Gemäß dem Kommentar zu UN-Leitprinzip Nr. 25 können wirksame Abhilfen „eine Reihe materiell-rechtlicher Formen annehmen, deren Ziel es im Allgemeinen sein wird, etwaigen entstandenen menschenrechtlichen Schäden, entgegenzuwirken beziehungsweise sie wiedergutzumachen". Als Beispiel werden „Entschuldigungen, Rückerstattung, Folgenbeseitigung, finanziellen oder nicht-finanziellen Schadensersatz und Strafmaßnahmen (straf- oder verwaltungsrechtlicher Art, wie etwa Geldstrafen) sowie die Schadensverhütung etwa durch einstweilige Verfügungen und Nichtwiederholungsgarantien" genannt.

liegender Gemeinden, deren Gesundheit durch die Nutzung gefährlicher Stoffe und deren Freisetzung in die Umwelt geschädigt wird. Die rechtliche Beurteilung dieser Fälle weist jedoch einige Unterschiede auf, die unter anderem darauf zurückzuführen sind, dass kein vergleichbares Näheverhältnis zwischen Auditierenden und Drittbetroffenen besteht. Die Fokussierung auf Arbeiter*innen in den überprüften Produktionsstätten dient daher vor allem einer Begrenzung des Forschungsgegenstands.

IV. Forschungsfragen

Die soeben vorgenommene Präzisierung des Forschungsgegenstandes vorausgeschickt, befasst sich diese Arbeit insbesondere mit den folgenden Forschungsfragen:

- Warum werden Auditunternehmen trotz der bekannten Unzulänglichkeiten von Sozialaudits so selten zur Rechenschaft gezogen?
- Ist nach dem geltenden Recht überhaupt eine zivilrechtliche Haftung für fehlerhafte Sozialaudits denkbar, und wenn ja, wer sind mögliche Anspruchsgegner?
- Was sind verfahrensrechtliche Hürden und faktische Hindernisse, die einer effektiven Abhilfe für Arbeiter*innen entgegenstehen?
- Kann eine umfangreichere Haftung für Sozialaudits durch eine menschenrechtskonforme Auslegung des geltenden Rechts erreicht werden oder ist die Schaffung von gesetzlichen Haftungsregelungen notwendig?
- Wie könnten etwaige Haftungsregelungen aussehen?
- Was sind Potenzial und Grenzen einer verstärkten Regulierung von Sozialaudits?

Die zur Beantwortung dieser Fragen gewählte Vorgehensweise sowie die herangezogenen Erkenntnisquellen werden im folgenden Abschnitt vorgestellt.

D. Vorgehensweise und Erkenntnisquellen

I. Methodischer Ansatz und Erkenntnisquellen

Diese Arbeit verfolgt in einer Linie einen literaturbasierten Ansatz. Zur Beantwortung der Forschungsfragen wurde nicht nur juristische Literatur ausgewertet, sondern es wurden auch nichtjuristische Erkenntnisquellen herangezogen. So beruht beispielsweise die Aufarbeitung bestehender Unzulänglichkeiten von Sozialaudits zu großen Teilen auf Erkenntnissen aus der Politik- und Sozialwissenschaft sowie von zivilgesellschaftlichen Organisationen, die sich ihrerseits Methoden der empirischen Sozialforschung bedient haben. Zur Klärung der Erforderlichkeit von Haftung werden neben rechtlichen Erwägungen ethische Kriterien zur Zuweisung von Verantwortung herangezogen.

Um deutlich zu machen, welche praktischen Probleme das Vorgehen gegen Sorgfaltspflichtverletzungen mit sich bringt, wurden die in der Vergangenheit angestrengten Verfahren gegen Auditunternehmen ausgewertet. Bei der Analyse der Haftungsfrage spielen zudem ähnlich zu Sozialaudits gelagerte Fälle, insbesondere die Rechtsprechung im sogenannten *PIP*-Skandal[94], eine wichtige Rolle. Punktuell fließen Erkenntnisse aus Gesprächen der Verfasserin mit Expert*innen in die Arbeit ein.[95]

Da der Umgang mit Menschenrechtsverletzungen in globalen Lieferketten weiterhin kontrovers diskutiert wird und Regulierungsansätze erst an ihren Anfängen stehen, bildet die Beobachtung aktueller rechtlicher und politischer Entwicklungen einen wichtigen Bestandteil der diesem Werk zugrundeliegenden Arbeitsweise. Soweit sich Sachverhalte zum Zeitpunkt der Fertigstellung noch nicht abschließend bewerten ließen, beispielsweise die längerfristigen Auswirkungen des Lieferkettensorgfaltspflichtengesetzes sowie der EU-Lieferkettenrichtlinie auf den Umgang mit Sozialaudits, können nur begründete Prognosen aufgestellt werden.

Schließlich findet im Rahmen dieser Arbeit an einigen Stellen ein Perspektivwechsel statt zwischen der Situation von transnationalen Unternehmen im Allgemeinen und derjenigen von Auditunternehmen im Speziellen. Das ist dem Umstand geschuldet, dass es sich bei Auditunternehmen in der Regel ebenfalls um in globalen Lieferketten agierende, transnationale Unternehmen handelt. Teilweise kann daher auf die umfangreiche existierende

---

94 So wird der Skandal um den französischen Hersteller *Poly Implant Prothèse (PIP)* bezeichnet. *PIP* verwendete jahrelang billiges Industriesilikon für seine Brustimplantate. Nachdem das Unternehmen infolge der Aufdeckung dieses Umstands Insolvenz anmeldete, richteten Geschädigte ihre Schadensersatzforderungen gegen den *TÜV Rheinland*, welcher als Benannte Stelle im Rahmen des Konformitätsbewertungsverfahrens für Medizinprodukte die Fehlerhaftigkeit der Implantate nicht erkannt hatte. Siehe hierzu noch mehrfach ausführlich in Kapitel 2 unter B I, beispielsweise unter 1 c bb (1).

95 Gesprächspartner*innen sowie Datum der jeweiligen Gespräche sind in Anlage 1 zum Literaturverzeichnis dokumentiert.

Forschung zum Umgang mit Menschenrechtsverletzungen im Verantwortungsbereich transnationaler Unternehmen im Allgemeinen zurückgegriffen werden. An vielen Stellen ist aber auch eine Abgrenzung erforderlich, da Auditunternehmen gerade kein Teil der Lieferkette im engeren Sinne sind, sondern vielmehr auf verschiedenen Stufen der Lieferkette gewissermaßen horizontal an diese anknüpfen (siehe hierzu Abbildung 2). Diese besondere Stellung erfordert häufig eine Bewertung nach eigenen Maßstäben.

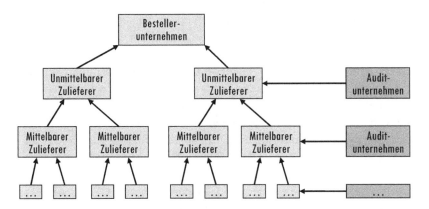

Abb. 2: Anknüpfen von Auditunternehmen in der Lieferkette

Eine Schwierigkeit bei der Erstellung dieser Arbeit ergab sich daraus, dass viele Erkenntnisse zu Wirkung und Funktionsweise von Sozialaudits entweder von Menschenrechtsorganisationen und Aktivist*innen oder aber von Vertreter*innen der Auditindustrie stammen. Vollständig neutrale Quellen zu den Lebensrealitäten in den Produktionsstätten sind kaum existent, eigene Erhebungen nur schwer möglich. Die Herkunft der verwendeten Informationen galt es daher stets kritisch zu hinterfragen.

II. Gang der Untersuchung

Die Untersuchung ist in folgende Abschnitte eingeteilt:

In der Einleitung wird nach dem bereits dargestellten Problemaufriss und der Zielsetzung der Arbeit (Gliederungspunkt A), der erfolgten Einführung in den Stand der Forschung (Gliederungspunkt B) sowie der vorgenommenen Präzisierung des Forschungsgegenstandes und der Formulierung der

Forschungsfragen (Gliederungspunkt C) in diesem Abschnitt zunächst die geplante Vorgehensweise und herangezogenen Erkenntnisquellen geschildert (Gliederungspunkt D), bevor im nächsten Abschnitt einige Begriffsbestimmungen vorgenommen werden (Gliederungspunkt E).

Im ersten Kapitel erfolgt eine Einführung in die Problematik. Dafür wird zunächst der Diskussionsstand zur unternehmerischen Haftung für Menschenrechtsverletzungen in globalen Lieferketten in seinen Grundzügen dargestellt (Gliederungspunkt A). In einem zweiten Schritt wird die Rolle und Funktionsweise von Auditunternehmen genauer beleuchtet (Gliederungspunkt B). Zu diesem Zweck wird die Entstehung von Sozialaudits als Mittel zur Überprüfung von Arbeitsbedingungen in globalen Lieferketten erläutert. Außerdem wird der Ablauf von Sozialaudits geschildert und die mit der Durchführung der Sozialaudits befassten Unternehmen anhand einiger Beispiele vorgestellt. In diesem Zusammenhang wird auch auf die Rolle von Sozialstandardinitiativen eingegangen, welche häufig als eine Art Bindeglied zwischen Bestellerunternehmen und ihren Zulieferern fungieren und unter anderem in der Textilindustrie eine wichtige Stellung einnehmen. Anschließend werden verschiedene Probleme bei der Durchführung von Sozialaudits aufgezeigt (Gliederungspunkt C), die zum Teil mit der schwierigen Ausgangssituation in globalen Lieferketten und systemimmanente Fehlanreizen zusammenhängen, zum anderen aber auch auf strukturellen Problemen, methodischen Mängel und fehlender Transparenz beruhen. Auch die politischen Auswirkungen der Auslagerung von Kontrollen auf private Unternehmen sollen an dieser Stelle diskutiert werden. Schließlich werden in diesem Abschnitt auch einige empirische Studien zur Effektivität von Sozialaudits dargestellt. Am Ende des Kapitels werden gerichtliche und außergerichtliche Verfahren beleuchtet, in denen es um die Haftung von Auditunternehmen und Auditor*innen geht, und anhand dieser Beispiele der Frage nachgegangen, weshalb es trotz der bekannten Unzulänglichkeiten von Sozialaudits so selten zu einer Inanspruchnahme von Auditunternehmen kommt (Gliederungspunkt D), bevor in einem Zwischenfazit (Gliederungspunkt E) Bilanz zum faktischen status quo der Rolle von Sozialaudits gezogen wird.

Das zweite Kapitel der Arbeit befasst sich vor allem mit der Frage, ob nach dem geltenden Recht eine Haftung für fehlerhafte Sozialaudits denkbar ist und wer mögliche Anspruchsgegner sind. Vorab wird jedoch ergründet, warum eine solche Haftung überhaupt erforderlich ist (Gliederungspunkt A). Zu diesem Zweck werden zum einen die Funktionen von Haftung betrachtet. Zum anderen werden rechtsethische, rechtspolitische und rechtssystematische Gründe für eine Haftung dargestellt. Unter Berücksichtigung der gefundenen Ergebnisse wird sodann geprüft, inwieweit Auditunternehmen de lege lata bereits für fehlerhafte Sozialaudits haftbar gemacht werden können (Gliederungspunkt B). Im Vordergrund steht dabei die zivilrechtliche Haftung gegenüber Arbeiter*innen in den überprüften Fabriken. Mangels gesetzlicher Regulierung von Sozialaudits kommt eine Haftung nur aus Vertrag oder aber nach den Vorschriften des Deliktsrechts in Betracht. Von zentraler Bedeutung ist in diesem Zusammenhang die Frage, ob Auditunternehmen eine Verkehrspflicht zum Schutz der in den überprüften Betrieben Beschäftigten treffen kann. Neben dem Zivilrecht werden aber auch strafrechtliche sowie ordnungswidrigkeitenrechtliche Möglichkeiten der Inanspruchnahme untersucht. Anschließend wird die Haftung einzelner Personen innerhalb von Auditunternehmen näher beleuchtet. Schließlich wird thematisiert, wie sich die Durchführung von Sozialaudits auf die Haftung von Bestellerunternehmen auswirken kann. Dabei soll es einerseits um die Frage gehen, ob die Durchführung von Sozialaudits zu einer Entstehung von Haftungsansprüchen beitragen kann, oder ob Sozialaudits im Gegenteil Bestellerunternehmen dabei helfen können, eine Inanspruchnahme abzuwehren. Zudem wird erörtert, ob Bestellerunternehmen unter bestimmten Voraussetzungen sogar für Sorgfaltspflichtverletzungen durch Auditunternehmen einstehen müssen. Neben möglichen Anspruchsgegnern und Haftungsgrundlagen nach dem deutschen Recht wird außerdem untersucht, inwieweit das deutsche Recht überhaupt in transnationalen Auditfällen zur Anwendung kommt (Gliederungspunkt C).[96] Zudem werden in diesem Teil der Arbeit verfahrensrechtliche Hürden und faktische Hindernisse für den Zugang zu Abhilfe unter die Lupe genommen und verdeutlicht, wieso das bloße Bestehen von Haftungsansprüchen Betroffenen in der Praxis oft wenig weiterhilft (Gliederungspunkt D). Im Ergebnis kommt dieses Kapitel zu dem Schluss, dass aus verschiedenen Gründen derzeit eine erhebliche Haftungslücke im Umgang mit Sozialaudits besteht (Gliederungspunkt E).

Kapitel 3 betrachtet verschiedene Lösungsansätze für diese Haftungslücke und zeigt Veränderungspotentiale auf. Zunächst wird diskutiert,

---

96 Zwar würde die Untersuchung dieser Fragen der inhaltlichen Prüfung des deutschen Rechts üblicherweise vorangestellt werden. Da der Fokus hier jedoch auf der materiellrechtlichen Betrachtung liegt und sich erst aus dieser die Anknüpfungspunkte für kollisionsrechtliche Fragen ergeben, sind Letztere in dieser Arbeit ausnahmsweise nachgelagert.

ob eine umfangreichere Haftung von Auditunternehmen durch eine menschenrechtskonforme Auslegung des geltenden Rechts erreicht werden kann oder ob die Schaffung von Haftungsregelungen der geeignetere Weg ist (Gliederungspunkt A). Sodann werden verschiedene Regulierungsmöglichkeiten erörtert, wobei eine gesetzlich normierte Sorgfaltspflicht für Auditunternehmen stets den Ausgangspunkt darstellt (Gliederungspunkt B). Neben möglichen Haftungsansätzen wird die staatliche Regulierung von Sozialaudits jenseits von Haftung in den Blick genommen. Des Weiteren wird in diesem Kapitel das Potential von Sozialaudits im Zusammenspiel mit anderen Maßnahmen zum Schutz von Menschenrechten in globalen Lieferketten wie Beschwerdemechanismen, Social Dialogue und Capacity Building ergründet (Gliederungspunkt C), bevor erneut ein Zwischenfazit gezogen wird (Gliederungspunkt D).

Im vierten Kapitel wird ein Blick in die Zukunft und auf mögliche Auswirkungen einer verstärkten Regulierung geworfen. Dabei werden sowohl Auswirkungen des Lieferkettensorgfaltspflichtengesetzes und der künftigen europäischen Lieferkettenregelungen auf den Umgang mit Sozialaudits erörtert (Gliederungspunkt A) als auch die potenzielle Wirkung einer Regulierung von Sozialaudits selbst (Gliederungspunkt B). Es werden aber auch die Grenzen einzelner Maßnahmen verdeutlicht und strukturelle Veränderungen aufgezeigt, die für eine nachhaltige Verbesserung der menschenrechtlichen Situation in globalen Lieferketten erforderlich sind (Gliederungspunkt C).

In der abschließenden Zusammenfassung werden schließlich die wesentlichen Untersuchungsergebnisse noch einmal hervorgehoben sowie Appelle an Wissenschaft und Forschung gerichtet.

E. Begriffsbestimmungen

Bevor ein inhaltlicher Einstieg in die Thematik erfolgt, sollen noch einige Begriffsbestimmungen vorgenommen werden.

I. Sozialaudits und Zertifizierung

Als erstes stellt sich die Frage, was unter Sozialaudits zu verstehen ist. Audits sind vielen Menschen vor allem aus dem Finanzwesen oder dem

Qualitätsmanagement bekannt, werden heutzutage aber auch in vielen anderen Bereichen durchgeführt. Insbesondere bestehen mittlerweile eine Vielzahl menschenrechtlich relevanter Einsatzgebiete wie beispielsweise Arbeitsschutz, Nachhaltigkeit, fairer Handel oder Umweltschutz.[97] Bei Audits geht es stets um die Überprüfung der Einhaltung bestimmter, zuvor definierter Normen oder Standards.[98]

Die Durchführung von Sozialaudits[99], oder aus dem Englischen Social Auditing, ist ein Prozess zur Überprüfung von Arbeitsbedingungen bei Zulieferunternehmen in globalen Lieferketten.[100] Referenzrahmen für die Überprüfung ist meist ein privater Verhaltenskodex, der Regeln, die das zu prüfende Unternehmen einhalten muss – sogenannte Sozialstandards – definiert und der beispielsweise durch ein Bestellerunternehmen oder eine Sozialstandardinitiative vorgegeben werden kann.[101] Überprüft wird zum Beispiel die Einhaltung von Regelungen zur Sicherheit und Gesundheit am Arbeitsplatz, zu Arbeitszeit und Entgelt, aber auch zum Schutz vor Diskriminierung und Belästigung, zur Gewährleistung der Vereinigungsfreiheit sowie zur Vermeidung von Kinder- und Zwangsarbeit. Teilweise führen Bestellerunternehmen die Überprüfung selbst durch, meist kommen aber externe Dritte, insbesondere spezialisierte Prüfunternehmen, zum Einsatz.[102] Auf dem Einsatz dieser sogenannten *third party audits* liegt der Fokus dieser Arbeit. Bei einem Sozialaudit begeben sich die mit der Durchführung beauftragten Auditor*innen zu einer Produktionsstätte und führen

---

97 *ECCHR/Brot für die Welt/Misereor,* Menschenrechtsfitness von Audits und Zertifizierern?, S. 5.

98 https://www.din-iso-zertifizierung-qms-handbuch.de/was-ist-ein-audit-definit ion/ (Stand: 18.04.2024); *ECCHR/Brot für die Welt/Misereor,* Menschenrechtsfitness von Audits und Zertifizierern?, S. 3; *Starmanns/Barthel/Mosel,* Sozial-Audits als Instrument zur Überprüfung von Arbeitsbedingungen, S. 30.

99 Im Englischen werden zudem häufig die Begriffe *external verification* und *independent monitoring* verwendet. Siehe hierzu z. B. *van der Vegt,* Social Auditing in Bulgaria, Romania and Turkey, S. 7.

100 *Business & Human Rights Resource Centre,* Social audit liability, S. 5; *Burckhardt,* Wirksamkeit von Audits, S. 2; *Starmanns/Barthel/Mosel,* Sozial-Audits als Instrument zur Überprüfung von Arbeitsbedingungen, S. 3. Die Funktionsweise von Sozialaudits sowie die Rollen der beteiligten Akteure werden in Kapitel 1 unter B noch einmal genauer beleuchtet.

101 *Starmanns/Barthel/Mosel,* Sozial-Audits als Instrument zur Überprüfung von Arbeitsbedingungen, S. 33; *Kuruvilla et al.,* ILR Review 73 (2020), 841, 843. Zur Rolle von Sozialstandardinitiativen siehe genauer in Kapitel 1 unter B IV.

102 *LeBaron/Lister/Dauvergne,* Ethical audits as a mechanism of global value chain governance, 97, 98; *Kuruvilla et al.,* ILR Review 73 (2020), 841, 843.

dort meist mehrtägige Kontrollen durch. Typischer Bestandteil dieser Kontrollen ist die Durchsicht von Dokumentationsunterlagen, die Inspektion der Produktionsstätte sowie Interviews mit Management und Arbeiter*innen. Den vorgefundenen Zustand dokumentieren die Auditor*innen in der Regel in einem Prüfbericht. Wurden Verstöße festgestellt, empfehlen sie zudem Abhilfemaßnahmen, deren Umsetzung bei nachfolgenden Audits kontrolliert werden soll.[103] Anhand des erstellten Auditberichts wird die Perfomance des Zulieferers im Hinblick auf die festgelegten Ziele beurteilt. Hält er die festgelegten Standards nicht ein, muss er Abhilfemaßnahmen ergreifen, deren Umsetzung in der Regel mit Hilfe von Anreiz- und Sanktionssystemen durchgesetzt wird.[104]

Sozialaudits sind häufig in Zertifizierungsprozesse eingebunden, an deren Ende die Ausstellung eines Zertifikates für Zuliefer- oder Bestellerunternehmen steht. Solche Zertifizierungsprozesse existieren für verschiedenste Lebensbereiche. Mit ihrer Hilfe wird überprüft, ob ein Unternehmen, ein Produkt, eine Dienstleistung oder ein Managementsystem bestimmte zuvor festgelegte Standards erfüllt, wobei die überprüften Standards öffentlich-rechtlicher, privater oder hybrider Natur sein können.[105] Ergibt der Zertifizierungsprozess die Einhaltung der Standards, wird ein hierüber eine Bestätigung in Form eines Zertifikats ausgestellt. Dieses wird in der Regel eingesetzt, um gegenüber einem bestimmten Adressatenkreis wie beispielsweise Geschäftspartner*innen, Verbraucher*innen oder Behörden, die Einhaltung der überprüften Normen zu bestätigen.[106] Zertifikate spielen vor allem in Situationen asymmetrischer Informationsverteilung, wie sie in globalen Lieferketten typisch sind, eine wichtige Rolle.[107] Da transnationale Bestellerunternehmen die Einhaltung bestimmter Produktionsstandards meist nicht selbst überprüfen können, bieten Zertifikate eine besondere Zuverlässigkeitsgewähr für Aussagen zur sozialen

---

103 *Terwindt/Saage-Maaß,* Zur Haftung von Sozialauditor_innen in der Textilindustrie, S. 4; *Starmanns/Barthel/Mosel,* Sozial-Audits als Instrument zur Überprüfung von Arbeitsbedingungen, 43 ff.
104 *Kuruvilla et al.,* ILR Review 73 (2020), 841, 843.
105 *Rott,* Introduction, 1.
106 *ECCHR/Brot für die Welt/Misereor,* Menschenrechtsfitness von Audits und Zertifizierern?, S. 3.
107 Zum Einsatz von Zertifikaten in Situationen asymmetrischer Informationsverteilung siehe insbesondere *Wangenheim,* Certification as Solution to the Asymmetric Information Problem?, 11.

Unternehmensverantwortung.[108] Die Berufung auf das Zertifikat kann dem zertifizierten Unternehmen somit zu einem Marktvorteil verhelfen.[109] Auditunternehmen sind häufig auch mit der Zertifizierung der überprüften Unternehmen oder Produktionsstätten betraut. Trotz ihrer Tätigkeit als Zertifizierer sind sie jedoch in der Regel nicht Siegelgeber, sondern stellen lediglich das Vorliegen der Voraussetzungen für die Erteilung eines bestimmten Siegels fest.[110] Sozialaudits werden aber auch außerhalb von Zertifizierungsprozessen eingesetzt und die Einhaltung der überprüften Standards durch einen Auditbericht bestätigt. In diesen Fällen kann man allgemeiner von einer Konformitätsbewertung sprechen.[111]

Sozialaudits und die darauf aufbauenden Zertifikate sind nicht zu verwechseln mit der Überprüfung und Zertifizierung von Compliance Management Systemen zur Umsetzung menschenrechtlicher Sorgfaltspflichten, wie sie beispielsweise durch das LkSG gefordert werden. Während letztere das Supply Chain Management als solches und damit die Etablierung von Strukturen zum Schutz von Menschenrechten in globalen Lieferketten betrachten, untersuchen Sozialaudits die Implementierung vor Ort. Die Durchführung von Sozialaudits kann jedoch Teil eines Compliance Management Systems sein. Idealerweise werden sowohl Strukturen als auch deren Wirkung kontrolliert. Fokussiert man sich ausschließlich auf die Etablierung von Strukturen, besteht die Gefahr, dass das etablierte System zwar auf dem Papier gut aussieht, in der Realität jedoch gar keine Wirkung entfaltet, beispielsweise aufgrund von fehlender Passgenauigkeit oder mangelhafter Umsetzung. Umgekehrt gerät durch die isolierte Betrachtung der Implementierung vor Ort die Einführung von unternehmensweiten Strukturen und damit eine systematische Verbesserung der Menschenrechtslage

---

108 *ECCHR/Brot für die Welt/Misereor,* Menschenrechtsfitness von Audits und Zertifizierern?, S. 3.

109 *Binder,* Die Haftung von Zertifizierungs- und Prüfunternehmen, https://verfassungs blog.de/die-haftung-von-zertifizierungs-und-pruefunternehmen-als-gebotener-best andteil-eines-effektiven-lieferkettengesetzes/.

110 *Gailhofer/Glinski,* Haftungsrechtlicher Rahmen von nachhaltiger Zertifizierung in textilen Lieferketten, S. 73.

111 Zu dem vor allem im Akkreditierungsrecht verwendeten Begriff der Konformitätsbewertung und dessen Verhältnis zur Zertifizierung siehe *Klinger/Ernst,* Rechtsgutachten zur Akkreditierungspflicht von nachhaltigen Verbrauchersiegeln im Textilsektor, S. 6 unter Verweis auf Bloehs/Frank-*Bloehs/Frank,* Systematische Einführung Rn. 1 f.

aus dem Blick.[112] Beide Prüfsysteme stehen zudem teilweise vor denselben Herausforderungen, beispielsweise die durch die Beauftragungsstruktur entstehenden Fehlanreize sowie das Fehlen einheitlicher Prüfstandards. Gleichzeitig ergeben sich im Hinblick auf die Implementierung vor Ort auch spezifische Herausforderungen und damit Anforderungen an eine wirksame Regulierung, wie etwa die notwendige Berücksichtigung lokaler Besonderheiten oder der schwierige Umgang mit vulnerablen Gruppen[113]. Diese Arbeit soll sich daher auf Sozialaudits fokussieren.

II. Menschenrechte

Ein zentraler Begriff im Zusammenhang mit der unternehmerischen Haftung in globalen Lieferketten ist der der Menschenrechte. Die Schlagwörter „Wirtschaft und Menschenrechte" werden in der Debatte um die Zustände in globalen Lieferketten mittlerweile wie selbstverständlich verwendet.[114] Der Begriff der Menschenrechte wird hierbei häufig untechnisch verwendet und dient als eine Art Oberbegriff für sämtliche tatsächlich oder potenziell betroffenen Rechte. Eine allgemeingültige Definition existiert jedoch nicht und die Darstellung des umfangreichen wissenschaftlichen Diskurses zu dieser Thematik würde den Rahmen dieser Arbeit sprengen. Die Haftung

---

112 *Gailhofer/Glinski,* Haftungsrechtlicher Rahmen von nachhaltiger Zertifizierung in textilen Lieferketten, S. 63 f.

113 Der Interpretative Guide zu den UN-Leitprinzipien definiert Vulnerabilität wie folgt: "Vulnerable individuals, groups and communities are those that face a particular risk of being exposed to discrimination and other adverse human rights impact. People who are disadvantaged, marginalized or excluded from society are often particularly vulnerable. Examples may be children, women, indigenous peoples, people belonging to ethnic or other minorities, or persons with disabilities.", *UN - Office of the High Commissioner for Human Rights,* The Corporate Responsibility to respect Human Rights - An Interpretative Guide, S. 11. *Gläßer et al.,* Außergerichtliche Beschwerdemechanismen, S. 187 f. weisen überdies auf die stets bestehende spezifische Vulnerabilität von Arbeiter*innen im Verhältnis zu Arbeitgebern hin und betonen, dass diese sich in globalen Wertschöpfungsketten noch verstärkt.

114 Siehe unter anderem die *UN-Leitprinzipien für Wirtschaft und Menschenrechte* sowie den *Nationalen Aktionsplan Wirtschaft und Menschenrechte,* aber auch verschiedenste Websites staatlicher und nichtstaatlicher Akteure, die zu diesem Thema informieren, beispielsweise https://www.bmz.de/de/themen/wirtschaft-und-mens chenrechte, https://www.bpb.de/themen/recht-justiz/dossier-menschenrechte/23 2181/wirtschaft-und-menschenrechte/, https://www.institut-fuer-menschenrechte. de/themen/wirtschaft-und-menschenrechte (Stand für alle aufgezählten Websites: 18.04.2024).

nach dem deutschen Recht orientiert sich jedoch ohnehin nicht an dem Begriff der Menschenrechte. Die geschützten Rechte ergeben sich vielmehr aus dem jeweiligen Haftungsregime und den haftungsbegründenden Normen. So schützt § 823 Abs. 1 BGB beispielsweise nur bestimmte aufgelistete Rechte und Rechtsgüter, während § 823 Abs. 2 BGB auf die Verletzung eines Schutzgesetzes abstellt. Nichtsdestotrotz spielen Menschenrechte auch für diese Arbeit eine wichtige Rolle, einerseits weil sie teilweise bei der Auslegung von geschützten Rechtsgütern herangezogen werden können, andererseits weil ihr dennoch nur partieller Schutz durch das deutsche Recht Unzulänglichkeiten der bestehenden Haftungsnormen im Umgang mit globalen Lieferketten verdeutlicht. Nicht zuletzt stellt auch das Anfang 2023 in Kraft getretene Lieferkettensorgfaltspflichtengesetz menschenrechtliche Sorgfaltspflichten auf. Daher soll an dieser Stelle eine kurze Einordnung des Begriffs der Menschenrechte, wie er in dieser Arbeit verwendet wird, erfolgen.

Als Ausgangspunkt soll der Begriff der Menschenrechte dienen, wie er durch die Leitprinzipien für Wirtschaft und Menschenrechte der Vereinten Nationen (UN-Leitprinzipien)[115] verwendet wird. Die UN-Leitprinzipien wurden durch den Sonderbeauftragten des UN-Generalsekretärs *John Ruggie* ausgearbeitet und mit einer Resolution des UN-Menschenrechtsrats vom 16. Juli 2011 angenommen.[116] Unter dem Dreiklang *Protect, Respect, Remedy* (Schutz, Achtung, Abhilfe) statuieren sie neben der Pflicht des Staates, Menschenrechte zu schützen und im Verletzungsfall Zugang zu Abhilfe zu schaffen, auch die Verantwortung von Unternehmen, Menschenrechte zu achten. Die zur Konkretisierung dieser Verantwortung aufgestellten Prinzipien bilden seitdem einen zentralen Referenzrahmen für die Beurteilung der unternehmerischen Verantwortung in Bezug auf Menschenrechte.

Der ebenfalls von *John Ruggie* zu den UN-Leitprinzipien verfasste Interpretative Guide, welcher die Verantwortung von Unternehmen zur Achtung von Menschenrechten genauer erklären soll, beschreibt die Idee der Menschenrechte wie folgt:

---

115 *UN - Office of the High Commissioner for Human Rights,* Guiding Principles on Bussines and Human Rights.

116 *UN - Human Rights Council,* Human Rights Council Resolution, 06.07.2011, UN-Doc. A/HRC/RES/17/4.

„The idea of human rights is as simple as it is powerful: that people have a right to be treated with dignity. Human rights are inherent in all human beings, whatever their nationality, place of residence, sex, national or ethnic origin, colour, religion, language, or any other status. Every individual is entitled to enjoy human rights without discrimination. These rights are all interrelated, interdependent and indivisible."[117]

Diese Idee von allen Menschen aufgrund ihres Menschseins gleichermaßen innewohnenden Rechte ist im internationalen Recht in verschiedenen Regelwerken verankert.

Die UN-Leitprinzipien selbst gehen gemäß Leitprinzip Nr. 12 davon aus, dass sich die unternehmerische Pflicht zur Achtung der Menschenrechte auf international anerkannte Menschenrechte bezieht, worunter mindestens die in der Internationale Menschenrechtscharta der Vereinten Nationen sowie der Erklärung über grundlegende Rechte und Pflichten bei der Arbeit der Internationalen Arbeitsorganisation (ILO) zum Ausdruck kommenden Rechte zu verstehen seien.[118] Die Konkretisierung der in der Internationalen Menschenrechtscharta enthaltenen Allgemeinen Erklärung der Menschenrechte findet insbesondere durch den Internationalen Pakt über bürgerliche und politische Rechte (IPbpR) und den Internationalen Pakt über wirtschaftliche, soziale und kulturelle Rechte (IPwskR) statt. Die in der Erklärung über grundlegende Rechte und Pflichten bei der Arbeit enthaltenen Grundprinzipien der Vereinigungsfreiheit und des Rechts auf Kollektivverhandlungen, der Beseitigung der Zwangsarbeit, der Abschaffung der Kinderarbeit und des Verbots der Diskriminierung in Beschäftigung und Beruf werden wiederum durch acht Kernübereinkommen („ILO-Kernarbeitsnormen") genauer ausgestaltet.[119] Diese Regelwerke betrachten die

---

117 *UN - Office of the High Commissioner for Human Rights,* The Corporate Responsibility to respect Human Rights - An Interpretative Guide, S. 10.
118 Leitprinzip Nr. 12.
119 Diese sind: Übereinkommen 29: Zwangsarbeit (1930) und Protokoll von 2014 zum Übereinkommen zur Zwangsarbeit; Übereinkommen 87: Vereinigungsfreiheit und Schutz des Vereinigungsrechtes (1948); Übereinkommen 98: Vereinigungsrecht und Recht zu Kollektivverhandlungen (1949); Übereinkommen 100: Gleichheit des Entgelts (1951); Übereinkommen 105: Abschaffung der Zwangsarbeit (1957); Übereinkommen 111: Diskriminierung in Beschäftigung und Beruf (1958); Übereinkommen 138: Mindestalter (1973); Übereinkommen 182: Verbot und unverzügliche Maßnahmen zur Beseitigung der schlimmsten Formen der Kinderarbeit (1999).

UN-Leitprinzipien als Bezugsgrößen für die Bewertung menschenrechtlicher Auswirkungen von Wirtschaftsunternehmen.[120]

Allerdings enthalten die ILO-Kernarbeitsnormen zu vielen typischen Problemen in Lieferketten wie z.B. Arbeitszeiten, Arbeitsschutz und Entgelt keine Vorgaben.[121] Wie die UN-Leitprinzipien selbst und der dazugehörige Interpretative Guide betonen, kodifizieren die erwähnten Normen nur das Minimum der zu achtenden Rechte.[122] Abhängig von den Umständen sollen Unternehmen zusätzliche Standards berücksichtigen. Beispielhaft nennt der Kommentar zu Leitprinzip Nr. 12 Regelwerke der UN zu den Rechten besonders vulnerabler Gruppen sowie die Standards des humanitären Völkerrechts im Falle von bewaffneten Konflikten.[123] Auch an dieser Stelle finden jedoch die Rechte von Arbeiter*innen, die häufig in Lieferketten eine Rolle spielen, keine besondere Erwähnung. Hierzu finden sich allerdings Regelungen im IPwskR, welcher ebenfalls von den UN-Leitprinzipien in Bezug genommen wird. So schützt Art. 7 des IPwskR das Recht eines jeden auf gerechte und günstige Arbeitsbedingungen. Dieses Recht wird wiederum durch verschiedene ILO-Übereinkommen weiter konkretisiert, so z.B. durch das Übereinkommen über die Begrenzung der Arbeitszeit[124] oder Übereinkommen über Arbeitsschutz und Arbeitsumwelt[125]. Auf diese Weise finden somit auch die nicht in den Kernarbeitsnormen enthaltenen Arbeitsstandards Eingang in den Menschenrechtsbegriff der UN-Leitprinzipien.

Auch das Lieferkettensorgfaltspflichtengesetz verweist zur Konkretisierung der geschützten Rechtspositionen in § 2 Abs. 1 auf eine Anlage, die die erwähnten Regelwerke auflistet.[126] Überdies enthält § 2 Abs. 2 LkSG einen Katalog von Verboten, bei denen ein Verstoß ein menschenrechtliches Risiko begründet. Neben Kinderarbeit, Zwangsarbeit und Sklaverei wird

---

120 Kommentar zu Leitprinzip Nr. 12.

121 *Kocher*, AVR 57 (2019), 183, 192.

122 *UN - Office of the High Commissioner for Human Rights,* Guiding Principles on Bussines and Human Rights, Leitprinzip 12; *UN - Office of the High Commissioner for Human Rights,* The Corporate Responsibility to respect Human Rights - An Interpretative Guide, S. 10.

123 *UN - Office of the High Commissioner for Human Rights,* Guiding Principles on Bussines and Human Rights, Kommentar zu Leitprinzip 12.

124 Übereinkommen 1: Begrenzung der Arbeitszeit in gewerblichen Betrieben auf acht Stunden täglich und achtundvierzig Stunden wöchentlich (1919).

125 Übereinkommen 155: Übereinkommen über Arbeitsschutz und Arbeitsumwelt (1981).

126 Nr. 1-11 der Anlage zu § 2 Abs. 1.

die Missachtung von Regeln des Arbeitsschutzes und der Koalitionsfreiheit, die Ungleichbehandlung in Beschäftigung, das Vorenthalten eines angemessenen Lohns, die Herbeiführung schädlicher Umwelteinwirkungen, die Zwangsräumung und der widerrechtliche Entzug von Land, Wäldern und Gewässern sowie die mit bestimmten Rechtsverletzungen verbundene Beauftragung und Nutzung von Sicherheitskräften zum Schutz eines unternehmerischen Projekts verboten. Schließlich enthält § 2 Abs. 2 Nr. 12 LkSG eine Auffangklausel für darüberhinausgehendes Tun oder pflichtwidriges Unterlassen, das unmittelbar geeignet ist, in besonders schwerwiegender Weise eine geschützte Rechtsposition zu beeinträchtigen und dessen Rechtswidrigkeit bei Würdigung aller in Betracht kommenden Umstände offensichtlich ist. Hierdurch wird wieder ein Bezug zu § 2 Abs. 1 LkSG und den in der Anlage aufgelisteten Regelwerken hergestellt.[127]

Wird im Folgenden der Begriff der Menschenrechte verwendet, bezieht sich dieser auf die soeben beschriebenen, typischerweise in Lieferketten beeinträchtigten Rechte von Arbeiter*innen.

III. Transnationale Unternehmen, Besteller- und Zulieferunternehmen

Ein weiterer Begriff, der in dieser Arbeit, aber auch in dem Diskurs zu Menschenrechtsverletzungen in Lieferketten allgemein häufig vorkommt, ist der des transnationalen Unternehmens. Auch für diesen Begriff besteht keine einheitliche Definition. Die UN definiert transnationales Unternehmen in ihren *Draft Norms on the Responsibilities of Transnational Corporations and Other Business Enterprises with Regard to Human Rights (Draft Norms)* als

"an economic entity operating in more than one country or a cluster of economic entities operating in two or more countries - whatever their legal form, whether in their home country or country of activity, and whether taken individually or collectively"[128].

---

127 Hierin sehen manche Autor*innen einen Verstoß gegen das Bestimmtheitsgebot, z. B. *Stöbener de Mora/Noll*, NZG 2021, 1237, 1240; *E. Wagner/Rutloff*, NJW 2021, 2145, 2146; a.A. hingegen HK-LkSG-*Johann/Gabriel*, § 2 Rn. 103.
128 *UN - Sub-Commission on the Promotion and Protection of Human Rights*, Draft Norms, S. 7.

Teilweise wird auch der Begriff des multinationalen Unternehmens verwendet, z.B. durch die OECD in ihren Leitsätzen für multinationale Unternehmen. In der Neuauflage aus dem Jahr 2023 statuieren die Leitsätze:

"A precise definition of multinational enterprises is not required for the purposes of the Guidelines. While the Guidelines allow for a broad approach in identifying which entities may be considered multinational enterprises for the purposes of the Guidelines, the international nature of an enterprise's structure or activities and its commercial form, purpose, or activities are main factors to consider in this regard. These enterprises operate in all sectors of the economy. They usually comprise companies or other entities established in more than one country and so linked that they may coordinate their operations in various ways."[129]

Auch die ILO spricht von multinationalen Unternehmen. Nach dem Verständnis der Organisation sind das Unternehmen, „die Produktions-, Vertriebs-, Dienstleistungs- oder sonstige Einrichtungen außerhalb des Landes, in dem sie ansässig sind, besitzen oder kontrollieren", wobei die Größe des Unternehmens sowie der Grad der Selbstständigkeit der verschiedenen Glieder innerhalb des multinationalen Unternehmens variieren kann.[130]

Auf die Darstellung weiterer Definitionsansätze soll an dieser Stelle verzichtet werden.[131] Prägendes und für die Zwecke dieser Arbeit wesentliches Merkmal transnationaler Unternehmen ist das unternehmerische Tätigwerden in mindestens zwei Ländern. Hieraus ergibt sich typischerweise die Geltung verschiedener nationaler Rechtsordnungen, ohne dass eine Rechtsordnung Zugriff auf das transnationale Unternehmen als Ganzes hat.[132]

Das bedeutet auch, dass nicht nur Bestellerunternehmen, die ihre Ware aus verschiedenen Ländern beziehen und in deren Lieferketten es zu Menschenrechtsverletzungen kommen kann, regelmäßig unter den Betriff des transnationalen Unternehmens fallen, sondern auch Auditunternehmen selbst, da diese meist durch verschiedene gesellschaftsrechtliche Verflechtungen in einer Vielzahl von Ländern operieren. Schließlich können auch Zulieferunternehmen transnationale Unternehmen sein, sofern diese in

---

129 *OECD,* Guidelines for Multinational Enterprises, I. 4.
130 *International Labour Organization,* Dreigliedrige Grundsatzerklärung, S. 3.
131 Hierzu ausführlich: *Haider,* Haftung von transnationalen Unternehmen und Staaten für Menschenrechtsverletzungen, S. 45 ff; *Glinski,* Die rechtliche Bedeutung der privaten Regulierung globaler Produktionsstandards, 35 ff.
132 *Krajewski,* MRM —MenschenRechtsMagazin 2012, 66, 70; *Görgen,* Unternehmerische Haftung in transnationalen Menschenrechtsfällen, S. 55 f.

mehreren Ländern tätig sind.[133] Um differenzieren zu können, soll daher, soweit eine Unterscheidung nötig ist, von Besteller- und Zulieferunternehmen einerseits und von Auditunternehmen andererseits gesprochen werden.

IV. Arbeiter*innen

Betroffene, die aufgrund der mangelhaften Durchführung von Sozialaudits einen Schaden erleiden, sind meist in Zulieferbetrieben tätig. Das bedeutet jedoch nicht, dass dem auch stets eine wirksame vertragliche Arbeitsbeziehung zugrunde liegt. Die Realität in globalen Lieferketten ist vielmehr häufig von informellen Beschäftigungsverhältnissen geprägt.[134] Dazu zählen nicht nur Fälle von Kinder- und Zwangsarbeit oder sonstige Formen illegaler Beschäftigung, sondern auch an Tätigkeiten außerhalb von Betriebsstätten, wie zum Beispiel die Heimarbeit und Tagelöhnerei.[135] Um zu verdeutlichen, dass ein besserer Schutz auch für diese Personen angestrebt wird und eben nicht von der formellen Stellung als Arbeitnehmer*in abhängig sein sollte, wird in dieser Arbeit der Begriff Arbeiter*innen verwendet.[136]

---

133 Eine Einordnung von Zuliefererunternehmen als transnationale Unternehmen allein aufgrund ihrer vertraglichen Verbundenheit mit unternehmerischen Einheiten in anderen Staaten wird hingegen überwiegend unter Verweis auf die fehlende gesellschaftsrechtliche Verbundenheit abgelehnt (*Massoud*, Menschenrechtsverletzungen im Zusammenhang mit wirtschaftlichen Aktivitäten von transnationalen Unternehmen, S. 38 m.w.N.).

134 *OECD*, Informality and Globalisation; *International Labour Organization*, Women and men in the informal economy; für die Textilindustrie: *OECD*, Due Diligence Guidance for Responsible Supply Chains in the Garment and Footwear Sector, S. 107.

135 https://www.bmz.de/de/service/lexikon/70562-70562 (letzter Abruf: 18.04.2024).

136 *Gläßer et al.*, Außergerichtliche Beschwerdemechanismen, S. 42; zu einer ausführlichen Auseinandersetzung mit dem Begriff „worker" siehe *Davidov*, Industrial Law Journal 2005, 57.

Kapitel 1: Die problematische Rolle von Sozialaudits in globalen Lieferketten

A. Debatte um den Umgang mit Menschenrechtsverletzungen in globalen Lieferketten

Wie man mit Menschenrechtsverletzungen umgehen soll, die in globalen Lieferketten stattfinden, wird bereits seit Jahrzehnten kontrovers diskutiert. Dabei rücken transnationale Unternehmen besonders in den Fokus der Debatte, seit im Zuge der Globalisierung viele von ihnen ihre Produktion in Länder des globalen Südens ausgelagert haben, entweder in Form von Tochterunternehmen oder durch die Beauftragung von Zulieferfirmen.[137] Angelockt wurden die transnationalen Unternehmen durch eine große Verfügbarkeit von Rohstoffen, niedrige Produktionskosten und ein unternehmerfreundliches regulatorisches Umfeld. Die unternehmerische Tätigkeit hat jedoch teilweise gravierende Folgen für die Menschen vor Ort: rechtswidrige Landnahmen, Umweltverschmutzung oder die Verletzung grundlegender Arbeitsrechte sind nur einige Beispiele.[138] Eine Möglichkeit der Betroffenen ist das juristische Vorgehen gegen vor Ort agierende Unternehmen, die unmittelbar in Menschenrechtsverletzungen verwickelt sind. Es gibt jedoch eine Reihe von Gründen, die gegen dieses Vorgehen sprechen können. Nationale Gesetze in den Produktionsländern bieten zum Teil keinen ausreichenden Schutz gegen Menschenrechtsverletzungen oder werden nur unzureichend durchgesetzt.[139] In vielen Fällen fehlt es schlicht an den finanziellen Ressourcen für ein funktionierendes Justizsystem und eine ef-

---

137 Siehe z. B. https://www.csr-in-deutschland.de/DE/CSR-Allgemein/CSR-in-der-P raxis/Branchen/Textil-Bekleidungs-Industrie/textil-bekleidungs-industrie.html (Stand: 18.04.2024) zur Auslagerung der Textilproduktion; https://www.bpb.de/ku rz-knapp/zahlen-und-fakten/globalisierung/52851/verlagerungsmotive/ (Stand: 18.04.2024) nennt als wichtigste Verlagerungsmotive die Senkung der Lohnkosten und den Zugang zu neuen Absatzmärkten.

138 Vgl. *Saage-Maaß*, Unternehmen zur Verantwortung ziehen, S. 4; zu Fallbeispielen siehe *Görgen*, Unternehmerische Haftung in transnationalen Menschenrechtsfällen, S. 65 ff.

139 *Brot für die Welt/Misereor/ECCHR*, Transnationale, S. 22; *Mansel*, ZGR 2018, 439, 442; *Hartmann*, Haftung von Unternehmen für Menschenrechtsverletzungen im Ausland aus Sicht des Internationalen Privat- und Zivilverfahrensrechts, 281, 284 f..

fektive Rechtsdurchsetzung.[140] Häufig verhindert aber auch die wirtschaftliche Abhängigkeit der Produktionsländer von ausländischen Investitionen und der starke Standortwettbewerb zwischen den Ländern einen besseren staatlichen Rechtsschutz.[141] Hinzu kommt, dass die lokalen Unternehmen teilweise nicht über die erforderliche Liquidität für eine Kompensation der entstandenen Schäden verfügen, so dass der gebotene Rechtsschutz praktisch ebenfalls ins Leere läuft.[142] Für bestimmte vulnerable Gruppen wie indigene Völker oder Migrant*innen kann der Zugang zum Recht zudem zusätzlich erschwert sein.[143] Die oft unzureichende Verfügbarkeit effektiver Rechtsschutzmöglichkeiten in den Produktionsländern rückte die Frage nach der Haftung transnationaler Unternehmen und das Vorgehen gegen sie in ihren Heimatstaaten in den Vordergrund. Über mögliche Vorgehensweisen gegen transnationale Unternehmen in Deutschland soll hier ein kurzer Überblick gegeben werden, um in einem nächsten Schritt die Rolle von Auditunternehmen deutlich machen zu können. Soweit die allgemeine Haftung transnationaler Unternehmen für die Haftung von Auditunternehmen relevant ist, werden Einzelheiten an späterer Stelle noch einmal aufgegriffen.

I. Das Lieferkettensorgfaltspflichtengesetz

Seit dem 1. Januar 2023 müssen Unternehmen, die ihre Hauptverwaltung, ihre Hauptniederlassung, ihren Verwaltungssitz oder ihren satzungsmäßigen Sitz in Deutschland haben, sowie Unternehmen mit einer deutschen Zweigniederlassung gemäß § 13d HGB die Anforderungen des Lieferket-

---

140 *Osieka*, Zivilrechtliche Haftung deutscher Unternehmen für menschenrechtsbeeinträchtigende Handlungen ihrer Zulieferer, S. 107; *Hartmann*, Haftung von Unternehmen für Menschenrechtsverletzungen im Ausland aus Sicht des Internationalen Privat- und Zivilverfahrensrechts, 281, 284 f..

141 *Hartmann*, Haftung von Unternehmen für Menschenrechtsverletzungen im Ausland aus Sicht des Internationalen Privat- und Zivilverfahrensrechts, 281, 285.

142 *Mansel*, ZGR 2018, 439, 442; *Hartmann*, Haftung von Unternehmen für Menschenrechtsverletzungen im Ausland aus Sicht des Internationalen Privat- und Zivilverfahrensrechts, 281, 285f; *Saage-Maaß*, Unternehmen zur Verantwortung ziehen, S. 6f. weist jedoch darauf hin, dass durchaus auch Prozesse in den Gaststaaten stattfinden, welche bei der Aufarbeitung von Menschenrechtsverletzungen eine wichtige Rolle spielen.

143 *UN - Office of the High Commissioner for Human Rights,* Guiding Principles on Bussines and Human Rights, S. 29.

tensorgfaltspflichtengesetzes erfüllen, soweit sie mindestens 3000 Mitarbeiter*innen im Inland beschäftigen (§ 1 Abs. 1 S. 1 und 2 LkSG).[144] Am 1. Januar 2024 wurde diese Schwelle auf 1000 Mitarbeiter*innen abgesenkt (§ 1 Abs. 1 Abs. 1 S. 3 LkSG). Seit diesem Zeitpunkt müssen die betroffenen Unternehmen bestimmte menschenrechtliche und umweltbezogene Sorgfaltspflichten erfüllen (§ 3 LkSG). Das beinhaltet zunächst die Einrichtung eines wirksamen Risikomanagements und die Festlegung einer betriebsinternen Zuständigkeit für dessen Überwachung (§ 4 LkSG). Im Rahmen des Risikomanagements müssen Unternehmen regelmäßige Risikoanalysen durchführen, um menschenrechtliche und umweltbezogene Risiken im eigenen Geschäftsbereich und bei unmittelbaren Zulieferern zu ermitteln (§ 5 LkSG). Werden Risiken identifiziert, müssen Unternehmen geeignete Präventionsmaßnahmen ergreifen (§ 6 LkSG). Das kann zum Beispiel die vertragliche Vereinbarung entsprechender Maßnahmen mit dem direkten Zulieferer oder die Durchführung von Schulungen sein. Wichtig ist zudem, dass Unternehmen Beschaffungsstrategien und Einkaufspraktiken implementieren, die die festgestellten Risiken verhindern oder minimieren (§ 6 Abs. 3 LkSG). Des Weiteren müssen sie überprüfen, ob direkte Vertragspartner entlang ihrer Lieferkette identifizierte Risiken angemessen adressieren (§ 6 Abs. 4 LkSG). Ist es bereits zu einer Verletzung gekommen, müssen angemessene Abhilfemaßahmen ergriffen werden (§ 7 LkSG). Zudem müssen Unternehmen ein Beschwerdeverfahren einrichten, das es Personen ermöglicht, auf Risiken oder bereits eingetretene Verletzungen hinzuweisen (§ 8 LkSG). Die betroffenen Unternehmen müssen die Erfüllung der gesetzlichen Sorgfaltsanforderungen dokumentieren und jährlich darüber berichten (§ 10 LkSG).

In seiner Reichweite ist das Gesetz grundsätzlich auf den Geschäftsbereich der betroffenen Unternehmen sowie deren unmittelbare Zulieferer beschränkt (siehe insbesondere § 5 Abs. 1, § 6 Abs. 4, § 7 Abs. 1 LkSG). Auf mittelbare Zulieferer müssen die durch das LkSG geforderten Maßnahmen nur bei substantiierter Kenntnis von möglichen menschenrechtsbezogenen oder umweltbezogenen Verletzungen ausgeweitet werden (§ 9 Abs. 3 LkSG). Etwas anderes gilt allerdings für die Einrichtung von Beschwerdemechanismen. Diese müssen so eingerichtet sein, dass Personen auch auf Risiken

---

144 Zum Ganzen: https://www.csr-in-deutschland.de/DE/Wirtschaft-Menschenrechte/Gesetz-ueber-die-unternehmerischen-Sorgfaltspflichten-in-Lieferketten/FAQ/faq.html.

und Verletzungen hinweisen können, die durch das wirtschaftliche Handeln eines mittelbaren Zulieferers entstanden sind (§ 9 Abs. 1 LkSG).

Eine eigene Anspruchsgrundlage für eine zivilrechtliche Haftung ist im LkSG nicht vorgesehen. Vielmehr enthält das Gesetz in § 3 Abs. 3 S. 1 sogar eine ausdrückliche Klarstellung, dass die Verletzung der normierten Sorgfaltspflichten keine zusätzliche zivilrechtliche Haftung begründet, auch wenn im darauffolgenden Satz darauf hingewiesen wird, dass eine unabhängig von dem Gesetz begründete zivilrechtliche Haftung unberührt bleibt. Auf verfahrensrechtlicher Ebene enthält das LkSG jedoch eine Erleichterung für die Geltendmachung etwaiger zivilrechtlicher Ansprüche in Form einer besonderen Prozessstandschaft für inländische Gewerkschaften und Nichtregierungsorganisationen (§ 11 LkSG).[145]

Zu beachten ist schließlich, dass das LkSG überwiegend Bemühenspflichten und keine Erfolgspflichten begründet.[146] Unternehmen müssen nach der Konzeption des Gesetzes zwar angemessene Maßnahmen ergreifen, um sicherzustellen, dass es in ihren Lieferketten nicht zu Sorgfaltspflichtverletzungen kommt. Sie stehen jedoch nicht im Wege einer Garantie dafür ein. Welches Handeln angemessen ist, bestimmt sich nach den Umständen des Einzelfalles, insbesondere nach Art und Umfang der Geschäftstätigkeit, Einflussmöglichkeit auf unmittelbare Verursacher, Schwere und Wahrscheinlichkeit der Verletzung sowie Art des Verursachungsbeitrags (§ 3 Abs. 2 LkSG). Unternehmen haben also erhebliche Spielräume bei der Umsetzung der normierten Sorgfaltspflichten.[147]

Die Einhaltung des Gesetzes wird durch das *Bundesamt für Wirtschaft und Ausfuhrkontrolle (BAFA)* kontrolliert (§ 19 LkSG). Im Falle eines Verstoßes droht die Verhängung von Bußgeldern (§ 24 LkSG) sowie der Ausschluss von der Vergabe öffentlicher Aufträge (§ 22 LkSG).

Die Frage der Anwendbarkeit des LkSG auf Auditunternehmen wird zu einem späteren Zeitpunkt in dieser Arbeit noch genauer beleuchtet.[148]

---

145 § 11 LkSG. Nach der Einschätzung einiger Autor*innen impliziert die Einfügung dieser Prozessstandschaft sogar das Bestehen von Haftungsansprüchen, so z. B. *E. Wagner/Rutloff*, NJW 2021, 2145, 2150; *Tschäpe/Trefzger*, ZfBR 2023, 423, 432.

146 Siehe hierzu Beschlussempfehlung und Bericht des Ausschusses für Arbeit und Soziales zum Entwurf des Lieferkettensorgfaltspflichtengesetzes vom 09.06.2021, BT-Drs. 19/30505, S. 2; ausführlich auch *E. Wagner/Rutloff*, NJW 2021, 2145; zu den Ausnahmen siehe *Hembach*, LMuR 2023, 9, 13.

147 *Gailhofer/Glinski*, Haftungsrechtlicher Rahmen von nachhaltiger Zertifizierung in textilen Lieferketten, S. 11.

148 Siehe hierzu in Kapitel 2 unter B I 2 a bb (2) (c) (ee).

II. Materiellrechtliche Haftung transnationaler Unternehmen

Da das LkSG keine eigene Regelung für eine zivilrechtliche Haftung transnationaler Unternehmen trifft, ist diese auch nach Inkrafttreten des Gesetzes anhand der bereits geltenden Grundsätze zu beurteilen. Da zudem eine Herleitung verbindlicher Rechtsansprüche gegen transnationale Unternehmen aus den Normen des Völkerrechts unter Verweis auf die fehlende Völkerrechtssubjektivität von Unternehmen überwiegend nicht für möglich gehalten wird,[149] konzentriert sich die Frage nach der materiellrechtlichen Haftung auf die allgemeinen Haftungsgrundsätze des deutschen Rechts.

1. Vertragliche Haftung

Eine vertragliche Haftung scheidet in aller Regel mangels Vertragsbeziehung zwischen transnationalen (Besteller-)Unternehmen und den Beschäftigten von Zulieferbetrieben aus. Zwar wird in Fällen, in denen Lieferverträge zwischen Besteller- und Zulieferunternehmen konkrete Regelungen zum Schutz der Beschäftigten, z.B. in Form von Verhaltenskodizes, enthalten, teilweise die Heranziehung der Grundsätze des Vertrags mit Schutzwirkung für Dritte erwogen. Dies wird jedoch im Ergebnis mehrheitlich abgelehnt.[150] Gegen eine drittschützende Wirkung wird zum einen die fehlende Leistungsnähe der Arbeiter*innen[151], zum anderen ihre mangelnde Schutzbedürftigkeit aufgrund eigener arbeitsvertraglicher Ansprüche gegen den Zulieferer[152] angeführt. Der Vertrag mit Schutzwirkung für Dritte bietet aber auch deshalb in den meisten Fällen keine adäquate Lösung, weil er lediglich einen Rückgriff auf diejenigen Zulieferunternehmen erlaubt, welche

---

149 *Renner*, ZEuP 2022, 782, 798; ausführlich zur Frage der Völkerrechtssubjektivität von Unternehmen: *Weilert*, ZaöRV 2009, 883; mit Blick auf Menschenrechtsverletzungen durch transnationale Unternehmen kritisch: *Brune*, Menschenrechte und transnationale Unternehmen; *Köster*, Die völkerrechtliche Verantwortlichkeit privater (multinationaler) Unternehmen für Menschenrechtsverletzungen.

150 *Thomale/Murko*, EuZA 2021, 40, 51; *Habersack/Ehrl*, AcP 219 (2019), 155, 192 f; *Thomale/Hübner*, JZ 72 (2017), 385, 390 Auch das LG Dortmund lehnte in seinem Urteil vom 10.01.2019 - 7 O 95/15, BeckRS 2019, 388 eine Haftung nach den Grundsätzen des Vertrags mit Schutzwirkung für Dritte ab.

151 So das LG Dortmund, Urteil vom 10.01.2019 - 7 O 95/15, BeckRS 2019, 388. Zustimmend: *Johnson*, CCZ 2020, 103, 105.

152 *Thomale/Hübner*, JZ 72 (2017), 385, 390.

sich vertraglich zur Einhaltung bestimmter Standards verpflichtet haben, nicht jedoch auf transnationale Bestellerunternehmen.[153]

Naheliegender ist es, die durch den Lieferanten zugesagten Maßnahmen zum Schutz der Beschäftigten als Leistung an eben diese Beschäftigten selbst einzuordnen.[154] Aus diesem Grund wird vereinzelt auch in Erwägung gezogen, Regelungen zum Schutz der Beschäftigten als Vertrag zugunsten Dritter einzuordnen.[155] In der Terminologie des Vertrags zugunsten Dritter ließe sich wie folgt argumentieren: Durch die Vereinbarung eines Verhaltenskodex sagt der Zulieferer dem Bestellerunternehmen im Deckungsverhältnis die Umsetzung bestimmter Maßnahmen zum Schutz der Beschäftigten zu. Das Bestellerunternehmen wiederum wendet diese schuldrechtliche Verpflichtung im Valutaverhältnis den Beschäftigten zu. Das Vollzugsverhältnis bestünde zwar auch hier zwischen dem Zulieferer als Versprechendem und den Beschäftigten. Jedoch kann dem Bestellerunternehmen eine leistungssichernde Nebenpflicht zur Kontrolle der Umsetzung der Schutzmaßnahmen obliegen. Käme es dann zu Schäden bei den Beschäftigten, könnte das Bestellerunternehmen wegen einer Verletzung dieser Pflichten in Anspruch genommen werden.[156] Die Annahme einer entsprechenden vertraglichen Verbindung hängt allerdings davon ab, ob nach dem erkennbaren Willen der Vertragsschließenden dem Dritten ein eigenes Forderungsrecht eingeräumt werden soll. Fehlt es an einer entsprechenden vertraglichen Bestimmung, ist dies anhand der Umstände des Einzelfalls, insbesondere dem Zweck des Vertrages zu ermitteln und kommt vor allem dann in Betracht, wenn der Versprechensempfänger die Leistung lediglich im Interesse des Dritten verabredet hat.[157] Ein entsprechender Wille des Bestellerunternehmens lässt sich in den meisten transnationalen Menschenrechtsfällen jedoch nur schwer begründen.[158]

Aufgrund der Schwierigkeiten bei der Begründung einer vertraglichen Haftung kommen vor allem deliktische Anspruchsgrundlagen für ein Vorgehen gegen transnationale Unternehmen in Betracht.

---

153 *Gailhofer/Glinski,* Haftungsrechtlicher Rahmen von nachhaltiger Zertifizierung in textilen Lieferketten, S. 20 f.
154 *B. Schneider,* NZG 2019, 1369, 1375 f.
155 Siehe hierzu insb. *Heinlein,* NZA 2018, 276, 279.
156 *Heinlein,* NZA 2018, 276, 281; *B. Schneider,* NZG 2019, 1369, 1376.
157 BGH, Urt. v. 16.10.1990 – XI ZR 330/89, NJW 1991, 2209.
158 *Thomale/Murko,* EuZA 2021, 40, 51; *Rudkowski,* RdA 2020, 232, 239; *Fleischer,* DB 2022, 920, 926.

2. Deliktische Haftung

Da das deutsche Deliktsrecht keine Sondernormen zum Schutz vor Menschenrechtsverletzungen enthält, können deliktische Ansprüche nur aus den allgemeinen Normen des Deliktsrechts hergeleitet werden.

a. § 823 Abs. 1 BGB

Die Geltendmachung eines Anspruchs aus § 823 Abs. 1 BGB ist nur im Falle der Verletzung bestimmter Rechtsgüter möglich. Zwar lassen sich viele der in globalen Lieferketten bedrohten Menschenrechte unter die Schutzgüter des § 823 Abs. 1 BGB subsumieren, andere wie das Recht auf angemessene Arbeitsbedingungen fallen jedoch nicht ohne Weiteres darunter.[159] Aber auch wenn die Verletzung eines geschützten Rechtsguts vorliegt, erfordert eine Haftung nach § 823 Abs. 1 BGB grundsätzlich ein eigenes pflichtwidriges Verhalten des Schädigers. Primärer Verantwortlicher für die Gefahrenquelle ist jedoch in der Regel das unmittelbar agierende ausländische Tochter- oder Zulieferunternehmen.[160] Als eigene Pflichtverletzung transnationaler Unternehmen kann daher nur eine mittelbare Verletzung, z.B. das Unterlassen von Schutzmaßnahmen geltend gemacht werden. Diese führt nur dann zu einer Haftung, wenn hierin zugleich die Verletzung einer Verkehrspflicht zu sehen ist. Inwieweit transnationale Unternehmen, insbesondere Bestellerunternehmen, eine Verkehrspflicht trifft, Maßnahmen zur Vermeidung von Menschenrechtsverletzungen bei Tochter- oder Zulieferunternehmen zu ergreifen, ist sehr umstritten.[161] Eine solche Pflicht wird teilweise aus der Schaffung bestimmter menschenrechtlicher Risikolagen oder der engen Involvierung in die Tätigkeit von Tochterunternehmen oder Zulieferern gesehen.[162] Auch die Kenntnis oder grob fahrlässige Unkenntnis

---

159 *Weller/Kaller/Schulz*, AcP 216 (2016), 387, 400 die auch die Subsumtion von Menschenrechtsverletzungen unter die „sonstigen Rechte" i.S.v. § 823 Abs. 1 BGB unter Verweis auf das Fehlen eines klaren Bezugspunkts für eine eindeutige Bestimmung des Schutzbereichs eines solchen sonstigen Rechts ablehnen.

160 *Weller/Kaller/Schulz*, AcP 216 (2016), 387, 401.

161 Grundsätzlich für eine solche menschenrechtliche Sorgfaltspflicht plädieren *Weller/Thomale*, ZGR 2017, 509, 521 f; *Saage-Maaß/Leifker*, BB 2015, 2499, 2503 ff.. Im Grundsatz ablehnend hingegen *Habersack/Ehrl*, AcP 219 (2019), 155, 197 ff; *G. Wagner*, RabelsZ 80 (2016), 717, 757 ff.

162 *Saage-Maaß*, Arbeitsbedingungen in der globalen Zulieferkette, S. 15 ff.

von Menschenrechtsverletzungen bei Tochter- oder Zulieferunternehmen wird teilweise zur Begründung einer Verkehrspflicht herangezogen.[163] Ob und unter welchen Voraussetzungen mit etwaigen Klagen befasste Gerichte dies tatsächlich als ausreichend erachten würden, ist allerdings unklar. Ebenso ist nicht abschließend geklärt, welche Rolle die Durchführung von Sozialaudits bei der Begründung einer Verkehrspflicht spielen können. Diese Frage wird zu einem späteren Zeitpunkt noch einmal gesondert diskutiert.[164]

Auch über den Umfang etwaiger Verkehrspflichten besteht wenig Klarheit. Dieser richtet sich maßgeblich nach der Verkehrserwartung, welche wiederum von internationalen Standards wie den UN-Leitprinzipien geprägt werden kann.[165] Sowohl die notwendige Heranziehung solcher Standards als auch ihre Konkretisierungsleistung für deliktische Verkehrspflichten wird jedoch teilweise in Zweifel gezogen.[166] Es erscheint allerdings nicht ausgeschlossen, dass die im LkSG enthaltenen Sorgfaltspflichten Eingang in die Rechtsprechung zu Verkehrspflichten finden und damit trotz Ausschlusses einer direkten Haftung aus dem Gesetz indirekt zur Begründung einer Haftung beitragen.[167] Insgesamt bietet die Herleitung einer unternehmerischen Haftung aus § 823 Abs. 1 BGB den Betroffenen in transnationalen Menschenrechtsfällen dennoch wenig Rechtssicherheit.

b. § 823 Abs. 2 BGB

Auch eine Haftung nach § 823 Abs. 2 BGB lässt sich in transnationalen Menschenrechtsfällen nur schwer darlegen, da in der Regel kein entsprechendes Schutzgesetz existiert, auf dessen Verletzung eine solche Haftung gestützt werden könnte. Das LkSG wird man angesichts der im Gesetzestext enthaltenen Klarstellung, dass eine Verletzung der dort normierten Pflichten keine zivilrechtliche Haftung begründet, nicht als Schutzgesetz

---

163 *Thomale/Murko*, EuZA 2021, 40, 52; *Habersack/Ehrl*, AcP 219 (2019), 155, 202.
164 Siehe hierzu in Kapitel 2 unter B III 1.
165 *Weller/Thomale*, ZGR 2017, 509, 522.
166 Kritisch z. B. *von Falkenhausen*, Menschenrechtsschutz durch Deliktsrecht, S. 46 f.
167 *Ehmann*, ZVertriebsR 2021, 205, 206; *Paefgen*, ZIP 2021, 2006, 2011 Kritisch: *Spindler*, ZHR 2022, 67, 95; *Fleischer*, DB 2022, 920, 922; *Giesberts*, NVwZ 2022, 1497, 1502.

im Sinne von § 823 Abs. 2 BGB einstufen können.[168] Daher muss auch hier eine Beurteilung unabhängig von den neuen gesetzlichen Regelungen stattfinden.

Völkerrechtliche Regelwerke zum Schutz von Menschenrechten werden überwiegend nicht als Schutzgesetze im Sinne des § 823 Abs. 2 BGB angesehen, da sie private Unternehmen nicht unmittelbar binden.[169] Da auch internationale Verhaltensstandards wie die UN-Leitprinzipien mangels Gesetzescharakters nicht als Schutzgesetze in Betracht kommen,[170] ist eine Haftung transnationaler Unternehmen nach § 823 Abs. 2 BGB vor allem im Falle der Verletzung individualschützender strafrechtlicher Vorschriften durch Unternehmensvertreter*innen denkbar.[171] Dass ein strafrechtlich relevantes Verhalten einer Einzelperson stattgefunden hat, wird allerdings nur selten nachweisbar sein.

c. § 826 BGB

Zu denken wäre überdies an eine Haftung nach § 826 BGB. Allerdings werden an die Annahme einer vorsätzlichen sittenwidrigen Schädigung hohe Anforderungen gestellt. Selbst wenn diese einmal tatsächlich erfüllt sein sollten, stellt sich auch hier das Problem der Nachweisbarkeit in der Praxis.[172]

---

168 Dies ausdrücklich klarstellend: Beschlussempfehlung und Bericht des Ausschusses für Arbeit und Soziales (11. Ausschuss), BT-Drucks. 19/30505 v. 09.06.2021, S. 39. Nach Ansicht von *Tschäpe/Trefzger*, ZfBR 2023, 423, 431 können jedoch Verstöße gegen die in § 2 Abs. 2 und Abs. 3 LkSG genannten Verbote eine Haftung begründen. Die Autoren argumentieren, dass die Verbotsnormen nicht aus dem LkSG, sondern aus den in Bezug genommenen internationalen Abkommen stamme, eine Haftung ist daher nicht durch § 3 Abs. 2 S. 1 LkSG ausgeschlossen sei.

169 *Weller/Kaller/Schulz*, AcP 216 (2016), 387, 406.

170 Siehe hierzu *Görgen*, Unternehmerische Haftung in transnationalen Menschenrechtsfällen, S. 353.

171 Zu in Betracht kommenden Schutzgesetzen aus dem Strafrecht siehe *Deutsch*, VersR 2004, 137.

172 Hierzu genauer: *Görgen*, Unternehmerische Haftung in transnationalen Menschenrechtsfällen, S. 384 ff.

d. § 831 Abs. 1 BGB

Auch eine Geschäftsherrenhaftung transnationaler Unternehmen nach § 831 Abs. 1 S. 1 BGB für Menschenrechtsverletzungen ausländischer Tochterunternehmen oder Zulieferer lässt sich nur schwer begründen. Obwohl häufig eine wirtschaftliche Abhängigkeit besteht, fehlt es vor allem in Zuliefererfällen regelmäßig an der für die Einstufung als Verrichtungsgehilfe erforderlichen Weisungsgebundenheit.[173] Selbst in Konzernfällen erfordert die Annahme einer Weisungsgebundenheit des Tochterunternehmens aufgrund ihrer rechtlichen Selbstständigkeit erheblichen Begründungsaufwand und wird nur in Ausnahmefällen angenommen.[174]

e. Haftungsdurchgriff

Neben der zivilrechtlichen Haftung aufgrund eigener Pflichtverletzungen wird zur Begründung von Ansprüchen gegen ausländische Tochterunternehmen schließlich auch ein Haftungsdurchgriff auf das Vermögen der inländischen Muttergesellschaft in Betracht gezogen, jedoch meist unter Berufung auf das gesellschaftsrechtliche Trennungsprinzip abgelehnt.[175]

III. Gerichtszuständigkeit und kollisionsrechtliche Fragen

Deutsche Gerichte sind für Klagen gegen transnationale Unternehmen nach Art. 4 in Verbindung mit Art. 63 Abs. 1 Brüssel Ia-VO zuständig, wenn sich der satzungsmäßige Sitz, die Hauptverwaltung oder die Hauptniederlassung des Unternehmens in Deutschland befindet.[176] Allerdings kommt es in transnationalen Menschenrechtsfällen auch vor deutschen Gerichten häufig nicht zur Anwendung des deutschen Rechts. Für vertragliche Ansprüche bestimmt sich das anwendbare Recht nach der Rom I-VO. Nach dessen Art. 4 Abs. 1 lit. a unterliegen Kaufverträge sowie Werklieferungsver-

---

173 *Habersack/Ehrl*, AcP 219 (2019), 155, 193.
174 *Massoud*, Menschenrechtsverletzungen im Zusammenhang mit wirtschaftlichen Aktivitäten von transnationalen Unternehmen, S. 92; *Thomale/Murko*, EuZA 2021, 40, 53.
175 So z. B. *Görgen*, Unternehmerische Haftung in transnationalen Menschenrechtsfällen, S. 401 ff.; *Weller/Kaller/Schulz*, AcP 216 (2016), 387, 409.
176 *Mansel*, ZGR 2018, 439, 449.

träge in Abwesenheit einer anderweitigen Parteivereinbarung grundsätzlich dem Recht des Staates, in dem der Verkäufer den gewöhnlichen Aufenthaltsort hat. Ansprüche aus einem Vertrag zugunsten Dritter richten sich daher in der Regel nach ausländischem Recht. Für Ansprüche nach den Grundsätzen des Vertrages mit Schutzwirkung für Dritte richtet sich das anwendbare Recht hingegen nach dem Deliktsstatut.[177]

Für deliktische Ansprüche gilt die Rom II-VO für außervertragliche Schuldverhältnisse. Gemäß Art. 4 Abs. 1 Rom II-VO ist für Ansprüche aus unerlaubter Handlung grundsätzlich das Recht des sogenannten Erfolgsortes, also des Staates anwendbar, in dem der Schaden eintritt, unabhängig davon, in welchem Staat das schadensbegründende Ereignis oder indirekte Schadensfolgen eingetreten sind. In transnationalen Menschenrechtsfällen kommt es daher zur Anwendung des Rechts desjenigen Staates, in dem die Produktion stattfindet.[178] Lediglich in Fällen, in denen die unerlaubte Handlung eine offensichtlich engere Verbindung zum deutschen Staat aufweist, kann für die Anwendbarkeit deutschen Rechts an Art. 4 Abs. 3 Rom II-VO angeknüpft werden.[179]

Im Fall von Umweltbeeinträchtigungen haben Betroffene nach Art. 7 Rom II-VO zudem ein Wahlrecht zwischen dem Recht des Handlungsortes, also des Ortes, an dem das schadensbegründende Ereignis eingetreten ist, und dem Recht des Erfolgsortes. Ob dies auch für Fälle der mittelbaren Verursachung von Rechtsverletzungen, wie sie in Lieferkettenfällen üblich sind, gilt, ist jedoch fraglich.[180] Eine weitere Möglichkeit eröffnet Art. 14 Rom II-VO, nach dem die Parteien das Recht wählen können, dem das außervertragliche Schuldverhältnis unterliegen soll. Eine freiwillige Wahl des deutschen Rechts ist jedoch in transnationalen Menschenrechtsfällen eher nicht zu erwarten. Ausnahmsweise kann die Anwendung einer ausländischen Vorschrift unter Berufung auf Art. 26 Rom II-VO abgelehnt

---

177 *Dutta*, IPrax 2009, 293, 297.

178 *Monnheimer/Nedelcu*, ZRP 2020, 205, 206; *Rudkowski*, RdA 2020, 232, 233; *Halfmeier*, Zur Rolle des Kollisionsrechts bei der zivilrechtlichen Haftung für Menschenrechtsverletzungen, 33, 41 f.

179 *Halfmeier*, Zur Rolle des Kollisionsrechts bei der zivilrechtlichen Haftung für Menschenrechtsverletzungen, 33, 42 weist jedoch auf den Ausnahmecharakter dieser Vorschrift hin und betont, dass die Haftung eines in einem anderen Staat befindlichen Unternehmens geltend gemacht wird.

180 *Gailhofer*, Rechtsfragen im Kontext einer Lieferkettenregulierung, S. 21; insofern ablehnend *G. Wagner*, RabelsZ 80 (2016), 717, 743 f., der darauf hinweist, dass es bei der Anknüpfung an den Handlungsort im europäischen Zivilprozessrecht auf diejenige Handlung ankommt, die die Rechtsverletzung unmittelbar verursacht hat.

werden, nämlich dann, wenn ihre Anwendung mit der öffentlichen Ordnung des Staates des angerufenen Gerichs offensichtlich unvereinbar ist. Ein solcher *ordre public*-Verstoß wird jedoch nur ausnahmsweise angenommen.[181] Schließlich können in seltenen Ausnahmefällen einzelne Normen eines Staates auch dann angewendet werden, wenn kollisionsrechtlich zwar eigentlich ein anderes Recht zur Anwendung käme, die haftungsbegründenden Norm aber als Eingriffsnorm gemäß Art. 16 Rom II-VO eingestuft wird, die den in Frage stehenden Sachverhalt zwingend regelt.

Meist wird es jedoch in transnationalen Menschenrechtsfällen bei der Anwendbarkeit des Rechts des Schadensortes bleiben. Das kann ein niedrigeres Schutzniveau für Betroffene von Menschenrechtsverletzungen bedeuten. Zudem müssen deutsche Gerichte, die über Menschenrechtsklagen verhandeln, den Inhalt des ausländischen Rechts erst ermitteln, was zeit- und kostenintensiv und zudem mit Rechtsunsicherheiten verbunden ist.[182]

IV. Verfahrensrechtliche Hürden und faktische Hindernisse für den Zugang zu Abhilfe

Daneben bestehen diverse verfahrensrechtliche Hürden und faktische Hindernisse, die dem Zugang zu Abhilfe im Weg stehen. So wird Betroffenen das Vorgehen gegen Bestellerunternehmen in Deutschland insbesondere durch das Fehlen von kollektiven Rechtsschutzmechanismen erschwert. Da das deutsche Zivilprozessrecht in transnationalen Menschenrechtsfällen kein gebündeltes Vorgehen durch eine Sammelklage zulässt, müssen Betroffene ihre Verfahren jeweils einzeln betreiben, selbst bei Vorliegen einer Vielzahl von gleichgelagerten Fällen.[183] Bis zum Inkrafttreten des Lieferkettensorgfaltspflichtengesetzes hatten Gewerkschaften und Nichtregierungsorganisationen zudem keine Möglichkeit, die Rechte Betroffener im Wege der Prozessstandschaft geltend zu machen.

---

181 Der Ausnahmecharakter der Norm ergibt sich aus dem Wortlaut von Art. 26 („offensichtlich unvereinbar") sowie aus Erwägungsgrund Nr. 32. Dass ein ordre public-Verstoß nur in Ausnahmefällen angenommen werden darf, betont auch NK-BGB-*Schulze*, Art. 26 Rom II-VO Rn. 4.

182 *Stürner*, Zivilprozessuale Voraussetzungen für Klagen gegen transnationale Unternehmen wegen Menschenrechtsverletzungen, 73, 94; *Gailhofer/Glinski*, Haftungsrechtlicher Rahmen von nachhaltiger Zertifizierung in textilen Lieferketten, S. 30.

183 *Saage-Maaß/Klinger*, Unternehmen vor Zivilgerichten wegen der Verletzung von Menschenrechten, 249, 259f.

Eine abschreckende Wirkung entfaltet auch das Kostenrisiko, das die Betroffenen mit einem zivilgerichtlichen Verfahren eingehen. Da drittstaatliche Kläger gemäß § 110 Abs. 1 ZPO auf Verlangen des Beklagten eine Prozesskostensicherheit leisten müssen, müssen Betroffene bereits zu Beginn des Verfahrens sämtliche für den Fall ihres Unterliegens anfallenden Kosten aufbringen.[184] Zum anderen ist auch der gemäß § 78 Abs. 1 S. 1 ZPO vor den Landgerichten und Oberlandesgerichten herrschende Anwaltszwang mit erheblichen Kosten verbunden, vor allem da das deutsche Recht die Vereinbarung eines Erfolgshonorars nur in Ausnahmefällen vorsieht.[185] Zwar besteht grundsätzlich die Möglichkeit der Beantragung von Prozesskostenhilfe nach § 114 Abs. 1 ZPO. Juristische Personen und parteifähige Vereinigungen können gemäß § 116 S. 1 Nr. 2 ZPO jedoch nur dann Prozesskostenhilfe erhalten, wenn sie im Inland, in einem anderen Mitgliedstaat der EU oder einem anderen Vertragsstaat des Abkommens über den EWR gegründet wurden und dort ansässig sind. Dies schränkt die Möglichkeiten drittstattlicher Opferverbände ein.[186] Hinzu kommt, dass auch für den Fall der Bewilligung von Prozesskostenhilfe die unterliegende Partei gemäß § 123 ZPO nicht von der Pflicht zur Erstattung der dem Gegner entstandenen Kosten befreit ist.

Erschwerend kommt hinzu, dass den Kläger aufgrund des im deutschen Zivilprozess geltenden Beibringungsgrundsatzes in der Regel die volle Beweiserbringungspflicht trifft. Anders als in den Ländern des Common Law steht ihm nicht das Instrument der *pre-trial discovery* zur Verfügung, mit dem die Gegenseite zur Offenlegung von Dokumenten gezwungen werden kann. Die Konkretisierung möglicher Verletzungshandlungen von Bestellerunternehmen wird dadurch erschwert, dass meist der nötige Einblick in unternehmensinterne Entscheidungsabläufe fehlt.[187] Ob Betroffenen vor deutschen Gerichten Beweiserleichterungen oder eine Beweislastumkehr zugutekommen, ist mangels eindeutiger gesetzlicher Regelung nur schwer abzuschätzen.[188]

---

184 aaO, 260.

185 *Stürner*, Zivilprozessuale Voraussetzungen für Klagen gegen transnationale Unternehmen wegen Menschenrechtsverletzungen, 73, 92.

186 aaO, 90 f.

187 *Saage-Maaß*, Deutsches Zivilrecht - Mittel gegen Menschenrechtsverletzungen im Ausland?, 27, 31.

188 *Saage-Maaß/Klinger*, Unternehmen vor Zivilgerichten wegen der Verletzung von Menschenrechten, 249, 263.

V. Fallbeispiel: die Klage gegen *KiK*

Bislang wurde in Deutschland nur ein einziger Fall gerichtlich verhandelt, in dem es um die Haftung eines deutschen Bestellerunternehmens für Menschenrechtsverletzungen bei einem Zulieferer ging. In dem Verfahren von vier pakistanischen Klägern gegen die *KiK Textilien und Non-Food GmbH (KiK)*, welches in Folge eines Fabrikbrands in Karachi, Pakistan vor dem Landgericht Dortmund geführt wurde, warfen betroffene Arbeiter*innen und Angehörige *KiK* vor, als Hauptabnehmer der Fabrik eine Mitverantwortung für das Fehlen von Sicherheitsmaßnahmen zu tragen und somit zum Tod der Angehörigen dreier Kläger*innen sowie der Verletzung eines weiteren Klägers beigetragen zu haben.[189] Die Kläger*innen begehrten daher Schadensersatz. Die Klage, welche nach pakistanischem Recht verhandelt wurde, wurde im Ergebnis aufgrund einer Verjährungseinrede der Beklagten abgewiesen, sodass es auf eine inhaltliche Klärung der geltend gemachten Ansprüche nicht mehr ankam. Das Landgericht Dortmund stellte dennoch klar, dass es nach seiner Auffassung ohnehin an einer tauglichen Anspruchsgrundlage für eine Haftung nach deutschem Recht fehle.[190]

VI. Weitere rechtliche Steuerungsmechanismen

Neben den bereits erörterten Haftungsansätzen existieren noch eine Reihe weiterer rechtlicher Steuerungsmechanismen, die transnationale Unternehmen zur Verbesserung des Menschenrechtsschutzes in ihren Lieferketten bewegen sollen.

1. Berichtspflichten

Dazu gehören beispielsweise Berichtspflichten, die Unternehmen dazu verpflichten, menschenrechtliche Auswirkungen ihrer Tätigkeit im Ausland offenzulegen, und so mittelbar auf Verbesserungen hinwirken sollen. Auf EU-Ebene wurde zu diesem Zweck im Jahr 2014 die Richtlinie zur Offenlegung nichtfinanzieller und die Diversität betreffender Informationen durch

---

189 LG Dortmund, Urt. vom 10.01.2019 – 7 O 95/15 Rn. 14.
190 aaO, Rn. 47.

bestimmte große Gesellschaften und Konzerne (CSR-Richtlinie)[191] verabschiedet, deren Vorgaben im März 2017 durch das Gesetz zur Stärkung der nichtfinanziellen Berichterstattung der Unternehmen in ihren Lage- und Konzernlageberichten (CSR-Richtlinie-Umsetzungsgesetz)[192] in deutsches Recht übernommen wurden. Seitdem müssen große, kapitalmarktorientierte Unternehmen mit mehr als 500 Beschäftigten gemäß § 289b HGB eine nichtfinanzielle Erklärung veröffentlichen. Diese Erklärung muss gemäß § 289c Abs. 2 HGB Angaben enthalten, die sich zumindest auf Umwelt-, Arbeitnehmer- und Sozialbelange sowie auf die Achtung der Menschenrechte und auf die Bekämpfung von Korruption und Bestechung beziehen. Die betroffenen Unternehmen müssen gemäß § 289c Abs. 3 HGB dazu Stellung nehmen, welche Risiken negativer Auswirkungen in Bezug auf diese Belange im Zusammenhang mit ihrer Geschäftstätigkeit bestehen, welche Konzepte sie zum Umgang mit diesen Risiken verfolgen und welche Ergebnisse hierdurch erzielt werden. Verfolgt ein Unternehmen in Bezug auf bestimmte Belange kein Konzept, muss es gemäß § 289c Abs. 4 HGB eine Erklärung abgeben, warum dies der Fall ist (sog. *comply or explain*-Prinzip).

Die Berichterstattungspflicht ist in ihrer Wirkung jedoch in mehrfacher Hinsicht eingeschränkt.[193] Zum einen muss nur über Risiken berichtet werden, die *wesentlich* sind und die gleichzeitig *sehr wahrscheinlich schwerwiegende negative Auswirkungen* auf die genannten Belange haben werden.[194] Zum anderen fehlt eine verbindliche Vorgabe eines einheitlichen Berichtsstandards, was Unternehmen weite Spielräume eröffnet, und die Vergleichbarkeit der Berichte erschwert.[195] Darüber hinaus ist eine externe

---

191 Richtlinie 2014/95/EU des Europäischen Parlaments und des Rates vom 22.Oktober 2014 zur Änderung der Richtlinie 2013/34/EU im Hinblick auf die Angabe nichtfinanzieller und die Diversität betreffender Informationen durch bestimmte große Unternehmen und Gruppen, ABl. L 330/1.

192 Gesetz zur Stärkung der nichtfinanziellen Berichterstattung der Unternehmen in ihren Lage- und Konzernlageberichten (CSR-Richtlinie-Umsetzungsgesetz) vom 11. April 2017, BGBl. I 2017, S. 802. Die Pflicht zur nichtfinanziellen Erklärung ergibt sich seitdem aus § 289b HGB für Kapitalgesellschaften sowie aus § 315b HGB für Kapitalgesellschaften, die Mutterunternehmen eines Konzerns sind.

193 Einen Überblick über verschiedene Schwachstellen reiner Berichtspflichtengesetze gewährt *Grabosch*, Internationale Sorgfaltspflichtengesetze, S. 3.

194 *Germanwatch,* Stellungnahme zum Regierungsentwurf eines Gesetzes zur Stärkung der nichtfinanziellen Berichterstattung der Unternehmen in ihren Lage- und Konzernlageberichten (CSR-Richtlinie-Umsetzungsgesetz), S. 1 ff.

195 *Eickenjäger,* Die Durchsetzung von Menschenrechten gegenüber Unternehmen mittels nichtfinanzieller Berichterstattung, 243, 250; *Spießhofer*, NZG 2014, 1281, 1287.

Überprüfung des Berichts, beispielsweise durch Auditunternehmen, nicht zwingend vorgesehen.[196] Dort, wo sie dennoch freiwillig stattfindet, muss die Beurteilung zwar gemäß § 289b Abs. 4 HGB veröffentlicht werden, Kritiker*innen zufolge geben die Prüfungsberichte jedoch wenig Aufschluss über die tatsächliche Effektivität der angegebenen Maßnahmen.[197] Kritisiert wird zudem zu Recht, dass die Glaubwürdigkeit solcher externen Überprüfungen dadurch eingeschränkt wird, dass die zu überprüfenden Unternehmen selbst den Prüfungsgegenstand definieren und die Prüfunternehmen beauftragen.[198] Dieser letztgenannte Punkt ist auch bei Sozialaudits eine entscheidende Schwachstelle und soll dort noch einmal eingehend thematisiert werden.

Da auch das LkSG in § 10 eine Berichtspflicht aufstellt, stellt sich die Frage nach dem Verhältnis dieser Berichtspflicht zur nichtfinanziellen Berichterstattung nach §§ 289b, 289c HGB. Inhaltlich geht die Berichtspflicht nach dem LkSG deutlich über die Pflicht zur nichtfinanziellen Berichterstattung hinaus.[199] Das LkSG selbst enthält keine Angaben zum Verhältnis der Berichtspflichten zueinander und auch das gemeinsame FAQ von BMWK, BMAS und BAFA gibt hierzu keine Hinweise, so dass zumindest formell von separaten Berichtspflichten auszugehen ist.[200] Eine Harmonisierung der Berichtspflichten wurde im Gesetzgebungsverfahren zum LkSG zwar angeregt[201], im Ergebnis jedoch nicht umgesetzt.[202]

Am 5. Januar 2023 ist auf EU-Ebene die Richtlinie zur Nachhaltigkeitsberichterstattung, die sogenannte „Corporate Sustainability Reporting Directive" (CSRD) in Kraft getreten, welche die bestehenden Pflichten nach

---

196 Für eine verpflichtende externe inhaltliche Überprüfung von Fachrkräften mit Expertise in Umwelt- und Sozialaudits plädiert *Germanwatch,* Stellungnahme zum Regierungsentwurf eines Gesetzes zur Stärkung der nichtfinanziellen Berichterstattung der Unternehmen in ihren Lage- und Konzernlageberichten (CSR-Richtlinie-Umsetzungsgesetz), S. 6 f.

197 *Eickenjäger,* Die Durchsetzung von Menschenrechten gegenüber Unternehmen mittels nichtfinanzieller Berichterstattung, 243, 253 f. unter Verweis auf *Human Rights Reporting and Assurance Frameworks Initiative,* Vision for Human Rights Assurance, S. 4.

198 *Eickenjäger,* Die Durchsetzung von Menschenrechten gegenüber Unternehmen mittels nichtfinanzieller Berichterstattung, 243, 254.

199 *Kamann/Irmscher,* NZWiSt 2021, 249, 250; HK-LkSG-*Vogel,* § 10 Rn. 24.

200 *Gehling/N. Ott/Lüneborg,* CCZ 2021, 230, 239 empfehlen Unternehmen jedoch, die Berichtsinhalte nach Möglichkeit anzugleichen.

201 Siehe insb. BR-Drs. 239/1/21, 20 f.

202 *Velte,* DStR 2023, 2358, 2360.

der CSR-Richtlinie seit dem 1. Januar 2024 sukzessive erweitert.[203] In der Folge muss das CSR-Richtlinie-Umsetzungsgesetz aktualisiert werden. Schließlich enthält auch die EU-Lieferkettenrichtlinie in Art. 16 eine Berichtspflicht, nimmt jedoch Unternehmen, die der Nachhaltigkeitsberichterstattung nach der CSRD unterliegen von dieser Pflicht aus. Es bleibt zu hoffen, dass im Zuge der Umsetzung der Richtlinien auch das Verhältnis der verschiedenen Berichtspflichten zueinander weiter geklärt sowie die Rolle von Auditunternehmen genauer definiert wird.

2. Strafrechtliche Ahnung und Vorgehen nach dem Ordnungswidrigkeitenrecht

Eine weitere Möglichkeit ist die strafrechtliche Ahndung von Menschenrechtsverletzungen in globalen Lieferketten. Unternehmen selbst können allerdings nach dem geltenden deutschen Strafrecht nicht zur Verantwortung gezogen werden, da eine Verbandsstrafbarkeit in Deutschland nicht existiert und mehrheitlich unter Verweis auf das Schuldprinzip abgelehnt wird.[204] Das unternehmerische Handeln kann daher lediglich als Ordnungswidrigkeit eingestuft und nach §§ 130, 30 OWiG mit einer Geldbuße sanktioniert werden. Mit den Mitteln des Strafrechts können allein natürliche Personen innerhalb des Unternehmens, beispielsweise auf der Ebene der Geschäftsleitung, belangt werden. Dabei geht es häufig um den Vorwurf des pflichtwidrigen Unterlassens von Kontroll- oder Schutzmaßnahmen. Voraussetzung für die Strafbarkeit ist in diesen Fällen eine Garantenstellung. Dafür könnte die von der Rechtsprechung geschaffene Figur der strafrechtlichen Geschäftsherrenhaftung herangezogen werden, nach der Leitungspersonen in Unternehmen eine Überwachergarantenpflicht zur Verhinderung betriebsbezogener Straftaten trifft.[205] Eine Erstreckung dieser

---

203 Richtlinie (EU) 2022/2464 des Europäischen Parlaments und des Rates vom 14. Dezember 2022 zur Änderung der Verordnung (EU) Nr. 537/2014 und der Richtlinien 2004/109/EG, 2006/43/EG und 2013/34/EU hinsichtlich der Nachhaltigkeitsberichterstattung von Unternehmen.

204 *Greco*, GA 162 (2015), 503, 304 ff.; ausführlich zur Frage eines möglichen Unternehmensstrafrechts in Deutschland: *Kempf/Lüderssen/Volk* (Hrsg.), Unternehmensstrafrecht.

205 BGH, Urt. v. 17.07.2009 – 5 StR 394/08, BGHSt 54, 44 – Berliner Stadtreinigung; BGH, Urt. v. 20.10.2011 – 4 StR 71/11, BGHSt 57, 42 – Siegener Straßenbaubetriebe/Mobbing.

Rechtsfigur auf selbstständige Unternehmen lässt sich nach dem geltenden Recht jedoch nur schwer begründen.[206] Da den Unternehmensverantwortlichen zudem nur selten ein vorsätzliches Handeln nachgewiesen werden kann, ist eine strafrechtliche Verfolgung häufig nur möglich, wenn die fahrlässige Tatbegehung ausdrücklich unter Strafe gestellt ist.[207] Sowohl für die Begründung einer Garantenpflicht als auch im Rahmen der Fahrlässigkeitsstrafbarkeit stellt sich wiederum die bislang im deutschen Recht nicht abschließend beantwortete Frage nach der Reichweite der Sorgfaltspflicht in globalen Lieferketten.[208] Schwierig gestaltet sich auch die Begründung der objektiven Zurechnung, insbesondere die Abgrenzung zu Verantwortungsbereichen Dritter oder gar des Opfers selbst.[209] Hinzu kommt, dass im Inland handelnde Unternehmensverantwortliche meist keine Tatherrschaft über das Geschehen im Ausland hatten, so dass nur eine Bestrafung wegen Anstiftung oder Beihilfe in Betracht kommt.[210] Vor allem aber kann die individuelle Strafbarkeit bei unternehmerischem Handeln das geschehene Unrecht vielfach gar nicht in seiner Gesamtheit erfassen, da es meistens gerade das kollektive Zusammenwirken verschiedener Akteure und Mecha-

---

206 *Görgen,* Unternehmerische Haftung in transnationalen Menschenrechtsfällen, S. 370 f. Diese Argumentationsweise legte das ECCHR jedoch seiner Strafanzeige gegen leitende Mitarbeiter des Holzunternehmens Danzer bei der Staatsanwaltschaft Tübingen zugrunde. Dort begingen kongolesische Sicherheitskräfte, welche von dem Danzer-Tochterunternehmen Siforco in einem Konflikt mit Dorfbewohner*innen eingeschaltet wurden, schwere Straftaten. Den deutschen Danzer-Mitarbeitern wurde vorgeworfen, diese Verbrechen nicht verhindert zu haben. Das Verfahren wurde mittlerweile durch die Staatsanwaltschaft eingestellt, unter anderem unter Hinweis auf langwierige und wenig erfolgversprechende Rechtshilfevorgänge. Siehe hierzu *Saage-Maaß,* Unternehmen zur Verantwortung ziehen, S. 14; *Müller-Hoff,* Unternehmen als Täter, 224, 233.

207 *Wittig,* Die Strafbarkeit des Geschäftsherrn nach deutschem Strafrecht für transnationale Menschenrechtsverletzungen, 195, 200.

208 Siehe hierzu bereits bei der Haftung nach § 823 Abs. 1 BGB in Kapitel 1 unter A II 2 a.

209 *Wittig,* Die Strafbarkeit des Geschäftsherrn nach deutschem Strafrecht für transnationale Menschenrechtsverletzungen, 195, 203 die jedoch der Annahme einer eigenverantwortlichen Selbstgefährdung der Opfer ablehnend gegenübersteht und insbesondere darauf hinweist, dass in vielen Fällen Arbeiter das Risiko nicht im selben Maße einsehen können wie der Geschäftsherr und dessen Repräsentant vor Ort und dass der auf den Opfern lastende wirtschaftliche Druck häufig die Eigenverantwortlichkeit einschränkt.

210 *Wittig,* Die Strafbarkeit des Geschäftsherrn nach deutschem Strafrecht für transnationale Menschenrechtsverletzungen, 195, 200 die in seltenen Fällen auch die Annahme einer mittelbaren Täterschaft kraft Organisationsherrschaft für möglich erachtet.

nismen innerhalb eines Unternehmens ist, das in Menschenrechtsverletzungen resultiert.[211]

3. Vorgehen nach dem Lauterkeitsrecht

Als weitere Stellschraube, um die Einhaltung menschenrechtlicher Standards zu fördern, gilt das Lauterkeitsrecht. So entschied das Landgericht Stuttgart bereits im Jahr 2006, dass eine Werbung mit dem Logo „Wir unterstützen keine Kinderarbeit" ohne geeignete Kontrollmaßnahmen irreführend ist.[212] Auch wenn ein Unternehmen mit einem Zertifikat wirbt, obwohl es die Zertifizierungsanforderungen nicht erfüllt, kann dies grundsätzlich als unlautere geschäftliche Handlung eingestuft werden, und zwar selbst dann, wenn das Zertifikat tatsächlich erteilt wurde.[213]

Unter welchen Voraussetzungen bei der Verwendung privater Verhaltenskodizes tatsächlich ein Verstoß gegen das UWG vorliegt, ist jedoch umstritten. Wurden bloße Absichtserklärungen abgegeben, ist bereits die Eignung zur Täuschung gemäß § 5 Abs. 2 UWG fraglich.[214] Aber auch die Annahme eines Verstoßes gegen unternehmerische Sorgfalt nach der verbraucherschützenden Generalklausel des § 3 Abs. 2 UWG hängt davon ab, ob das transnationale Unternehmen angesichts der oft schwer überschaubaren Tätigkeit von Tochterunternehmen und Zulieferern im Ausland die Unlauterkeit seines Verhaltens überhaupt erkennen und vermeiden konnte.[215] Unproblematisch ist hingegen die kollisionsrechtliche Anwendbarkeit des deutschen Lauterkeitsrechts. Diese ergibt sich aus dem sogenannten Marktortprinzip gemäß Art. 6 Abs. 1 Rom II-VO, wenn sich das in Frage stehende Verhalten auf die Wettbewerbsbeziehungen oder die kollektiven Interessen der Verbraucher im Gebiet der Bundesrepublik auswirkt. Im Jahr 2006 erhob die Verbraucherzentrale Hamburg auf Initiative des *EC-*

---

211 *Müller-Hoff*, Unternehmen als Täter, 224, 234f..
212 LG Stuttgart, Urt. v. 12.04.2006 – 42 O 8/06 KfH.
213 *Gailhofer/Glinski*, Haftungsrechtlicher Rahmen von nachhaltiger Zertifizierung in textilen Lieferketten, S. 82 mit Verweis auf OLG Oldenburg, Urt. v. 29.08.2002 – 1 U 59/02, GRUR-RR 2003, 159 – Torpfosten.
214 *Gerstetter/Kamieth*, Unternehmensverantwortung, S. 36; *Görgen*, Unternehmerische Haftung in transnationalen Menschenrechtsfällen, S. 445.
215 *Grabosch/Scheper*, Die menschenrechtliche Sorgfaltspflicht von Unternehmen, 410 f; *Haider*, Haftung von transnationalen Unternehmen und Staaten für Menschenrechtsverletzungen, S. 490.

CHR und der *Kampagne für Saubere Kleidung* unter Berufung auf einen Verstoß gegen das UWG Klage gegen den Discounter *Lidl*. Die Klägerin warf dem Unternehmen vor, sich durch Werbung mit der Einhaltung von Sozial- und Arbeitsstandards in Zulieferbetrieben einen unlauteren Wettbewerbsvorteil verschafft zu haben.[216] Als Reaktion auf die Klage verpflichtete sich *Lidl* in einer Unterlassungserklärung, das beanstandete Werbeversprechen zurückzuziehen und künftig zu unterlassen.[217] Neben Beseitigungs- und Unterlassungsansprüchen können bei bestimmten Verstößen gegen das UWG auch Schadensersatzansprüche geltend gemacht werden. Nach der bis zum 27.05.2022 geltenden Fassung des Gesetzes konnten lauterkeitsrechtliche Schadensersatzansprüche zwar nur von Mitbewerbern geltend gemacht werden. Seit dem 28.05.2022 können nunmehr aber auch Verbraucher*innen unter bestimmten Voraussetzungen nach § 9 Abs. 2 UWG Schadensersatz verlangen. Inwiefern diese Regelung zur Durchsetzung unternehmerischer Sorgfaltspflichten beitragen wird, bleibt allerdings noch abzuwarten.[218]

4. Einflussnahme im Rahmen der Außenwirtschaftsförderung

Schließlich kann auch die Außenwirtschaftsförderung zum Schutz von Menschenrechten in globalen Lieferketten beitragen, indem die Beachtung von Umwelt- und Sozialstandards als Entscheidungskriterium für die Bewilligung von Exportkrediten und Investitionsgarantien herangezogen wird.[219]

VII. Zusammenfassung

Zwar wurden mit dem Lieferkettensorgfaltspflichtengesetz erstmals menschenrechtliche Sorgfaltspflichten für große transnationale Unternehmen

---

216 *Burckhardt*, Die Schönfärberei der Discounter.

217 https://www.ecchr.eu/fall/klage-fuer-faire-arbeitsbedingungen-in-bangladesch-lidl-muss-nachgeben/ (Stand: 18.04.2024).

218 *Gailhofer/Glinski*, Haftungsrechtlicher Rahmen von nachhaltiger Zertifizierung in textilen Lieferketten, 31 f.

219 Siehe hierzu ausführlicher *Scheper/Feldt*, Außenwirtschaftsförderung. Den Ausschluss von Unternehmen von der Außenwirtschaftsförderung als weitere Sanktion für die Nichterfüllung der Sorgfaltspflichten nach dem LkSG forderte zudem *Initiative Lieferkettengesetz*, Rechtsgutachten zur Ausgestaltung eines Lieferkettengesetzes, S. 61 ff.

normiert und Instrumente zur Kontrolle ihrer Einhaltung geschaffen. Ob Unternehmen im Falle des Verstoßes gegen menschenrechtliche Sorgfaltspflichten auch zivilrechtlich haftbar gemacht werden können, bleibt jedoch weiterhin unklar. Selbst wenn sich in bestimmten Fällen gute Argumente für die Haftung von Bestellerunternehmen finden lassen, sind die Erfolgsaussichten möglicher Klagen aufgrund der unklaren Haftungssituation weiterhin nur schwer abzuschätzen. Dieser Umstand sowie eine Vielzahl an verfahrensrechtlichen Hürden und faktischen Hindernissen führen letztlich dazu, dass Betroffene nur selten einen individuellen Ausgleich für die ihnen widerfahrenen Menschenrechtsverletzungen erlangen können.

Bereits seit Jahren wird versucht, Lücken staatlicher Regulierung im Umgang mit Menschenrechtsverletzungen durch transnationale Unternehmen durch eine freiwillige Selbstregulierung von Unternehmen zu kompensieren, in der Hoffnung, dass die Kontrolle durch die Öffentlichkeit und insbesondere durch Verbraucher*innen ausreichend Anreiz für die Implementierung eines besseren Menschenrechtsschutzes bieten würde.[220] Im Rahmen dieser Bemühungen kamen Sozialaudits ins Spiel. Die Beauftragung von Auditunternehmen sollte, so versprach man sich zunächst, die tatsächliche Einhaltung der selbstauferlegten Verpflichtungen durch externe Kontrollen sicherstellen. Durch die zunehmende Entstehung gesetzlicher Verpflichtungen für transnationale Unternehmen in Bezug auf ihre Lieferketten bekommen auch Sozialaudits eine neue Funktion, nämlich die Einbindung in die Umsetzung der gesetzlichen Sorgfaltspflichten und damit verbunden die Erbringung des Nachweises der Erfüllung der gesetzlichen Anforderungen.[221] Dass Sozialaudits in ihrer derzeitigen Form dieser Aufgabe nicht gewachsen sind, soll im Folgenden deutlich gemacht werden.

---

220 Siehe hierzu z. B. *Zajak/Kocher*, KJ 50 (2017), 310. In Deutschland wurde die Wirksamkeit dieser Selbstregulierung mit dem sogenannten NAP-Monitoring überprüft und für gescheitert befunden, was schließlich den Ausschlag für die Einführung des Lieferkettensorgfaltspflichtengesetzes gab, vgl. https://www.csr-in-deutschland.de/DE/Wirtschaft-Menschenrechte/NAP/Ueber-den-NAP/Monitoring/monitoring.html (Stand: 18.04.2024); *Hübner*, NZG 2020, 1411, 1411 f..

221 Auf diese Entwicklung im Rahmen des LkSG hinweisend: *F. Lorenz/Krülls*, CCZ 2023, 100, 108; *Falder/Frank-Fahle/Poleacov*, Lieferkettensorgfaltspflichtengesetz, S. 61.

B. Rolle und Funktionsweise von Sozialaudits

Begrifflich wurden Sozialaudits bereits in der Einleitung kurz eingeordnet.[222] Im Folgenden wird der Begriff noch einmal aufgegriffen und zudem der Ablauf von Sozialaudits, die Entstehung der Auditindustrie und die beteiligten Akteure dargestellt. Zudem wird die praktisch wichtige Einbindung von Sozialaudits in das System von Sozialstandardinitiativen vorgestellt und kritisch beleuchtet.

I. Begriffserklärung und Ablauf

Mit Hilfe von Sozialaudits wird die Einhaltung bestimmter, zuvor festgelegter Sozialstandards[223] in Produktionsstätten von Zulieferunternehmen überprüft. Die Auditor*innen kontrollieren dabei unter anderem, dass Regelungen zu Arbeitszeiten, Arbeitsentgelt und Arbeitsschutz eingehalten werden, dass keine Kinderarbeit oder Zwangsarbeit stattfindet, dass Arbeiter*innen nicht diskriminiert oder belästigt werden und dass die Gewerkschaftsfreiheit nicht eingeschränkt wird. Was genau Gegenstand des Sozialaudits ist, wird durch den Auftraggeber vorgegeben. Das können einerseits firmeneigene Standards von Bestellerunternehmen sein. Eine wichtige Rolle spielen aber auch Verhaltenskodizes von Sozialstandardinitiativen, welche von einer Vielzahl von Unternehmen als Prüfungsmaßstab herangezogen werden.[224] Für viele Zulieferer ist die das Bestehen von Sozialaudits somit eine wichtige Voraussetzung, um Aufträge von transnationalen Unternehmen zu erhalten. Werden die geforderten Standards nicht eingehalten, kann das zudem die Beendigung bestehender Geschäftsbeziehungen zur Folge haben.[225]

Bei einem Sozialaudit begibt sich ein Prüfteam oder eine einzelne Person zu einer Produktionsstätte und unterzieht diese einer Kontrolle. Dies

---

222 Siehe hierzu bereits in der Einleitung unter E I.
223 Zum Begriff der Sozialstandards siehe ebenfalls in der Einleitung unter E I.
224 Siehe hierzu noch genauer in Kapitel 1 unter B IV.
225 So erklärt zum Beispiel der deutsche Versandhändler *Otto* auf seiner Website: „Sollten die Fabriken auch nach intensiven Bemühungen kein gültiges Audit vorweisen können, müssen wir die Geschäftsbeziehung beenden. Denn für bestehende und neue Geschäftsbeziehungen ist ein gültiges Audit die Voraussetzung.", https://www.otto.de/shoppages/nachhaltigkeit/nachhaltiges_engagement/verantwortungsvoll-handeln/soziale-arbeitsbedingungen#5f4398a14942b55552edc030 (Stand: 18.04.2024).

kann einige Stunden, aber auch mehrere Tage in Anspruch nehmen. Die Kontrolle vollzieht sich dabei typischerweise in mehreren Schritten.[226] Ein Teil des Sozialaudits besteht aus der Begutachtung zur Verfügung gestellter Dokumente. Dabei soll beispielsweise überprüft werden, ob Vorgaben zu Arbeitszeiten eingehalten und Löhne korrekt ausgezahlt werden. Zu den überprüften Dokumenten können unter anderem Zeitkarten und Personalakten gehören.[227] In einem weiteren Schritt wird eine physische Inspektion der Fabrik durchgeführt. Das dient insbesondere dazu, die Einhaltung von Sicherheits- und Gesundheitsvorkehrungen zu kontrollieren. So wird z.B. überprüft, ob Brandgefahren bestehen, ob ausreichend Notausgänge vorhanden sind, ob Hygienevorgaben eingehalten werden und ob gegebenenfalls erforderliche Schutzausrüstung zur Verfügung gestellt wird.[228] Ein Gang durch die Fabrik kann aber auch Informationen über den Umgang des Managements mit den Arbeiter*innen offenlegen.[229] Schließlich führen die Auditor*innen Interviews mit Management und Arbeiter*innen sowie teilweise mit lokalen Gewerkschaften oder NGOs. Auf diese Weise soll überprüft werden, ob die vorgefundenen Zustände der täglichen Realität entsprechen. Zudem können Interviews helfen, versteckte Missstände wie z.B. sexuelle Belästigung am Arbeitsplatz oder die Unterdrückung gewerkschaftlicher Aktivitäten offenzulegen.[230] Die Auditor*innen gehen häufig anhand einer Checkliste vor, mit deren Hilfe sie die zu prüfenden Themen abarbeiten.[231] Im Anschluss an die Durchführung der Kontrolle erstellen die Auditor*innen einen Auditbericht. Werden dort Mängel aufgezeigt, wird üblicherweise ein Maßnahmenpaket zur Behebung der vorgefundenen Mängel, ein sogenannter Corrective Action Plan erstellt.[232] Die Um-

---

226 Zum Ganzen: *Starmanns/Barthel/Mosel,* Sozial-Audits als Instrument zur Überprüfung von Arbeitsbedingungen, 39 ff; *Clean Clothes Campaign,* Looking for a quick fix, S. 23; *Terwindt/Saage-Maaß,* Zur Haftung von Sozialauditor_innen in der Textilindustrie, S. 4.

227 *Clean Clothes Campaign,* Looking for a quick fix, S. 23.

228 *Starmanns/Barthel/Mosel,* Sozial-Audits als Instrument zur Überprüfung von Arbeitsbedingungen, S. 39.

229 *Clean Clothes Campaign,* Looking for a quick fix, S. 23.

230 ebd.

231 *Marx/Wouters,* International Labour Review 155 (2016), 435, 442; *Burckhardt,* Wirksamkeit von Audits, S. 4.

232 *Starmanns/Barthel/Mosel,* Sozial-Audits als Instrument zur Überprüfung von Arbeitsbedingungen, S. 43 ff.

setzung dieser Maßnahmen soll dann in einem Folgeaudit überprüft werden.[233]

Sozialaudits sind häufig Teil von Zertifizierungsprozessen. Die im Rahmen solcher Prozesse angestrebten Zertifikate werden von vielen Unternehmen genutzt, um die Einhaltung bestimmter Standards gegenüber Dritten, wie z.B. Verbraucher*innen, Geschäftspartnern oder Behörden glaubhaft darzulegen.[234]

II. Die Entstehung der Auditindustrie

Audits, die ihren Ursprung vor allem im öffentlichen Finanzsektor haben, erstrecken sich mittlerweile auch auf viele Aspekte der Privatwirtschaft, beispielsweise in Form von Audits für Qualitäts- oder Umweltmanagementsysteme von Unternehmen.[235] Im Zusammenhang mit Menschenrechten begannen Audits in den 1990er Jahren eine Rolle zu spielen. Damals rückten Kampagnen von Gewerkschaften, Verbrauchergruppen und Nichtregierungsorganisationen die prekären Arbeitsbedingungen bei ausländischen Zulieferern US-amerikanischer Textil- und Sportartikelhersteller in den Fokus der Öffentlichkeit.[236] Unternehmen reagierten auf den öffentlichen Druck, indem sie Sozialstandards in ihre CSR-Politiken integrierten.[237] Als die Anti-Sweatshop-Bewegung weiter an Momentum gewann, gaben sich immer mehr Unternehmen einen eigenen Verhaltenskodex.[238] Mittlerweile besteht an transnationale Unternehmen fast schon die selbstverständliche Erwartung, dass sie eine Strategie zu Nachhaltigkeitsfragen haben.[239] Die ersten Sozialaudits wurden Mitte der 1990er Jahre durchgeführt und dienten als Mittel, die Einhaltung unternehmerischer Verhaltenskodizes in den Fabriken von Zulieferern zu überprüfen.[240] Damit sollten sie einerseits die Schwächen staatlicher Inspektionen kompensieren. Andererseits stellten sie

---

233 *Terwindt*, Zu den Funktionen und Wirkungsweisen von Sozialaudits, 250.
234 *ECCHR/Brot für die Welt/Misereor*, Menschenrechtsfitness von Audits und Zertifizierern?, S. 3; *Starmanns/Barthel/Mosel*, Sozial-Audits als Instrument zur Überprüfung von Arbeitsbedingungen, S. 51.
235 *Paiement*, Transnational Legal Theory 2021, 390, 12.
236 *AFL-CIO*, Responsibility Outsourced, S. 3f..
237 *Kocher*, KJ 43 (2010), 29, 32.
238 *Anner*, Politics & Society 40 (2012), 609, 613.
239 *Kocher*, KJ 43 (2010), 29, 33.
240 *Burckhardt*, Wirksamkeit von Audits, S. 2.

aber auch einen Teil des unternehmerischen Risikomanagements dar und dienten der Reduzierung von Haftungsrisiken und Rufschäden.[241] Einige Jahrzehnte später hat sich die Durchführung von Sozialaudits zu einer milliardenschweren Industrie mit mehreren hunderttausend Audits pro Jahr entwickelt.[242]

Zwar existieren mittlerweile neben Sozialaudits eine Reihe weiterer Ansätze zur Implementierung von Menschenrechten in Lieferketten. So soll beispielsweise der vermehrte Einsatz von *Social Dialogue* die demokratische Einbindung der wichtigsten Stakeholder fördern und gemeinsame Lösungen ermöglichen,[243] und Maßnahmen des *Capacity Building* sollen Betroffene in die Lage versetzen, selbst für die Einhaltung ihrer Rechte einzutreten.[244] Darüber hinaus werden vermehrt Beschwerdemechanismen eingesetzt, um Menschenrechtsverstöße in globalen Lieferketten aufzudecken.[245] Nichtsdestotrotz spielen Sozialaudits weiterhin eine zentrale Rolle in der globalen *Supply Chain Governance*.

Dies gilt umso mehr, als transnationalen Unternehmen mehr und mehr gesetzliche Pflichten zum Schutz von Menschenrechten in ihren Lieferketten auferlegt werden, so auch in Deutschland mit dem Lieferkettensorgfaltspflichtengesetz. Hierdurch wird auch Sozialaudits eine neue Rolle zuteil, können sie doch nunmehr im Rahmen der gesetzlich vorgeschriebenen Risikoanalyse sowie bei der Umsetzung von Präventionsmaßnahmen und der Kontrolle von Abhilfemaßnahmen herangezogen werden. Inwiefern sich transnationale Unternehmen sogar unter Berufung auf die Durchführung von Sozialaudits entlasten können, soll an anderer Stelle noch einmal gesondert thematisiert werden.[246] Da es vielen transnationalen Unternehmen an etablierten Alternativen zur Kontrolle der Arbeitsbedin-

---

241 *Van der Vegt*, Social Auditing in Bulgaria, Romania and Turkey, S. 7.
242 *Clean Clothes Campaign*, Fig Leaf for fashion, S. 6; *AFL-CIO*, Responsibility Outsourced, S. 4; *Kuruvilla/N. Li/Jackson*, Private regulation of labour standards in global supply chains, 185, 4; *Dreier*, New York Times vom 28.12.2023.
243 *Reinecke/Donaghey/Hoggarth*, From social auditing to social dialogue.
244 *Oka/Egels-Zandén/Alexander*, Development and Change 51 (2020), 1306.
245 *Gläßer et al.*, Außergerichtliche Beschwerdemechanismen. Siehe hierzu noch genauer in Kapitel 3 unter C I.
246 Siehe hierzu in Kapitel 2 unter B III 2.

gungen in weit entfernten Produktionsstätten fehlt, könnte der Einsatz von Sozialaudits sogar noch zunehmen.[247]

III. Beteiligte Akteure

Als Sozialaudits erstmals aufkamen, wurden sie zunächst primär von globalen Wirtschaftsprüfungsunternehmen wie *PricewaterhouseCoopers* oder *Ernst & Young* durchgeführt.[248] Diese konnten sich in der Auditindustrie vor allem deswegen etablieren, weil sie oft bereits langjährige Beziehungen zu den Unternehmen pflegten, welche die Sozialaudits in Anspruch nehmen wollten. Mittlerweile spielen Wirtschaftsprüfungsunternehmen bei der Durchführung von Sozialaudits aber nur noch eine untergeordnete Rolle, auch wenn sie häufig weiterhin Unternehmen zu CSR-Strategien beraten.[249]

Hauptakteure sind nunmehr auf Sicherheitsprüfungen und Qualitätskontrolle spezialisierte Firmen.[250] Zu ihnen zählen beispielsweise *Bureau Veritas, SGS, RINA* und die drei großen Holdings des TÜV – *TÜV Rheinland, TÜV Süd* und *TÜV Nord*. Bevor sie in das Auditgeschäft einstiegen, boten diese Unternehmen bereits eine Reihe anderer Prüfleistungen an. Infolge der wachsenden Nachfrage nach Risikomanagement in globalen Lieferketten weiteten sie ihr Geschäftsmodell entsprechend aus.[251] Mittlerweile führen sie weltweit eine Vielzahl von Sozialaudits durch.[252] Vermutlich auch wegen ihres Tätigkeitsschwerpunkts in der Qualitätskontrolle wird ihnen von Verbraucher*innen ein hohes Maß an Vertrauen entgegengebracht. So steht beispielsweise das TÜV-Siegel für viele Deutsche als ein Ausdruck für Verlässlichkeit. Nichtsdestotrotz sind Sozialaudits für kommerzielle

---

247 In diese Richtung geht auch die Einschätzung von *Falder/Frank-Fahle/Poleacov,* Lieferkettensorgfaltspflichtengesetz, S. 61, die betonen, dass eine ordnungsgemäße Risikoanalyse nach dem LkSG ohne qualifizierte externe Unterstützung nicht möglich sein wird, soweit Unternehmen keine eigene Präsenz vor Ort unterhalten.

248 *Burckhardt,* Wirksamkeit von Audits, S. 3; eine kritische Evaluierung der Auditpraxis des Wirtschaftsprüfers *PwC* durch *O'Rourke,* Monitoring the Monitors hatte bereits früh diverse Defizite in den Prüfungen durch das Unternehmen aufgedeckt.

249 *Clean Clothes Campaign,* Looking for a quick fix, S. 54 f.

250 Für eine genauere Beschreibung der einzelnen Akteure und ihrer Geschäftsmodelle siehe *Clean Clothes Campaign,* Fig Leaf for fashion, S. 36 ff.

251 *Clean Clothes Campaign,* Fig Leaf for fashion, S. 37.

252 Siehe z. B. https://www.tuvsud.com/de-de/ueber-uns/geschichte (Stand: 18.04.2024).

Prüfunternehmen in erster Linie eine Dienstleistung.[253] Dies wird schon an ihrer Außendarstellung deutlich, bei der stets der Vorteil für den Auftraggeber im Vordergrund gerückt wird, sei es in Form von Qualitätssicherung, der Vermeidung von Reputationsschäden oder der Erlangung von Wettbewerbsvorteilen.[254] Dass sie den Schutz von Arbeiter*innen nicht immer verlässlich sicherstellen können, zeigt eine Reihe von Vorfällen, die sich in den letzten Jahren nach Sozialaudits großer Prüfunternehmen ereigneten. Ein Beispiel ist der Einsturz der Rana Plaza Fabrik im April 2013. Dort hatten sowohl *Bureau Veritas* als auch eine Tochtergesellschaft des *TÜV Rheinland*, der *TÜV India* nur wenige Monate zuvor Sozialaudits durchgeführt, ohne auf die gravierenden Konstruktionsmängel des Gebäudes hinzuweisen.[255] Ein weiteres Beispiel ist der Brand der Ali Enterprises-Fabrik im September 2012 nur drei Wochen nach einer Zertifizierung durch das Prüfunternehmen *RINA*, obwohl vermeintlich auch die Einhaltung von Brandschutzbestimmungen geprüft wurde.[256]

Neben diesen Hauptakteuren gibt es noch eine Reihe von Unternehmen, die auf die Durchführung von Sozialaudits spezialisiert sind. Zu den glo-

---

253 *Clean Clothes Campaign,* Fig Leaf for fashion, S. 38.
254 Siehe hierzu z. B. die Darstellung auf der Website des *TÜV Rheinland*: „Mit unseren Lieferantenaudits schaffen Sie optimale Transparenz über die für Sie wesentlichen Kriterien, welche Sie an Ihre Lieferanten stellen. So sind Sie in der Lage, die Risiken und Schwachstellen Ihrer Lieferanten besser einzuschätzen und konstante Produktionsabläufe sicherzustellen. Schützen Sie sich zudem vor möglichen Risiken und Reputationsschäden durch Lieferanten, die gegen Gesetze oder ethische Grundsätze verstoßen und bewahren Sie damit Ihr positives Unternehmensimage." (abrufbar unter https://www.tuv.com/germany/de/lieferantenaudits.html, Stand: 18.04.2024) sowie die Darstellung auf der Website des *TÜV Nord*: „Wer sich der Zertifizierung bzw. dem Audit erfolgreich unterzieht und damit eine verantwortungsbewusste Unternehmensethik dokumentiert, schafft weit reichenden Vertrauensgewinn bei Konsumenten und Investoren und verbessert seine Marktposition durch Vorteile bei Ausschreibungen. Außerdem werden Kunden- und Mitarbeiterbindung gestärkt; der Imagegewinn hilft Reputationskosten zu verringern." (https://www.tuv-nord.co m/at/de/zertifizierung/qualitaet/bsci-sa-8000/, abrufbar unter, Stand: 18.04.2024) und die Onlinedarstellung von *SGS*: „SGS senkt Ihre Beschaffungsrisiken, indem die Fähigkeit Ihrer Lieferanten geprüft wird, ihre vertraglichen Pflichten in Bezug auf Qualität, Quantität und Lieferung zu erfüllen", (abrufbar unter https://www.sgs. com/de-de/services/social-audits, Stand: 18.04.2024).
255 Siehe zum Vorgehen des *TÜV Rheinland*: *ECCHR et al.,* Complaint against TÜV Rheinland and TÜV India, S. 3; *Bidder,* DER SPIEGEL vom 31.01.2019; zu den Audits von *Bureau Veritas* vor dem Einsturz des Gebäudekomplexes: *Doorey,* SSRN Electronic Journal 2018, 1, 2 f.
256 *Clean Clothes Campaign,* Fig Leaf for fashion, S. 48.

bal agierenden Unternehmen dieser Art gehören z.B. die *Cal-Safety Compliance Corporation* und die *A & L Group Inc.* aus Nordamerika. Hinzu kommen einige lokale Firmen, beispielsweise in Bangladesh, Indien und Vietnam.[257]

Schließlich führen auch nicht profitbasierte Organisationen Sozialaudits durch. Die größte von ihnen ist die US-basierte Organisation *Vérité*; es gibt jedoch auch kleinere lokale Organisationen, die sich vor allem durch ihre starke Verankerung in der Zivilgesellschaft auszeichnen.[258] Weitere nicht profitbasierte Organisationen, die Sozialaudits durchführen, sind Multistakeholder-Initiativen wie die *Fair Wear Foundation (FWF)* und die *Fair Labor Association (FLA)*. Bei diesen Initiativen findet ebenfalls eine Einbindung zivilgesellschaftlicher Organisationen und Gewerkschaften, insbesondere auf der Governance-Ebene statt.[259]

Die Inspektionen vor Ort werden oft nicht durch die Prüfunternehmen selbst durchgeführt, sondern an lokale Tochterunternehmen oder Subunternehmer ausgegliedert.[260]

IV. Einbindung in das System der Sozialstandardinitiativen

Die meisten Sozialaudits werden heutzutage zwar von den oben genannten Akteuren durchgeführt. Die Aufstellung der zu prüfenden Standards und der Prüfprotokolle findet aber vielfach durch sogenannte Sozialstandardinitiativen statt. Wie sich dieses System etabliert hat und wie diese Initiativen funktionieren, soll im Folgenden erläutert werden.

1. Das Aufkommen von Sozialstandardinitiativen

Ursprünglich bestanden freiwillige Ansätze zum Schutz von Menschenrechten in globalen Lieferketten vor allem in der Selbstregulierung transnationaler Unternehmen durch eigene Verhaltenskodizes, auf deren Basis

---

257 *Clean Clothes Campaign,* Looking for a quick fix, S. 56 f.
258 aaO, S. 57.
259 *Burckhardt,* Wirksamkeit von Audits, S. 3; siehe hierzu genauer in Kapitel 1 unter B IV 2.
260 Hierzu bemerkt *AFL-CIO,* Responsibility Outsourced, S. 1: „In many ways, the CSR industry's reliance on subcontracting of inspection and verification replicates the structure of the very global corporations it is supposed to monitor."

Sozialaudits durchgeführt wurden. Diese Art der freiwilligen Selbstkontrolle sah sich jedoch schon bald dem Vorwurf des Greenwashing ausgesetzt.[261] Menschenunwürdige Arbeitsbedingungen wurden weiterhin auch dort bekannt, wo Sozialaudits durchgeführt wurden. Hinzu kam ein praktisches Problem: Dadurch, dass jedes Unternehmen die Einhaltung seines eigenen Verhaltenskodex überprüfte, wurden in Fabriken oft eine Vielzahl von Audits nach verschiedenen Standards durchgeführt. Dies führte unter Zulieferern zu einem Phänomen, das als *audit fatigue* (Audit-Müdigkeit) bezeichnet wird.[262] Angesichts eines immer unübersichtlicher werdenden Netzes von Verhaltenskodizes wurde klar, dass zumindest eine partielle Harmonisierung von Standards stattfinden muss.[263]

Vor diesem Hintergrund entwickelten sich Ende der 1990er Jahre und zu Beginn des 21. Jahrhunderts sogenannte Sozialstandardinitiativen.[264] Diese Organisationen bündeln CSR-Bemühungen transnationaler Unternehmen, indem sie gemeinsame Standards setzen.[265] Die Einhaltung dieser Standards wird weiterhin häufig durch Sozialaudits überprüft. Das läuft meistens so ab, dass Sozialstandardinitiativen Vorgaben für die Überprüfungen, sogenannte Auditprotokolle entwickeln und externe Prüfunternehmen zur Durchführung von Sozialaudits nach diesen Protokollen akkreditieren. Die tatsächliche Beauftragung der Prüfunternehmen erfolgt jedoch meist entweder durch transnationale Bestellerunternehmen oder ihre Zulieferer.[266] Finanziert werden die Initiativen häufig durch eine Mischung aus Mitgliedsbeiträgen von Unternehmen, Zahlungen von Auditfirmen für die Akkreditierung und Trainings von Auditor*innen, Registrierungsgebühren von Zulieferern sowie Spendenbeiträgen.[267] Die verschiedenen Initiativen unterscheiden sich teils erheblich, sowohl in ihrer Zusammensetzung

---

261 *Utting,* Regulating Business via Multistakeholder Initiatives, 10, der berichtet, dass der Begriff *greenwash* derart an Popularität gewann, dass er schließlich im Oxford Dictionary aufgenommen wurde. Dort wird er definiert als „Misleading publicity or propaganda disseminated by an organization, etc., so as to present an environmentally responsible public image", siehe https://www.oed.com/dictionary/greenwash_n ?tab=meaning_and_use#11936460 (Stand: 18.04.2024).

262 *Bartley,* Rules without Rights, S. 20.

263 *Utting,* Regulating Business via Multistakeholder Initiatives, 14.

264 *Clean Clothes Campaign,* Fig Leaf for fashion, S. 17. Im Englischen wird der Begriff *social compliance initiatives* verwendet.

265 *Starmanns,* Wie viel Unternehmensverantwortung fordern Sozialstandardinitiativen?, 97f..

266 *Clean Clothes Campaign,* Fig Leaf for fashion, S. 17 f.

267 aaO, S. 17.

als auch in den aufgestellten Standards und der Rigorosität, mit der ihre Einhaltung überwacht wird.

2. Multistakeholder-Initiativen

Ein wesentlicher Unterschied besteht zwischen reinen Unternehmensinitiativen und Multistakeholder-Initiativen (MSI). Unter MSI versteht man im weitesten Sinne eine Zusammenarbeit zwischen verschiedenen öffentlichen und privaten Akteuren wie Unternehmen, Regierungen, zivilgesellschaftlichen Organisationen und Rechteinhabern in Bezug auf ein bestimmtes Thema.[268] Für die Etablierung von Sozialstandards bedeutet das, dass die einzuhaltenden Regeln nicht allein von Unternehmen, sondern von verschiedenen Akteuren definiert werden. Neben Unternehmensvertreter*innen finden sich hier beispielsweise Repräsentant*innen von Nichtregierungsorganisationen oder Gewerkschaften unter den Entscheidungsträger*innen. Aus diesem Grund wird MSI häufig ein höheres Maß an Glaubwürdigkeit zugeschrieben.[269] Diejenigen, die die Initiativen befürworten, sehen in ihnen eine Art Mittelweg der Selbstregulierung der Industrie und einer staatlichen Regulierung.[270] Das Modell erfuhr schnell eine breite Akzeptanz als Mittel zur Verhinderung von Menschenrechtsverletzungen durch Unternehmen.[271] Die Unterstützung durch einflussreiche Akteure wie die Vereinten Nationen und nationale Regierungen sowie die Beteiligung wichtiger zivilgesellschaftlicher Organisationen und großer Unternehmen trugen entscheidend zu dieser Entwicklung bei.[272]

Mittlerweile gibt es eine Vielzahl von MSI mit den unterschiedlichsten Ansätzen und Reichweiten. Während die meisten Initiativen sich auf bestimmte Branchen beschränken, operieren andere sektorübergreifend.[273] Manche MSI bieten eher eine Austauschplattform, andere stellen Anforde-

---

268 *MSI Integrity,* Not Fit-for-Purpose, S. 21.
269 *Starmanns,* Wie viel Unternehmensverantwortung fordern Sozialstandardinitiativen?, 97.
270 *MSI Integrity,* Not Fit-for-Purpose, S. 33.
271 aaO, S. 11.
272 aaO, S. 38.
273 Beispiele für branchenspezifische MSI: *Rainforest Alliance, Roundtable for Sustainable Palm Oil* und *Marine Stewardship Council* aus dem Bereich Land- und Forstwirtschaft bzw. Fischerei, *Fair Wear Foundation* und *Fair Labor Association* aus dem Textilsektor; Beispiel für eine branchenübergreifende MSI: *Global Reporting Initiative.*

rungen an Managementsysteme oder Implementierungsprozesse und wieder andere überprüfen und zertifizieren die Einhaltung bestimmter materieller Standards.[274]

3. Sozialstandardinitiativen in der Textilindustrie

Sozialstandardinitiativen, insbesondere MSI, spielen eine wichtige Rolle in der Textilindustrie. Viele Marken und Einzelhandelsunternehmen sind Mitglieder in solchen Initiativen,[275] viele Zulieferer lassen ihre Produktionsstätten nach den Standards bestimmter Initiativen zertifizieren.[276] Verbraucher*innen verlassen sich auf Mitgliedschaften oder Zertifikate von MSI, um ethische Konsumentscheidungen zu treffen.[277]

Sozialaudits dienen in vielen Fällen der Überprüfung der von Sozialstandardinitiativen vorgegebenen Regelwerke.[278] Die Durchführung der Sozialaudits findet in diesen Fällen häufig anhand von vorgegebenen Auditprotokollen der jeweiligen Initiative statt. Aufgrund dieser engen Verflechtung ist es für ein tieferes Verständnis der Auditindustrie wichtig, sich damit zu beschäftigen, wie Sozialstandardinitiativen operieren. Der folgende Abschnitt gewährt daher einen Einblick in die Funktionsweise von Sozialstandardinitiativen und setzt sich anhand der wichtigsten Sozialstandardinitiativen in der Textilindustrie mit verschiedenen Aspekten wie ihrer Zusammensetzung, ihrer Funktionsweise und ihrer Finanzierung auseinander.

a. Zusammensetzung

Viele der in der Texilindustrie vorkommenden Sozialstandardinitiativen verstehen sich als Multistakeholder-Initiativen. In ihren Entscheidungsgremien sitzen neben Akteuren aus der Industrie meist Vertreter*innen von Nichtregierungsorganisationen sowie der Zivilgesellschaft. Bei den US-amerikanischen MSI enthält der Vorstand zudem häufig Hochschulvertreter*innen. Bekannte MSI in der Textilindustrie mit einer solchen

---

274 *Utting,* Regulating Business via Multistakeholder Initiatives, 14.
275 So sind z. B. *adidas, Nestlé* und *Puma* Mitglieder in der *FLA.*
276 Solche Zertifizierungen von Produktionsstätten bieten beispielsweise *SAI* und *WRAP* an, siehe hierzu im nächsten Abschnitt.
277 *MSI Integrity,* Not Fit-for-Purpose, S. 31.
278 *Bakker/Rasche/Ponte,* Business Ethics Quarterly 29 (2019), 343, 346.

Zusammensetzung sind *Social Accountability International (SAI)*[279], die *Fair Labor Association (FLA)*[280] sowie *Worldwide Responsible Accredited Production (WRAP)*[281]. Gewerkschaften sind in vielen MSI hingegen gar nicht oder nur vereinzelt vertreten. Eine stärkere Einbindung von Gewerkschaften scheiterte zum Teil an auseinandergehenden Vorstellungen über die Ausrichtung der Initiative. So nahm beispielsweise die Gewerkschaftsbeteiligung bei *SAI* nach und nach ab, bis schließlich *UNI Global Union* als letzte Gewerkschaft die Initiative verließ und dies mit dem Umgang der Initiative mit dem Brand der Ali Enterprises-Fabrik in Pakistan begründete.[282] Bei der *FLA* scheiterte die ursprünglich vorgesehene weitreichende Beteiligung von Gewerkschaften sogar, noch bevor die Initiative offiziell ihre Arbeit aufnahm. Grund dafür war die Weigerung von Unternehmensvertreter*innen, Verpflichtungen in Bezug auf existenzsichernde Löhne, unternehmensunabhängiges Monitoring sowie weitreichende Mechanismen zum Schutz der Vereinigungsfreiheit in den Verhaltenskodex aufzunehmen.[283] Zurzeit ist lediglich eine Gewerkschaft im Vorstand der *FLA* vertreten.[284] Ein Beispiel für eine weitergehende Gewerkschaftsbeteiligung bietet die *Fair Wear Foundation (FWF)*, in deren Vorstand Wirtschaftsverbände, Nichtregierungsorganisationen und Gewerkschaften jeweils zu gleichen Teilen vertreten sind.[285] Hingegen ist die *amfori Business Social Compliance Initiative (amfori BSCI)* eine reine Unternehmensinitiative, bei der andere Stakeholder lediglich eine beratende Funktion innehaben.[286]

---

279 https://sa-intl.org/people/?fwp_people=boardofdirectors (Stand: 18.04.2024).
280 https://www.fairlabor.org/board-directors, (Stand: 18.04.2024).
281 https://wrapcompliance.org/about/board-staff/ (Stand: 18.04.2024).
282 *MSI Integrity,* Not Fit-for-Purpose, S. 18 zitiert den UNI-Generalsekretär Philip Jennings mit den folgenden Worten: "When SAI was founded, they invited UNI to participate in order to build on our experience and our relationships with the leading multinational retailers and with the goal to build more robust systems. The intention was to ensure that retailers took responsibility to ensure an ethical supply chain. But with passing of time we have realized that new and tougher frameworks are required. The fact that the Ali Enterprises factory was awarded the SA8000 certification only three weeks before nearly 300 workers lost their lives in a fire demonstrates the failure of systems of certification such as that of SAI."
283 *Anner*, Politics & Society 40 (2012), 609, 615 f..
284 https://www.fairlabor.org/board-directors (Stand: 18.04.2024).
285 https://www.fairwear.org/about-us/our-team/#board (Stand: 18.04.2024).
286 https://www.amfori.org/amfori-board-directors (Stand: 18.04.2024).

b. Funktionsweise

Sozialstandardinitiativen haben in der Regel einen eigenen Verhaltenskodex, meist angelehnt an internationale Regelwerke wie die UN-Menschenrechtskonventionen und die Kernarbeitsnormen der ILO. Beispiele hierfür sind der SA8000-Standard von *SAI*[287] oder der *FLA Fair Labor Code*[288]. Während einige Initiativen wie die *amfori BSCI*, die *FLA* und die *FWF* jedoch als Mitgliederorganisationen strukturiert sind und vor allem Marken und Einzelnhandelsunternehmen zu ihren Mitgliedern zählen, zertifizieren andere wie *SAI* und *WRAP* einzelne Zulieferer bzw. Produktionsstätten ohne dass die auftraggebenden Unternehmen Mitglieder der Initiativen sind.[289] Zudem erteilen nicht alle Sozialstandardinitiativen überhaupt Zertifikate. Die *amfori BSCI* stellt ihren Mitgliedern lediglich eine interne Datenbank mit überprüften Zulieferern zur Verfügung, wobei die Aufführung in der Datenbank nicht notwendigerweise die Einhaltung des Verhaltenskodex der Initiative bedeutet.[290] Auch die *FLA* bietet keine Zertifizierung an, sondern akkreditiert die Compliance-Programme ihrer Mitgliedsunternehmen.[291]

Die Einbindung von Sozialaudits gestaltet sich ebenfalls auf unterschiedliche Weise. In der Regel arbeiten Sozialstandardinitiativen mit einer Reihe von akkreditierten Auditunternehmen zusammen, welche berechtigt sind, Sozialaudits nach den Standards der jeweiligen Initiative durchzuführen. Hierzu gehören meist große Prüffirmen wie *Bureau Veritas, Intertek, RINA, SGS* und die Holdings des TÜV-Konzerns.[292] Eine prominente Ausnahme bildet die *FWF*, die für die Durchführung der Sozialaudits eigene lokale Auditteams einsetzt.[293] Als Teil des Akkreditierungsprozesses müssen die Auditor*innen häufig ein spezielles Training der jeweiligen Sozialstandard-

---

287   https://sa-intl.org/programs/sa8000/ (Stand: 18.04.2024).

288   https://www.fairlabor.org/accountability/standards/manufacturing/mfg-code/ (Stand: 18.04.2024).

289   *Clean Clothes Campaign,* Fig Leaf for fashion, S. 17 ff; *Starmanns/Barthel/Mosel,* Sozial-Audits als Instrument zur Überprüfung von Arbeitsbedingungen, 34 f.

290   https://www.amfori.org/content/amfori-bsci-platform (Stand: 18.04.2024); *ECCHR et al.,* Complaint regarding Social Audit Report, S. 12 kritisieren, dass die Aufnahme in die Datenbank bei Mitgliedsunternehmen den falschen Eindruck erwecken kann, dass eine Produktionsstätte die Anforderungen des Verhaltenskodex erfüllt.

291   https://www.fairlabor.org/accreditation (Stand: 18.04.2024).

292   Siehe z. B. https://www.amfori.org/content/enabling-partners#auditing; https://sa-intl.org/resources/sa8000-accredited-certification-bodies/ (Stand: 18.04.2024).

293   https://www.fairwear.org/about-us/our-team (Stand: 18.04.2024).

initiative durchlaufen.[294] Obwohl viele Sozialaudits durch Zulieferer in Auftrag gegebenen werden, stehen dahinter in der Regel die Anforderungen von Bestellerunternehmen oder Sozialstandardinitiativen, welche die Auftragsvergabe bzw. die Zertifizierung von der Einhaltung bestimmter Standards abhängig machen.[295]

Die Ergebnisse der Sozialaudits werden nur selten veröffentlicht. Bei der *amfori BSCI* werden die Ergebnisse auf der Plattform der Organisation mit anderen Mitgliedern geteilt, um die Effektivität der Monitoring-Aktivitäten, insbesondere durch die Vermeidung von Mehrfach-Audits, zu verbessern.[296] Außenstehende hingegen haben keinerlei Zugriff auf Informationen im Zusammenhang mit den Sozialaudits. *SAI* und *WRAP* veröffentlichen zwar eine Liste der von ihnen zertifizierten Einrichtungen.[297] Die Ergebnisse der Audits selbst sind jedoch ebenfalls nicht öffentlich. Die *FWF* veröffentlicht die Ergebnisse des jährlich durchgeführten Brand Performance Check, der evaluiert, wie gut Mitgliedsunternehmen Probleme in ihren Lieferketten identifizieren und beheben; die Ergebnisse einzelner Audits können jedoch ebenfalls nicht eingesehen werden.[298] Die *FLA* veröffentlicht Auditberichte auf ihrer Website, jedoch lediglich unter Angabe des jeweiligen Mitgliedsunternehmens, ohne die überprüfte Fabrik selbst zu benennen. Die Evaluierungen folgen zudem nicht dem *pass-or-fail*-Prinzip folgen, sondern identifizieren lediglich Bereiche, in denen Compliance-Lücken bestehen.[299]

Werden aufgedeckte Verstöße nicht behoben, kann dies verschiedene Folgen nach sich ziehen, von der Dokumentation in der Datenbank einer

---

294 Siehe hierzu z. B. https://sa-intl.org/services/training/sa8000-auditor-training/sa80 00-basic/ (Stand: 18.04.2024); https://www.amfori.org/content/audit-integrity-prog ramme-0 (Stand: 18.04.2024).

295 Für die Auftragsvergabe durch Einrichtungen, die eine Zertifizierung anstreben, siehe z. B. https://wrapcompliance.org/certification/ (Stand: 18.04.2024). Eine etwas andere Herangehensweise verfolgt beispielsweise die *FLA*, welche einzelne Fabriken ihrer Mitgliedsunternehmen stichprobeartig eigens in Auftrag gegebenen Sozialaudits akkreditierter Partnerunternehmen unterzieht. Siehe hierzu https://www.fairlabor.or g/accountability/assessments/assessments-manufacturing/?report_type=workplace-monitoring (Stand: 18.04.2024).

296 https://www.amfori.org/content/amfori-bsci (Stand: 18.04.2024).

297 https://sa-intl.org/sa8000-search/; https://wrapcompliance.org/facilities/ (Stand: 18.04.2024).

298 https://www.fairwear.org/brands (Stand: 18.04.2024).

299 Die sogenannten *Manufacturing assessments* der Produktionsstätten von FLA-Mitgliedern sind unter https://www.fairlabor.org/accountability/assessments/ abrufbar (Stand: 18.04.2024).

Initiative und der Erteilung einer schlechten Bewertung[300] bis zur Verwehrung oder Rücknahme der Zertifizierung bzw. Beendigung der Mitgliedschaft[301].

Darüber hinaus sehen einige Sozialstandardinitiativen die Möglichkeit vor, Auditunternehmen, die ihren Qualitätsanforderungen nicht entsprechen, zu sanktionieren.[302]

Die meisten Sozialstandardinitiativen finanzieren sich überwiegend über Mitgliedsbeiträge[303] oder Zertifizierungsgebühren[304]. Weitere wichtige Einnahmequellen sind die Akkreditierung von Auditunternehmen sowie Trainingskurse für Auditor*innen.[305] Teilweise erhalten Sozialstandardinitiativen zudem staatliche Subventionen.[306]

c. Kritische Vorfälle

Dass die Durchführung von Sozialaudits im Rahmen von Sozialstandardinitiativen keinesfalls ein Garant für die Vermeidung von Menschenrechtsverletzungen ist, zeigt eine Vielzahl von Vorfällen in überprüften bzw. zertifizierten Fabriken. So hatte beispielsweise der *TÜV Rheinland* in einer der Rana Plaza-Fabriken mehrere Sozialaudits nach den Vorgaben der *amfori BSCI* durchgeführt, bevor das Gebäude einstürzte.[307] Dabei blieben nicht nur schwere Menschenrechtsverletzungen wie Kinderarbeit, geschlechterspezifische Diskriminierung und das Fehlen von Gewerkschaf-

---

300 So z. B. bei *amfori BSCI*, siehe https://www.amfori.org/content/amfori-bsci-platf orm (Stand: 18.04.2024).

301 So z. B. bei *SAI*, siehe https://sa-intl.org/resources/sa8000-getting-started/ sowie bei *WRAP*, siehe https://wrapcompliance.org/certification/#policy (Stand: 18.04.2024).

302 Siehe hierzu insbesondere das Audit Integrity Programme von *amfori BSCI*, welches die Möglichkeit des Ausschlusses von Prüfunternehmen aus dem Auditorenpool der Initiative vorsieht, https://s3.eu-west-1.amazonaws.com/www-php-media-file s.prd.amfori-services.k8s.amfori.org/03/audit-integrity-programme.pdf (Stand: 18.04.2024).

303 Siehe z. B. *amfori* Annual Report 2022, S. 49 ff., abrufbar unter https://www.amfori. org/sites/default/files/amfori_2023_annual_report.pdf (Stand: 18.04.2024).

304 Siehe z. B. https://wrapcompliance.org/faq/ (Stand: 18.04.2024).

305 *Clean Clothes Campaign,* Fig Leaf for fashion, S. 22.

306 Siehe z. B. *Fair Wear Foundation* Annual Report 2022, S. 35 ff., abrufbar unter https://api.fairwear.org/wp-content/uploads/2023/07/Fair-Wears-Annual-Report-2 022.pdf (Stand: 18.04.2024).

307 *Clean Clothes Campaign,* Fig Leaf for fashion, S. 29.

ten unbemerkt, sondern die Bauqualität des Gebäudes wurde sogar als gut bezeichnet.[308] Vorwürfe eines Fehlverhaltens des Auditunternehmens wies die *amfori BSCI* zurück.[309] Bis heute gehört der *TÜV Rheinland* zum Auditorenpool der Initiative.[310] Auch der Ali Enterprises-Brand ereignete sich nur wenige Wochen, nachdem die Fabrik ein SA8000-Zertifikat erhalten hatte.[311] Der infolge der Auditierung erstellte Prüfbericht bestätigte die Einhaltung aller wesentlichen Sicherheitsanforderungen, obwohl elementare Brandschutzmaßnahmen nicht eingehalten wurden. *RINA*, das Unternehmen, das damals für den Sozialaudit verantwortlich war, hat bis heute eine SA8000-Akkreditierung.[312] Die *FLA* geriet besonders in die Kritik für ihren Umgang mit einer Fabrikschließung von Russell Athletic in Honduras. Trotz einer Vielzahl von Anhaltspunkten dafür, dass die Fabrik aufgrund der Bildung einer Gewerkschaft geschlossen worden war, hielt die Initiative lange an ihrer Einschätzung fest, dass die Schließung rein wirtschaftlich motiviert gewesen sei. Erst auf anhaltenden öffentlichen Druck hin war die *FLA* bereit, die Mitgliedschaft von Russell Athletic auf den Prüfstand zu stellen.[313] Auch *WRAP* wird von Nichtregierungsorganisationen und Gewerkschaften immer wieder vorgeworfen, Arbeiter*innen nicht ausreichend zu schützen.[314] Anhaltspunkte hierfür bietet beispielsweise, dass die Fabrik Avandia in Guatemala zwischen 2005 und 2011 trotz gut dokumentierter gewerkschaftsfeindlicher Aktivitäten ein *WRAP*-Zertifikat erhielt und dieses erst nach einer Intervention nationaler und internationaler Gewerkschaften verlor.[315]

---

308 https://www.ecchr.eu/fall/mehr-show-als-sicherheit-zertifikate-in-der-textilindust rie/ (Stand: 18.04.2024).

309 *Paiement,* Transnational Legal Theory 2021, 390, 15.

310 Siehe unter https://www.tuv.com/germany/de/lieferantenbewertung-mit-bsci-audit. html (Stand: 18.04.2024).

311 Siehe hierzu genauer *Gailhofer/Glinski,* Haftungsrechtlicher Rahmen von nachhaltiger Zertifizierung in textilen Lieferketten, S. 60.

312 *Clean Clothes Campaign,* Fig Leaf for fashion, S. 22.

313 *AFL-CIO,* Responsibility Outsourced, S. 41; *Anner,* Politics & Society 40 (2012), 609, 624 ff..

314 Siehe z. B. *Clean Clothes Campaign,* Fig Leaf for fashion, S. 24 f.

315 *AFL-CIO,* Responsibility Outsourced, S. 35 ff.

4. Bewertung

Indem sie eine scheinbar effektive Antwort auf die *Governance*-Lücke im Umgang mit Menschenrechtsverletzungen in transnationalen Lieferketten boten, wurden Sozialstandardinitiativen und vor allem Multistakeholder-Initiativen selbst zu mächtigen Akteuren in globalen Lieferketten.[316] Sozialstandardinitiativen sind mittlerweile ein Grundpfeiler privater Regulierung und spielen selbst im Rahmen von staatlichen Ansätzen zur Bekämpfung von Menschenrechtsverletzungen oft eine wichtige Rolle.[317] Für viele Unternehmen bieten die Initiativen eine gute Möglichkeit, ihren Bemühungen in Richtung eines besseren Menschenrechtsschutzes Nachdruck und Glaubhaftigkeit zu verleihen. An nachhaltigem Konsum interessierten Verbraucher*innen bieten Zertifikate zudem häufig eine willkommene Orientierungsmöglichkeit. Was man sich dabei allerdings stets bewusst machen sollte ist, dass Sozialstandardinitiativen auf dem Prinzip der Freiwilligkeit beruhen und ihre Regeln daher nur Anwendung finden, wenn und soweit Unternehmen dies wollen. Ein Bericht von *Human Rights Watch* fasst dieses Problem wie folgt zusammen:

> „Voluntary Initiatives all face the same crucial limitations: they are only as strong as their corporate members choose to make them and they don't apply to companies that don't want to join. They often do a good job of helping to define good company human rights practice, but enforceable rules are the only way of ensuring real, systematic change.“[318]

Da Sozialstandardinitiativen ihre Regeln selbst vorgeben und kontrollieren, sagt allein die Mitgliedschaft eines Unternehmens in einer Initiative oder die Zertifizierung von Zulieferern nach einem bestimmten Standard wenig über die Einhaltung von Menschenrechten aus. Um dies beurteilen zu können, ist vielmehr eine genaue Untersuchung der Zusammensetzung und

---

316 Ein an dieser Entwicklung immer wieder geäußerter Kritikpunkt ist, dass das Geschäftsmodell von Sozialstandardinitiativen gerade auf dem Versagen staatlicher Regulierung und gewerkschaftlicher Organisation basiere und teilweise sogar mit dem Ziel ins Leben gerufen wurde, gesetzliche Regelungen zu vermeiden. Siehe hierzu *AFL-CIO*, Responsibility Outsourced, S. 23; *MSI Integrity*, Not Fit-for-Purpose, S. 34.

317 *MSI Integrity*, Not Fit-for-Purpose, S. 30. Ein Beispiel dafür in Deutschland ist die Anerkennung der SA8000-Zertifizierung oder einer Mitgliedschaft in der *FWF* als möglichen Nachweis für die Erfüllung der sozialen Kriterien im Rahmen des staatlichen Textilsiegels Grüner Knopf.

318 *Albin-Lackey*, Without Rules, S. 5.

Funktionsweise der einzelnen Initiativen erforderlich, was Verbraucher*innen regelmäßig nicht leisten können. Ein wunder Punkt vieler Sozialstandardinitiativen sind schwach ausgeprägte Sanktionsmöglichkeiten. Häufig verlassen sie sich auf einen gewissen Gruppenzwang innerhalb der Initiative, Exklusionsmöglichkeiten im Falle von Verstößen sowie Marktmechanismen, die eine gute Performance belohnen und eine schlechte bestrafen, um eine Wirkung zu erzielen. Ein effektiver Mechanismus zur Durchsetzung der angestrebten Standards existiert jedoch in der Regel nicht.[319] Vielmehr lässt sich teilweise sogar beobachten, dass Unternehmen Initiativen wieder verlassen, wenn die Kosten der Einhaltung der festgelegten Standards die aus der Mitgliedschaft resultierenden Vorteile übersteigen.[320]

Ein weiteres Problem ist die fehlende Rechenschaftspflicht der Initiativen selbst. Anders als staatliche Institutionen sind Sozialstandardinitiativen nicht demokratisch legitimiert und unterliegen keinen Kontrollen durch und Rechenschaftspflichten gegenüber der breiten Öffentlichkeit.[321] Umso mehr Bedeutung kommt daher der Frage zu, wer die Entscheidungsträger*innen innerhalb einer Initiative sind und wem gegenüber sie rechenschaftspflichtig sind.[322] Während einige Initiativen erkennbar von Unternehmen dominiert werden, nehmen insbesondere Multistakeholder-Initiativen zwar für sich in Anspruch, ein breites Spektrum an Interessen zu vertreten. Das äußert sich vor allem darin, dass in den Vorständen neben Unternehmensvertreter*innen auch Mitglieder aus der Zivilgesellschaft und andere Akteure vorzufinden sind. Dennoch besteht auch bei MSI die Gefahr einer unternehmerischen Dominanz.[323] Ein Grund hierfür ist, dass Beiträge und Gebühren von Unternehmen eine Haupteinnahmequelle für viele Initiativen sind. Es besteht daher stets auch ein finanzielles Interesse an der Zufriedenheit der beteiligten Unternehmen. Dieses Interesse steht in einem Spannungsverhältnis zu Bemühungen um ein strengeres

---

319 *Landau/Hardy,* Transnational Labour Governance in Global Supply Chains:, 43, 56.
320 *Harrison/Wielga,* Business and Human Rights Journal 8 (2023), 43, 57.
321 *MSI Integrity,* Not Fit-for-Purpose, S. 11.
322 *Landau/Hardy,* Transnational Labour Governance in Global Supply Chains:, 43, 57; *Gläßer et al.,* Außergerichtliche Beschwerdemechanismen, S. 13.
323 *MSI Integrity,* Not Fit-for-Purpose, S. 50.

Vorgehen.[324] Problematisch ist auch, dass Betroffene von Menschenrechtsverletzungen und ihre Interessenvertreter in den Entscheidungsstrukturen vieler Initiativen allenfalls eine untergeordnete Rolle spielen.[325] Wie im vorstehenden Abschnitt bereits beispielhaft geschildert, sind Gewerkschaften in den Vorständen der meisten MSI entweder gar nicht vertreten oder unterrepräsentiert, und auch Arbeiter*innen werden eher als Opfer denn als Impulsgeber*innen für Veränderungsprozesse wahrgenommen.[326]

In Bezug auf Sozialaudits wirken Sozialstandardinitiativen häufig als eine Art Schnittstelle zwischen transnationalen Unternehmen, Auditunternehmen und Zulieferern. Das durch die Initiativen vorgegebene Verhältnis dieser Beteiligten zueinander beeinflusst daher auch die Machtstrukturen in der Textilindustrie. Das Ergebnis ist zum einen eine Abhängigkeit der Auditunternehmen von den Sozialstandardinitiativen. Sozialstandardinitiativen kontrollieren zu einem erheblichen Teil den Marktzugang für Auditunternehmen, da mittlerweile viele Textilunternehmen Sozialaudits hauptsächlich im Rahmen solcher Initiativen durchführen. Um aber mit der Durchführung von Audits im Rahmen einer Sozialstandardinitiative beauftragt zu werden, brauchen Auditunternehmen meist eine Akkreditierung durch die Initiative.[327] Zum anderen sind auch Zulieferer in hohem Maße von Sozialstandardinitiativen abhängig, da viele Bestellerunternehmen Mitglieder in Sozialstandardinitiativen sind und sich verpflichten, ihre Lieferkette einer Überprüfung nach der von diesen Initiativen vorgegebenen Standards zu unterziehen.[328] Oft sind es jedoch Zulieferer, die Sozialaudits in Auftrag geben und vor allem auch bezahlen müssen.[329] Das verstärkt den Druck auf diese Unternehmen, die in vielen Fällen ohnehin bereits einem

---

324 *Landau/Hardy,* Transnational Labour Governance in Global Supply Chains:, 43, 56; *Terwindt/Armstrong,* International Labour Review 158 (2019), 245, 262; *Anner,* Politics & Society 40 (2012), 609, 611 bezeichnet dieses Phänomen als „*threat-of-defection dynamic*".

325 *MSI Integrity,* Not Fit-for-Purpose, S. 68.

326 *Utting,* Regulating Business via Multistakeholder Initiatives, 20.

327 Vgl. *Terwindt/Armstrong,* International Labour Review 158 (2019), 245, 267 die dies auch als mögliches Druckmittel für Sozialstandardinitiativen sehen, um Verbesserungen bei Sozialaudits herbeizuführen.

328 So heißt es z. B. auf der Website der *FLA:* „FLA members agree to subject their supply chains to independent assessments and monitoring as part of an organizational commitment to upholding fair labor standards through transparency.", https://www.fairlabor.org/accountability/assessments/ (Stand: 18.04.2024).

329 *Starmanns/Barthel/Mosel,* Sozial-Audits als Instrument zur Überprüfung von Arbeitsbedingungen, S. 53.

hohen Preis- und Leistungsdruck ausgesetzt sind. Die problematischen Einkaufspraktiken vieler Marken- und Einzelhändler, die den Ursprung dieser Dynamik bilden, werden durch Sozialstandardinitiativen hingegen nur selten in Frage gestellt.[330]

Sozialstandardinitiativen können daher zwar einerseits einen positiven Einfluss auf die Auditindustrie nehmen und tun dies teilweise auch bereits, beispielsweise indem sie strenge Anforderungen für Sozialaudits festlegen und die für sie tätigen Auditor*innen Qualitätskontrollen unterziehen und bei Verstößen sanktionieren. Gleichzeitig sind Sozialstandardinitiativen häufig selbst Teil des Problems, da sie die Tätigkeit vieler Auditunternehmen erst ermöglichen, ohne das Auditsystem mit den nötigen Kontrollen zu versehen.[331]

C. Kritik an Sozialaudits

I. Schwachstellen

Die Schwachstellen von Sozialaudits sind vielfältig und gut erforscht.[332] Einige von ihnen sind politisch-struktureller Natur. Diese wurden im vorstehenden Abschnitt bereits angedeutet und werden in diesem Abschnitt unter Gliederungspunkt 1 noch einmal genauer beleuchtet. Überdies unterliegt das Auditsystem bestimmten inhärenten Einschränkungen. Warum es auch aus diesem Grund nicht in der Lage ist, eine umfangreiche Überprüfung der Arbeitsbedingungen in globalen Lieferketten zu gewährleisten, wird unter Gliederungspunkt 2 näher erläutert. Eine bedeutende Schwachstelle ist zudem die methodisch mangelhafte Durchführung vieler Sozialaudits und der Umgang mit vorgefundenen Problemen, welche unter Gliederungspunkt 3 aufgezeigt werden. Weitere Kritikpunkte beziehen sich auf die

---

330 Zum Ganzen: *MSI Integrity,* Not Fit-for-Purpose, S. 109. Dass es oft die Bestellerunternehmen selbst sind, die durch ihre Einkaufspraktiken Menschenrechtsverletzungen verursachen und dass dies im Widerspruch zu dem durch MSI aufgebauten Druck auf Zulieferer zur Einhaltung menschenrechtlicher Standards steht, beobachten auch *Harrison/Wielga,* Business and Human Rights Journal 8 (2023), 43, 64.

331 *MSI Integrity,* Not Fit-for-Purpose, S. 38.

332 Siehe hierzu z. B. *Clean Clothes Campaign,* Looking for a quick fix; *Fondation des droits de l'homme au travail,* Beyond Social Auditing; *AFL-CIO,* Responsibility Outsourced; *Burckhardt,* Wirksamkeit von Audits; *Clean Clothes Campaign,* Fig Leaf for fashion; *ECCHR/Brot für die Welt/Misereor,* Menschenrechtsfitness von Audits und Zertifizierern?.

beschränkte Reichweite von Sozialaudits (siehe hierzu Gliederungspunkt 4), ihre mangelnde Transparenz (dargestellt unter Gliederungspunkt 5) sowie die oft unzureichende Abhilfe (im Detail unter Gliederungspunkt 6). Im Rahmen der nachfolgenden Analyse soll nicht verkannt werden, dass es auch Sozialaudits gibt, bei denen die aufgezeigten Probleme nicht auftreten. Es handelt sich jedoch keinesfalls um punktuelle Unzulänglichkeiten, sondern um Zustände, die eher die Regel als die Ausnahme darstellen.

1. Strukturelle Probleme

a. Fehlerhafte Anreizstruktur

Ein strukturelles Problem ist der wirtschaftliche Fehlanreiz, der bereits bei der Beauftragung von Sozialaudits entsteht. Anders als staatliche Inspektionen wird ein Großteil der Sozialaudits von profitorientierten Prüffirmen durchgeführt.[333] Auftraggeber ist dabei häufig der Zulieferer selbst, also das Unternehmen, dessen Bedingungen überprüft werden sollen.[334] Hierdurch wird die Unabhängigkeit des Ergebnisses in Frage gestellt, da für das Auditunternehmen ein Anreiz gesetzt wird, im Sinne des Geprüften zu auditieren.[335] Dieser Eindruck wird bestätigt durch eine Studie von *Short, Toffel* und *Hugill*, welche zu dem Ergebnis kam, dass Auditor*innen weniger Verstöße melden, wenn die Audits vom auditierten Zulieferern bezahlt werden.[336] Aber auch wenn die Beauftragung des Sozialaudits durch das Unternehmen erfolgt, welches die Bestellungen abnimmt, entsteht ein Interessenkonflikt, da diesem Unternehmen ein Audit, welcher die Einhaltung menschenrechtlicher Sorgfaltspflichten bestätigt, ebenfalls mehr nutzt

---

333 *LeBaron/Lister/Dauvergne*, Globalizations 14 (2017), 958, 965.
334 *Fischermann/Rudzio*, Die Zeit vom 08.02.2024.
335 *Starmanns/Barthel/Mosel*, Sozial-Audits als Instrument zur Überprüfung von Arbeitsbedingungen, S. 53.
336 *Short/Toffel/Hugill*, Strat. Mgmt. J. 37 (2016), 1878.

als eines, das Verstöße offenlegt.[337] Für Auditfirmen besteht also mit Blick auf Folgeaufträge ein wirtschaftlicher Anreiz, nicht allzu gründlich vorzugehen und Produktionsstätten ein möglichst positives Zeugnis auszustellen.[338] Dieser Druck wird an die einzelnen Auditor*innen weitergegeben, welche wiederum wirtschaftlich von ihrem Arbeitgeber abhängig sind.[339] Das führt dazu, dass ein Prozess, der eigentlich dem Schutz von Arbeiter*innen dienen soll, vielfach primär auf die Befriedigung unternehmerischer Bedürfnisse ausgerichtet wird.

b. Ungleiche Verteilung der Kostenlast

Ein weiteres strukturelles Problem ist die ungleiche Verteilung der Kostenlast. Das gilt insbesondere für Auditgebühren oder Mitgliedschaftsbeiträge in Sozialstandardinitiativen. Diese müssen häufig durch die Zulieferer getragen werden, obwohl der Impuls zur Erfüllung bestimmter Sorgfaltsanforderungen meist von transnationalen Unternehmen ausgeht.[340] Auch die Kosten für die Verbesserung der Arbeitsbedingungen selbst müssen Zulieferer oft alleine tragen.[341] Diese Kosten können jedoch meist nicht in Form erhöhter Preise an Bestellerunternehmen weitergegeben werden.

---

337 *Burckhardt,* Wirksamkeit von Audits, S. 4; *Bartley,* Rules without Rights, S. 178 beschreibt diese Interessenlage mit folgenden Worten: „A second problem is that brands appear to be using audits not so much to discover problems but to create plausible deniability—that is, to collect just enough information to produce assurances of due diligence."; a.A. *Starmanns/Barthel/Mosel,* Sozial-Audits als Instrument zur Überprüfung von Arbeitsbedingungen, S. 53, die davon ausgehen, dass Bestellerunternehmen i.d.R. ein Interesse daran haben, Ergebnisse zu erhalten, die die tatsächliche Situation widerspiegeln.

338 *OECD,* Making Codes of Corporate Conduct Work, S. 12; *Walsh/Greenhouse,* The New York Times vom 07.12.2012.

339 *Dreier,* New York Times vom 28.12.2023 berichtet hierzu: „Auditors for several firms said they are encouraged to deliver findings in the mildest way possible as they navigate pressure from three different sources: the independent auditing firms that pay their salaries; corporations, such as Walgreens, that require inspections at their suppliers; and the suppliers themselves, which usually must arrange and pay for the audits."

340 Siehe *Starmanns/Barthel/Mosel,* Sozial-Audits als Instrument zur Überprüfung von Arbeitsbedingungen, 53 f. sowie *MSI Integrity,* Not Fit-for-Purpose, S. 109 zur Kostentragung von Auditierung und Zertifizierung im Rahmen von Multistakeholder-Initiativen.

341 *International Labour Organization,* Purchasing practices and working conditions in global supply chains, S. 10.

Verbesserte Bedingungen führen zudem häufig nicht dazu, dass die eigene Fabrik in der Zukunft bei der Auftragsvergabe einen Vorteil gegenüber weniger engagierten Zulieferern genießt. Vielmehr wird die Entscheidung für einen bestimmten Zulieferer oft primär von Kostenerwägungen getragen.[342] Diese Schieflage hängt unter anderem damit zusammen, dass in vielen Unternehmen die CSR-Abteilung wenig Einfluss auf die Entscheidungen der für den Einkauf zuständigen Abteilung hat.[343] Während den Zulieferern also abverlangt wird, dass sie die Arbeitsbedingungen in ihren Fabriken verbessern, sollen sie ihre Produkte gleichzeitig zu immer niedrigeren Preisen und in immer kürzeren Zeitspannen herstellen.[344]

Für die Herbeiführung echter Verbesserungen fehlen somit sowohl die finanziellen Möglichkeiten als auch der wirtschaftliche Anreiz.[345] Häufig wirkt der enorme Preis- und Zeitdruck gerade als Katalysator für die Verletzung der Rechte von Arbeiter*innen.[346] Hierfür werden in der Literatur einige Beispiele genannt: So führt das Drücken des Einkaufspreises durch Bestellerunternehmen dazu, dass Löhne bei Zulieferern niedrig gehalten oder die Produktionsziele für Arbeiter*innen erhöht werden. Hohe Auftragsschwankungen bewirken zudem, dass Arbeiter*innen exzessive Überstunden abverlangt werden oder in unzulässiger Weise auf temporäre Arbeitskräfte oder Subunternehmer zurückgegriffen wird. Um ihre Fixkosten möglichst gering zu halten, nutzen Zulieferer darüber hinaus häufig unsichere und überfüllte Produktionsstätten. Schließlich können im Zusammenhang mit gewerkschaftlicher Aktivität befürchtete Kostensteigerungen und Produktionsstörungen Zulieferer dazu verleiten, Gewerkschaftsvermeidungsstrategien zu verfolgen.[347]

Zu dem Ergebnis, dass bestimmte Einkaufspraktiken negative Auswirkungen auf Arbeitszeiten sowie Sicherheit und Gesundheit am Arbeitsplatz

---

342 *Locke/Amengual/Mangla*, Politics & Society 37 (2009), 319, 334 f. berichten von Erhebungen in Indien, die ergaben, dass Bestellungen häufig bereits in Vorbereitung waren, bevor überhaupt ein Audittermin angesetzt war, und dass das untersuchte Unternehmen auch bei vielen Zulieferern, die den Verhaltenskodex nicht erfüllten, weiterhin Bestellungen aufgab.

343 *Kuruvilla et al.*, ILR Review 73 (2020), 841, 846.

344 *Locke/Amengual/Mangla*, Politics & Society 37 (2009), 319, 328; *Anner,* The Sourcing Squeeze; *Barrientos,* Gender and work in global value chains, S. 186.

345 Hierzu auch *Bartley,* Rules without Rights, S. 179.

346 *Soundararajan/J. A. Brown*, Journal of Business Ethics 134 (2016), 83, 97.

347 Zum Ganzen ausführlich: *Anner*, Review of International Political Economy 27 (2019), 320; *Human Rights Watch,* "Paying for a bus ticket and expecting to fly", S. 11 ff.

haben, kam auch eine Studie der ILO im Rahmen des *Better Work*-Programmes.[348] Die Einkaufspraktiken transnationaler Unternehmen werden jedoch im Rahmen von Sozialaudits meist überhaupt nicht hinterfragt. Während also überprüft wird, ob exzessive Überstunden stattgefunden haben, wird nicht kontrolliert, ob ein Zulieferer genügend Freiräume hat, um Arbeitszeiten zu reduzieren.[349] Indem dieses grundlegende Hindernis für die Verbesserung von Arbeitsbedingungen unberücksichtigt bleibt, werden Sozialaudits von vornherein in ihrer Wirksamkeit beschränkt.

c. Fehlen einheitlicher Standards

Auch die Vielzahl verschiedener Regulierungsstandards schwächt die Effektivität von Sozialaudits. Fabriken produzieren häufig für verschiedene Abnehmer, die entweder eine Überprüfung nach ihren eigenen Standards oder nach denen einer der vielen Sozialstandardinitiativen fordern. So kommt es vor, dass Fabriken mehrfach in einem kurzen Zeitraum nach verschiedenen Standards überprüft werden und die daraus resultierende Bewertung nicht selten stark divergiert. Ein Beispiel hierfür liefern *Kuruvilla et al.*, die im Rahmen einer Studie feststellten, dass die untersuchten Zulieferer zwischen 2014 und 2015 insgesamt 24 bzw. 32 mal überprüft worden waren. Dabei wurden nicht nur verschiedene Audit-Praktiken angewandt und unterschiedliche Verstöße aufgedeckt. Auch die daraus resultierenden Bewertungen der Auditor*innen variierten aufgrund der unterschiedlichen Gewichtung der gefundenen Verstöße deutlich.[350] Das Resultat der fragmentierten Regulierungslandschaft ist daher zum einen ein Wettbewerb zwischen unterschiedlichen Standards, bei dem ein *race to the bottom* und die Benachteiligung anspruchsvoller Systeme droht.[351] Zum anderen beschränkt die Vielzahl der Überprüfungen nach divergierenden Standards aber auch die Möglichkeiten von Sozialaudits selbst, da die bestehende

---

348 *International Labour Organization,* Progress and Potential, S. 35 ff.
349 *Fondation des droits de l'homme au travail,* Beyond Social Auditing, S. 18; *Lund-Thomsen/Lindgreen,* J Bus Ethics 123 (2014), 11.
350 *Kuruvilla et al.,* ILR Review 73 (2020), 841, 853 ff.
351 Zu diesem Problem siehe z. B. *Marx/Wouters,* International Labour Review 155 (2016), 435, 443 f; *Klinger/Ernst,* Rechtsgutachten zur Akkreditierungspflicht von nachhaltigen Verbrauchersiegeln im Textilsektor, S. 4.

Undurchsichtigkeit es selbst wohlmeinenden Zulieferern erschwert, alle an sie gestellten Anforderungen zu erfüllen.[352]

2. Inhärente Einschränkungen

Nicht nur die soeben dargelegten strukturellen Probleme führen dazu, dass Sozialaudits bereits im Ansatz nur begrenzte Kapazitäten zur Offenlegung von Menschenrechtsverletzungen aufweisen. Auch einige inhärente Einschränkungen des Auditmodells haben zur Folge, dass eine umfassende Aufdeckung von Verstößen und deren nachhaltige Behebung selbst bei gründlicher Durchführung der Überprüfungen kaum möglich sind.

a. Beschränkung auf Momentaufnahme

So stellen Sozialaudits stets nur eine Momentaufnahme dar. Sie dokumentieren die Arbeitsbedingungen in einer Produktionsstätte zu einem bestimmten Zeitpunkt. Hieraus lassen sich jedoch nur begrenzt Aussagen über die täglichen Zustände herleiten. Das liegt einerseits daran, dass Fabrikbesitzer die Arbeitsbedingungen für die Auditor*innen naturgemäß besonders positiv darstellen. Zum anderen lassen sich mit den punktuell stattfindenden Audits nur begrenzt Trends und Entwicklungen über einen längeren Zeitraum erkennen. Genau das wäre jedoch wichtig, um tiefer liegende Ursachen für Missstände zu identifizieren und effektive Abhilfe zu schaffen.[353]

b. Fehlende Eignung zur Identifizierung bestimmter Verstöße

Ein weiteres Problem ist, dass Sozialaudits zwar dazu beitragen können, bestimmte sichtbare Missstände wie zum Beispiel unzureichende Sicherheitsvorkehrungen oder das Vorkommen von Kinderarbeit offenzulegen,

---

352 Mit der aus dieser Undurchsichtigkeit resultierenden Entkopplung privater Regulierungspraktiken von den zu erreichenden Ergebnissen beschäftigen sich *Kuruvilla et al.*, ILR Review 73 (2020), 841.

353 Siehe insgesamt zur Problematik des sogenannten *snapshot effect*: *Fondation des droits de l'homme au travail*, Beyond Social Auditing, S. 10.

jedoch andere Verstöße gegen die Rechte von Arbeiter*innen kaum zuverlässig erfassen können. Das gilt insbesondere für *intangible violations* oder *soft issues* genannte Verstöße, also solche, die nicht greifbar sind, wie Diskriminierung und Belästigung oder gewerkschaftsfeindliche Aktivitäten.[354] Dies lässt sich beispielsweise aus einer zwischen 2009 und 2012 durchgeführten Studie zu Sozialaudits in Asien herleiten, bei der in Indien und in Bangladesch eine über 99-prozentige Einhaltung des Verbots der geschlechterspezifischen Diskriminierung festgestellt wurde, obwohl beide Länder von tief verwurzelter Geschlechterdiskriminierung geprägt sind und im *UN Gender Equality Index* Platz 119 bzw. 125 belegen.[355] Auch Verstöße gegen die Vereinigungsfreiheit und das Recht auf Kollektivverhandlungen werden nur selten aufgedeckt, wie erst kürzlich wieder bei einer von *Kuruvilla et. al* durchgeführten Auswertung von 26.000 Sozialaudits aus 13 Ländern bestätigt wurde.[356] Dabei sind es oft gerade diese sogenannten *enabling rights*, die eine nachhaltige Verbesserung der Arbeitsbedingungen insgesamt bewirken können. Auch letzteres verdeutlicht die Untersuchung von *Kuruvilla et al.*, die bei der Analyse von Daten der *FWF* und der *FLA* zu dem Ergebnis kam, dass es in Fabriken mit einem Tarifvertrag zu signifikant weniger Gesamtverstößen kam als in Fabriken ohne Tarifvertrag. Zudem kamen die Autor*innen bei der Auswertung von 2.208 Beurteilungen von 1.410 Fabriken, die am *Better Work*-Programm der ILO teilnehmen, zu dem Ergebnis, dass die Rechte der Arbeiter*innen dort insgesamt am besten eingehalten wurden, wo es sowohl eine Gewerkschaft als auch einen Tarifvertrag gab.[357]

Dass Sozialaudits ungeeignet sind, bestimmte Verstöße zu erfassen, wird selbst innerhalb der Auditbranche anerkannt. So räumte beispielsweise *ELEVATE*, ein Unternehmen, das weltweit Sozialaudits durchführt, im September 2019 ein: „[...] social audits are not designed to capture sensitive labor and human rights violations such as forced labor and harassment."[358]

---

354 *Clean Clothes Campaign,* Looking for a quick fix, S. 32; *Fondation des droits de l'homme au travail,* Beyond Social Auditing, S. 20.

355 *Barrientos,* Gender and work in global value chains, S. 185.

356 *Kuruvilla/C. Li,* Journal of Supply Chain Management 2021, 43, 4 unter Verweis auf *Kuruvilla/Fischer-Daly/Raymond,* Freedom of Association and Collective Bargaining in Global Supply Chains, 148.

357 ebd.

358 *ELEVATE,* Response to Clean Clothes Campaign report, https://media.business-humanrights.org/media/documents/files/documents/ELEVATE_response_to_CCC_report_Fig_Leaf_for_Fashion_20190930.pdf.

Zuvor hatte *ELEVATE* seine Auditberichte mit den Ergebnissen einer app-basierten *Worker Sentiment Survey* abgeglichen. Letztere ergaben, dass 30% der Arbeiter*innen in Bangladesh und 28 % der Arbeiter*innen in Indien sexuelle Belästigung am Arbeitsplatz erfahren oder beobachtet hatten. Im gleichen Zeitraum konnten nur 0,18 % der Sozialaudits in Bangladesch und 0,8 % der Sozialaudits in Indien Fälle von menschenunwürdiger Behandlung einschließlich sexueller Belästigung offenlegen.[359]

Die Erfassung von Verstößen gegen Rechte, die in den Produktionsländern nicht oder nur eingeschränkt anerkannt sind, ist in besonderem Maß erschwert.[360] Dies zeigt der Umgang mit der Vereinigungs- und Kollektivverhandlungsfreiheit in China.[361] Aufgrund der dort vorherrschenden gesetzlichen Einschränkungen müssten Auditor*innen streng genommen stets einen Verstoß gegen Verhaltenskodizes feststellen, welche die Sicherstellung der Vereinigungs- und Kollektivverhandlungsfreiheit fordern. Um diesem Widerspruch auszuweichen, fordern einige private Kodizes lediglich die Einhaltung der entsprechenden nationalen Vorgaben zur gemeinschaftlichen Organisation von Arbeiter*innen oder erachten andere Mechanismen der gewählten Vertretung wie beispielsweise sogenannte *Worker Committees* als ausreichend.[362] Bieten Verhaltenskodizes keine hinreichenden Anhaltspunkte für den Umgang mit den genannten Rechten, bleibt es den Interpretationsstrategien der Auditor*innen selbst überlassen, den Konflikt zwischen den gesetzlichen Vorgaben und anerkannten Standards

---

359 *ELEVATE,* Response to Clean Clothes Campaign report, https://media.business-hu manrights.org/media/documents/files/documents/ELEVATE_response_to_CCC _report_Fig_Leaf_for_Fashion_20190930.pdf; *Kashyap,* Inter Press Service News Agency vom 07.10.2020.

360 Siehe zur Problematik des Umgangs mit staatlichem Unrecht: *Ehmann/Berg,* GWR 2021, 287, 292; *R. Krause,* RdA 2022, 327, 332; *F. Lorenz/Krülls,* CCZ 2023, 100, 106.

361 *Bartley,* Rules without Rights, 188 ff.

362 *Egels-Zandén/Merk,* Journal of Business Ethics 123 (2014), 461; als Beispiel kann Prinzip Nr. 9 der Sozialstandardiniaitive *WRAP* herangezogen werden: „Facilities will recognize and respect the right of employees to exercise their *lawful* rights of free association and collective bargaining.", https://wrapcompliance.org/en/about /what-we-do/12-principles/ (Stand: 18.04.2024); der Workplace Code of Conduct der *FLA* statuiert wiederum unter FOA.3 Alternative Means of Association: „When the right to freedom of association and collective bargaining is restricted under law, employers shall not obstruct legal alternative means of worker association.", https:// www.fairlabor.org/wp-content/uploads/2022/04/fla_workplace_compliance_bench marks_rev_10.2020.pdf (Stand: 18.04.2024).

aufzulösen.[363] Vor diesem Hintergrund bieten Sozialaudits kaum Impulse zur Herbeiführung von tiefgreifenderen Veränderungen.

c. Täuschungsanfälligkeit

Zudem ist die Wirksamkeit von Sozialaudits auch durch ihre Täuschungsanfälligkeit eingeschränkt. Fabrikbesitzer*innen haben im Laufe der Zeit vielfältige Methoden entwickelt, um Verstöße zu verschleiern. Ein verbreitetes Vorgehen ist beispielsweise die doppelte Buchführung oder Fälschung von Dokumenten, so dass für die Auditor*innen der Eindruck entsteht, Arbeitszeitvorschriften würden eingehalten und die erforderlichen Löhne pünktlich ausgezahlt.[364] Teilweise werden Arbeiter*innen zudem vorab gebrieft und erhalten Vorgaben, was sie auf die Fragen der Auditor*innen zu antworten haben.[365] Auch die äußeren Zustände in Fabriken werden häufig nur für die Dauer des Audits den Anforderungen angepasst, zum Beispiel durch die temporäre Installierung von Sicherheitseinrichtungen und das Freiräumen ansonsten verstellter Fluchtwege.[366] In manchen Fällen gibt es sogar eine Art Vorzeigefabrik, die für die Zwecke von Sozialaudits verwendet wird; ein Großteil der Produktion findet jedoch ausgelagert in anderen Fabriken statt.[367] Teilweise beauftragen Zulieferer auch Beratungsunternehmen, die ihnen dabei helfen, Sozialaudits zu bestehen, beispielsweise indem sie ihnen Software zur Verfügung stellen, die falsche Gehaltslisten generiert, oder Arbeiter*innen darin schulen, in Interviews die gewünschten Antworten zu geben.[368] Diese und noch weitere Methoden erschweren die Arbeit von Auditor*innen und führen dazu, dass selbst gründliche und gewissenhaft durchgeführte Sozialaudits nicht immer alle Defizite offenlegen können.

---

363 *Paiement*, Regulation & Governance 13 (2019), 280, 289 ff..
364 *Bartley*, Rules without Rights, 174 ff; *Burckhardt*, Wirksamkeit von Audits, S. 6.
365 *Clean Clothes Campaign*, Fig Leaf for fashion, S. 73; *LeBaron/Lister*, SPERI Global Political Economy Brief No. 1 2016, 4.
366 *AFL-CIO*, Responsibility Outsourced, S. 26.
367 *Clean Clothes Campaign*, Looking for a quick fix, S. 24 f; *Burckhardt*, Wirksamkeit von Audits, S. 6.
368 *Kuruvilla* (Hrsg.), Private regulation of labor standards in global supply chains, 197 f.

d. Fehlende Ermittlungsbefugnisse

Sozialauditor*innen sind in ihrer Vorgehensweise zusätzlich dadurch einge-schränkt, dass sie anders als staatliche Inspektor*innen keine Ermittlungs-befugnisse oder Möglichkeiten zur Anwendung von Zwang haben. Sie kön-nen daher in der Regel nur die Bereiche und Dokumente inspizieren, zu denen ihnen der Zugang freiwillig gewährt wird, und nur diejenigen Arbei-ter*innen befragen, die ihnen im Rahmen des Audits begegnen.[369] Ihre Mittel zur Offenlegung versteckter Missstände sind somit von vornherein begrenzt.[370]

Diese dem Auditsystem innewohnenden Einschränkungen sollen jedoch nicht darüber hinwegtäuschen, dass es oft gerade oberflächliche und me-thodisch fragwürdige Sozialaudits sind, die Täuschungen erst möglich ma-chen.[371] Dies soll im Folgenden näher beleuchtet werden.

3. Schwächen bei der Durchführung

Neben den bereits genannten Unzulänglichkeiten des Auditsystems ist es vor allem die oft methodisch mangelhafte Durchführung der Sozialaudits, welche in der Kritik steht. In diesem Abschnitt sollen einige der von Sozialauditor*innen angewandten Methoden und Vorgehensweisen darge-stellt und erläutert werden, wie diese der Offenlegung von Verstößen im Weg stehen.

---

369 E. Wagner/Ruttloff/S. Wagner-*S. Wagner*, Rn. 2194 weist darauf hin, dass weder das LkSG noch sonstige Regelungen gesetzliche Kontrollrechte einräumen und rät Un-ternehmen, sich bestimmte Einsichts- und Prüfungsrechte durch eine sogenannte Auditklausel gewähren zu lassen.

370 Zum Ganzen *LeBaron/Lister*, SPERI Global Political Economy Brief No. 1 2016, 4.

371 Hierzu merkt ein ehemaliger Sozialauditor an: „Monitoring by itself is meaningless. It only works when the company that's commissioning it has a sincere interest in improving the situation. In the case of Chun Si, inspectors visited five times, according to BusinessWeek, and kept finding trouble. Now, anyone in the business knows that when inspections uncover safety violations or wage underpayment more than once or twice let alone five times it's a sign that bigger problems are lurking beneath. Companies rarely get bamboozled about this sort of thing unless they want to. And many prefer to be bamboozled, because it's cheaper." *T. A. Frank*, Washington Monthly vom 01.04.2008.

a. Vorabankündigung

Sozialaudits werden häufig vorab angekündigt.[372] Dieses Vorgehen mag im Sinne der Gewährleistung eines reibungslosen Ablaufs und des Herstellens einer vertrauensvollen Geschäftsbeziehung sein. Es gibt Zulieferern aber auch die Gelegenheit, die Zustände so anzupassen, dass sie den Anforderungen des Audits gerecht werden. Wie bereits im vorstehenden Abschnitt geschildert, sind Betrug und sonstige Täuschungsmanöver im Rahmen von Sozialaudits weit verbreitet. Ein realistisches Bild von den tatsächlichen Bedingungen kann durch vorab angekündigte Kontrollen daher meist nicht erlangt werden.[373]

b. Zeitmangel

Eine weitere Schwäche ist die extrem kurze Zeit, die für einen Sozialaudit zur Verfügung steht. Sozialauditor*innen verbringen häufig nur ein bis zwei Tage mit der Untersuchung und Bewertung einer Fabrik.[374] Dies umfasst die Vorbereitung, die Begehung der Fabrik, die Untersuchung von Dokumenten und die Durchführung von Interviews sowie die Erstellung eines Auditberichts.[375] Mit dem so entstehenden Zeitdruck geht jedoch gezwungenermaßen eine oberflächliche Betrachtung der zu überprüfenden Zustände einher.[376] In der zur Verfügung stehenden Zeitspanne können Missstände nicht vollständig untersucht, geschweige denn tieferliegende Probleme aufgedeckt werden.[377] Eine Folge der nur punktuellen Natur und des beschränkten zeitlichen Umfangs des Sozialaudits ist, dass sich Auditor*innen auf schriftliche Dokumentationen verlassen, anstatt eigene Beobachtungen anzustellen. Verstöße, die nicht schriftlich dokumentiert

---

372 *Burckhardt,* Wirksamkeit von Audits, S. 5.
373 *Burckhardt,* Wirksamkeit von Audits, S. 5. *Starmanns/Barthel/Mosel,* Sozial-Audits als Instrument zur Überprüfung von Arbeitsbedingungen, S. 58 schlagen vor, lediglich einen Zeitraum festzulegen, indem das Audit stattfindet.
374 *Fischermann/Rudzio,* Die Zeit vom 08.02.2024.
375 *Fondation des droits de l'homme au travail,* Beyond Social Auditing, S. 14.
376 *Burckhardt,* Wirksamkeit von Audits, S. 4.
377 *Locke/Amengual/Mangla,* Politics & Society 37 (2009), 319, 333 berichten hierzu: „An auditor in Latin America acknowledged that he regularly misses code violations in the factories he inspects and could easily 'find more problems with more time' but that after he discovers forty noncompliance items during his visit, he calls it a day and moves on to the next factory."

sind, werden daher seltener aufgedeckt. Der Verlass auf schriftliche Dokumentationen verstärkt zudem die Täuschungsanfälligkeit von Sozialaudits,
da diese leicht gefälscht werden können.[378] Grund für die knappe Bemes-
sung der Zeit sind oft Kostenerwägungen.[379]

c. Checklisten-Ansatz

Oft wird bei der Durchführung von Sozialaudits anhand einer Checkliste
vorgegangen.[380] Dies ist aus mehreren Gründen problematisch. Zum einen
führt es dazu, dass nicht auf der Liste befindliche Missstände und tiefere
Ursachen nicht erkundet werden. Zum anderen erschwert das standardi-
sierte Abfragen die Entstehung eines Dialogs mit Betroffenen, in dem
diese ihre Beschwerden abseits eines vorformulierten Skripts schildern
können.[381] Schließlich fördert dieses Vorgehen auch eine Mentalität, die
mehr auf das Abhaken von Punkten auf der Checkliste abzielt als auf die
Identifizierung von Problemen.[382]

d. Mangelnde Qualifikation der Prüfer*innen

Problematisch ist zudem, dass viele der eingesetzten Sozialauditor*innen
nicht ausreichend qualifiziert sind. Häufig kommen sie aus dem Finanzsektor und haben vor allem Erfahrung in der Rechnung und Buchhaltung.
Sie verfügen jedoch weder über die nötigen arbeitsrechtlichen Kenntnisse
und das erforderliche Wissen zu Sicherheit und Gesundheit am Arbeitsplatz, noch sind sie hinreichend geschult im Umgang mit vulnerablen
Gruppen.[383] Das Training, welches die meisten Auditor*innen durchlaufen,
bevor sie in die Fabriken geschickt werden, dauert oft wenige Tage und
reicht nicht aus, um sie auf ihre Aufgabe adäquat vorzubereiten.[384] Dabei
sind es gerade die einzelnen Auditor*innen, welche die Qualität eines
Sozialaudits maßgeblich beeinflussen können, beispielsweise durch ihre

---

378 *Soundararajan/J. A. Brown,* Journal of Business Ethics 134 (2016), 83, 96.
379 *Bartley,* Rules without Rights, S. 176.
380 *Terwindt/Saage-Maaß,* Zur Haftung von Sozialauditor_innen in der Textilindustrie,
     S. 6; *Cheyns/Thévenot,* La Revue des droits de l'homme 2019, 12.
381 *Fondation des droits de l'homme au travail,* Beyond Social Auditing, S. 6.
382 Vgl. *LeBaron/Lister,* SPERI Global Political Economy Brief No. 1 2016, 4.
383 *Burckhardt,* Wirksamkeit von Audits, S. 4; *MSI Integrity,* Not Fit-for-Purpose, S. 137.
384 *Clean Clothes Campaign,* Looking for a quick fix, S. 50 ff.

Fähigkeit, Verstöße korrekt zu identifizieren, aber auch zu erkennen, wenn nicht alles offengelegt wurde. Auch das Auftreten gegenüber Arbeiter*innen und das Stellen der richtigen Fragen kann einen entscheidenden Einfluss auf die Offenlegung von Verstößen haben. *Bendell* merkte hierzu in einem Bericht an:

> „The procedures for social auditing will never be defined enough to exclude auditor discretion in deciding what evidence is important, what it indicates and what the implication of it should be for the audit report. Therefore, the auditor's *predisposition* is critical to the outcome of the audit."[385]

e. Unzureichende Einbindung der Arbeiter*innen

Eine der gravierendsten Schwächen bei der Durchführung vieler Sozialaudits ist die meist unzureichende Einbindung der Arbeiter*innen. Häufig dient das Management als primäre Informationsquelle im Rahmen von Sozialaudits. Den Arbeiter*innen wird teilweise weder der Zweck des Audits noch ihre Rechte erläutert.[386] Interviews mit den Arbeiter*innen finden in der Regel innerhalb der Fabrik und somit unter den Augen des Fabrikmanagements statt.[387] Teilweise werden die Interviews in Gruppen, in manchen Fällen sogar in Anwesenheit des Managements durchgeführt. Versuche, eine bessere Einbindung der Arbeiter*innen zu erreichen, werden zudem dadurch konterkariert, dass die zu befragenden Arbeiter*innen nicht selten gezielt ausgewählt und im Vorfeld darüber geschult werden, was sie zu antworten haben.[388] Sogenannte *Off-Site Interviews* außerhalb der Reichweite des Managements werden nur in seltenen Fällen durchgeführt.[389] Aber auch in Fällen, in denen keine Vorauswahl getroffen wurde oder Interviews außerhalb der Fabrik stattfinden, wagen es Arbeiter*innen

---

385 *Bendell,* Towards Participatory Workplace Appraisal, S. 23 f.
386 vgl. *Burckhardt,* Wirksamkeit von Audits, S. 5.
387 *AFL-CIO,* Responsibility Outsourced, S. 26.
388 *Clifford/Greenhouse,* The New York Times vom 01.09.2013 berichten vom Beispiel einer chinesischen Fabrik, in der ein Papier mit vorformulierten Antworten an alle Arbeiter*innen ausgeteilt wurde.
389 *Clean Clothes Campaign,* Looking for a quick fix, S. 44 ff.

aus Angst vor der Gefährdung ihres Arbeitsplatzes oft nicht, Missstände anzusprechen.[390]

Zeitliche Beschränkungen, die Befragung anhand von Checklisten und die fehlende Erfahrung vieler Auditor*innen im Umgang mit vulnerablen Gruppen erschweren die Etablierung der nötigen Vertrauensbasis zu den Arbeiter*innen zusätzlich. Das trägt auch dazu bei, dass sensible Themen wie das Vorkommen von sexueller Belästigung am Arbeitsplatz nur selten offen zur Sprache gebracht werden.[391] Die Offenlegung geschlechterspezifischer Problematiken wird zudem dadurch beeinträchtigt, dass nicht immer eine weibliche Auditorin für die Durchführung der Interviews zur Verfügung steht.[392] Auch die Interessenvertreter der Betroffenen werden im Rahme von Sozialaudits häufig nicht ausreichend berücksichtigt. Lokale Gewerkschaften und Nichtregierungsorganisationen, die die Lage vor Ort kennen und deren Befragung wichtige Erkenntnisse über die tatsächliche Situation der Arbeiter*innen bringen könnte, werden beispielsweise nur selten eingebunden.[393]

f. Korruption

Nicht unerwähnt bleiben sollte schließlich, dass geschönte Auditberichte teilweise auch auf die Bestechung der Auditor*innen durch den zu überprüfenden Zulieferer zurückführen sind.[394] Die Anfälligkeit für diese Art der Einflussnahme ergibt sich unter anderem daraus, dass Auditor*innen in einigen Ländern sehr gering ist.[395]

---

390 *Connor/Delaney/Rennie,* The Ethical Trading Initiative, S. 31.

391 *Kuruvilla/N. Li/Jackson,* Private regulation of labour standards in global supply chains, 185, 189.

392 Hierzu und zur Problematik der sexuellen Belästigung in der Textilindustrie *Human Rights Watch,* Combating.

393 *Burckhardt,* Wirksamkeit von Audits, S. 6.

394 *Kuruvilla/N. Li/Jackson,* Private regulation of labour standards in global supply chains, 185, 193; *Clean Clothes Campaign,* Fig Leaf for fashion, S. 73; Siehe auch *Bartley,* Rules without Rights, S. 177, der dieses Phänomen vor allem in China beobachtet hat.

395 *Fischermann/Rudzio,* Die Zeit vom 08.02.2024.

4. Beschränkte Reichweite

Sozialaudits erstrecken sich in den meisten Fällen nicht auf die gesamte Lieferkette transnationaler Unternehmen. Oft werden nur direkte Zulieferer überprüft. Dabei ist die Unterauftragsvergabe in der Textilindustrie weit verbreitet, teilweise auch ohne dass dies gegenüber dem Einkäufer offengelegt wird.[396] Viele Zulieferer greifen auf die Subunternehmer zurück, um ihre eigenen Kosten zu reduzieren und den engen Zeitvorgaben und dem enormen Preisdruck transnationaler Unternehmen gerecht zu werden.[397] Der Fokus auf sogenannte *tier 1 suppliers* ist jedoch höchst problematisch, da in den tieferen Schichten der Lieferkette meist die schlimmsten Menschenrechtsverletzungen stattfinden.[398] Der Einsatz von Sozialaudits kann dieses Problem sogar weiter verschlimmern, indem Probleme auf die unteren, durch Audits nicht erreichbaren Ebenen der Lieferkette verlagert werden.[399] Eine weitere Gruppe, die durch das Kontrollnetz der Sozialaudits fällt, ist die der Heimarbeiter*innen.[400] Gerade diese Arbeiter*innen, die meist abseits organisierter Strukturen und ohne jegliche soziale Absicherung tätig sind, sind jedoch besonders schutzbedürftig.[401]

5. Mangelnde Transparenz

Auditberichte werden nur selten der Öffentlichkeit zugänglich gemacht. In den meisten Fällen werden die Ergebnisse eines Sozialaudits nur dem Fabrikbesitzer und dem einkaufenden Unternehmen mitgeteilt; Betroffene oder ihre Interessenvertreter*innen haben hingegen keine Möglichkeit, diese einzusehen.[402] Die Entscheidung darüber, welche Informationen preisgegeben werden, liegt bei dem beauftragenden Unternehmen oder der dahinterstehenden Sozialstandardinitiative. Auditunternehmen unterliegen strengen Vertraulichkeitsklauseln.[403] Werden Informationen veröffentlicht, sind diese meist selektiv und lassen kaum Rückschlüsse auf konkrete Ver-

---

396 *Clean Clothes Campaign,* Fig Leaf for fashion, S. 11.
397 *Bartley,* Rules without Rights, S. 197 f.
398 *LeBaron/Lister,* SPERI Global Political Economy Brief No. 1 2016, 3.
399 *Outhwaite/Martin-Ortega,* Competition & Change 23 (2019), 378, 382.
400 *Marx/Wouters,* International Labour Review 155 (2016), 435, 444.
401 *Fondation des droits de l'homme au travail,* Beyond Social Auditing, S. 20.
402 *Burckhardt,* Wirksamkeit von Audits, S. 7.
403 *LeBaron/Lister,* Review of International Studies 2015, 905, 915.

stöße in einer bestimmten Fabrik zu.[404] Auch der Prüfungsumfang und die angewandten Methoden werden meist nicht offengelegt.[405] Ohne Zugang zu diesen Informationen ist es jedoch beinahe unmöglich, von unabhängiger Seite zu überprüfen, ob ein Sozialaudit ordnungsgemäß durchgeführt wurde.[406]

6. Unzureichende Abhilfe

Selbst wenn im Rahmen von Sozialaudits Verstöße festgestellt werden, bedeutet das keinesfalls automatisch, dass diese im Nachgang auch behoben werden. Zwar wird in der Regel ein Abhilfeplan erstellt, mit dem der Zulieferer die vorgefundenen Verstöße innerhalb einer bestimmten Frist beheben soll, und die Umsetzung dieses Abhilfeplans wird typischerweise durch einen Folgeaudit kontrolliert. Nichtsdestotrotz werden die vorgesehenen Maßnahmen teilweise gar nicht oder nur unzureichend umgesetzt. In vielen Fällen fehlt es an einem nachhaltigen Einwirken des Bestellerunternehmens auf den Zulieferer sowie an der Bereitschaft, die für Verbesserungen nötigen Investitionen zu tätigen.[407] Eine wirksame externe Kontrolle der tatsächlichen Umsetzung des Abhilfeplans ist aufgrund der fehlenden Transparenz des Auditverfahrens ebenfalls kaum möglich.[408]

---

404 *LeBaron/Lister*, Review of International Studies 2015, 905, 918 geben hierfür einige Beispiele wie die Darstellung in Form eines Nachhaltigkeitsindexes oder die Angabe von Prozentsätzen regelkonformer Fabriken in einer bestimmten geographischen Region. Ein weiteres Beispiel ist die fehlende Offenlegung des untersuchten Zulieferers und des genauen Standorts der Fabrik, vgl. z. B. die Auditberichte der *FLA*, abrufbar unter https://www.fairlabor.org/transparency/workplace-monitoring-repo rts (Stand: 18.04.2024).

405 *ECCHR/Brot für die Welt/Misereor,* Menschenrechtsfitness von Audits und Zertifizierern?, S. 31.

406 *Terwindt*, Zu den Funktionen und Wirkungsweisen von Sozialaudits, 258; *Terwindt/Saage-Maaß,* Zur Haftung von Sozialauditor_innen in der Textilindustrie, 9 f.

407 Zum Ganzen *Terwindt/Armstrong*, International Labour Review 158 (2019), 245, 252; *Burckhardt,* Wirksamkeit von Audits, S. 7.

408 *LeBaron/Lister*, Review of International Studies 2015, 905, 915.

II. Kaum empirische Belege für Wirksamkeit

Dass Sozialaudits tatsächlich zur Achtung der Menschenrechte in Zulieferbetrieben beitragen, ist empirisch kaum belegt.[409] Die existierenden Studi-
en zu den Auswirkungen von Sozialaudits stellen – wenn überhaupt –
allenfalls eine eingeschränkte Wirksamkeit fest.

In einer bereits im Jahr 2007 veröffentlichten Studie werteten *Locke,
Qin et al.* die Daten des Sportartikelherstellers *Nike* von Sozialaudits bei
über 800 Zulieferfabriken aus den Jahren 1998 bis 2005 aus. Die Wissenschaftler*innen beobachteten, dass sich trotz intensiver Bemühungen
durch *Nike* die Bedingungen nur bei einigen der überprüften Zulieferer
etwas verbesserten, bei vielen anderen jedoch stagnierten oder sich sogar
verschlechterten. Sie kamen daher zu dem Schluss, dass Sozialaudits allein keine nachhaltige Wirkung haben.[410] *Locke* machte in einer späteren
Veröffentlichung zudem folgende Beobachtung:

> „The point is that these improvements seem to have hit a ceiling: basic
> improvements have been achieved in some areas (e.g., health and safety)
> but not in others (e.g., freedom of association, excessive working hours).
> Moreover, these improvements appear to be unstable in the sense that
> many factories cycle in and out of compliance over time."[411]

Mit der Frage, welche Arten von Verstößen durch Sozialaudits offengelegt
werden, beschäftigte sich auch *Anner*. Für seine Untersuchung stützte er
sich auf die Auswertung von insgesamt 805 Sozialaudits, die zwischen
2002 und 2010 von der *FLA* durchgeführt wurden. Er stellte ebenfalls fest,
dass die meisten der aufgedeckten Verstöße die Bereiche Sicherheit und
Gesundheit sowie Löhne und Arbeitszeiten betreffen, Verstöße gegen die
Vereinigungsfreiheit hingegen nur selten entdeckt werden konnten.[412]

Dass vor allem der nationale Kontext und nicht die Durchführung wie-
derholter Sozialaudits der Schlüssel zur Einhaltung arbeitsrechtlicher Vorschriften ist, war das Resultat einer Studie von *Locke, Distelhorst et al.* Die
Autor*innen werteten Berichte von Lieferantenaudits des Elektronikherstel-

---

409 *ECCHR/Brot für die Welt/Misereor,* Menschenrechtsfitness von Audits und Zertifizierern?, S. 4.
410 *Locke/Qin/Brause,* ILR Review 61 (2007), 3.
411 *Locke,* The Promise and Limits of Private Power, S. 174.
412 *Anner,* Politics & Society 40 (2012), 609 Hinter dieser Entdeckung vermutet der
   Autor vor allem den fehlenden Willen unternehmensdominierter Initiativen, diese
   Art von Verstößen aufzudecken.

lers *Hewlett-Packard's (HP)* aus. Zwar erkannten sie dabei insgesamt eine Verbesserung der Arbeitsbedingungen über den untersuchten Zeitraum, gleichzeitig konnten sie in einigen Schlüsselbereichen wie bei der Einhaltung von Arbeitszeitvorgaben oder der ordnungsgemäßen Lohnauszahlung auch nach mehreren Audits keine Verbesserungen feststellen. Zudem ergab die Auswertung große Unterschiede zwischen den betrachteten Ländern. Letztere führten die Autor*innen vor allem auf die unterschiedliche Ausprägung staatlicher Durchsetzungsmechanismen und zivilgesellschaftlicher Organisation zurück. Daraus folgerten sie, dass private Regulierung vor allem durch das Zusammenwirken mit lokalen Institutionen Veränderungen erzielen kann.[413]

Eine in China durchgeführte Untersuchung von *He* und *Perloff* zeichnet ebenfalls ein gemischtes Bild. So konnten die Autor*innen zwar feststellen, dass Sozialaudits die Arbeitsbedingungen von Wanderarbeitskräften aus ländlichen Gebieten messbar verbesserten und insbesondere für höhere Renten sowie Zugang zu Kranken- und Arbeitslosenversicherung sorgten. Für die Gesamtheit der Beschäftigten konnten sie jedoch keine signifikanten Verbesserungen erkennen.[414]

Auch neuere Untersuchungen finden nur eingeschränkt Belege für die Wirksamkeit von Sozialaudits. Interessant ist in diesem Zusammenhang insbesondere eine Studie von *Egels-Zandén* und *Lindholm* aus 2015, welche von der *FWF* in Textilfabriken durchgeführte Sozialaudits in den Blick nahm.[415] Die Autoren verglichen die Resultate der Audits mit Informationen von befragten Stakeholdern und Studien über verbreitete Missstände in den jeweiligen Produktionsländern. So fanden sie heraus, dass existierende Verletzungen der Vereinigungsfreiheit, Geschlechterdiskriminierung und Belästigung nur selten aufgedeckt werden konnten, obwohl die Sozialaudits der *FWF* zu den gründlichsten und glaubwürdigsten in der Industrie gezählt werden.[416] Diese Erkenntnis wird bestätigt durch eine Studie von *Kuruvilla et al.*, die ebenfalls zu dem Ergebnis kam, dass Verstöße gegen die Vereinigungs- und Kollektivverhandlungsfreiheit durch Sozialaudits nur selten aufgedeckt werden,[417] sowie durch die Beobachtung von *Barrientos*,

---

413 *Locke et al.*, Regulation & Governance 9(3) (2012), 224.
414 *He/Perloff*, ILR Review 66 (2013), 511.
415 *Egels-Zandén/Lindholm*, Journal of Cleaner Production 107 (2015), 31.
416 ebd.
417 *Kuruvilla/C. Li*, Journal of Supply Chain Management 2021, 43, 4; siehe hierzu bereits in Kapitel 1 unter C I 2 b.

dass Fabriken bei Sozialaudits im Bereich Nichtdiskriminierung selbst in solchen Ländern regelmäßig gut abschneiden, in denen Geschlechterdiskriminierung ein weit verbreitetes Problem darstellt.[418] Auch statistisch relevante Verbesserungen über den untersuchten Zeitraum ließen sich in den oben genannten Bereichen kaum feststellen; Fortschritte zeigten sich vor allem bei der Vermeidung von Kinderarbeit und der Schaffung rechtlichbindender Arbeitsverhältnisse.[419] Ein weiteres Ergebnis der Untersuchung von *Egels-Zandén* und *Lindholm* war, dass Zulieferer zwar in zuvor als problematisch aufgedeckten Bereichen häufig Verbesserungen erzielten, gleichzeitig jedoch oft die Performance in anderen Bereichen abnahm, was die Autoren zu der Annahme führte, dass Sozialaudits nicht in der Lage sind, die Einhaltung von Regeln über einen längeren Zeitraum zu gewährleisten.[420]

Diese Annahme wird durch eine 2018 veröffentlichte Studie von *Sanders et al.*, welche die langfristige Wirkung von Sozialaudits untersuchte, bestärkt. Die Wissenschaftler*innen werteten Daten aus vier verschiedenen Produktionsländern und einem Zeitraum von sieben Jahren aus. Dabei konnten sie keinen langfristigen statistisch relevanten Zusammenhang zwischen wiederholten Audits und verbesserten Arbeitsbedingungen feststellen. Ihre Beobachtungen legen lediglich nahe, dass Audits ein effektives Werkzeug sind, um Fabriken, in denen die Bedingungen besonders schlecht sind, zu identifizieren und als Zulieferer auszuschließen. Dies führte die Wissenschaftler*innen zu der Annahme, dass Sozialaudits weniger als Mittel zur Herbeiführung von Verbesserungen und eher als eine Art Filtermechanismus gesehen werden sollten [421]

III. Rechtliche und politische Implikationen

Der verbreitete Einsatz von Sozialaudits zur Überprüfung der Achtung von Menschenrechten in globalen Lieferketten bleibt schließlich nicht ohne Auswirkungen auf das Verständnis dieser Rechte und ihre Weiterentwicklung. Die rechtlichen und politischen Auswirkungen privater Regulierung und Kontrolle sind selbst Gegenstand umfangreicher Forschung und einer

---

418 *Barrientos,* Gender and work in global value chains, S. 185.
419 *Egels-Zandén/Lindholm,* Journal of Cleaner Production 107 (2015), 31.
420 ebd.
421 *Sanders/Cope/Pulsipher,* Social Sciences 7(6) (2018), 1.

Vielzahl von Veröffentlichungen.[422] Der wissenschaftliche Diskurs zu diesem Thema kann hier nicht in seiner ganzen Komplexität wiedergegeben werden. Daher sollen im Folgenden lediglich die Beobachtungen einiger Autor*innen zu den Wirkungen von Sozialaudits dargestellt werden.

Paiement ergründet, wie Sozialstandardinitiativen und Auditunternehmen durch die Interpretation und Implementierung rechtlicher Anforderungen schlussendlich auch Einfluss auf das Recht selbst nehmen.[423] Er beobachtet, dass sich durch die umfangreiche Bezugnahme auf nationales und internationales Recht in Verhaltenskodizes die Verantwortung und Interpretationshoheit für die Einhaltung dieses Rechts auf die mit der Prüfung befassten Unternehmen verlagert. Das hält er insbesondere auch deshalb für problematisch, weil den weiten Formulierungen der in Bezug genommenen Normen meist ein eng begrenzter Prüfauftrag gegenübersteht.[424] Als Beispiel hierfür nennt er die Überprüfung der Rana Plaza Fabrik durch den *TÜV Rheinland* auf der Basis des *BSCI*-Verhaltenskodex. Der *BSCI*-Verhaltenskodex nimmt Bezug auf eine Vielzahl von nationalen und internationalen Regelwerken und fordert zudem die Gewährleistung sicherer und gesunder Arbeitsbedingungen sowie den Schutz der Arbeiter*innen vor etwaigen Risiken. Nach dem Einsturz der Fabrik verteidigten sich aber sowohl *amfori BSCI* als auch der *TÜV Rheinland* damit, dass die strukturelle Gebäudesicherheit gerade nicht Gegenstand der durchgeführten Audits war.[425] Während also nach außen der Eindruck einer weitreichenden Gesetzeskonformität entstand, war die tatsächlich übernommene Verantwortung und der damit gewährleistete Schutz der betroffenen Arbeiter*innen ein wesentlich geringerer.

Wie *Paiement* zutreffend feststellt, hat das weitreichende Folgen, führt doch die formale Unterscheidung zwischen Sicherheitsrisiken, die es zu kennen gilt, und solchen, die außerhalb des definierten Prüfumfangs liegen und die somit nicht dokumentiert werden müssen, im Ergebnis zu einer Unterscheidung zwischen akzeptablen und inakzeptablen Risiken.

---

422 Siehe beispielsweise *LeBaron/Lister*, Review of International Studies 2015, 905; *LeBaron/Lister*, SPERI Global Political Economy Brief No. 1 2016; *Paiement*, Transnational Legal Theory 2021, 390; *Paiement*, Regulation & Governance 13 (2019), 280; *Fransen/LeBaron*, Regulation & Governance 13 (2019), 260.

423 *Paiement*, Regulation & Governance 13 (2019), 280.

424 *Paiement*, Transnational Legal Theory 2021, 390, 411 ff..

425 aaO, 403 ff.

Gleichzeitig wird den Betroffenen selbst durch die an formalen Vorgaben orientierte Kenntnis der Auditor*innen ihre Stimme genommen.[426]

Den Einfluss von Sozialaudits auf die Wahrnehmung des Rechts illustriert *Paiement* zudem am Beispiel der Vereinigungsfreiheit und des Rechts auf Kollektivverhandlungen in repressiven Staaten. Wo eine Einhaltung dieser Rechte nicht gewährleistet werden kann, werden sie in Verhaltenskodizes oder durch Auditor*innen selbst häufig in einer Weise umdefiniert, die es den Unternehmen zwar erlaubt, die Anforderungen von Sozialaudits zu erfüllen, die jedoch den eigentlichen Anforderungen der Vereinigungsfreiheit und des Rechts auf Kollektivverhandlungen nicht gerecht werden.[427]

Mit den politischen Auswirkungen des Verlasses auf Sozialaudits beschäftigen sich *LeBaron* und *Lister*, die fordern, Sozialaudits nicht als rein neutrales technisches Instrument zu verstehen, sondern als eine Form der politischen Machtausübung.[428] Sie verweisen darauf, dass mit der zunehmenden Selbstregulierung von Unternehmen in vielen Ländern eine Abnahme staatlicher Inspektionen von Produktionsprozessen einherging. Das Ergebnis beschreiben sie als ein System, in dem Unternehmen ihre eigenen Regeln machen, deren Einhaltung selbst kontrollieren und ihre Performance selbst evaluieren. Das führt nach ihrer Einschätzung dazu, dass viele Auditsysteme gar nicht dazu konzipiert sind, Menschenrechte effektiv zu schützen. Vielmehr können diese von Unternehmen, welche die strategische Kontrolle darüber ausüben, wie und wann Audits durchgeführt werden, was Teil der Evaluation ist und wie Ergebnisse kommuniziert werden, auch dazu verwendet werden, in Lieferketten vorherrschende Probleme zu verdecken und zu legitimieren. Diese Vorgehensweise ermöglicht es Unternehmen, Bemühungen um eine strengere Regulierung abzuwehren und ihre bestehenden Geschäftsmodelle zu bewahren.[429]

Der gezielt begrenzte Fokus vieler Sozialaudits wird auch von *Anner* näher beleuchtet. Er macht im Rahmen seiner im vorstehenden Abschnitt bereits beschriebenen Studie zu Sozialaudits der *FLA* die Beobachtung, dass sich Monitoring im Rahmen von unternehmensdominierten Initiativen

---

426 Zum Ganzen *Paiement*, Transnational Legal Theory 2021, 390.
427 *Paiement*, Regulation & Governance 13 (2019), 280, 289 ff.; siehe zu dieser Problematik zudem bereits in Kapitel 1 unter C I 2 b.
428 *LeBaron/Lister*, Review of International Studies 2015, 905; *LeBaron/Lister*, SPERI Global Political Economy Brief No. 1 2016.
429 Zum Ganzen *LeBaron/Lister*, Review of International Studies 2015, 905; *LeBaron/Lister*, SPERI Global Political Economy Brief No. 1 2016.

meist auf die Einhaltung von Minimalstandards in Bereichen wie Sicherheit und Gesundheit am Arbeitsplatz, Arbeitszeiten und Lohnzahlungen konzentrieren und weniger auf die Überwachung des Rechts von Arbeiter*innen, unabhängige Gewerkschaften zu gründen, Tarifverhandlungen zu führen und zu streiken.[430] Seine Recherchen ergeben beispielsweise, dass das *Worker Rights Consortium (WRC)*, eine unabhängige Organisation zur Überwachung von Arbeitsrechten, mit einer sechs Mal höheren Wahrscheinlichkeit Verstöße gegen die Gewerkschaftsfreiheit aufdeckt als die *FLA*. Dieses Phänomen führt er darauf zurück, dass Unternehmen zwar darauf bedacht sind, durch Korrekturen in besonders im Fokus der Öffentlichkeit stehenden Bereichen ihre Legitimität zu stärken und das Risiko rufschädigender Kampagnen zu reduzieren, die Verbesserung der gewerkschaftlichen Organisation jedoch nicht in ihrem Interesse liegt, da die Existenz starker Gewerkschaften letztlich die unternehmerische Kontrolle verringert.[431]

D. Verfahren gegen Auditunternehmen

Trotz der vielfältigen Schwachstellen von Sozialaudits und obwohl immer wieder Fälle bekannt werden, in denen diese existierende Missstände nicht aufdecken konnten,[432] wurden in der Vergangenheit nur vereinzelt Verfahren gegen Auditunternehmen angestrengt. Über diese Verfahren soll bereits an dieser Stelle ein Überblick gegeben werden, um zu zeigen, dass das Vorgehen gegen fehlerhafte Sozialaudits mit vielen Hürden verbunden und im Ergebnis wenig erfolgsversprechend ist.

I. Zivilprozess gegen *Bureau Veritas* in Kanada

Die bislang einzige Zivilklage gegen ein Auditunternehmen wurde im April 2015 vor dem Ontario Superior Court of Justice in Kanada eingereicht und stand im Zusammenhang mit dem Einsturz des Rana-Plaza-Gebäudes im April 2013 in Bangladesch. Es handelte sich um eine Sammelklage von

---

430 *Anner*, Politics & Society 40 (2012), 609.
431 Zum Ganzen *Anner*, Politics & Society 40 (2012), 609.
432 Siehe hierzu im Folgenden, aber auch bereits in Kapitel 1 unter B IV 3 c sowie unter C II.

Überlebenden und Hinterbliebenen von Arbeiter*innen aus zwei Fabriken in dem Gebäude. Die Klage richtete sich sowohl gegen das Einzelhandelsunternehmen *George Weston Ltd.* und seine Tochterunternehmen *Loblaws* und *Joe Fresh* als auch gegen das Auditunternehmen *Bureau Veritas*, das in den beiden Fabriken vor dem Einsturz des Gebäudes Sozialaudits durchgeführt hatte.[433] Die Kläger*innen argumentierten, *Bureau Veritas* habe durch eine unzureichende Durchführung der Sozialaudits fahrlässig seine Sorgfaltsplicht gegenüber den Betroffenen verletzt. Sie warfen dem Auditunternehmen insbesondere vor, die Überprüfung nicht im Einklang mit anwendbaren internen Standards, Industriestandards und internationalen Standards wie den UN-Leitprinzipien für Wirtschaft und Menschenrechte und den OECD-Leitsätzen für multinationale Unternehmen durchgeführt zu haben, Verstöße gegen diese Standards nicht berichtet zu haben, die zu überprüfenden Faktoren nicht adäquat festgelegt zu haben und nicht sichergestellt zu haben, dass die Sozialaudits alle relevanten Aspekte der Arbeitssicherheit umfassen.[434]

Dieser Argumentation folgte das Gericht nicht. Der mit der Entscheidung befasste Richter lehnte eine deliktische Haftung nach dem zur Anwendung kommenden bangladeschischen Recht ab. Er stützte dies insbesondere darauf, dass die Beklagten keine Sorgfaltspflicht treffe, da diese keine Kontrolle über die Fabriken und die dort beschäftigen Arbeiter*innen ausübe und ein Verlass der Betroffenen auf die Gewährleistung von Schutz durch die Sozialaudits sich nicht realistischerweise konstruieren ließe.[435] Er argumentierte weiter, dass selbst wenn man eine Sorgfaltspflicht von *Bureau Veritas* annehme, diese sich nicht auf den Schutz der Betroffenen vor strukturellen Defekten erstrecke, da die Prüfung der strukturellen Integrität des Gebäudes nicht ausdrücklich beauftragt worden war.[436] Dies sah auch der Ontario Court of Appeal so, welcher das Urteil bestätigte[437] und die Kläger*innen überdies zur Zahlung der mehrere Millionen betragenden Prozesskosten der Beklagten verurteilte. Der kanadische Supreme Court lehnte eine Überprüfung des Urteils ab.[438]

---

433 *Terwindt/Saage-Maaß*, Zur Haftung von Sozialauditor_innen in der Textilindustrie, S. 12; *Doorey*, SSRN Electronic Journal 2018, 1, 13.

434 Ontario Superior Court of Justice, *Das v. George Weston Limited* (2017) ONSC 4129 (CanLII), Rn. 131.

435 aaO, Rn. 434 ff.

436 aaO, Rn. 442 ff.

437 *Paiement*, Transnational Legal Theory 2021, 390, 17.

438 *Perkel*, The Canadian Press vom 08.08.2019.

Die Entscheidung in diesem Fall zeigt bereits einige Schwierigkeiten beim Vorgehen gegen Auditunternehmen auf. Ein besonderes Problem, welches im folgenden Kapitel noch einmal aufgegriffen werden soll, bereitet die vertragliche Beschränkung des Prüfumfangs und der Umgang damit, wenn offensichtliche Sicherheitsrisiken jenseits dieses Prüfumfangs bestehen. Interessanterweise scheint *Bureau Veritas* selbst einzuräumen, dass für den Fall eines Schadens infolge einer mangelhaften Überprüfung im Rahmen des vertraglich Vorgegebenen eine Haftung durchaus denkbar sei.[439]

II. *BSCI*-Beschwerde gegen den *TÜV Rheinland* in Belgien

Auch der *TÜV Rheinland* sah sich im Zusammenhang mit dem Einsturz des Rana-Plaza-Gebäudes dem Vorwurf unzureichender Prüftätigkeit ausgesetzt. Das Unternehmen hatte in einer in dem Gebäude gelegenen Fabrik namens Phantom Apparel im Juni 2012, also nur zehn Monate vor dem Einsturz, einen Sozialaudit im Auftrag eines Mitglieds der *BSCI* nach den *BSCI*-Standards durchgeführt.

Im Juli 2015 reichten das *European Center for Constitutional and Human Rights*, *Activist Anthropologist Bangladesh*, die *Clean Clothes Campaign* und *medico international* eine Beschwerde bei der *BSCI* bzw. deren Trägerorganisation, der *FTA* (nunmehr *amfori*), ein. Die Beschwerdeführer machten geltend, der *TÜV Rheinland* sei bei seiner Überprüfung nicht mit der gebotenen Sorgfalt vorgegangen und habe wesentliche Mängel wie die fehlerhafte Gebäudestruktur und das Vorkommen von Kinderarbeit nicht festgestellt.[440] Dies sahen die Beschwerdeführer als Verstoß gegen anerkannte professionelle Standards und forderten die *BSCI* auf, den *TÜV Rheinland* zu sanktionieren. Überdies riefen sie die Initiative dazu auf, ihren Audit-Ansatz grundlegend zu verändern und einen direkten vertraglichen Rechtsbehelf für betroffene Arbeiter*innen zu schaffen.[441] Die *BSCI/FTA* lehnte eine Überprüfung der Vorwürfe ab, stellte aber die Prüfung eines möglichen Drittschutzes in der Zukunft in Aussicht.[442]

---

439 So angedeutet in Ontario Superior Court, *Das v. George Weston Limited* (2017) ONSC 4129 (CanLII), Rn. 446.
440 *ECCHR et al.*, Complaint regarding Social Audit Report, S. 3.
441 aaO, S. 6 f.
442 *Terwindt/Saage-Maaß*, Zur Haftung von Sozialauditor_innen in der Textilindustrie, S. 12.

Auch für diesen Fall spielte der Prüfumfang eine entscheidende Rolle. Die Beschwerde nimmt Bezug auf öffentliche Äußerungen des *TÜV Rheinland* sowie der *BSCI*, denen zufolge die Überprüfung der Gebäudestruktur nicht Teil der *BSCI*-Audits sei. Diese Einschätzung wiesen die Beschwerdeführer zurück. Sie beriefen sich zum einen auf *BSCI*-Richtlinien und den angepriesenen Schutzzweck der Sozialaudits. Zum anderen verwiesen sie auf eine Passage des Auditberichts, in der es heißt: „the building and machine layout is process based, good construction quality, duly approved".[443] Mittlerweile hat die *BSCI* ihre Richtlinien für Auditor*innen angepasst. Nunmehr heißt es dort: „The auditor is not expected to conduct 'building integrity inspections' which go beyond his/her mandate as a social auditor."[444]

III. *OECD*-Beschwerde gegen den *TÜV Rheinland* in Deutschland

Aufgrund der soeben geschilderten Involvierung in die Überprüfung der Phantom Apparel-Fabrik legten das *European Center for Constitutional and Human Rights*, die Gewerkschaften *Garment Workers Unity Forum* und *Comrade Rubel Memorial Center* aus Bangladesch, *medico international* und *Femnet* zusammen mit Betroffenen des Rana-Plaza-Einsturzes im Mai 2016 zudem eine Beschwerde bei der deutschen Nationalen Kontaktstelle (NKS) der OECD ein. Die Beschwerde richtete sich sowohl gegen den *TÜV Rheinland* als auch gegen *TÜV India*, eine hundertprozentige Tochtergesellschaft des *TÜV Rheinland*, die die Überprüfung vor Ort durchgeführt hatte.

Die Beschwerdeführer warfen dem *TÜV India* vor, nicht sorgfältig geprüft zu haben, ob es in der Phantom Apparel-Fabrik zu Menschenrechtsverletzungen gekommen sei, und zudem nicht auf offensichtliche Risiken bei der Gebäudesicherheit hingewiesen zu haben.[445] Dem *TÜV Rheinland* warfen sie vor, keine angemessenen Schritte ergriffen zu haben, um sicherzustellen, dass die Tochtergesellschaft bei der Durchführung von

---

443 *ECCHR et al.,* Complaint regarding Social Audit Report, 20 ff.

444 *amfori BSCI* System Manual Part 3, S. 55, abrufbar unter https://s3.eu-west-1.amazo naws.com/www-php-media-files.prd.amfori-services.k8s.amfori.org/05/amfori-bsc i-system-manual-part-3-english-updated.pdf (Stand: 18.04.2024); siehe hierzu auch *Paiement,* Transnational Legal Theory 2021, 390, 15.

445 *ECCHR et al.,* Complaint against TÜV Rheinland and TÜV India, 23 ff.

Sozialaudits die erforderlichen Standards erfüllt und zudem nicht angemessen auf offensichtlich falsche Behauptungen im Auditbericht reagiert zu haben.[446] In beiden Fällen sahen die Beschwerdeführer*innen die OECD-Leitsätze für multinationale Unternehmen verletzt. Sie äußerten zum einen die Erwartung, dass der *TÜV Rheinland* Schadensersatz leistet, sprachen sich aber auch für eine fundamentale Veränderung des Sozialaudit-Ansatzes des Unternehmens sowie der gesamten Industrie aus.[447] Der *TÜV Rheinland* entgegnete wiederum, dass eine baustatische Überprüfung nicht Teil des von *TÜV India* bei Phantom durchgeführten Sozialaudits gewesen sei und dass es in der Natur von Sozialaudits liege, dass diese keine Garantie für die kontinuierliche und lückenlose Einhaltung von Menschenrechten und Sozialstandards erbringen könnten.[448]

Die NKS nahm die Beschwerde nach einer ersten Evaluierung teilweise zur eingehenderen Prüfung an, nämlich insoweit, als sie einen etwaigen Beitrag zu Kinderarbeit, Zwangsarbeit und der Diskriminierung von Frauen, einen negativen Effekt auf die Gewerkschaftsfreiheit sowie Due Diligence-Prozesse im Hinblick auf die Gebäudesicherheit betraf. Hinsichtlich des Vorwurfs, *TÜV India* habe zum Einsturz des Fabrikgebäudes von Rana Plaza und den damit in Zusammenhang stehenden Menschenrechtsverletzungen beigetragen, sah die NKS hingegen die Voraussetzungen für eine Annahme als nicht erfüllt an.[449] Bezüglich der zur Prüfung angenommenen Punkte bot die NKS den Beteiligten zunächst die Durchführung eines Mediationsverfahrens an, welches jedoch letztlich an den unterschiedlichen Grundüberzeugungen der Beteiligten hinsichtlich der Wahrnehmung öffentlicher Aufgaben durch private Akteure scheiterte.[450] Daher gab die NKS schließlich einseitig eine sogenannte „Abschließende Erklärung" ab. In dieser sprach sie sich für eine Fortsetzung des Dialogs zwischen den Beteiligten über eine Weiterentwicklung und Verbesserung des Auditsystems unter Einbeziehung von Standardsetzern, Abnehmern, ihren Einkäufern, Produzenten, Gewerkschaften und der Zivilgesellschaft aus und regte die Diskussion von Aspekten wie Unabhängigkeit der Kontrollen, Qualitätssicherung und Transparenz der Auditberichte an.[451]

---

446 aaO, 30 ff.
447 aaO, 33 ff.
448 *Deutsche Nationale Kontaktstelle für die OECD-Leitsätze für multinationale Unternehmen*, Abschließende, S. 6.
449 aaO, S. 7 ff.
450 aaO, S. 9 ff.
451 aaO, S. 12 ff.

Diese Erklärung wurde von den Beschwerdeführern trotz des Bedauerns über das Nichtzustandekommen einer Einigung positiv angenommen und als möglicher Wegbereiter für die notwendigen Reformen des Auditsystems gesehen.[452]

IV. OECD-Beschwerde gegen *RINA* in Italien

Neben dem Einsturz des Rana-Plaza-Gebäudes war es vor allem der Brand in der pakistanischen Textilfabrik Ali Entreprises im September 2012, der die Rolle von Auditunternehmen in der Blick der Öffentlichkeit rückte, insbesondere weil das italienische Prüfunternehmen *RINA* der Fabrik erst drei Wochen vor dem Brand ein SA8000-Zertifikat ausgestellt hatte. Im September 2018 legte daher die *Ali Enterprises Factory Fire Affectees Association* zusammen mit einer Gruppe von Gewerkschaften und NGOs Beschwerde gegen *RINA* vor der italienischen NKS der OECD ein.

Die Beschwerdeführer machten geltend, die Schwere des Unglücks sei durch eine Reihe von Sicherheitsmängeln in der Fabrik beeinflusst worden, die im Auditbericht der *RINA* nicht erwähnt worden waren. Sie verwiesen überdies darauf, dass, als das Feuer ausbrach, weitaus mehr Arbeiter*innen anwesend gewesen seien, als in *RINAs* Auditbericht festgehalten worden waren, und das, obwohl die offizielle Arbeitszeit bereits beendet war.[453] Angesichts der eklatanten Unterschiede zwischen dem Bericht und der tatsächlichen Situation vor Ort wurde sogar die Vermutung geäußert, das mit der Durchführung des Sozialaudits vor Ort beauftragte Tochterunternehmen von *RINA, RI&CA,* habe die Fabrik gar nicht betreten.[454] Dass *RINA* trotz dieser Verstöße ein SA8000-Zertifikat ausstellte, sahen die Beschwerdeführer als Verstoß gegen die in den OECD-Leitsätzen statuierte menschenrechtliche Sorgfaltspflicht. Sie forderten das Unternehmen zur Veröffentlichung des Auditberichts und einer grundlegenden Überarbeitung seines Auditsystems auf. Überdies verlangten sie eine finanzielle Entschädigung sowie eine Entschuldigung für die Opfer und ihre Famili-

---

452 *Terwindt/Burckhardt,* Sozialaudits in der Textilbranche; https://www.ecchr.eu/fall/mehr-show-als-sicherheit-zertifikate-in-der-textilindustrie/ (Stand: 18.04.2024).

453 *National Contact Point for the OECD Guidelines,* Final Statement, S. 3.

454 https://cleanclothes.org/news/2018/09/11/complaint-filed-against-italian-auditor-rina-for-ignoring-fatal-flaws-in-garment-factory-on-anniversary-of-deadly-factory-fire-in-pakistan (Stand: 18.04.2024).

en.[455] Die Beschwerdegegnerin wies die erhobenen Vorwürfe zurück. Das Unternehmen machte geltend, man habe einen ordnungsgemäßen Sozialaudit durchgeführt. Ein SA8000-Audit ziele aber auch gar nicht darauf ab, die strukturelle Integrität und Brandsicherheit eines Gebäudes umfassend sicherzustellen. Ohnehin liege die Verantwortung für die freiwillige Einhaltung der Zertifizierungsanforderungen bei dem jeweiligen Auftraggeber des Sozialaudits und nicht etwa bei dem Prüfunternehmen.[456]

Die NKS nahm die Beschwerde zur weiteren Untersuchung an. Es folgte ein Mediationsverfahren, in dem zunächst ein Kompromiss erzielt wurde. Dieser sah vor, dass *RINA* ohne Anerkenntnis einer Haftung einen Betrag von 400.000 US-Dollar an die Überlebenden und Hinterbliebenen zahlen sowie sein Zertifizierungssystem menschenrechtlich überarbeiten sollte.[457] Das ausgearbeitete Abkommen wurde zwar von den Beschwerdeführern unterzeichnet, schlussendlich verweigerte *RINA* jedoch seine Unterschrift, womit das Mediationsverfahren gescheitert war.[458] In ihrer daraufhin veröffentlichten Abschließenden Erklärung regte die NKS eine weitere gemeinsame Lösungsfindung an. *RINA* rief sie zudem dazu auf, bei der Tätigkeit in Risikoländern und -sektoren eine risikobasierte Due Diligence-Prüfung im Einklang mit den OECD-Leitsätzen durchzuführen.[459]

V. Strafrechtliches Ermittlungsverfahren gegen *RINA* in Italien

Das Vorgehen von *RINA* im Zusammenhang mit dem Brand der Ali Enterprises Fabrik war zudem Gegenstand eines strafrechtlichen Ermittlungsverfahrens. Im Jahr 2014 ordnete die Staatsanwaltschaft Turin eine Untersuchung an, welche später an die Staatsanwaltschaft in Genua abgegeben wurde. Diese stellte Anfang 2016 die Ermittlungen schließlich mit der Be-

---

455 *National Contact Point for the OECD Guidelines,* Final Statement, S. 3 f.
456 aaO, S. 4.
457 https://www.ecchr.eu/fall/nach-fabrikbrand-in-karatschi-verfahren-gegen-pruefdie nstleister-in-italien/ (Stand: 18.04.2024).
458 *National Contact Point for the OECD Guidelines,* Final Statement, S. 6.
459 aaO, S. 7.

gründung ein, dass eine Straftat aufgrund der Freiwilligkeit des Sozialaudits nicht in Betracht komme.[460]

VI. Weitere Bemühungen um Rechenschaft

Sowohl der Einsturz des Rana-Plaza-Gebäudes in Bangladesh als auch der Brand der Ali Enterprises-Fabrik in Pakistan waren Gegenstand von gerichtlichen Prozessen in den jeweiligen Ländern, in denen sie sich ereignet hatten. Dabei standen jedoch vor allem die involvierten Fabrikbesitzer, Gebäudebesitzer und staatlichen Inspektor*innen im Mittelpunkt.[461]

In dem nach dem Fabrikbrand angestrengten Gerichtsverfahren vor dem Landgericht Dortmund ging es um die Verantwortlichkeit des deutschen Textilunternehmens *KiK*.[462] Sozialaudits spielten in diesem Verfahren dennoch eine wichtige Rolle. Auf der einen Seite berief sich *KiK* zu seiner Verteidigung unter anderem darauf, die betroffene Fabrik regelmäßig Auditierungsverfahren unterzogen zu haben.[463] Auf der anderen Seite zogen die Kläger den Einsatz von Sozialaudits gerade als Anhaltspunkt für eine enge Beziehung zwischen *KiK* und der Zuliefererfabrik und eine durch *KiK* ausgeübte Kontrolle und somit als Argument zur Begründung einer Sorgfaltspflicht von *KiK* heran.[464] Zudem argumentierte die Klägerseite, dass *KiK* für die von ihm in Auftrag gegebenen mangelhaft durchgeführten Sozialaudits als eine Art Erfüllungsgehilfe hafte.[465] Da die Klage schließlich wegen Verjährung abgewiesen wurde, kamen diese Gesichtspunkte jedoch nicht zum Tragen. Die gegen *KiK* erhobenen Vorwürfe blieben allerdings nicht ganz folgenlos. So kündigte der Textildiscounter an, die von ihm beauftragten Auditunternehmen künftig für einen längeren Zeitraum für die von ihnen attestierten Zustände einstehen lassen zu wollen.[466]

---

460 *Terwindt/Saage-Maaß,* Zur Haftung von Sozialauditor_innen in der Textilindustrie, S. 13; *Paiement,* Transnational Legal Theory 2021, 390, 18; https://www.ecchr.eu/f all/nach-fabrikbrand-in-karatschi-verfahren-gegen-pruefdienstleister-in-italien/ (Stand: 18.04.2024).

461 *Terwindt/Saage-Maaß,* Zur Haftung von Sozialauditor_innen in der Textilindustrie, 12 f.

462 Zu diesem Verfahren siehe bereits in Kapitel 1 unter A V.

463 LG Dortmund, Urt. v. 10.01.2019 – 7 O 95/15, Rn. 20.

464 *ECCHR,* Legal Opinion on English Common Law Principles on Tort, Rn. 18.

465 *Terwindt/Saage-Maaß,* Zur Haftung von Sozialauditor_innen in der Textilindustrie, S. 13.

466 *Dohmen,* Süddeutsche Zeitung vom 03.03.2016.

VII. Zusammenfassung

Insgesamt ergibt sich bei Betrachtung der Verfahren gegen Auditunternehmen eine ernüchternde Bilanz. Trotz der vielen bekannten Unzulänglichkeiten von Sozialaudits und obwohl es bereits zu schwerwiegenden Vorfällen in auditierten Fabriken kam, gibt es bisher keinen einzigen Fall, in dem ein Auditunternehmen für die fehlerhafte Durchführung eines Sozialaudits verurteilt wurde. Die einzige bis dato gegen ein Auditunternehmen vor einem staatlichen Gericht erhobene Klage wurde abgewiesen. Im Rahmen außergerichtlicher Beschwerdeverfahren wurde zwar teilweise eine Reformbedürftigkeit des Auditsystems anerkannt, eine klare Zuweisung von Verantwortung blieb dort aber ebenfalls aus.

Woran es liegen könnte, dass Auditunternehmen so selten für ihre Fehler zur Rechenschaft gezogen werden, deutet sich in diesem Abschnitt bereits teilweise an. Zum einen ist umstritten, ob Auditunternehmen überhaupt eine Verantwortung für die Sicherheit der Arbeiter*innen in den überprüften Fabriken trifft. Aber auch die Frage nach dem Umfang der Prüfpflicht ist noch nicht abschließend beantwortet. Diese und weitere materiellrechtliche Fragen werden im folgenden Kapitel für das deutsche Recht untersucht. Mögliche verfahrensrechtliche und faktische Hürden, die einem Vorgehen gegen Auditunternehmen im Weg stehen, werden dort ebenfalls Thema sein.

E. Zwischenfazit

Die jahrzehntelange Forschung zu Methodik und Wirkung von Sozialaudits kommt zu einer verheerenden Bilanz: Sozialaudits in ihrer aktuellen Form sind meist ineffektiv und tragen nur wenig zur Achtung von Menschenrechten in globalen Lieferketten bei. Selbst stringente und gewissenhaft durchgeführte Audits bewirken allenfalls punktuelle Verbesserungen in Bereichen wie Arbeitszeiten oder Sicherheit und Gesundheit am Arbeitsplatz, können jedoch kaum etwas gegen Verstöße gegen die Vereinigungs- und Kollektivverhandlungsfreiheit sowie das Diskriminierungsverbot ausrichten. Hinzu kommt, dass Sozialaudits häufig oberflächlich und nachlässig durchgeführt werden.

Mittlerweile besteht weitestgehend Konsens darüber, dass Sozialaudits, zumindest wenn sie isoliert eingesetzt werden, kaum etwas bringen.[467] Vielmehr wird beobachtet, dass sie zur Bewahrung des status quo beitragen und menschenrechtliche Risiken sogar verstärken können.[468] Man kann davon ausgehen, dass die meisten Bestellerunternehmen über die Unzulänglichkeiten von Sozialaudits im Bilde sind.[469] Trotzdem sind sie weiterhin ein verbreitetes Instrument zur Überprüfung von Arbeitsbedingungen in transnationalen Lieferketten. Das wirft die Frage auf, wem ihr Einsatz eigentlich nützt.[470] Sozialaudits bieten nicht nur für die Bestellerunternehmen die Möglichkeit, ihre CSR-Bemühungen öffentlichkeitswirksam zu untermauern und verschaffen Zulieferern einen erweiterten Marktzugang, sondern stellen auch für die mit den Überprüfungen beauftragten Auditunternehmen ein lukratives Geschäft dar. Der Schutz der Arbeiter*innen bleibt hingegen häufig auf der Strecke.[471] Für Verbraucher*innen und die breite Öffentlichkeit sind die wahren Zustände in Fabriken aufgrund der Intransparenz des Auditsystems kaum zu erfassen. Die gravierenden Defizite der Überprüfungen treten vor allem dann sichtbar zutage, wenn nicht aufgedeckte Missstände in einer Katastrophe wie dem Einsturz des Rana Plaza oder dem Brand der Ali Enterprises-Fabrik münden. Zu diesem Zeitpunkt ist es für die Betroffenen oftmals bereits zu spät.

---

467 Siehe z. B. *Clean Clothes Campaign,* Fig Leaf for fashion; *AFL-CIO,* Responsibility Outsourced; *Bartley,* Rules without Rights; *Cheyns/Thévenot,* La Revue des droits de l'homme 2019; *Terwindt/Armstrong,* International Labour Review 158 (2019), 245; *Fondation des droits de l'homme au travail,* Beyond Social Auditing; *Miedema,* Failing workers by design, https://www.business-humanrights.org/en/failing-worke rs-by-design-the-fatal-assurances-of-the-social-auditing-industry.

468 *ECCHR/Brot für die Welt/Misereor,* Menschenrechtsfitness von Audits und Zertifizierern?, S. 4.

469 Auf die Frage, ob die Betrugsanfälligkeit von Sozialaudits Einkäuferfirmen im Westen womöglich unbekannt sei, antwortet der Ökonom *Sarosh Kuruvilla* in einem Interview von *Fischermann/Rudzio,* Die Zeit vom 08.02.2024: „Nein, sie müssen eigentlich darüber Bescheid wissen. Dieses Geschäft ist über 25 Jahre hinweg gewachsen. Aber für viele Firmen reicht es schon, dass überhaupt ein Audit stattgefunden hat. Solange sie eine Prüfungsfirma beauftragen, die einen guten Ruf hat, ist es für sie okay.

470 *Landau/Hardy,* Transnational Labour Governance in Global Supply Chains:, 43, 63.

471 vgl. *Clean Clothes Campaign,* Fig Leaf for fashion, S. 84 f., die zum dem Schluss kommt: „The notion that the social auditing system protects brands more than workers is neither new nor surprising in 2019. Notoriously sloppy, secretive and weak on remedy, the system is failing workers by design."

Die Auditindustrie operiert in der Praxis nach wie vor fernab von staatlicher Aufsicht und rechtlicher Verantwortung. Fehlerhafte Sozialaudits bleiben meist ohne Konsequenzen für diejenigen, die von ihnen profitieren.[472] Zwar gibt es bereits eine Reihe ermutigender Ansätze, die darauf abzielen, Sozialaudits zu verbessern oder um weitere Implementierungspraktiken zu ergänzen.[473] Die Realität ist aber auch, dass konventionelle Sozialaudits bei der Überprüfung von Arbeitsbedingungen in transnationalen Lieferketten auf absehbare Zeit weiterhin eine wichtige Rolle spielen werden. Es werden daher dringend Mechanismen benötigt, um sicherzustellen, dass Sozialaudits auch tatsächlich dazu beitragen, die Menschenrechte von Arbeiter*innen schützen. Welche Rolle eine Haftung von Auditunternehmen dabei spielen könnte, soll im folgenden Kapitel diskutiert werden.

---

472 *Landau/Hardy,* Transnational Labour Governance in Global Supply Chains:, 43, 63 bemerken hierzu Folgendes: „More recent empirical research confirms that audit regimes are not technical or benign, but are often responsive to, and protective of, commercial interests. Rather than allowing for enforcement of private governance, the audit regime may be used by multinational corporations (MNCs) as a mechanism to legitimize their business models and construct an illusion of governance effectiveness."

473 Zur Verschränkung mit *Social Dialogue* siehe *Reinecke/Donaghey/Hoggarth,* From social auditing to social dialogue, S. 22. Ein weiteres Beispiel für ein funktionierendes Modell bietet der *Bangladesh Accord on Fire and Building Safety.* Diese und weitere Ansätze werden an späterer Stelle noch thematisiert.

Kapitel 2: Haftung

A. Erforderlichkeit von Haftung

Eine Möglichkeit, um Veränderungen in der Auditindustrie herbeizuführen, könnte die Haftbarmachung von Verantwortlichen für Schäden sein, die Betroffene trotz der Durchführung von Sozialaudits oder möglicherweise gerade aufgrund dieser erleiden. Bevor jedoch die Haftung für Sozialaudits nach dem geltenden Recht genauer untersucht wird, soll zunächst die Frage nach der Erforderlichkeit einer solchen Haftung gestellt werden.

Dass Sozialaudits in ihrer aktuellen Form nicht die erhofften Verbesserungen der menschenrechtlichen Lage von Arbeiter*innen bewirken, hat das vorstehende Kapitel verdeutlicht. Daraus folgt jedoch nicht selbstverständlich, dass man gerade Auditunternehmen für die Menschenrechtsverletzungen in den überprüften Produktionsstätten zur Verantwortung ziehen sollte. Schließlich sind es nicht Auditunternehmen, die unsichere Fabriken betreiben, exzessive Überstunden einfordern, Lohnvorschriften missachten, gewerkschaftliche Aktivitäten unterdrücken oder Arbeiter*innen schikanieren. Selbst Bestellerunternehmen sind in der Regel nicht die unmittelbaren Verursacher von Menschenrechtsverletzungen in ihren Lieferketten. Dass diese sich zur Einhaltung von Verhaltenskodizes verpflichten und dies mit Hilfe von Auditunternehmen kontrollieren, erscheint also zunächst überobligatorisch. Auditunternehmen, so könnte man argumentieren, erbringen schlicht eine Dienstleistung im Verhältnis zu ihrem Auftraggeber. Von ihrer Bewertung hängt weder eine Betriebserlaubnis ab, noch hätten sie die Möglichkeit, die Produktion aufgrund von vorgefundenen Missständen zu untersagen oder vorgeschlagene Abhilfepläne mit Zwang durchzusetzen. Eine schlichte Ablehnung von Verantwortung transnationaler Unternehmen unter Berufung auf die soeben dargelegten Argumente lässt wiederum die durch die Globalisierung entstandenen Verflechtungen und die damit einhergehenden strukturellen Ungerechtigkeiten außer Betracht. So ist der Handlungsspielraum vieler Zulieferer beispielsweise gerade durch die aggressive Einkaufs- und Preispolitik transnationaler Unternehmen erheblich eingeschränkt, und auch die von transnationalen Unternehmen erzielten Profite werden häufig durch die ausbeuterischen Bedingungen in Zulieferfabriken erst ermöglicht.[474] Zur Aufrechterhaltung dieses Systems leisten Auditunternehmen, die mangelhafte Überprüfungen durchführen und falsche Konformitätsbescheinigungen ausstellen, einen gewichtigen Beitrag.

Diese und weitere Argumente werden von Befürworter*innen und Kritiker*innen einer gesteigerten Unternehmensverantwortung vorgebracht. Im Folgenden soll der Versuch unternommen werden, diesen Diskurs zu systematisieren und in Bezug auf Auditunternehmen eine Antwort auf die Frage nach der Erforderlichkeit von Haftung zu finden. Dabei werden zunächst die Funktionen von Haftung im Allgemeinen sowie die besondere Bedeutung von Haftung in transnationalen Menschenrechtsfällen in den Blick genommen. Unter Berücksichtigung dieser Funktionen werden sodann ethische, rechtspolitische und rechtssystematische Gründe für eine Haftung im Zusammenhang mit Sozialaudits erörtert.

I. Funktionen von Haftung

1. Funktionen von deliktischer Haftung im Allgemeinen

Um beurteilen zu können, wann Haftung erforderlich ist, muss man sich zunächst mit den Funktionen von Haftung auseinandersetzen. Da in transnationalen Menschenrechtsfällen im Allgemeinen, aber auch speziell in Auditfällen in aller Regel keine vertragliche Verbindung zwischen Schädiger und Geschädigtem besteht, werden hier vor allem die Funktionen deliktischer Haftung beleuchtet.

Deliktische Haftung hat im Wesentlichen zwei Funktionen: In erster Linie dient sie der Kompensation des eingetretenen Schadens und ist damit Ausdruck der ausgleichenden Gerechtigkeit.[475] Durch die Schadenskompensation wird die Risikozuständigkeit gewissermaßen auf den Täter

---

474 Zum Zusammenhang zwischen den Einkaufspraktiken transnationaler Unternehmen und den Zuständen in Produktionsstätten siehe z. B. *International Labour Organization*, Progress and Potential, 35 ff; *MSI Working Group*, The Common Framework for Responsible Purchasing Practices; *Human Rights Watch*, "Paying for a bus ticket and expecting to fly".

475 *Larenz/Canaris*, Lehrbuch des Schuldrechts, § 75 I 2 i); *Brüggemeier*, Haftungsrecht, S. 9. Letzterer beobachtet jedoch im modernen Haftungsrecht eine Verschiebung des Fokus von der individuellen Gerechtigkeit durch Ausgleich des erlittenen Schadens zu einer kontextuellen Gerechtigkeit, in deren Zentrum die Frage steht, inwieweit es „fair, just and reasonable" ist, jemanden unter den jeweiligen Bedingungen mit Haftung zu belegen.

übergeleitet, anstatt beim Opfer zu verbleiben.[476] Hieraus lässt sich allerdings keine Erkenntnis darüber ableiten, unter welchen Voraussetzungen ein Schadensausgleich geboten ist.[477]

Neben dem Ausgleichsgedanken spielt aber auch der Gedanke der Schadensprävention eine wesentliche Rolle für die deliktische Haftung.[478] Droht die Überwälzung der Schadenskosten, so die Idee, entfaltet dies eine abschreckende Wirkung.[479] Dahinter steht die Erwartung, dass der Einzelne sein Verhalten so ausrichtet, dass er Schadensersatzansprüche möglichst vermeidet. Im Wege einer präventiven Verhaltenssteuerung soll durch das Schadensrecht künftigen Verletzungen vorgebeugt werden.[480] Eine normative Festlegung der Voraussetzungen, unter denen eine Haftung stattfinden soll, lässt sich indes auch der Präventionsfunktion nicht entnehmen.[481] Zudem rechtfertigt die Präventionsfunktion nach herrschender Meinung keine eigenständige Begründung von Schadensersatzansprüchen. Sie kann also nur dort zur Geltung kommen, wo ohnehin ein ersatzfähiger Schaden besteht.[482] Da die Präventionsfunktion an das Bestehen eines ersatzfähigen Schadens anknüpft, kann sie ihre Wirkung nur dort entfalten, wo der Ausgleich dieses Schadens die notwendigen Anreize zu seiner Vermeidung setzt. Übersteigt hingegen der durch den Schädiger erzielte Gewinn den erlittenen Nachteil oder ist die Verhängungswahrscheinlichkeit aufgrund mangelhafter Rechtsdurchsetzung gering, versagt die verhaltenssteuernde Wirkung des Deliktsrechts.[483]

Anders als das US-amerikanische Haftungsrecht, welches die Verhängung sogenannter *punitive damages* vorsieht, verfolgt das deutsche Deliktsrecht keine Straffunktion.[484] Zwar entfaltet auch das deutsche Deliktsrecht vereinzelt punitive Wirkung, so z.B. beim Ersatz immaterieller

---

476 *Deutsch,* Haftungsrecht, S. 69.
477 *Habersack/Zickgraf,* ZHR 182 (2018), 252.
478 *Larenz/Canaris,* Lehrbuch des Schuldrechts, § 75 I 2 i).
479 *Deutsch,* Haftungsrecht, S. 71.
480 Staudinger-*Hager,* Vor §§ 823 ff. Rn. 10; BeckOK BGB-*Förster,* § 823 Rn. 9. Einige Autoren weisen jedoch auf eine schwache empirische Evidenz für diese Präventivwirkung hin, so z. B. *Brüggemeier,* Haftungsrecht, S. 10; *Deutsch,* Haftungsrecht, S. 72.
481 Staudinger-*Hager,* Vor §§ 823 ff. Rn. 10.
482 MüKo BGB-*G. Wagner,* Vor §§ 823 ff. Rn. 48.
483 aaO, Rn. 45 f.
484 *Brüggemeier,* Haftungsrecht, S. 10.

Schäden für Persönlichkeitsverletzungen, die Bestrafung ist jedoch kein primäres Ziel.[485]

In ökonomischer Hinsicht wird das Deliktsrecht als ein Instrument der Internalisierung externer Effekte verstanden.[486] Unter externen Effekten versteht man Auswirkungen wirtschaftlicher Aktivitäten auf Dritte, die physikalisch direkt und nicht über Marktmechanismen erfolgen und die daher nicht bei ihrem Verursacher anfallen.[487] Die hierdurch entstehenden Kosten, das heißt im Deliktsrecht die Kosten für auf mangelnder Sorgfalt beruhenden Schäden, die außerhalb privater Vereinbarungen liegen, werden internalisiert, indem der Schädiger zur Kompensation des Geschädigten verpflichtet wird.[488] Besteht nämlich keine ausreichende Haftung für die Verursachung solcher Drittschäden, wird ein unter gesamtvolkswirtschaftlichen Gesichtspunkten schädlicher Anreiz zur Externalisierung von Kosten gesetzt.[489] Mit welchen Instrumenten und in welchem Maße eine Internalisierung stattfindet, ist wiederum eine Wertungsfrage und muss auf gesellschaftlich-politischer Ebene entschieden werden.[490]

2. Besondere Bedeutung von Haftung in transnationalen Menschenrechtsfällen

In transnationalen Menschenrechtsfällen hat Haftung eine besondere Bedeutung. Im Vordergrund steht auch hier der Ausgleichsgedanke. Allein Haftungsmechanismen ermöglichen es den Betroffenen von Menschenrechtsverletzungen, eine unmittelbare Kompensation für die ihnen zuge-

---

485 Staudinger-*Hager*, Vor §§ 823 ff. Rn. 11.

486 *Cooter/Ulen*, Law and Economics, S. 189.

487 *Van Suntum*, Externe Effekte; https://www.bpb.de/kurz-knapp/lexika/lexikon-der-wirtschaft/19316/externe-effekte/ (Stand: 18.04.2024); Theobald/Kühling-*Oschmann*, § 1 EEG Rn. 27.

488 *Cooter/Ulen*, Law and Economics, 189 f.

489 Das veranschaulichen *Habersack/Zickgraf*, ZHR 182 (2018), 252, 257 ff. anhand der Haftungsbeschränkung im Gesellschaftsrecht. In Bezug auf globale Lieferketten erläutert *Ehmann*, ZVertriebsR 2021, 141, 151, dass ohne eine Internalisierung externer Kosten billiger Massenkonsum durch menschenrechtswidrige Zustände im "globalen Süden" subventioniert wird und ohne einen Ausgleich entstehender Schäden Güter entstehen, die gesamtwirtschaftlich betrachtet schädlich sind.

490 Im Kontext der Rolle des Kollisionsrechts bei der zivilrechtlichen Haftung Menschenrechtsverletzungen: *Halfmeier*, Zur Rolle des Kollisionsrechts bei der zivilrechtlichen Haftung für Menschenrechtsverletzungen, 33, 37.

fügte Verletzung zu erhalten.[491] Das ist umso notwendiger als die wirtschaftliche Situation von Arbeiter*innen in Zulieferbetrieben häufig prekär ist und staatliche Unterstützung nicht in ausreichendem Maße vorhanden.[492] Öffentlich-rechtliche Sorgfaltspflichten, deren Einhaltung mit Hilfe von behördlichen Durchsetzungsmechanismen oder Anreizregelungen kontrolliert wird, können zwar verhaltenssteuernd wirken, sie nützen den akut Betroffenen aber zunächst wenig. Dasselbe gilt für Regelungen des Verbraucherschutzes, die als Mittel zum Vorgehen gegen falsche oder irreführende Zertifizierungen in Betracht kommen.[493] Haftungsmechanismen hingegen geben Betroffenen Kontrolle über die eigene Situation, da sie von ihnen selbst eingesetzt werden können, um Unternehmen zu einer Auseinandersetzung mit ihrem Fall zu zwingen und sich einen gerechten Ausgleich zu erkämpfen. Aufgrund häufig unzureichender Rechtsschutzmöglichkeiten in den Produktionsstaaten sowie fehlender finanzieller Mittel der verantwortlichen Zulieferunternehmens bieten Haftungsklagen gegen transnationale Unternehmen zudem nicht selten die einzige Möglichkeit für Betroffene, Abhilfe zu erhalten.[494]

Aber auch über den einzelnen Fall hinaus können Haftungsregelungen und darauf aufbauende Klagen eine erhebliche Wirkung erzielen. Zum einen können sie dazu beitragen, Missstände in globalen Lieferketten in den Blick der Öffentlichkeit rücken.[495] Zum anderen können die drohende Inanspruchnahme und die zu befürchtenden negativen Auswirkungen auf die unternehmerische Reputation verhaltenssteuernd wirken und ein Umdenken bei Unternehmen anstoßen.[496] Haftungsregelungen können überdies eine wichtige Rolle dabei spielen, die bei der Auslagerung der Produktion entstehenden externen Kosten wie Menschenrechtsverletzungen

---

491 Vgl. *Osieka,* Zivilrechtliche Haftung deutscher Unternehmen für menschenrechtsbeeinträchtigende Handlungen ihrer Zulieferer, S. 82.

492 In Bezug auf den Umgang mit den Opfern des eingestürzten Rana Plaza-Fabrikkomplexes in Bangladesh schildert *Mielke,* Der Tagesspiegel vom 12.08.2013 unter Berufung auf Informationen der *Clean Clothes Campaign,* dass die Kriterien für Entschädigungszahlungen der Regierung unklar seien und es insbesondere für Angehörige nicht identifizierbarer Opfer schwierig sei, staatliche Unterstützung zu erhalten.

493 *Business & Human Rights Resource Centre,* Social audit liability, S. 12.

494 Siehe hierzu bereits in Kapitel 1 unter A.

495 *Saage-Maaß,* Arbeitsbedingungen in der globalen Zulieferkette, S. 4.

496 *Von Falkenhausen,* Menschenrechtsschutz durch Deliktsrecht, S. 348; *Klinger et al.,* Verankerung menschenrechtlicher Sorgfaltspflichten von Unternehmen im deutschen Recht, 70 f.

oder Umweltzerstörung zu internalisieren, indem Unternehmen gezwungen werden, diese bei der Preisbildung zu berücksichtigen.[497] Schließlich kann mit Hilfe von Haftungsregelungen verdeutlicht werden, dass bestimmte Verhaltensweisen transnationaler Unternehmen nicht lediglich ethisch zu missbilligen, sondern ein sanktionswürdiger Gesetzesverstoß sind.[498]

Die besondere Bedeutung von Haftung in transnationalen Menschenrechtsfällen allein sagt allerdings ebenfalls wenig darüber aus, in welchen konkreten Situationen Unternehmen für Menschenrechtsverletzungen haften sollten, und beantwortet daher für sich genommen auch nicht die Frage, warum gerade Sorgfaltsverstöße im Rahmen von Sozialaudits eine Haftung nach sich ziehen müssten. Hierüber soll in den folgenden Abschnitten diskutiert werden.

II. Rechtsethische Gründe für eine Haftung

Um sich der Frage der Erforderlichkeit einer Haftung weiter anzunähern, wird in diesem Abschnitt eine mögliche Verantwortung für Sozialaudits unter rechtsethischen Gesichtspunkten betrachtet. Der Blick soll sich an dieser Stelle bewusst etwas von dem klassischen Haftungsdiskurs entfernen und solchen Erwägungen Raum geben, die den Diskurs um die Verantwortung transnationaler Unternehmen im Hintergrund ebenfalls prägen, oft jedoch, ohne ausdrücklich benannt zu werden. Um diesen Erwägungen Konturen zu verleihen, sollen zunächst einige Modelle zur Zuweisung von Verantwortung vorgestellt werden, auf deren Grundlage sodann Überlegungen zur Verantwortung von Auditunternehmen und der Relevanz für die Haftungsfrage angestellt werden.[499]

---

497 *Ehmann*, ZVertriebsR 2021, 141, 151.
498 So betonte beispielsweise *Müller-Hoff (ECCHR)* in einem Webinar am 22.01.2021 zur Verantwortung von Zertifizierern anlässlich des zweiten Jahrestages des Brumadinho-Dammbruchs in Brasilien, dass es sich bei dem Vorfall nicht lediglich um eine Tragödie, sondern um ein Verbrechen gehandelt habe.
499 Die Idee zu dieser Vorgehensweise stammt aus einem Aufsatz von *Doorey*, in dem dieser das in Kapitel 1 vorgestellte Urteil des Ontario Superior Court of Justice auswertet und die im Folgenden vorzustellenden Modelle zur Begründung einer moralischen Verantwortung des Bestellerunternehmens *Loblaws* heranzieht. Siehe hierzu genauer: *Doorey*, SSRN Electronic Journal 2018, 1.

1. Modelle zur Zuweisung von Verantwortung

a. Das social connection model

Die Politikwissenschaftlerin *Young* schlägt zur Untersuchung der Verantwortungsfrage in Bezug auf globale Prozesse die Verwendung eines Modells vor, das sie *social connection model* nennt.[500] Ihre Fokussierung auf soziale Verbindungen begründet sie damit, dass gegenseitige Verpflichtungen über politische Grenzen hinweg aufgrund der sozialen Prozesse entstünden, die verschiedene Personen miteinander verknüpfen. Basierend auf der strukturellen Natur vieler dieser Verknüpfungen entstünden auch strukturelle Ungerechtigkeiten.[501]

Um erklären zu können, warum die Forderungen nach mehr Verantwortung verschiedenster Akteure in globalen Lieferketten so breiten Anklang finden, schlägt *Young* zunächst eine Abkehr vom traditionellen Haftungsmodell und der damit verbundenen Isolierung Schuldiger zugunsten anderer Beteiligter vor. Nach ihrem Modell trifft alle Akteure, deren Verhalten zu strukturellen Prozessen beiträgt, die Ungerechtigkeiten verursachen, eine geteilte Verantwortung (*shared responsibility*). Obwohl sie den Kreis der Verantwortlichen für strukturelle Ungerechtigkeiten damit zunächst sehr weit zieht, geht sie nicht davon aus, dass alle Beteiligten gleichermaßen verantwortlich sind. Um das Ausmaß der Verantwortung eines Akteurs in Bezug auf eine strukturell ungerechten Prozess zu ermitteln, schlägt *Young* die Berücksichtigung von vier Parametern vor: 1. die Machtposition des Akteurs innerhalb des strukturellen Prozesses und die damit einhergehende Möglichkeit, Veränderungen zu bewirken (*power*), 2. das Ausmaß der aufgrund des strukturellen Prozesses erlangten Begünstigung (*privilege*), 3. das Interesse an der Herbeiführung struktureller Veränderung (*interest*)

---

500 *Young,* Social Philosophy and Policy 23 (2006), 102.
501 Diesen Begriff definiert *Young,* Social Philosophy and Policy 23 (2006), 102, 114 wie folgt: „Structural injustice exists when social processes put large categories of persons under a systematic threat of domination or deprivation of the means to develop and exercise their capacities, at the same time as these processes enable others to dominate or have a wide range of opportunities for developing and exercising their capacities. Structural injustice is a kind of moral wrong distinct from the wrongful action of an individual or the wilfully repressive policies of a state. Structural injustice occurs as a consequence of many individuals and institutions acting in pursuit of their particular goals and interests, within given institutional rules and accepted norms."

und 4. die Möglichkeit, ungerechte Strukturen durch gemeinsames Vorgehen mit anderen zu verändern (*collective ability*).

b. Responsibilities of justice

Ein weiteres Modell zur Zuweisung von Verantwortung wurde von dem Philosophen *Barry* entwickelt. Wie *Young* geht auch er davon aus, dass die zu verändernden Prozesse oft struktureller Natur sind. Neben die moralische Verantwortung des Einzelnen gegenüber anderen Akteuren innerhalb einer bestehenden Struktur stellt er daher sogenannte *responsibilities of justice* bezogen auf die Gerechtigkeit sozialer Strukturen als solche.[502]

Für die Zuweisung von Verantwortung identifiziert *Barry* ebenfalls vier Prinzipien, die sich jedoch teilweise von den von *Young* vorgeschlagenen unterscheiden: 1. das Ausmaß des eigenen Beitrags zu einem bestimmten Elend (*contribution*), 2. den Umfang des eigenen Nutzens (*beneficiary*), 3. den Grad der Verbundenheit zwischen den involvierten Akteuren (*connectedness*) und 4. die Fähigkeit, Abhilfe zu schaffen (*capacity*). Mit dem *Contribution*-Prinzip, das er für besonders bedeutsam für die Zuweisung von Verantwortung hält, setzt sich *Barry* genauer auseinander. Dieses soll immer dann anwendbar sein, wenn das Verhalten eines Akteurs von kausaler Relevanz für ein bestimmtes Leid war, das heißt eine Bedrohung initiierte, erleichterte oder aufrechterhielt, und nicht lediglich eine kausale Sequenz zuließ, die bereits zuvor eine Bedrohung darstellte. Da sich diese Kausalität häufig nicht zweifelsfrei nachweisen lässt, plädiert *Barry* jedenfalls im Rahmen einer von Haftungsfragen abgekoppelten Diskussion für eine Bereitschaft zum Irrtum zugunsten der Betroffenen. Bereits die Möglichkeit der substanziellen Beteiligung an einem Leid soll nach seiner Ansicht ausreichen, um eine moralische Verantwortung zur Schaffung von Abhilfe auszulösen.[503]

c. Die thick labor connection

Aufbauend auf den beiden soeben dargestellten Modellen setzen sich der Jurist *Dahan,* die Politikwissenschaftlerin *Lerner* und die Juristin *Milman-*

---

502 *Barry,* Global Justice, 218.
503 *Barry,* Metaphilosophy 36 (2005), 210.

Sivan mit dem Bereich der globalen Arbeitsbeziehungen auseinander, dessen Besonderheiten sie bei der Zuweisung von Verantwortung berücksichtigt sehen wollen.[504] Basierend auf der Annahme, dass die Situation vieler Arbeiter*innen in der heutigen Welt ungerecht ist, stellen die Autor*innen die Frage, wessen Verantwortung es ist, dafür Abhilfe zu schaffen. Um dies zu beantworten, greifen sie zunächst das von *Young* vorgestellte Konzept der geteilten Verantwortung auf, kommen jedoch zu dem Schluss, dass ein detaillierteres Verständnis von Arbeitsbeziehungen andere als die Anwendung der von *Young* vorgeschlagenen Kriterien zur Zuweisung von Verantwortung erforderlich macht, da zwischen Arbeitgeber*innen und Arbeitnehmer*innen eine einzigartige soziale Verbindung bestehe, welche sie die *thick labor connection* nennen. Innerhalb dieser Verbindung bestehe ein Machtungleichgewicht, das den besonderen Schutz der Arbeitnehmer*innen erforderlich mache und eine besondere Verantwortlichkeit der Arbeitgeber*innen begründe.

Ausgehend von dieser Überlegung entwickeln die Autor*innen ein eigenes Modell zur Zuweisung von Verantwortung, welches sich an den von *Barry* aufgestellten Kriterien orientiert und diese für die praktische Anwendung auf die globale Arbeitswelt konkretisiert. Im Rahmen des *Contribution*-Prinzips stellen sie auf den Beitrag eines Akteurs zu ungerechten Arbeitsbedingungen ab. Unter dem *Beneficiary*-Prinzip verstehen sie im Kontext globaler Arbeit vor allem einen wirtschaftlichen Nutzen und nennen als Beispiel Bestellerunternehmen, die von ungerechten Produktionsbedingungen oft deutlich mehr profitieren als Zulieferer in den Produktionsländern. Eine besondere Bedeutung für die Zuweisung von Verantwortung im Bereich der globalen Arbeit schreiben die Autor*innen dem *Connectedness*-Prinzip zu. Besondere Verbundenheit besteht ihrer Ansicht nach unter den Beteiligten der *thick labor connection*. Eine besondere Herausforderung sehen sie daher in der Beantwortung der Frage, wer als Teil der Arbeitsbeziehung einzustufen ist. Die Verantwortung nach dem *Capacity*-Prinzip verstehen die Autor*innen schließlich als die Fähigkeit, Abhilfe für ungerechte Arbeitsbedingungen zu schaffen. Dies sei je nach Blickwinkel unterschiedlich zu beurteilen. Innerhalb ihrer eigenen Lieferketten liege es zum Beispiel nahe, Bestellerunternehmen die größte Fähigkeit zur Herbeiführung von Veränderungen zuzuschreiben. Bezogen auf die Gesamtsituation von Arbeiter*innen weltweit sei ihr Einfluss jedoch beschränkt. Hier spielten vor allem mächtige Staaten und internationale

---

504 *Dahan/Lerner/Milman-Sivan*, Theoretical Inquiries in Law 12 (2011).

Organisationen wie die ILO mit ihrer Fähigkeit, die Regeln des internationalen Handels zu verändern, eine wichtige Rolle.

Einige Fragestellungen lassen die Autor*innen offen, insbesondere die Fragen nach der Gewichtung der einzelnen Prinzipien und den rechtlichen und politischen Konsequenzen einer Zuweisung von moralischer Verantwortung. Zu der letztgenannten Frage soll unter 3. Stellung bezogen werden. Zuvor sollen unter 2. die vorgestellten Modelle diskutiert und auf die Situation von Auditunternehmen angewendet werden.

2. Diskussion und Anwendung auf Auditunternehmen

Die vorgestellten Modelle zeigen Möglichkeiten für die Zuweisung moralischer Verantwortung auf. Dabei lenken sie den Blick zunächst weg von der traditionellen Haftungslogik und den strikten Voraussetzungen, die die meisten Rechtsordnungen an eine Haftung knüpfen. Das ist für die Diskussion um den Umgang mit Menschenrechtsverletzungen durch transnationale Unternehmen aus mehreren Gründen hilfreich. Zum einen erleichtert die von strikten dogmatischen Rechtsgrundsätzen losgelöste Betrachtung die Berücksichtigung der veränderten Zusammenhänge in einer globalisierten Welt. Zum anderen verdeutlicht sie, dass Verantwortung nicht durch Haftung begrenzt sein muss. Darüber hinaus können die vorstehend skizzierten Modelle dazu beitragen, den Verantwortungsdiskurs zu stärken, indem sie ihm Konturen verleihen und konkrete Kriterien benennen, an denen man die moralische Verantwortung für Menschenrechtsverletzungen messen kann.

In einem nächsten Schritt soll untersucht werden, inwiefern Auditunternehmen unter Heranziehung der vorgestellten Kriterien eine moralische Verantwortung für Menschenrechtsverletzungen in den von ihnen überprüften Fabriken tragen. Dabei sollen insbesondere die von *Barry* vorgeschlagenen und von *Dahan et al.* für den Bereich der globalen Arbeitsbeziehungen konkretisierten Kriterien zur Anwendung kommen. Auch die von *Young* aufgestellten Kriterien sollen insofern Eingang in die Bewertung finden, als sich die Merkmale *power* und *privilege* weitestgehend mit dem *Capacity*- bzw. dem *Beneficiary*-Prinzip von *Barry* decken und das Merkmal der *collective ability*, also der Möglichkeit, gemeinsam mit anderen Veränderungen zu bewirken, als Unterpunkt des *Capacity*-Prinzips behandelt werden kann. Keine Berücksichtigung soll hingegen das von *Young* verwendete Kriterium des eigenen Interesses an der Veränderung ungerechter Strukturen finden. Zwar ist es wichtig, dass Betroffene in die Lage versetzt werden, sich selbst für die eigenen Rechte einzusetzen und Veränderungen herbeizuführen. Angesichts des erheblichen Machtgefälles und der starken wirtschaftlichen Abhängigkeit der meisten Arbeiter*innen in Zulieferbetrieben kann es nicht in erster Linie die Verantwortung der Betroffenen sein, Abhilfe für ihre Situation zu schaffen.[505]

Finden in auditierten Fabriken Menschenrechtsverletzungen statt, ist die Verantwortung von Auditunternehmen nach dem *Contribution*-Prinzip zunächst nicht unbedingt naheliegend, da die unmittelbaren Verletzungshandlungen meist durch andere begangen werden. Machen Auditunternehmen trotz der Erkennbarkeit von Menschenrechtsverletzungen nicht auf letztere aufmerksam, könnte der Vorwurf der Untätigkeit erhoben werden. Selbst wenn man davon ausgeht, dass die Untätigkeit für die erlittenen Verletzungen hypothetisch kausal im Sinne einer conditio sine qua non war, da bei entsprechender Offenlegung im Auditreport Abhilfemaßnahmen ergriffen worden wären, würde dies den Anforderungen von *Barry* wohl nicht Genüge tut, da Auditunternehmen in der Regel lediglich zulassen, dass eine bereits zuvor bestehende Bedrohung ihren Lauf nimmt.[506] Betrachtet man jedoch die Rolle von Sozialaudits in globalen Lieferketten insgesamt, kommt man durchaus zu den Ergebnis, dass diese zu Menschenrechtsverletzungen beitragen. Indem Sozialaudits nämlich ineffektive CSR-Programme legitimieren, erzeugen sie eine falsche Sicherheit, was wiederum wirksamere Kontrollmaßnahmen unnötig erscheinen lässt und dazu beiträgt, dass weiter unter menschenunwürdigen Bedingungen produziert werden kann. Dass Unternehmen auch dann verantwortlich sind, wenn sie Menschenrechtsverletzungen zwar nicht selbst verursachen, aber negativen Auswirkungen, die auf Grund einer Geschäftsbeziehung mit ihrer Geschäftstätigkeit, ihren Produkten oder Dienstleistungen unmittelbar verbunden sind, nicht ausreichend entgegenwirken, ist nicht zuletzt durch die UN-Leitprinzipien anerkannt.[507]

---

505 Kritik an der Verwendung des *interest*-Kriteriums übt auch *Gunnemyr*, Hypatia 35 (2020), 567, der zudem das ausschließliche Anknüpfen Youngs an soziale Verbindungen für die Zuweisung von Verantwortlichkeit als verfehlt ansieht.

506 Das dies nicht ausreichen soll, betont *Barry*, Metaphilosophy 36 (2005), 210, 212.

507 Leitprinzip Nr. 13; siehe hierzu auch: *Binder*, Die Haftung von Zertifizierungs- und Prüfunternehmen, https://verfassungsblog.de/die-haftung-von-zertifizierungs-und -pruefunternehmen-als-gebotener-bestandteil-eines-effektiven-lieferkettengesetzes/.

Auch nach dem *Beneficiary*-Prinzip lässt sich eine moralische Mitverantwortung von Auditunternehmen begründen. Diese profitieren ganz erheblich von den von Menschenrechtsverletzungen geprägten Produktionsbedingungen in globalen Lieferketten, da diese eine externe Überprüfung überhaupt erst erforderlich gemacht haben. Hieraus hat sich für Auditunternehmen ein eigenes Geschäftsfeld entwickelt, das jährlich Tausende von Aufträgen mit sich bringt, für deren ordnungsgemäße Erfüllung sie nur selten zur Verantwortung gezogen werden.

Nach dem *Conntectedness*-Prinzip ist danach zu fragen, ob eine besondere Verbindung besteht zwischen Auditunternehmen und den Betroffenen von Menschenrechtsverletzungen in Fabriken. Nach dem Verständnis von *Barry* kann diese Verbindung auch auf einer freiwilligen Verpflichtung beruhen.[508] Ein Argument für die Verantwortung von Auditunternehmen kann also sein, dass Auditunternehmen, indem sie es übernehmen, eine Fabrik auf das Vorliegen menschenrechtlicher Risiken zu überprüfen, die legitime Erwartung auslösen, dass sie die dort tätigen Arbeiter*innen auch tatsächlich vor Schäden bewahren oder entsprechende Risiken zumindest reduziert werden. Eine Verbindung im Sinne einer *thick labour connection* nach den Vorstellungen von *Dahan et al.* lässt sich hingegen nur schwer begründen. Zwar betonen die Autor*innen, dass diese Verbindung in der globalen Arbeitswelt nicht mehr allein an der legalen Definition der Arbeitsbeziehung festgemacht werden kann, sondern vielmehr auch davon abhängt, ob ein Akteur Teil der Produktionskette ist, indem er dazu beiträgt, ein Produkt auf den Markt zu bringen.[509] Auch nach dieser Definition sind Auditunternehmen aber allenfalls mittelbar Teil der Arbeitsbeziehung, da sie trotz ihrer Kontrollbesuche in Fabriken weder an der Herstellung noch am Vertrieb von Produkten beteiligt sind.

Im Rahmen des *Capacity*-Prinzips muss man schließlich danach fragen, inwieweit Auditunternehmen in der Lage sind, Abhilfe für Menschenrechtsverletzungen zu schaffen. Dies ist je nach angewandtem Blickwinkel unterschiedlich zu beurteilen. Betrachtet man den Einzelfall, haben Auditunternehmen zwar die Möglichkeit, durch die Offenlegung von Missständen und Risiken in Produktionsstätten darauf hinzuwirken, dass Abhilfemaßnahmen ergriffen werden. Allerdings sind sie hierfür auf das Mitwirken anderer Akteure angewiesen. Auditunternehmen können weder selbst

---

508 *Barry,* Global Justice, 218, 229.
509 *Dahan/Lerner/Milman-Sivan,* Theoretical Inquiries in Law 12 (2011), 456.

Verbesserungen vornehmen, noch können sie die empfohlenen Maßnahmen zwangsweise durchsetzen. Das *Capacity*-Prinzip berücksichtigt jedoch nicht nur die individuelle Einflussmöglichkeit, sondern nimmt auch die kollektive Fähigkeit zur Herbeiführung von Veränderungen in den Blick.[510] Gemeinsam handelnd hätten Auditunternehmen durchaus Möglichkeiten, auf die Gestaltung von Sozialaudits Einfluss zu nehmen und darauf hinzuwirken, dass diese sorgfältiger und strenger werden. Ebenso wie Auditunternehmen wirtschaftlich von ihren Auftraggebern abhängig sind, besteht auch eine umgekehrte Abhängigkeit transnationaler Unternehmen und Sozialstandardinitiativen, die für die Aufrechterhaltung ihres gegenwärtigen Geschäftsmodells auf Auditunternehmen angewiesen sind.

3. Einordnung und Relevanz für die Haftungsfrage

Die Anwendung der vorgestellten Verantwortungsmodelle veranschaulicht, dass Auditunternehmen unter moralischen Gesichtspunkten nicht die einzigen und auch nicht die Hauptverantwortlichen für Menschenrechtsverletzungen in globalen Lieferketten sind. Das lässt sich insbesondere auf ihren regelmäßig nur indirekten Beitrag zu den Missständen in Zulieferfabriken und ihre nur begrenzten Abhilfemöglichkeiten sowie auf die Tatsache, dass sie nicht als Arbeitgeber im weiteren Sinne agieren, zurückführen. Für die moralische Verantwortung von Auditunternehmen lässt sich hingegen ihre Mitwirkung an der Aufrechterhaltung eines von der Ausbeutung von Arbeiter*innen profitierenden Systems, der ihnen aus dem status quo entstehende wirtschaftliche Nutzen sowie die aus der Übernahme der Prüfaufgabe resultierende Sonderverbindung zu den Betroffenen anführen.

Doch was folgt aus dieser Erkenntnis für die Haftungsfrage? Schließlich kann aus der Feststellung einer moralischen Verantwortung nicht immer auch eine Haftung hergeleitet werden. Vielmehr ist – wie die soeben dargestellten Modelle verdeutlichen – die Verantwortungsfrage bewusst weiter gefasst und richtet sich häufig weniger nach einer konkreten Verursachungshandlung als vielmehr nach einem übergeordneten Beitrag zu einem bestimmten Übel. Überlegungen zur moralischen Verantwortung haben oft gar nicht zum Ziel, sanktionswürdiges Verhalten zu isolieren, sondern

---

510 Siehe hierzu *Barry,* Global Justice, 218, 231 sowie *Young,* Social Philosophy and Policy 23 (2006), 102 die der *collective ability* eine herausgehobene Stellung bei der Zuweisung von Verantwortlichkeit einräumt.

dienen der Beantwortung anderer Fragestellungen, beispielsweise welchen Beitrag die Gesellschaft von bestimmten Akteuren einfordern sollte, um eine effektive Antwort auf bestimmte Missstände zu finden. Die Feststellung einer (Mit-)Verantwortung kann folglich auch ganz unterschiedliche Konsequenzen haben. So kann es bei einem bloßen Appell, z.B. zum Ergreifen freiwilliger Schritte, verbleiben. Denkbar ist aber auch, dass politische Maßnahmen jenseits einer Haftung getroffen werden, z.B. wirtschaftliche Anreize oder Transparenzanforderungen.

Andererseits tragen transnationale Unternehmen maßgeblich selbst dazu bei, dass die Grenzen zwischen dem Haftungs- und dem Verantwortungsdiskurs in Bezug auf den Bereich Wirtschaft und Menschenrechte verwischen. Indem sie CSR-Programme aufsetzen und mit diesen werben, lassen sich die Unternehmen selbst auf eine Betrachtung jenseits rein rechtlicher Argumente ein und suggerieren eine moralische Verantwortung für Arbeiter*innen in globalen Lieferketten.[511] Man kann daher argumentieren, dass sie sich an diesen selbst auferlegten Maßstäben auch rechtlich festhalten lassen müssen.

Zudem entstehen auch Haftungsnormen nicht in einem moralischen Vakuum, sondern ihnen liegen häufig auch rechtsethische Betrachtungen zugrunde. Ein Beispiel hierfür bieten die Verkehrspflichten im Rahmen der Haftung nach § 823 Abs. 1 BGB. Diese basieren – wie noch genauer erläutert werden soll[512] – neben dem Gedanken der Risikoveranlassung und -beherrschung insbesondere auf Vertrauenserwägungen sowie auf dem Prinzip der Einheit von Vorteil und Risiko.[513]

Im Kern finden sich hier also genau die Erwägungen wieder, die nach den dargestellten Modellen auch bei der Zuweisung von moralischer Verantwortung ausschlaggebend sind. Das bedeutet zwar nicht, dass jedes moralisch verwerfliche Verhalten mit einer Haftung geahndet wird oder werden sollte. Ergeben sich aus veränderten gesellschaftlichen Umständen wie der Auslagerung von Produktion im Zuge der Globalisierung neue moralische Verantwortlichkeiten, kann dies aber durchaus ein gewichtiger Anhaltspunkt für eine Erweiterung der Haftung de lege ferenda sein.

---

511 *Doorey*, SSRN Electronic Journal 2018, 1.
512 Siehe hierzu noch in Kapitel 2 unter B I 2 a bb (2) (a).
513 *Raab*, JuS 2002, 1041, 1044 f..

III. Rechtspolitische und rechtssystematische Gründe für eine Haftung

Dass Experten für ihre Leistung auch im Verhältnis zu Nichtvertragspartnern haften, ist im deutschen Recht keine Selbstverständlichkeit. Vielmehr geht man grundsätzlich davon aus, dass es sich bei der Erbringung von Prüf- oder Gutachterleistungen um einen rein internen Vorgang zwischen den Vertragspartnern handelt. Andererseits haben jüngere Ereignisse wie die globale Finanzkrise, der Wirecard-Skandal, aber auch die massenhafte Verwendung von Industriesilikon durch einen französischen Brustimplantatehersteller Zweifel an der Effektivität etablierter Prüfsysteme aufkommen lassen und Diskussionen darüber entfacht, ob eine Dritthaftung in bestimmten Fällen möglich und angebracht ist.[514] Dass hierfür nicht nur rechtsethische, sondern auch rechtspolitische und rechtssystematische Gründe sprechen, soll im Folgenden verdeutlicht werden.

1. Asymmetrische Anreizstruktur

Dass eine Haftung gegenüber Betroffenen notwendig ist, zeigt die ohne eine solche Haftung bestehende asymmetrische Anreizstruktur. Da Sozialaudits zumeist von den zu überprüfenden Zulieferern selbst oder von an einer Geschäftsbeziehung interessierten Bestellerunternehmen in Auftrag gegeben werden, die in der Regel mehr von positiven Auditberichten als von der Offenlegung von Problemen profitieren, droht Auditunternehmen im Falle einer zu strengen Prüfung negative Konsequenzen in Form des Verlustes von Folgeaufträgen oder gar einer vertraglichen Haftung. Eine zu oberflächliche Prüfung zöge ohne eine Haftungsregelung hingegen regelmäßig überhaupt keine Folgen nach sich, da diejenigen, die an einem gründlichen Audit interessiert sind, keine rechtliche Möglichkeit hätten, gegen das Auditunternehmen vorzugehen. Dies gilt erst recht, solange Bestellerunternehmen nicht für Menschenrechtsverletzungen bei ihren Zulieferern haften und daher auch keinen Anlass haben, Regressforderungen geltend zu machen.

---

514 Siehe z. B. zur Haftung von Ratingagenturen *G. Wagner*, SSRN Electronic Journal 2012; *Halfmeier*, VuR 2014, 327; *Schroeter*, ZBB 30 (2018), 353 Zur Haftung von Abschlussprüfern anlässlich des Wirecard-Falles siehe *Fischer/Zastrow*, GWR 2020, 351 Mit der Haftung der sogenannten „Benannten Stelle" für fehlerhafte Medizinprodukte beschäftigt sich z. B. *Rott*, NJW 2017, 1146-1148; *Nietsch/Osmanovic*, ZIP 41 (2020), 2316.

Zwar ist es denkbar, dass mit dem Inkrafttreten des Lieferkettensorgfalts-pflichtengesetzes auch Auditunternehmen als Teil der Sorgfaltsarchitektur von Bestellerunternehmen stärker von diesen in die Verantwortung genommen werden, insbesondere in Form von Regressansprüchen, sollte es zur Zahlung von Bußgeldern kommen. Gleichzeitig steigt mit dem LkSG aber auch das Bedürfnis, gutgläubig bezüglich der menschenrechtlichen Zustände in der eigenen Lieferkette zu sein, was wiederum Kontrollen begünstigt, die nur das Nötigste abdecken. Ohne eine Haftung gegenüber Betroffenen würden Auditunternehmen somit systematisch dazu verleitet, nicht so genau hinzusehen oder gar Gefälligkeitsgutachten zu erstellen. Die negativen Auswirkungen solcher Anreizstrukturen auf die Effektivität von Prüf- und Zertifizierungssystemen lassen sich zum Beispiel anhand des Versagens von Wirtschaftsprüfern und Ratingagenturen beobachten.[515] Aber auch das weitreichende Versäumnis von Auditunternehmen, schwerwiegende Menschenrechtsverstöße im Rahmen von Sozialaudits offenzulegen, deutet auf einen solchen Systemfehler hin. Um dem entgegenzuwirken und einen Anreiz für mehr Sorgfalt zu setzen, ist die Haftung gegenüber Betroffenen erforderlich.

2. Rolle von Sozialaudits im System globaler Lieferketten

Sozialaudits wurden gerade zum Zweck des besseren Schutzes von Arbeiter*innen in globalen Lieferketten ins Leben gerufen und werden auch dezidiert dazu eingesetzt, unternehmerischen Bemühungen zum Schutz von Menschenrechten Glaubwürdigkeit zu verleihen.[516] Während viele Auditunternehmen hierüber nur vage Aussagen treffen und Sozialaudits vor allem als Leistung gegenüber ihren Kunden darstellen[517], berufen sich ins-

---

515 Siehe zum Ganzen: *G. Wagner*, JZ 73 (2018), 130, 135 f..
516 Siehe hierzu bereits in Kapitel 1 unter B II.
517 Siehe hierzu z. B. https://certification.bureauveritas.com/needs/corporate-socia l-responsibility-audits (Stand: 18.04.2024), wo es heißt: „Social responsibility is a key element of the business value proposition, and failure in this regard can severely impact financial results and brand image."

besondere Sozialstandardinitiativen[518] sowie Bestellerunternehmen[519] auf die Gewährleistung eines besseren Schutzes von Arbeiter*innen durch den Einsatz von Sozialaudits. Letzteren dienen die Ergebnisse der Prüfprozesse vielfach dazu, gegenüber Aktionären, Geschäftspartnern, Investoren und Verbraucher*innen die Einhaltung menschenrechtlicher Standards bei der Herstellung eines Produktes glaubhaft zu machen.[520] Aber auch im Rahmen staatlicher Schutzsysteme wie dem Siegel „Grüner Knopf" und auch dem Lieferkettensorgfaltspflichtengesetz spielen private Prüfleistungen zunehmend eine wichtige Rolle.[521]

Sozialaudits werden zudem nicht nur in konkreten Fällen von Unternehmen herangezogen, um die Erfüllung menschenrechtlicher Sorgfaltspflichten glaubhaft zu machen. Sie haben vielmehr eine darüberhinausgehende Signalwirkung. Ihr Einsatz suggeriert, der Schutz von Beschäftigten in Produktionsstätten wäre bereits von privater Seite ausreichend sichergestellt. Sozialaudits erzeugen daher auch eine Art Systemvertrauen, welches ineffektive CSR-Programme legitimiert, staatliche Inspektionen zurückdrängt und den Bedarf nach einer verstärkten staatlichen Regulierung globaler Lieferketten verschleiert.[522]

Überdies fungieren Audit- und Zertifizierungsunternehmen als eine Art *„Gatekeeper"* in dem Sinne, dass sie Firmen durch die Bescheinigung menschenrechtskonformer Produktionsbedingungen Zugang zu westlichen

---

518 So stellt *SAI* es z. B. seine Mission wie folgt vor: „SAI advances human rights at workplaces.", siehe https://sa-intl.org/about/ (Stand: 18.04.2024). Die Akkreditierungsabteilung von *SAI*, *SAAS*, beschreibt ihre Mission mit den folgenden Worten: „To provide confidence in the ability of auditing systems to protect people and their communities through oversight and evaluation services.", abrufbar unter https://sa-intl.org/about-saas/ (Stand: 18.04.2024).

519 So z. B. die Darstellung von Inditex (https://www.inditex.com/itxcomweb/en/sustainability, Stand: 18.04.2024) oder der Otto Group (https://www.ottogroup.com/de/nachhaltigkeit/arbeitsbedingungen.php, Stand: 18.04.2024) zum Einsatz von Sozialaudits.

520 *Business & Human Rights Resource Centre,* Social audit liability, S. 6; *Kashyap,* Inter Press Service News Agency vom 07.10.2020.

521 Siehe hierzu ebenfalls in Kapitel 2 unter A III 3.

522 Siehe hierzu bereits in Kapitel 1 unter C III; zur Privatisierung des Monitorings siehe *Binder,* Die Haftung von Zertifizierungs- und Prüfunternehmen, https://verfassungsblog.de/die-haftung-von-zertifizierungs-und-pruefunternehmen-als-gebotener-bestandteil-eines-effektiven-lieferkettengesetzes/.

Märkten erleichtern.[523] Viele Bestellerunternehmen arbeiten nur mit Zulieferern zusammen, die einen Nachweis für die Einhaltung gewisser Arbeitsstandards, beispielsweise in Form einer bestimmten Zertifizierung vorweisen können.[524] Das kann so weit führen, dass Zulieferern der Marktzugang oder die Aufnahme in die Lieferkette großer Einzelhändler ohne einen entsprechenden Nachweis *de facto* verwehrt ist.[525]

Sozialaudits tragen somit entscheidend zur gegenwärtigen Funktionsweise globaler Lieferketten bei. Damit sie den ihnen zugeschriebenen Schutzzweck erfüllen können, muss jedoch ihre Qualität und Integrität sichergestellt werden. Die Haftung gegenüber Betroffenen ist ein wichtiges Mittel hierfür.

3. Auslagerung der staatlichen Schutzaufgabe

Der Schutz der Menschenrechte ist im Kern eine staatliche Aufgabe.[526] Für den Bereich Wirtschaft und Menschenrechte verdeutlichen dies vor allem die UN-Leitprinzipien, die Staaten dazu verpflichten, geeignete Maßnahmen zu treffen, um Verletzungen durch private Akteure zu verhüten, zu untersuchen, zu ahnden und wiedergutzumachen.[527] Neben Staaten adressieren die UN-Leitprinzipien zwar auch Unternehmen und nehmen diese in die Verantwortung, die Menschenrechte zu achten.[528] Für Unternehmen reicht es also nicht aus, unter Berufung auf die staatliche Pflicht den ei-

---

523 *G. Wagner*, JZ 73 (2018), 130, 134 f. weist auf die Verwendung des Begriffs „*Gatekeeper*" zur Beschreibung von Ratingagenturen und Wirtschaftsprüfern hin; *Corcione*, STALS 2019, 1, 4 sowie *Binder*, Die Haftung von Zertifizierungs- und Prüfunternehmen, https://verfassungsblog.de/die-haftung-von-zertifizierungs-und-pruefunternehmen-als-gebotener-bestandteil-eines-effektiven-lieferkettengesetzes/ verwenden den Begriff im Zusammenhang mit Sozialaudits und Zertifizierungen.

524 *ECCHR/Brot für die Welt/Misereor*, Menschenrechtsfitness von Audits und Zertifizierern?, S. 4.

525 *Corcione*, STALS 2019, 1, 8. Als Beispiel für die Relevanz von Sozialaudits für den Zugang zu Lieferketten großer Unternehmen kann wiederum die Otto Group angeführt werden, die erfolgreich durchlaufene Audits als Basisanforderung für die Zusammenarbeit mit Produzenten in Risikoländern benennt (https://www.ottogroup.com/de/nachhaltigkeit/arbeitsbedingungen.php, Stand: 18.04.2024).

526 *Gailhofer/Glinski*, Haftungsrechtlicher Rahmen von nachhaltiger Zertifizierung in textilen Lieferketten, S. 46.

527 Die staatliche Verpflichtung ist in der sogenannten „ersten Säule" der UN-Leitprinzipien enthalten, siehe insbesondere Leitprinzip Nr. 1.

528 Diese Verantwortung bildet die sogenannte „zweite Säule" der UN-Leitprinzipien.

genen Schutzauftrag zu negieren. Dennoch sehen die UN-Leitprinzipien in erster Linie Staaten in der völkerrechtlichen Pflicht, die Achtung der Menschenrechte durch Unternehmen sicherzustellen.[529]

Zur Erfüllung dieser staatlichen Schutzpflicht gehört auch die Implementierung eines funktionierenden Kontrollsystems.[530] Tatsächlich ist es aber so, dass diese Aufgabe angesichts bestehender *governance gaps* in globalen Lieferketten zu großen Teilen von privaten Prüf- und Zertifizierungsunternehmen wahrgenommen wird.[531] Teilweise werden die privaten Prüftätigkeiten sogar in staatliche Schutzsysteme integriert. So akzeptiert beispielsweise das staatliche Siegel „Grüner Knopf" eine Mitgliedschaft in der *FWF* oder eine *SAI*- oder *WRAP*-Zertifizierung als Nachweis für die Erfüllung der erforderlichen sozialen Kriterien.[532] Auch im Rahmen gesetzlicher Sorgfaltspflichten, wie sie durch das LkSG geschaffen wurden, spielen private Audit- und Zertifizierungsunternehmen zumindest faktisch eine wichtige Rolle, da viele Unternehmen die Durchführung von Sozialaudits heranziehen werden, um die Erfüllung ihrer menschenrechtlichen Sorgfaltspflichten, insbesondere die Durchführung einer Risikoanalyse nach § 5 LkSG, nachzuweisen.[533] Bleibt diese Tätigkeit nun unreguliert, werden die gesetzlichen Pflichten dadurch ausgehöhlt.[534] Wenn Staaten jedoch eine im Kern ihnen obliegende Aufgabe auslagern, müssen sie auch die effektive Wahrnehmung dieser Aufgabe sicherstellen.[535]

---

529 *Saage-Maaß/Leifker*, BB 2015, 2499, 2504.

530 *ECCHR/Brot für die Welt/Misereor*, Menschenrechtsfitness von Audits und Zertifizierern?, S. 10.

531 *Binder*, Die Haftung von Zertifizierungs- und Prüfunternehmen, https://verfassungsblog.de/die-haftung-von-zertifizierungs-und-pruefunternehmen-als-gebotener-bestandteil-eines-effektiven-lieferkettengesetzes/.

532 https://www.gruener-knopf.de/kriterien (Stand: 18.04.2024).

533 vgl. *Falder/Frank-Fahle/Poleacov*, Lieferkettensorgfaltspflichtengesetz, S. 61; *F. Lorenz/Krülls*, CCZ 2023, 100, 108. Zu den möglichen Auswirkungen des LkSG auf die Inanspruchnahme von Sozialaudits siehe genauer in Kapitel 4 unter A I.

534 *ECCHR/Brot für die Welt/Misereor*, Menschenrechtsfitness von Audits und Zertifizierern?, S. 10.

535 *ECCHR/Brot für die Welt/Misereor*, Menschenrechtsfitness von Audits und Zertifizierern?, S. 10 mit Verweis auf UN-Leitprinzip Nr. 5, das besagt, dass Staaten bei der Privatisierung von Dienstleistungen eine wirksame Aufsicht ausüben müssen.

4. Lücke im Menschenrechtsschutz

Ohne die Haftung von Auditunternehmen weist der von Sozialaudits be-
zweckte und von der staatlichen Schutzpflicht erfasste Menschenrechtsschutz in globalen Lieferketten eine entscheidende Lücke auf. Das Vorgehen gegen Zulieferunternehmen, bei denen es zu Verletzungen kommt,
ist für die Betroffenen oft keine praktikable Option. Dies liegt teilweise
daran, dass es in den Produktionsstaaten an Rechtsschutzmöglichkeiten
oder deren Durchsetzungsfähigkeit fehlt. Zum anderen verfügen Zulieferunternehmen häufig nicht über die nötigen Mittel, um Ausgleich für erlittene Schäden zu leisten. Aber auch ein Vorgehen gegen Bestellerunternehmen ist nach dem geltenden Recht mit vielen Unsicherheiten behaftet.[536]
Tatsächlich kann der Verweis auf die Durchführung von Sozialaudits Unternehmen sogar helfen, eigene Verantwortung abzuwehren. Wenn auch
Auditunternehmen nicht haftbar gemacht werden könnten, entstünde daher ein de facto haftungsfreier Raum, in dem letztlich meist niemand für
Rechtsverletzungen zur Verantwortung gezogen wird und Betroffene kaum
Abhilfemöglichkeiten haben.[537]

IV. Zwischenfazit

Die Heranziehung verschiedener Modelle öffnet den Blick dafür, dass
Auditunternehmen unter ethischen Gesichtspunkten durchaus eine Mitverantwortung für die Menschen in den von ihnen überprüften Produktionsstätten treffen kann. Ein gewichtiger Grund hierfür ist, dass Sozialaudits
zur Aufrechterhaltung von Menschenrechtsverletzungen in globalen Lieferketten beitragen, indem sie den Anschein erwecken, Zulieferfabriken würden ausreichend kontrolliert und es bestünden keine menschenrechtlichen
Risiken. Aber auch der wirtschaftliche Vorteil, der Auditunternehmen aus
den in globalen Lieferketten vorherrschenden Produktionsbedingungen
erwächst, sowie die durch die Übernahme der Prüftätigkeit geschaffene
Verbindung zu den betroffenen Arbeiter*innen sprechen dafür.
   Neben rechtsethischen sprechen auch eine Reihe rechtspolitischer und
rechtssystematischer Gründe für eine Haftung. Nur durch eine rechtliche
Verantwortung gegenüber Betroffenen kann gewährleistet werden, dass

---

536 Siehe zum Ganzen bereit in Kapitel 1 unter A.
537 *ECCHR/Brot für die Welt/Misereor,* Menschenrechtsfitness von Audits und Zertifi-
     zierern?, S. 3.

Sozialaudits effektiv zu dem von ihnen bezweckten Schutz von Menschenrechten in globalen Lieferketten beitragen können. Ohne eine solche Haftung – deren Bestehen nach dem geltenden Recht im nächsten Abschnitt erörtert werden soll – gäbe es hingegen eine asymmetrische Anreizstruktur, die eine für den Auftraggeber günstige Prüfung fördern würde. Die Betroffenen fehlerhafter Sozialaudits blieben derweil weitestgehend schutzlos. Damit wäre auch der staatlichen Schutzaufgabe nicht genüge getan. Eine effektive Haftung für Sozialaudits ist somit zur präventiven Verhaltenssteuerung, aber auch als Ausgleich für erlittene Schäden erforderlich.

B. Haftung nach dem geltenden Recht

Im Folgenden soll erörtert werden, ob eine Haftung im Zusammenhang mit Sozialaudits bereits nach dem geltenden deutschen Recht in Betracht kommt. Im Vordergrund soll dabei die Haftung von Auditunternehmen stehen. Darüber hinaus soll aber auch geprüft werden, ob einzelne Auditor*innen in bestimmten Fällen für fehlerhafte Prüfungen haftbar gemacht werden können. Schließlich soll die Haftung von Bestellerunternehmen im Zusammenhang mit Sozialaudits erörtert werden.

I. Haftung von Auditunternehmen

Ein Gesetz, welches ein bestimmtes Vorgehen im Rahmen von Sozialaudits vorgibt, und welches damit einen spezifischen Regelungsrahmen für die Tätigkeit von Auditunternehmen bieten könnte, existiert derzeit in Deutschland nicht. Um herauszufinden, ob und inwieweit Auditunternehmen den Arbeiter*innen in den überprüften Fabriken zivilrechtlich ein bestimmtes Maß an Sorgfalt schulden, muss daher auf das Vertragsrecht sowie das allgemeine Deliktsrecht zurückgegriffen werden.

1. Vertragliche Haftung

a. Haftung gegenüber dem beauftragenden Unternehmen

Vertraglich haften Auditunternehmen zunächst gegenüber demjenigen, der sie mit der Durchführung des Sozialaudits beauftragt hat. Dies kann je

nach Konstellation das Bestellerunternehmen selbst, eine Sozialstandardinitiative oder der zu überprüfende Zulieferer sein. Gegenwärtig bestehen
jedoch für beauftragende Unternehmen kaum Anreize, Auditunternehmen
für die unzureichende Durchführung von Sozialaudits in Haftung zu nehmen, da sie von der Verfügbarkeit günstiger und nicht allzu gründlicher
Sozialaudits profitieren.[538] Durch das Inkrafttreten des Lieferkettensorgfaltspflichtengesetzes könnte sich diese Dynamik verändern. Mit Bußgeldern belegte oder von der Vergabe öffentlicher Aufträge ausgeschlossene
Bestellerunternehmen könnten durchaus auf die Idee kommen, die mit
der Überprüfung der Einhaltung menschenrechtlicher Sorgfaltspflichten
beauftragten Auditunternehmen wegen der Verletzung ihrer vertraglichen
Pflichten in Regress zu nehmen.[539] Inwieweit es tatsächlich zu solch einer
vermehrten Inanspruchnahme kommt, lässt sich derzeit jedoch noch nicht
beurteilen.

b. Haftung gegenüber Betroffenen aufgrund eines Vertrags zugunsten Dritter

Eine vertragliche Haftung von Auditunternehmen gegenüber den Beschäf-
tigten in den überprüften Fabriken scheitert dem ersten Anschein nach
bereits am Fehlen einer vertraglichen Beziehung. Womöglich kann eine
Haftung jedoch auf einen Vertrag zugunsten Dritter zurückgeführt werden.
Gemäß § 328 Abs. 1 BGB kann durch Vertrag eine Leistung an einen Dritten mit der Wirkung bedungen werden, dass der Dritte unmittelbar das
Recht erwirbt, die Leistung zu fordern. Der Dritte erlangt also ein eigenes
Forderungsrecht, ohne selbst Vertragspartei zu sein. Kommt es zu Rechtsverletzungen aufgrund einer mangelhaften Leistung oder werden Schutz-
pflichten verletzt, kann er zudem vertragliche Schadensersatzansprüche
gemäß § 280 Abs. 1 BGB geltend machen.[540] Dass das Forderungsrecht dem
Dritten zustehen soll, muss vereinbart werden. Dies kann allerdings auch

---

538 Siehe *Terwindt/Saage-Maaß*, Zur Haftung von Sozialauditor_innen in der Textilindustrie, S. 13, die aber darauf hinweisen, dass sich das ändern könnte, sobald
transnationale Unternehmen selbst für Schäden durch ausbeuterische Arbeitsbedingungen verantwortlich gemacht werden und dementsprechend auf eine sorgfältige
Überprüfung der Zustände bei ihren Zulieferern angewiesen sind.
539 Siehe hierzu nochmals in Kapitel 4 unter A I.
540 MüKo BGB-*Gottwald*, § 328 Rn. 31; Jauernig-*Stadler*, § 328 Rn. 29.

konkludent geschehen.[541] Gemäß § 328 Abs. 2 BGB ist in Ermangelung einer besonderen Bestimmung aus den Umständen, insbesondere aus dem Zwecke des Vertrags zu entnehmen, ob der Dritte ein eigenes Forderungsrecht erwerben soll. Ein Anhaltspunkt kann dabei sein, dass die Leistung ausschließlich oder jedenfalls überwiegend im Interesse des Dritten liegt, so z.B. bei Verträgen mit Versorgungscharakter.[542]

In transnationalen Menschenrechtsfällen wird teilweise erwogen, eine Drittbegünstigung der in den Produktionsstätten Beschäftigten aus Verhaltenskodizes in Zuliefererverträgen herzuleiten.[543] Dahinter steht die Überlegung, dass die mit Zulieferern in solchen Kodizes vereinbarten Maßnahmen der Arbeitssicherheit und des Gesundheitsschutzes nach dem Willen der Bestellerunternehmen gerade und ausschließlich den Beschäftigten zugutekommen sollen.[544] In die Terminologie des Vertrags zugunsten Dritter übersetzt lässt sich das so verstehen, dass der Zulieferer als Versprechender dem Bestellerunternehmen als Versprechensempfänger im Deckungsverhältnis bestimmte Schutzmaßnahmen zusichert, die die Beschäftigten im Vollzugsverhältnis von dem Zulieferer als Leistung nach § 328 Abs. 1 BGB einfordern können.[545] Das Absichern dieser Leistung durch das Bestellerunternehmen im Valutaverhältnis zu den Beschäftigten durch entsprechende Kontrollen kann wiederum als leistungssichernde Nebenpflicht verstanden werden, aus deren Verletzung eine Ersatzpflicht nach § 280 Abs. 1 BGB folgt.[546] Auditunternehmen dienen in dieser Konstruktion einerseits als Gehilfe zur Erfüllung der Kontrollpflicht. Andererseits wird ihr Einsatz teilweise als Ausdruck der unternehmerischen Verpflichtung gewertet und somit herangezogen, um eine Kontrollpflicht überhaupt erst zu begründen.[547]

In der soeben beschriebenen Konstellation sind Auditunternehmen jedoch nicht die vertraglich Verpflichteten. Eine vergleichbare Verpflichtung von Auditunternehmen lässt sich nicht konstruieren. Anders als dies bei Be-

---

541 BeckOK BGB-*Janoscheck*, § 328 Rn. 11; Jauernig-*Stadler*, § 328 Rn. 5; Grüneberg BGB-*Grüneberg*, § 328 Rn. 3.

542 MüKo BGB-*Gottwald*, § 328 Rn. 33; BeckOK BGB-*Janoscheck*, § 328 Rn. 12.

543 *B. Schneider*, NZG 2019, 1369, 1376; *Görgen*, Unternehmerische Haftung in transnationalen Menschenrechtsfällen, S. 148; *Heinlein*, NZA 2018, 276, 279. Siehe hierzu zudem bereits in Kapitel 1 unter A II 1.

544 *Heinlein*, NZA 2018, 276, 279.

545 *B. Schneider*, NZG 2019, 1369, 1376.

546 *Heinlein*, NZA 2018, 276, 281; *B. Schneider*, NZG 2019, 1369, 1376.

547 *Heinlein*, NZA 2018, 276, 281; dies kritisch betrachtend: *B. Schneider*, NZG 2019, 1369, 1376.

stellerunternehmen teilweise der Fall ist, lassen sich Auditunternehmen von den überprüften Zulieferern nämlich nicht etwa die Implementierung bestimmter Schutzmaßnahmen zugunsten der Beschäftigten zusichern, sondern überprüfen lediglich die Einhaltung von Maßnahmen, die der Zulieferer gegenüber einem Dritten, beispielsweise einem Bestellerunternehmen oder einer Sozialstandardinitiative zugesagt hat. Es fehlt also bereits an einem entsprechenden Deckungsverhältnis zwischen Zulieferer und Auditunternehmen, aus dem sich eine leistungssichernde Nebenpflicht herleiten ließe. Aber auch wenn Auditunternehmen von Bestellerunternehmen selbst beauftragt werden, lässt sich die vertragliche Zusage von Kontrollen nicht als Vertrag zugunsten Dritter einstufen. Dafür müsste sich nämlich aus dieser Zusage gegenüber dem Bestellerunternehmen ein eigenes Leistungsforderungsrecht der Beschäftigten herleiten lassen, das diese gegenüber dem Auditunternehmen geltend machen könnten. Die zugesagte Hauptleistung im Vertrag zwischen Auditunternehmen und beauftragendem Unternehmen ist jedoch nur die Durchführung von Kontrollen und nicht etwa die Implementierung von Schutzmaßnahmen. Dass die Beschäftigten diese Leistung selbst einfordern können sollen, lässt sich wohl kaum begründen.[548]

c. Haftung gegenüber Betroffenen nach den Grundsätzen des Vertrags mit Schutzwirkung für Dritte

Passender erscheint hingegen ein Rückgriff auf das Rechtsinstitut des Vertrags mit Schutzwirkung für Dritte. Auch wenn aus dem Vertrag zwischen Auditunternehmen und beauftragendem Unternehmen kein eigener Leistungsanspruch für die in den überprüften Produktionsstätten beschäftigten Arbeiter*innen hergeleitet werden kann, entfaltet er womöglich möglicherweise drittschützende Wirkung zu ihren Gunsten.

aa. Grundlagen des Vertrags mit Schutzwirkung für Dritte

Mit Hilfe des Vertrags mit Schutzwirkung für Dritte können Personen, die nicht selbst Vertragspartei sind, in den Schutzbereich eines Vertrags

---

548 Ebenfalls ablehnend: *Gailhofer/Glinski,* Haftungsrechtlicher Rahmen von nachhaltiger Zertifizierung in textilen Lieferketten, S. 37 f.

einbezogen werden. Sie erlangen dadurch zwar keinen primären Leistungsanspruch, im Falle einer Pflichtverletzung steht ihnen aber ein eigener vertraglicher Schadensersatzanspruch zu.[549] Diese Rechtsfigur wird von einem
Teil der Wissenschaft auf die ergänzende Vertragsauslegung nach §§ 133, 157
BGB gestützt[550], während ein anderer Teil annimmt, es handle sich um eine
auf § 242 BGB beruhende Fortbildung dispositiven Rechts.[551] Für die Zwecke dieser Arbeit ist die genaue Herleitung unerheblich. Die Rechtsfigur des
Vertrags mit Schutzwirkung für Dritte wurde entwickelt, um bestehende
Unzulänglichkeiten des Deliktsrechts auszugleichen. Verweist man nämlich
Dritte, die bei der Vertragsabwicklung zu Schaden kommen, allein auf
deliktische Ansprüche, sind reine Vermögensschäden nur unter besonderen
den Voraussetzungen der § 823 Abs. 2 BGB und § 826 BGB ersatzfähig.
Zudem besteht nach § 831 BGB anders als nach § 278 BGB keine unbe-
dingte Einstandspflicht für Gehilfen. Schließlich kommt den Geschädigten
bei vertraglichen Ansprüchen die Beweislastumkehr des § 280 Abs. 1 S. 2
BGB zugute, während sie bei deliktischen Ansprüchen regelmäßig die volle
Beweislast trifft.[552]

Der Drittschutz wird vor allem bei der Verletzung vertraglicher Schutzpflichten relevant. Er kann jedoch auch bei der Verletzung von drittbezogenen Leistungspflichten herangezogen werden.[553] Anders als bei einem
echten Vertrag zugunsten Dritter soll der Dritte in diesen Fällen keinen
eigenen Leistungsanspruch erwerben. Er soll jedoch vor den Folgen einer
gerade ihm drohenden Schlechterfüllung der vertraglichen Hauptleistungspflicht geschützt werden.[554] Dies könnte bei Verträgen mit Auditunternehmen der Fall sein. Vertragliche Hauptleistungspflicht solcher Verträge ist
die Kontrolle der Arbeitsbedingungen in einem Zulieferbetrieb. Zwar sollen Beschäftigte diese wohl nicht selbst einfordern können; im Falle der
Schlechtleistung droht jedoch gerade ihnen der Schaden.

---

549 St. Rspr., siehe z. B. BGH, Urt. v. 19.09.1973 – VIII ZR 175/72, BGHZ 61, 227; BGH,
Urt. v. 02.07.1996 – X ZR 104/94, BGHZ 133, 168, 170; BGH, Urt. v. 02.04.1998 –
III ZR 245/96, BGHZ 138, 257. Siehe auch Grüneberg BGB-*Grüneberg*, § 328 Rn. 13;
Jauernig-*Stadler*, § 328 Rn. 19.
550 So BGH, Urt. v. 15.06.1971 – VI ZR 262/69, BGHZ 56, 273; BGH, Urt. v. 02.07.1996 –
X ZR 104/94, BGHZ 133, 168; Grüneberg BGB-*Grüneberg*, § 328 Rn. 14; *Leyens*, JuS
2018, 217, 220.
551 So *Jauernig*, § 328 Rn. 21; *Zenner*, NJW 2009, 1030, 1033 f..
552 MüKo BGB-*Gottwald*, § 328 Rn. 167; BeckOK BGB-*Janoscheck*, § 328 Rn. 50.
553 BGH, Urt. v. 06.07.1965 - VI ZR 47/64, NJW 1965, 1955, 1957; BeckOK BGB-*Janoscheck*, § 328 Rn. 52.
554 MüKo BGB-*Gottwald*, § 328 Rn. 182; NK-BGB-*Preuß*, § 328 Rn. 11.

bb. Einbeziehungsvoraussetzungen

Um eine uferlose Ausweitung der vertraglichen Haftung zu vermeiden, unterliegt die Einbeziehung Dritter in den Schutzbereich des Vertrages strengen Voraussetzungen.

(1) Leistungsnähe

Die erste Voraussetzung ist die Leistungsnähe des Dritten. Diese besteht bei der Verletzung von Schutzpflichten, wenn der Dritte mit der vertraglichen Leistung bestimmungsgemäß in Berührung kommen soll und den Gefahren von Pflichtverletzungen in gleicher Weise ausgesetzt ist wie der Gläubiger selbst.[555] Im Falle der Verletzung einer drittbezogenen Hauptleistungspflicht kommt es vor allem darauf an, ob der Schaden aus der Pflichtverletzung gerade dem Dritten droht.[556]

Orientierung kann hier ein im Jahr 2020 durch den BGH entschiedener Fall im sogenannten „*PIP*-Skandal" bieten, bei dem es um die Haftung für die Zertifizierung von Medizinprodukten ging.[557] *PIP* bezeichnet das französische Unternehmen *Poly Implant Prothèse*, welches Brustimplantate herstellte. Im Jahr 2010 stellte sich heraus, dass das Unternehmen bei der Herstellung seiner Implantate anstatt des zulässigen Qualitätssilikons gesundheitsgefährdendes Industriesilikon verwendet hatte, um Kosten einzusparen. Nachdem dies öffentlich wurde, meldete *PIP* Insolvenz an. Daraufhin rückte der *TÜV Rheinland* ins Zentrum der Schadensersatzforderungen der Geschädigten. Dieser war als sogenannte Benannte Stelle im Rahmen des Konformitätsbewertungsverfahrens nach der Medizinprodukte-Richtlinie (RL 93/42/EWG) tätig geworden.[558] Da es sich bei Brustimplantaten um gefährliche Medizinprodukte im Sinne der Medizinprodukte-Richtlinie handelte, durfte der Hersteller nach dem Regelungskonzept der Richtlinie diese erst nach Überprüfung und Zertifizierung seines Sicherheitskonzepts durch eine Benannte Stelle mit einem CE-Kennzeichen versehen und in

---

555 BGH, Urt. v. 24.01.2006 – XI ZR 384/03, BGHZ 166, 84; Jauernig-*Stadler*, § 328 Rn. 24.

556 MüKo BGB-*Gottwald*, § 328 Rn. 182.

557 BGH, Urt. v. 27.02.2020 – VII ZR 151/18, NJW 2020, 1514, 1516.

558 *Nietsch/Osmanovic*, ZIP 41 (2020), 2316; weitere denkbare Anspruchsgegner skizzieren *Rott/Glinski*, ZEuP 2015, 192, 196 ff. und erläutern, woran die jeweilige Geltendmachung von Ansprüchen scheitert.

den Verkehr bringen. Die Benannten Stellen wurden von den Mitgliedstaaten ernannt, nachdem sie ein Akkreditierungsverfahren durchlaufen hatten, in dem ihre Kompetenz zur Konformitätsbewertung überprüft wurde.[559] Aus dem Pool der akkreditierten Benannten Stellen konnten die Hersteller wiederum eine ausgewählte Benannte Stelle mit Durchführung der Konformitätsbewertung beauftragen.[560] Der von *PIP* beauftragte *TÜV Rheinland* hatte bei seinen Überprüfungen im Rahmen des Konformitätsbewertungsverfahrens die Fehlerhaftigkeit der Implantate nicht festgestellt, so dass diese in den Verkehr gelangen und im europäischen Binnenmarkt frei zirkulieren konnten. Die deutschen Gerichte beschäftigte im Zusammenhang mit diesem Sachverhalt zunächst der Fall der Geschädigten *Schmitt*. Dieser wurden 2008 fehlerhafte Implantate eingesetzt, die später auf ärztlichen Rat wieder entfernt werden mussten. Nachdem die Vorinstanzen einen Schadensersatzanspruch der Klägerin abgelehnt hatten, legte der nunmehr mit der Rechtssache beschäftigte BGH dem EuGH mehrere Fragen zur Vorabentscheidung vor. Der EuGH musste sich unter anderem mit der Frage auseinandersetzen, ob die der Überprüfung zugrundeliegende Richtlinie dahingehend auszulegen sei, dass die Benannte Stelle zum Schutz der Endempfänger tätig werde. Dies wurde durch das zuvor mit der Sache befasste OLG Zweibrücken mit dem Hinweis abgelehnt, dass Sinn und Zweck der durchgeführten Zertifizierung nicht der Schutz zukünftiger Kundinnen, sondern einzig die Erbringung des Nachweises der Freiverkehrsfähigkeit der Implantate gegenüber den zuständigen Behörden sei.[561] Der EuGH sah dies anders und stellte klar, dass die Medizinproduktrichtlinie dem Schutz der Endempfänger der Medizinprodukte diene und somit auch dahingehend auszulegen sei, dass die Benannte Stelle zum Schutz der Endempfänger tätig werde. Unter welchen Voraussetzungen die Benannte Stelle im Falle einer fehlerhaften Prüfung gegenüber dem Endempfänger haftet, überließ der EuGH allerdings dem nationalen Recht.[562] Der BGH lehnte infolge dieses Urteils einen Schadensersatzanspruch der Klägerin unter Berufung auf die fehlende Feststellung einer Pflichtverletzung in den Tatsa-

---

559 Ausführlicher zur Sicherheitszertifizierung im europäischen Produktsicherheitsrecht: *Rott/Glinski*, ZEuP 2015, 192, 199 ff..

560 *Degen*, VersR 2017, 462, 464; *Rott/Glinski*, ZEuP 2015, 192, 200 f..

561 OLG Zweibrücken, MPR 2014, 62, 66.

562 EuGH, Urt. v. 16.02.2017, Rs. C-219/15, ECLI:EU:C:2017:128.

cheninstanzen ab und ließ die Frage der Haftung von Zertifizierungsstellen damit offen.[563]

Erst in dem eingangs erwähnten, im Jahr 2020 entschiedenen Verfahren hatte der BGH erneut Anlass, sich mit den Auswirkungen der Vorgaben des EuGH auf das nationale Recht zu befassen. In diesem Fall hatte eine Krankenkasse den *TÜV Rheinland* aus übergegangenem Recht auf Schadensersatz in Anspruch genommen, nachdem sie den bei ihr versicherten Frauen die Kosten für Revisionsoperationen erstattet hatte. In diesem Fall stellte der BGH zwar nicht das Vorliegen einer Pflichtverletzung in Frage, verneinte aber dennoch einen Schadensersatzanspruch der Geschädigten nach den Grundsätzen des Vertrags mit Schutzwirkung für Dritte.[564]

Seine Zweifel am Vorliegen der erforderlichen Leistungsnähe stützte der BGH insbesondere darauf, dass die Geschädigten, denen später die Silikonbrustimplantate eingesetzt wurden, mit der Leistung des Prüfunternehmens als solcher weder bestimmungsgemäß noch faktisch unmittelbar in Kontakt kamen, sondern sich die Prüftätigkeit nur mittelbar durch die in der Folge nicht aufgedeckte Herstellung von fehlerhaften Implantaten ausgewirkt hatte.[565] Ergänzend fügte er hinzu, dass die Anwender*innen der Medizinprodukte den Gefahren einer Schlechtleistung in anderer Weise ausgesetzt gewesen seien als der Hersteller, da dem Hersteller durch ein pflichtwidriges Verhalten der Benannten Stelle vorrangig ein wirtschaftlicher Schaden drohe, während die Anwender*innen vor allem mit Gesundheitsgefahren zu rechnen hätten.[566]

Diese Begründung lässt sich aber nicht ohne Weiteres auf die Haftung von Auditunternehmen übertragen. Zunächst einmal kommen die von fehlerhaften Sozialaudits Betroffenen aufgrund ihrer Tätigkeit in den zu prüfenden Betrieben durchaus unmittelbar mit der Arbeit der Auditor*innen in Berührung, auch wenn die eigentliche Schädigung oft erst später zu Tage tritt. Vor allem aber dringt das Argument der Andersartigkeit des drohenden Schadens nicht durch. Dies gilt entgegen der Einschätzung des BGH bereits für den *PIP*-Fall, da der Benannten Stelle nicht etwa die Verletzung einer Schutzpflicht, sondern die mangelhafte Durchführung des

---

563 BGH, Urt. v. 22.06.2017 – VII ZR 36/14, NJW 2017, 2617, 2619.
564 BGH, Urt. v. 27.02.2020 – VII ZR 151/18, NJW 2020, 1514, 1516. Die Richter gaben der Berufungsinstanz allerdings die Prüfung einer Schutzgesetzverletzung nach § 823 Abs. 2 BGB auf und deuteten zudem die Möglichkeit einer Haftung aus § 823 Abs. 1 BGB an.
565 BGH, Urt. v. 27.02.2020 – VII ZR 151/18, NJW 2020, 1514, 1516.
566 BGH, Urt. v. 27.02.2020 – VII ZR 151/18, NJW 2020, 1514, 1516.

Konformitätsbewertungsverfahrens selbst vorgeworfen wird. Mithin geht es um die Verletzung einer vertraglichen Hauptleistungspflicht, die einen erkennbaren Bezug zu den Anwender*innen der Medizinprodukte aufweist. Für die Beurteilung der Leistungsnähe ist daher vielmehr entscheidend, dass gerade den Anwender*innen im Falle einer Pflichtverletzung ein Schaden durch die Verwendung minderwertiger und potenziell gesundheitsgefährdender Implantate droht. Ebenso ist es bei Sozialaudits. Erfüllt ein Auditunternehmen seine Prüfpflicht nicht ordnungsgemäß und bleiben dadurch Verletzungsrisiken unerkannt, drohen mögliche Schäden gerade den in dem überprüften Betrieb Beschäftigten. Die Leistungsnähe lässt sich somit bejahen.

(2) Einbeziehungsinteresse

Neben der Leistungsnähe muss ein Interesse des Gläubigers an der Einbeziehung Dritter in den vertraglichen Schutzbereich bestehen. Während die Rechtsprechung früher darauf abgestellt hat, ob der Gläubiger für das „Wohl und Wehe" des Dritten mitverantwortlich war[567], genügt es nunmehr, wenn der Vertrag unter Berücksichtigung des Vertragszwecks und des Grundsatzes von Treu und Glauben dahingehend ausgelegt werden kann, dass die Leistung auch dem Dritten zugutekommen soll.[568] Ist dies der Fall, wird das Einbeziehungsinteresse gewissermaßen fingiert. Zu fragen ist also, ob sich Auditverträge dahingehend auslegen lassen, dass die vertraglich vereinbarte Prüfung auch den in dem Betrieb Beschäftigten zugutekommen.

Dagegen könnte man anführen, dass die Prüfungen auf dem Prinzip der Freiwilligkeit beruhen und daher haftungsrechtlichen Folgen nicht gewollt sind. Darüber hinausgehend könnte man sogar argumentieren, dass es dem beauftragenden Unternehmen meist gar nicht primär auf die Sicherheit der Beschäftigten ankommt, sondern darauf, wirtschaftliche Vorteile aus einem positiven Prüfergebnis zu ziehen oder sich rechtlich abzusichern.

Ein Gegenargument bietet aber womöglich das soeben geschilderte Urteil des EuGH im *PIP*-Fall. Dort hatte das Gericht der Argumentation des

---

567 So z. B. noch BGH, Urt. v. 26.11.1968 – VI ZR 212/66, BGHZ 51, 91; BGH, Urt. v. 30.09.1969 – VI ZR 254/67, NJW 1970, 38, 40.

568 BGH, Urt. v. 22.01.1968 – VIII ZR 195/65, BGHZ 49, 350, 354; *Brockmann/Künnen*, JA 2019, 729, 731; BeckOK BGB-*Janoscheck*, § 328 Rn. 57.

Berufungsgerichts, welches den Drittschutz mit der Erläuterung ablehnte, dass die Zertifizierungstätigkeit nur dazu diene, die Einhaltung der Voraussetzungen für das Inverkehrbringen von Medizinprodukten zu gewährleisten, eine Absage erteilt und stattdessen auf den Schutzzweck der dem Prüfverfahren zugrundeliegenden Richtlinie abgestellt.[569] Geht man von der drittschützenden Natur der Regelungen der Medizinprodukte-Richtlinie aus, ist die Bejahung des Einbeziehungsinteresse im *PIP*-Fall durchaus naheliegend.[570]

Auch in Auditfällen lässt sich mit dem Schutzzweck argumentieren. Zwar erfolgt die Überprüfung von Produktionsbedingungen in globalen Lieferketten durch externe Dritte anders als die Zertifizierung von Medizinprodukten auch nach der Einführung des LkSG freiwillig und daher ohne gesetzliche Grundlage, aus der ein drittschützender Zweck abgeleitet werden könnte. Andererseits sollen auch Sozialaudits in vielen Konstellationen erkennbar den Arbeiter*innen in den überprüften Fabriken zugutekommen, werden sie doch gerade als Mittel zu ihrem Schutz vor unsicheren Arbeitsbedingungen angepriesen und eingesetzt.[571] Unter Heranziehung des EuGH-Urteils könnte man also sowohl im *PIP*-Fall als auch in Auditfällen argumentieren, dass sich die Vertragsparteien an diesem nach außen in Erscheinung tretenden Zweck festhalten lassen müssen und sich auf einen anders gelagerten tatsächlichen Willen nicht berufen können.[572]

Nichtsdestotrotz lehnte der BGH in seinem zuletzt ergangenen Urteil im *PIP*-Fall das Vorliegen eines Einbeziehungsinteresses ab. Als Argument führte er an, dass der Zweck des Zertifizierungsvertrags aus der für die Beurteilung maßgeblichen Sicht des Herstellers vor allem darin bestehe, die gesetzlich notwendigen Voraussetzungen für den Vertrieb der Silikonbrustimplantate zu schaffen und nicht etwa darin, künftige Patient*innen vor den Gesundheitsgefahren der hergestellten Medizinprodukte zu schützen.[573] Der BGH ging also nicht so weit, den in der Richtlinie zu Tage tretenden Schutzzweck des Konformitätsbewertungsverfahrens in die vertragliche Vereinbarung zwischen Hersteller und Benannter Stelle hineinzulesen. Eine ähnlich gelagerte Argumentation könnte auch in Auditfällen

---

569 EuGH, Urt. v. 16.02.2017, Rs. C-219/15, ECLI:EU:C:2017:128.
570 So geht beispielsweise *Brüggemeier*, JZ 73 (2018), 191, 192 in diesem Fall unter Bezugnahme auf das Urteil des EuGH von einer vertraglichen Drittschutzwirkung aus.
571 *Business & Human Rights Resource Centre,* Social audit liability, S. 10.
572 So auch *Terwindt/Miermeier,* Die Haftung der Zertifizierer.
573 BGH, Urt. v. 27.02.2020 – VII ZR 151/18, NJW 2020, 1514, 1517.

zu einer Ablehnung des Einbeziehungsinteresses führen. Zwar bleibt transnationalen Unternehmen der Marktzugang anders als den Herstellern von Medizinprodukten ohne Zertifizierung nicht verwehrt, so dass sich der Prüfzweck nicht auf die bloße Erfüllung notwendiger Voraussetzungen reduzieren lässt.[574] Seit dem Inkrafttreten des LkSG können Sozialaudits aber als Mittel zur Überprüfung der Einhaltung menschenrechtlicher Standards bei Zulieferern und damit zumindest als ein Baustein zur Erfüllung der gesetzlichen Sorgfaltspflicht eingesetzt werden.[575] Mehr noch als bereits zuvor lässt sich daher auch bei ihrem Einsatz mit einem rein pragmatischen Zweck argumentieren. Dass die Rechtsprechung so weit gehen würde, den erkennbaren Schutzzweck auf eine vertragliche Ebene zu heben, ist daher keinesfalls gesetzt.

Eine Schutzwirkung zugunsten Dritter ist aber auch bei gegenläufigen Interessen von Gläubiger und Drittem nicht ausgeschlossen. So hat die Rechtsprechung vor allem die Haftung von Personen für möglich gehalten, die über eine besondere, vom Staat anerkannte Sachkunde verfügen und in dieser Eigenschaft ein Gutachten abgeben, wie etwa öffentlich bestellte und vereidigte Sachverständige, Wirtschaftsprüfer*innen oder Steuerberater*innen. In dem dieser Rechtsprechung zugrundeliegenden Fall hatte ein Architekt als Bausachverständiger im Auftrag eines Hauseigentümers ein fehlerhaftes Gutachten angefertigt, welches – wie dem Gutachter bekannt war – dem Käufer des Hauses vorgelegt wurde. Der BGH ging trotz der gegenläufigen Interessen von Verkäufer und Käufer von einer Schutzwirkung des Gutachtervertrags zu Gunsten des Käufers aus.[576] Begründet wird diese mittlerweile in weiteren Urteilen bestätigte Rechtsprechung neben der besonderen Sachkunde mit dem gesteigerten Vertrauen des Dritten in die gutachterliche Bewertung.[577] Erforderlich ist, dass die von Sachkunde geprägte Begutachtung oder Stellungnahme gerade den Zweck hat, das Vertrauen eines Dritten zu erwecken um – für den Sachkundigen hinreichend

---

574 *Gailhofer/Glinski,* Haftungsrechtlicher Rahmen von nachhaltiger Zertifizierung in textilen Lieferketten, S. 39.

575 Siehe hierzu die Gesetzesbegründung zum Regierungsentwurf: BT-Drs. 19/28649, S. 48. Dort wird allerdings auch betont, dass die Beauftragung externer Dritter Unternehmen nicht von ihrer Verantwortung entbindet.

576 BGH, Urt. v. 10.11.1994 – III ZR 50/94, BGHZ 127, 378; *Halfmeier,* VuR 2014, 327, 330.

577 BGH, Urt. v. 10.11.1994 – III ZR 50/94, BGHZ 127, 378; BGH, Urt. v. 20.04.2004 – X ZR 250/02, BGHZ 159, 1; BGH, Urt. v. 08.06.2004 – X ZR 283/02, NJW 2004, 3420, 3421; BGH, Urt. v. 24.04.2014 – III ZR 156/13, NJW 2014, 2345.

erkennbar – von diesem als Grundlage für eine Entscheidung mit wirtschaftlichen Folgen herangezogen zu werden.[578] Mit dieser Begründung wird das Einbeziehungsinteresse auch beim Einsatz von Ratingagenturen und Wirtschaftsprüfungsgesellschaften teilweise bejaht.[579]

Das Vorliegen dieser Voraussetzung lehnte der BGH im *PIP*-Fall ab und berief sich darauf, dass weder vorgetragen noch ersichtlich sei, dass die Patientinnen ihre Entscheidung zum Einsetzen der Implantate aufgrund der Zertifizierungsleistung der Beklagten getroffen hätten.[580] Die Stichhaltigkeit dieser Argumentation wird allerdings zu Recht bezweifelt. Insbesondere wird zutreffend darauf hingewiesen, dass die CE-Kennzeichnung für die Produktwahl bereits deswegen von zentraler Bedeutung ist, weil das Produkt ohne diese regelmäßig gar nicht auf dem Markt verfügbar wäre. Ebenfalls zuzustimmen ist der Einschätzung, dass das Vorliegen der Konformitätsbewertung für behandelnde Ärzt*innen, die die Auswahl der Medizinprodukte treffen, sehr wohl ein maßgebliches Kriterium für die Entscheidung für ein bestimmtes Produkt darstellen kann.[581] Schließlich ist auch die Annahme berechtigt, dass zwischen dem Interesse des Herstellers an einer kostengünstigen Fertigung und dem Sicherheitsbedürfnis der Produktnutzer*innen ein für die Fallgruppe der Expertenhaftung typischer Interessengegensatz besteht.[582]

Diese Argumente lassen sich auch für Auditfälle heranziehen. Insbesondere kann man argumentieren, dass Prüfunternehmen den Beschäftigten aufgrund ihrer besonderen Sachkunde Anlass dazu geben, sich im Vertrauen auf die gutachterliche Bewertung in falscher Sicherheit zu wiegen. Zudem besteht auch in Auditfällen regelmäßig ein Interessengegensatz zwischen dem Interesse des Zulieferers an einer positiven Bewertung ohne zu großen wirtschaftlichen Aufwand und den Schutzinteressen der Beschäftigten. Ob dies ausreichen würde, um die Rechtsprechung von einer Einordnung der Auditfälle in die besondere Fallgruppe der vertraglichen

---

578 BGH, Urt. v. 24.04.2014 – III ZR 156/13, NJW 2014, 2345 Rn. 13 f.; BGH, Urt. v. 20.04.2004 – X ZR 250/02, NJW 2004, 3035, 3036.

579 So z. B. in BGH, Urt. v. 24.04.2014 – III ZR 156/13, NJW 2014, 2345; siehe hierzu auch *Halfmeier*, VuR 2014, 327, 330; *Schroeter*, ZBB 30 (2018), 353, 357; Für die Unbeachtlichkeit der Gegenläufigkeit auch OLG Düsseldorf, Urt. v. 08.02.2018 – I-6 U 50/17, NJW 2018, 1615, 1617 f.; a.A. hingegen: *G. Wagner*, SSRN Electronic Journal 2012, 17 f. LG Düsseldorf, Urt. v. 17.03.2017 – 10 O 181/15, ZIP 2017, 1228.

580 BGH, Urt. v. 27.02.2020 – VII ZR 151/18, NJW 2020, 1514, 1517.

581 *Nietsch/Osmanovic*, ZIP 41 (2020), 2316, 2319 f. a.A.: *Handorn*, MPR 2020, 231, 239, der auf das Vertrauen der Endnutzerinnen abstellt und dieses verneint.

582 *Nietsch/Osmanovic*, ZIP 41 (2020), 2316, 2320.

Expertenhaftung zu überzeugen, ist indes unklar. Dagegen spricht, dass die Beschäftigten keine für die Gutachterfälle typische wirtschaftliche Entscheidung treffen und in vielen Fällen wohl auch nicht auf die Expertise der Prüfunternehmen vertrauen.

(3) Erkennbarkeit

Die dritte Voraussetzung für die Einbeziehung Dritter in den vertraglichen Schutzbereich ist die Erkennbarkeit des geschützten Personenkreises für Schuldner. Das beruht auf der Erwägung, dass das Haftungsrisiko für letztere bei Vertragsschluss kalkulierbar und gegebenenfalls versicherbar sein soll.[583] Zahl und Namen der geschützten Personen müssen allerdings nicht bekannt sein.[584] In Gutachterfällen wird es daher in der Regel als ausreichend angesehen, dass die Gutachter*innen wissen, dass ihre Gutachten für potenzielle Käufer*innen, Kreditgeber oder sonstige Vertragspartner ihrer Auftraggeber bestimmt ist.[585] Zweifeln begegnet die Erkennbarkeit hingegen vor allem im Fall von Unternehmensratings, mit denen – anders als bei sogenannten Emissionsratings – nicht das Ausfallrisiko bestimmter Anleihen, sondern die allgemeine Bonität eines Unternehmens bewertet wird. Hier ist der Drittschutz weder auf einen abgrenzbaren Personenkreis noch auf ein bestimmtes Anleihevolumen beschränkt, so dass eine Ausuferung des Haftungsrisikos befürchtet wird.[586]

Bei der Durchführung von Sozialaudits droht in der Regel kein vergleichbares Risiko. Zwar würde sich auch hier ein Drittschutz auf einen großen Kreis von Geschädigten erstrecken. Allerdings wäre die Einbeziehung in den meisten Fällen auf die Beschäftigten des zu überprüfenden Betriebes beschränkt und würde damit nur diejenigen Personen umfassen, für deren Schutz auch der Zulieferer einzustehen hat.[587] Der geschützte Personenkreis wäre daher für Auditunternehmen erkennbar. Etwas ande-

---

583 BGH, Urteil v. 02.04.1998 - III ZR 245–96, BGHZ 138, 257, 262; BGH, Urt. v. 20.04.2004 – X ZR 250/02, BGHZ 159, 1; BeckOK BGB-*Janoscheck*, Rn. 58.

584 BGH, Urt. v. 20.04.2004 – X ZR 250/02, BGHZ 159, 1; MüKo BGB-*Gottwald*, § 328 Rn. 191.

585 BGH, Urt. v. 20.04.2004 – X ZR 250/02, BGHZ 159, 1; MüKo BGB-*Gottwald*, § 328 Rn. 191.

586 LG Düsseldorf, Urt. v. 17.03.2017 – 10 O 181/15, ZIP 2017, 1228; *Maier*, VuR 2017, 383, 385.

587 vgl. *G. Wagner*, JZ 73 (2018), 130, 136 zur Erkennbarkeit für Zertifizierungsstellen des Medizinprodukte- und Produktsicherheitsrechts.

res könnte höchstens dann gelten, wenn ein fehlerhaftes Audit erwartbar auch nicht in dem überprüften Betrieb beschäftigte Dritte betrifft, etwa Anwohner*innen umliegender Gebiete im Falle der illegalen Entsorgung von Abfallstoffen. In solchen Fällen ist die Erkennbarkeit schwieriger zu argumentieren. Auch hier kann jedoch eine Abgrenzbarkeit gegeben sein, z.B. wenn es um die Anwohner*innen einer bestimmten Gemeinde geht. Und selbst wenn dies nicht der Fall ist, spricht einiges dafür, jedenfalls denjenigen, die erkennbar einem Risiko ausgesetzt sind, nämlich den Fabrikarbeiter*innen, nicht unter Berufung auf dieses Argument den Schutz zu verwehren, sondern schlicht den geschützten Personenkreis auf diese Gruppe zu beschränken.

(4) Schutzbedürftigkeit

In Auditfällen könnte die Einbeziehung der Betroffenen in den Schutzbereich des Vertrages jedoch an der Voraussetzung der Schutzbedürftigkeit scheitern. Die Schutzbedürftigkeit wird abgelehnt, wenn der Dritte auf Grund des anspruchsbegründenden Sachverhalts eigene vertragliche Ansprüche gleichwertigen Inhalts gegen andere Schuldner hat.[588] Die Schutzbedürftigkeit entfällt lediglich dann nicht, wenn diese Ansprüche andere Voraussetzungen haben[589] oder wegen einer unterschiedlichen Zielsetzung oder einer kürzeren Verjährungsfrist nicht gleichwertig sind.[590] Die fehlende wirtschaftliche Realisierbarkeit der Ansprüche ist nach der h.M. hingegen unerheblich, da der Vertrag mit Schutzwirkung für Dritte nicht auch das Insolvenzrisiko eigener Vertragspartner absichern solle.[591]

Ein möglicher Rückgriff auf das Deliktsrecht lässt die Schutzbedürftigkeit nicht entfallen. Zwar wird vereinzelt darauf verwiesen, dass der nötige Schutz bei der Verletzung von Leben, Körper und Gesundheit ausreichend durch deliktische Anspruchsgrundlagen vermittelt werde und bei der Verletzung dieser Rechtsgüter kein praktisches Bedürfnis für einen Rückgriff

---

588 BGH, Urt. v. 15.02.1978 – VIII ZR 47/77, BGHZ 70, 327, 329 f.; BGH, Urt. v. 02.07.1996 – X ZR 104/94, BGHZ 133, 168, 173 f.; BGH, Urt. v. 12.1.2011 – VIII ZR 346/09, NJW-RR 2011, 462, 463.

589 MüKo BGB-*Gottwald*, § 328 Rn. 191; BeckOK BGB-*Janoscheck*, § 328 Rn. 59.

590 BGH, Urt. v. 08.06.2004 – X ZR 283/02, BB 2004, 3420, 3421; BeckOK BGB-*Janoscheck*, § 328 Rn. 59.

591 BGH, Urt. v. 22.07.2004 – IX ZR 132/03, NJW 2004, 3630, 3632; *Schroeter*, ZBB 30 (2018), 353, 359.

auf das Rechtsinstitut des Vertrags mit Schutzwirkung für Dritte bestehe.[592]
Allerdings wird hierbei nicht berücksichtigt, dass die vertragliche der deliktischen Haftung nicht nur den Vermögensschutz voraus hat, sondern
auch eine erleichterte Beweislast Geschädigter und eine umfassendere Einstandspflicht für Gehilfen.[593] Diese zusätzlichen Aspekte sind angesichts
häufig bestehender Beweisschwierigkeiten bei Menschenrechtsverletzungen
in transnationalen Lieferketten von besonderer Relevanz. In den oben geschilderten Fällen aus dem Medizinprodukterecht scheitert ein Anspruch
der Geschädigten gegen die Benannte Stelle nach den Grundsätzen des Vertrags mit Schutzwirkung für Dritte daher nicht an deliktischen Ansprüchen
gegen den Hersteller. Eine vertragliche Verbindung zwischen Produkther-
steller und Endnutzerinnen bestand in der Regel nicht.[594]

In Lieferkettenfällen hingegen haben Betroffene aus dem Verletzungssachverhalt häufig auch vertragliche Ansprüche gegen den Zulieferer, bei
dem sie beschäftigt sind. Diese lassen die Schutzbedürftigkeit für ein Vorgehen gegen das Bestellerunternehmen dementsprechend nach der h.M.
entfallen, auch wenn sie vielfach nicht durchsetzbar sind.[595] Auch Betroffene fehlerhafter Sozialaudits haben in der Regel vertragliche Ansprüche
gegen den Zulieferer. Zwar stellt sich die Situation insofern anders dar, als
Sozialaudits nicht Teil der Lieferkette im engeren Sinne sind und Auditunternehmen daher auch keine arbeitgeberähnliche Stellung einnehmen. Mit
dieser Argumentation lässt sich die Vergleichbarkeit der Ansprüche aber
wohl dennoch nicht ablehnen, Jedenfalls dann, wenn Betroffene mit dem
überprüften Zulieferer ein Arbeitsvertrag verbindet, steht ihnen grundsätzlich aus demselben Verletzungssachverhalt ein vergleichbarer vertraglicher
Schadensersatzanspruch zu. Dass dieser wirtschaftlich wertlos ist, soll
zumindest nach h.M. nichts an diesem Ergebnis ändern.[596] Zu bejahen
wäre die Schutzbedürftigkeit daher vor allem in Fällen informeller Beschäftigung, in denen es an vertraglichen Ansprüchen gegen den überprüften
Zulieferer fehlt.

In transnationalen Menschenrechtsfällen darf die Sinnhaftigkeit dieses
Ansatzes allerdings bezweifelt werden, da vertragliche Ansprüche gegen

---

592 So z. B. *Handorn*, MPR 2020, 231, 239; *G. Wagner*, JZ 73 (2018), 130, 137.
593 Siehe hierzu bereits in Kapitel 2 unter B I 1 c aa.
594 *Gärtner*, Die Haftung der Benannten Stelle für Medizinprodukte, 140 f.
595 So z. B. *Habersack/Ehrl*, AcP 219 (2019), 155, 192; *Thomale/Hübner*, JZ 72 (2017), 385, 390.
596 *Gailhofer/Glinski*, Haftungsrechtlicher Rahmen von nachhaltiger Zertifizierung in textilen Lieferketten, S. 39 f.

den Zulieferer vor Ort nicht nur im Ausnahmefall an der Zahlungsfähigkeit des Anspruchsgegners scheitern, sondern häufig entweder wirtschaftlich wertlos oder nicht durchsetzbar sind. Diese Ansprüche als Vorwand für die Ablehnung eines vertraglichen Drittschutzes zu verwenden, würde daher das Ziel eines besseren Menschenrechtsschutzes in globalen Lieferketten konterkarieren. Vielmehr sollten vertragliche Ansprüche der Betroffenen gegen den Zulieferer nur dann die Schutzbedürftigkeit entfallen lassen, wenn diese auch tatsächlich gleichwertig sind.[597] Allerdings ist angesichts der derzeit h.M., nach der die fehlende wirtschaftliche Realisierbarkeit unerheblich ist, nicht damit zu rechnen, dass sich deutsche Gerichte dieser Auffassung anschließen. Vielmehr ist zu erwarten, dass die Durchsetzung von Ansprüchen aus Vertrag mit Schutzwirkung für Dritte in Auditfällen an der fehlenden Schutzbedürftigkeit scheitern.

cc. Weitere Anspruchsvoraussetzungen

Neben der Einbeziehung in den vertraglichen Schutzbereich müssen für einen Schadensersatzanspruch nach den Grundsätzen des Vertrags mit Schutzwirkung für Dritte die Voraussetzungen des § 280 Abs. 1 BGB erfüllt sein.

Das Auditunternehmen muss also eine vertragliche Pflicht verletzt haben und diese Pflichtverletzung auch zu vertreten haben. Als Pflichtverletzung im Rahmen des Auditvertrags kommt beispielsweise eine unsaubere Prüfung mit der Folge des Nichterkennens von Verstößen oder die Nichtaufnahme erkannter Probleme in den Auditbericht in Betracht. Schwieriger wird die Begründung einer Pflichtverletzung, wenn dem Sozialaudit bereits durch das beauftragende Unternehmen enge Grenzen gesetzt sind, beispielsweise durch die Vorgabe einer abzuarbeitenden Checkliste oder aber auch durch zeitliche Einschränkungen. Jedenfalls bei der Geltendmachung von vertraglichen Schadenersatzansprüchen wird man sich wohl auf

---

597 So insb. *Osieka*, Zivilrechtliche Haftung deutscher Unternehmen für menschenrechtsbeeinträchtigende Handlungen ihrer Zulieferer, 169 f., die davon ausgeht, dass die menschenrechtliche Implikation es gebietet, nur dann von einem gleichwertigen Anspruch auszugehen, wenn dieser nicht nur rechtlich, sondern auch tatsächlich gleichwertig ist. Auch *Schirmer*, ZEuP 2021, 35, 57 bejaht die Schutzwürdigkeit der Betroffenen in transnationalen Menschenrechtsfällen, wenn vertragliche Ansprüche gegen den lokalen Zulieferer nur auf dem Papier bestehen.

die Geltendmachung von Pflichtverletzungen innerhalb dieses abgesteckten Rahmens begrenzen müssen.[598]

Das Vertretenmüssen wird nach der Beweislastregel des § 280 Abs. 1 S. 2 BGB vermutet. Das Auditunternehmen müsste sich folglich durch den Nachweis entlasten, weder fahrlässig noch vorsätzlich gehandelt zu haben, sondern die Überprüfung mit der im Verkehr erforderlichen Sorgfalt durchgeführt zu haben. Diese Beweislastumkehr ist einer der signifikantesten Unterschiede zu deliktsrechtlichen Ansprüchen, bei denen die Beweislast für das Verschulden des Schädigers bei den Betroffenen liegt. In Auditfällen erscheint die Regelung des § 280 Abs. 1 S. 2 BGB vor allem deshalb sachgerecht, weil das Auditunternehmen – anders als die Betroffenen – Zugang zu den für die Beweisführung erforderlichen Informationen hat.

Das Vertretenmüssen einzelner Auditor*innen kann dem Auditunternehmen nach § 278 BGB zugerechnet werden. Aber auch ein Tochter- oder Subunternehmen, dessen sich das Auditunternehmen zur Durchführung der Inspektion vor Ort bedient, kann als Erfüllungsgehilfe eingestuft werden mit der Folge einer Verschuldenszurechnung nach § 278 BGB.[599]

Erforderlich ist zudem ein Kausalzusammenhang zwischen Pflichtverletzung und Schaden. Die gebotene Prüftätigkeit müsste also auch nachweislich dazu geführt haben, dass vorliegende Probleme behoben und so die in Rede stehende Verletzung vermieden worden wäre. Hierfür tragen wiederum die Gläubiger, also der oder die betroffene Arbeiter*in die Beweislast. Ein entsprechender Beweis wird in der Praxis häufig schwer zu führen sein, insbesondere weil die Betroffenen in der Regel weder einen Einblick in interne Abläufe des Prüfunternehmens noch Kenntnis vom Ergebnis des Audits haben.[600]

dd. Umgang mit Haftungsbeschränkungen

Liegen alle Anspruchsvoraussetzungen des Vertrags mit Schutzwirkung für Dritte vor, hat der geschützte Dritte einen eigenen vertraglichen Schadens-

---

598 Zu den Auswirkungen vertraglicher Beschränkungen auf die deliktische Haftung siehe noch in Kapitel 2 unter B I 2 a bb (2) (c) (bb).

599 vgl. *Kötz*, ZEuP 2017, 283, 288 f..

600 Auf die Beweisschwierigkeiten bezüglich der haftungsbegründenden Kausalität wird im Rahmen der Prüfung einer Haftung nach § 823 Abs. 1 BGB in Kapitel 2 unter B I 2 a gg noch einmal genauer eingegangen.

ersatzanspruch. Da ihm aber keine weitergehenden Rechte zustehen sollen als dem unmittelbaren Vertragspartner des Schädigers, muss er sich in Anwendung des Rechtsgedankens des § 334 BGB sowie des Grundsatzes von Treu und Glauben Einwendungen des Schuldners gegenüber dem Gläubiger grundsätzlich entgegenhalten lassen.[601]

Das führt unter anderem dazu, dass sich Haftungsbeschränkungen zugunsten des Schuldners in der Regel auch zu Lasten des Dritten auswirken.[602] In der Auditindustrie kommt es häufig vor, dass Prüfunternehmen versuchen, ihre Haftung zu beschränken, beispielsweise durch die Aufnahme entsprechender Disclaimer in den Auditbericht.[603] Allerdings müssen sich solche Haftungsbeschränkungen stets an den Voraussetzungen der §§ 242, 138 BGB und im Falle von AGB auch an den Vorgaben der §§ 305 ff. BGB messen lassen.[604] Ein vertraglicher Haftungsausschluss bei der Verletzung von Leben, Körper oder Gesundheit würde daher in vielen Fällen bereits an § 309 Nr. 7 a) BGB scheitern, ein Haftungsausschluss für grob fahrlässige oder vorsätzliche Pflichtverletzungen an § 309 Nr. 7 b) BGB.[605] Auch wenn diese Vorschriften auf Verträge zwischen Unternehmern nicht direkt Anwendung finden, kommt ihnen auch im unternehmerischen Verkehr Indizwirkung zu.[606] Außerdem könnte es in Auditfällen als Verstoß gegen § 307 BGB angesehen werden, wenn das Prüfunternehmen gerade die Haftung für eine ordnungsgemäße Bewertung und damit für seine wesentliche Vertragspflicht ausschließt.[607]

Denkbar ist hingegen eine vertragliche Beschränkung des Prüfumfangs auf bestimmte Risiken. Außerdem können die Vertragsparteien eine Klausel in den Vertrag aufnehmen, nach der Rechte Dritter nicht begründet werden sollen. Der vertragliche Ausschluss oder die Beschränkung von Ansprüchen allein zu Lasten Dritter ist aber jedenfalls dann nicht möglich, wenn der

---

601 BGH, Urt. v. 10.11.1994 – III ZR 50/94, BGHZ 127, 378, 383.
602 BGH, Urt. v. 15.06.1971 – VI ZR 262/69, BGHZ 56, 269, 272.
603 *Marx/Wouters*, International Labour Review 155 (2016), 435, 443.
604 BeckOK BGB-*Janoscheck*, § 328 Rn. 61.
605 *Glinski/Rott*, Deakin Law Review 23 (2018), 83, 108 f.
606 BGH, Urt. v. 08.03.1984 – VII ZR 349/82, NJW 1984, 1750, 1751; BGH, Versäumnisurteil v. 19.09.2007 – VIII ZR 141/06, NJW 2007, 3774, 3775; BeckOK BGB-*J. Becker*, Rn. 46.
607 *Halfmeier*, VuR 2014, 327, 332.

Schuldner durch sein Verhalten ein berechtigtes Vertrauen ebendieser Dritten hervorgerufen hat.[608]

Aus der entsprechenden Anwendung des § 334 BGB folgt zudem, dass sich der Dritte grundsätzlich ein Mitverschulden des Gläubigers – in Auditfällen also des beauftragenden Unternehmens – nach § 254 BGB anrechnen lassen muss.[609] Ein solches Mitverschulden könnte darin liegen, dass das beauftragende Unternehmen den Spielraum des Auditunternehmens durch Vorgaben zur Durchführung bereits so weit einschränkt, dass die Aufdeckung vieler Probleme nur schwer möglich ist. Allerdings würde sowohl die Zurechnung eines Mitverschuldens als auch die Zurechnung eines vertraglichen Haftungsausschlusses in Fällen gegenläufiger Interessen die angestrebte objektive Schutzwirkung konterkarieren.[610] Dementsprechend wies der BGH in seiner Rechtsprechung zur Gutachterhaftung darauf hin, dass das Vertrauen des Dritten in die Richtigkeit der gutachterlichen Aussagen auch bei Mitveranlassung der Unrichtigkeit durch den Auftraggeber geschützt werden solle.[611] Dieser Gedanke kann auch auf Fälle einer möglichen Dritthaftung von Auditunternehmen angewendet werden.

d. Ergebnis

Bleiben bei Sozialaudits Risiken in Produktionsstätten unentdeckt und kommt es in der Folge zu Menschenrechtsverletzungen, kann man an eine Haftung von Auditunternehmen gegenüber den Betroffenen nach den Grundsätzen des Vertrags mit Schutzwirkung für Dritte denken. In vielen Fällen ist jedoch damit zu rechnen, dass dieser Anspruch vor Gericht an der Ablehnung des Kriteriums der Schutzbedürftigkeit der Betroffenen scheitert, nämlich vor allem dann, wenn sie gegen den überprüften Zulieferer ebenfalls einen vertraglichen Schadensersatzanspruch haben. Auch wenn dies den anerkannten Grundsätzen des Rechtsinstituts des Vertrags mit Schutzwirkung für Dritte folgt, ist es vor dem Hintergrund der häufig

---

608　MüKo BGB-*Gottwald*, § 328 Rn. 198; *Halfmeier*, Liability of Rating Agencies, 231, 245. Letzterer hält für Fälle vertraglicher Expertenhaftung einen Ausschluss bereits deshalb nicht für möglich, weil der drittschützende Effekt nicht vom Willen der ursprünglichen Vertragsparteien abhängt.

609　BGH, Urt. v. 10.11.1994 – III ZR 50/94, BGHZ 127, 378; BGH, Urt. v. 13.11.1997 – X ZR 144/94, NJW 1998, 1059, 1061.

610　So *Halfmeier*, VuR 2014, 327, 331 f. für Disclaimer, mit deren Hilfe Ratingagenturen ihre Haftung für die Richtigkeit des erteilten Ratings ausschließen wollen.

611　BGH, Urt. v. 10.11.1994 – III ZR 50/94, BGHZ 127, 378, 386.

fehlenden Durchsetzungsfähigkeit vertraglicher Schadensersatzansprüche gegen Zulieferer in transnationalen Menschenrechtsfällen unbefriedigend

Selbst wenn die Schutzbedürftigkeit bejaht würde, wäre die Durchsetzung des Anspruchs in der Praxis aber mit vielen Unsicherheiten behaftet. Insbesondere hinge die Haftungsfrage davon ab, wie das mit der Sache befasste Gericht den Zweck des Auditvertrags beurteilt.[612] Spätestens seit dem zuletzt ergangenen Urteil im *PIP*-Skandal, mit dem der BGH die Haftung von Zertifizierungsstellen nach den Grundsätzen des Vertrags mit Schutzwirkung für Dritte vor allem unter Berufung auf das fehlende Einbeziehungsinteresse ablehnte,[613] stehen die Erfolgschancen für eine gerichtliche Geltendmachung vertraglicher Schadensersatzansprüche auch in Auditfällen eher schlecht. Hinzu kommt, dass der Nachweis einer Pflichtverletzung und deren Kausalität für den eingetretenen Schaden eine große Hürde für Betroffene darstellen würde. Die Haftung nach den Grundsätzen des Vertrags mit Schutzwirkung für Dritte ist in ihrer derzeitigen Form daher nicht geeignet, effektive Abhilfe für Betroffene zu schaffen und eine Reform des Auditsystems voranzutreiben.

Eine andere Möglichkeit, eine vertragliche Haftung von Betroffenen zu erreichen, ist die ausdrückliche Aufnahme einer Klausel in den Auditvertrag, welche Arbeiter*innen das Recht auf Schadenersatz einräumt für den Fall, dass das Auditunternehmen relevante Sicherheitsrisiken nicht identifiziert hat.[614] Solch eine Lösung hängt allerdings wiederum von der Bereitschaft der Vertragsparteien ab, sich auf eine entsprechende Klausel einzulassen. An ebendieser Bereitschaft wird es häufig fehlen.

Womöglich liegt der richtige Weg aber ohnehin eher in einer Stärkung des Drittschutzes durch das Deliktsrecht. Ursprünglich aufgrund der Schwächen des Deliktsrechts geschaffen, verliert die Rechtsfigur des Vertrages mit Schutzwirkung für Dritte vor allem infolge der Einführung der unternehmerischen Organisationshaftung zunehmend an Relevanz. Die Notwendigkeit einer Strapazierung der vertraglichen Verhältnisse für den Drittschutz wird vor allem für solche Fälle in Frage gestellt, bei denen es um den Schutz von Leben, Körper und Gesundheit und damit um durch

---

612 *Business & Human Rights Resource Centre,* Social audit liability, S. 11.
613 BGH, Urt. v. 27.02.2020 – VII ZR 151/18, NJW 2020, 1514, 1516.
614 Diesen Vorschlag machen *Terwindt/Burckhardt,* Sozialaudits in der Textilbranche.

das Deliktsrecht umfassend geschützte Rechtsgüter geht.[615] Speziell zur Verwirklichung eines besseren Menschenrechtschutzes in globalen Lieferketten bieten die deliktischen Verkehrspflichten auch deshalb einen geeigneteren Anknüpfungspunkt, weil diese von sich aus die Berücksichtigung von Billigkeitserwägungen wie das berechtigte Vertrauen in ein sorgfaltsgemäßes Handeln erlauben, ohne hierfür ein vertragliches Einbeziehungsinteresse herbeiargumentieren zu müssen.[616]

Dass auch die Rechtsprechung bestrebt ist, das Rechtsinstitut des Vertrags mit Schutzwirkung für Dritte zugunsten der Deliktshaftung zurückzudrängen, lässt sich nicht zuletzt im *PIP*-Urteil beobachten.[617] Dort erkannte der BGH zwar an, dass die Regelungen zum EU-Konformitätsbewertungsverfahren gerade dem Schutz der Gesundheit der Endempfänger der Medizinprodukte dienen solle. Einen vertraglichen Drittschutz lehnte er jedoch unter Berufung auf ein fehlendes Einbeziehungsinteresse des Herstellers ab. Stattdessen wählte er den Weg über das Deliktsrecht und stufte die relevanten Regelungen als Schutzgesetz im Sinne von § 823 Abs. 2 BGB ein.[618] Überdies schloss der BGH vor dem Hintergrund des Schutzzwecks des Verfahrens auch eine Haftung nach § 823 Abs. 1 BGB nicht aus.[619] Dieser Ansatz stieß auch im Schrifttum auf Zustimmung, vor allem weil das Vorgehen nach § 823 Abs. 2 BGB anders als der auf ergänzender Vertragsauslegung basierende Anspruch aus Vertrag mit Schutzwirkung für Dritte nicht stets von den Umständen des Einzelfalls abhängt, sondern eine allgemeingültige Prüfung ermöglicht und damit Rechtssicherheit für die Beteiligten schafft.[620] Ob und unter welchen Voraussetzungen auch im Fall von Auditunternehmen eine deliktische Haftung möglich ist, soll daher im Folgenden erörtert werden.

---

615 Für den *PIP*-Fall: *Handorn*, MPR 2020, 231, 239, der argumentiert, dass es jedenfalls in Fällen der Verletzung von Leben, Körper und Gesundheit rechtssystematisch nicht angezeigt sei, auf Gegenseitigkeit angelegte Vertragsverhältnisse für den Drittschutz zu strapazieren sowie *G. Wagner*, JZ 73 (2018), 130, 137, der ein praktisches Bedürfnis für dieses Rechtsinstitut in solchen Fällen ebenfalls verneint.

616 In diese Richtung argumentiert vor allem *Schirmer*, ZEuP 2021, 35, 59 f.

617 *Nietsch/Osmanovic*, ZIP 41 (2020), 2316, 2319.

618 BGH, Urt. v. 27.02.2020 – VII ZR 151/18, NJW 2020, 1514, 1517 f.

619 BGH, Urt. v. 27.02.2020 – VII ZR 151/18, NJW 2020, 1514, 1519 f.

620 *Bellinghausen/A. Krause*, NJW 2020, 1480-1482, 1481; *Nietsch/Osmanovic*, ZIP 41 (2020), 2316, 2320.

2. Deliktische Haftung

Angesichts der fehlenden vertraglichen Bindung zwischen Auditunternehmen und den Beschäftigten in Zulieferfabriken sowie der Schwierigkeiten bei der Herleitung eines vertraglichen Drittschutzes kommt vor allem eine deliktische Haftung von Auditunternehmen in Betracht. Neben der Haftung nach § 823 Abs. 1 BGB ist die Haftung wegen der Verletzung eines Schutzgesetzes gemäß § 823 Abs. 2 BGB, die Haftung von Auditunternehmen für das Fehlverhalten einzelner Mitarbeiter*innen gemäß § 831 Abs. 1 BGB sowie in Einzelfällen auch die Haftung wegen vorsätzlicher sittenwidriger Schädigung nach § 826 BGB denkbar. Diese Vorschriften sollen auf ihre Tauglichkeit als Anspruchsgrundlage für Haftungsansprüche gegen Auditunternehmen überprüft werden.

a. § 823 Abs. 1 BGB

Zentrale Anspruchsgrundlage für eine mögliche deliktsrechtliche Inanspruchnahme von Auditunternehmen durch betroffene Arbeiter*innen ist § 823 Abs. 1 BGB. Die Prüfung dieser Haftungsnorm erfolgt anhand der einzelnen Tatbestandsmerkmale, wobei ein besonderes Gewicht auf die ebenso wesentliche wie schwierige Frage nach der Verletzung einer Verkehrspflicht gelegt wird. Weitere wesentliche Themen sind zudem die haftungsbegründende Kausalität sowie der Umgang mit Beweisschwierigkeiten.

aa. Rechtsgutsverletzung

Erforderlich ist zunächst die Verletzung eines geschützten Rechtsguts. Diese geht nicht etwa automatisch mit jeder Menschenrechtsverletzung einher, da die Menschenrechte selbst nicht von § 823 Abs. 1 BGB geschützt werden. Vielmehr muss sich eine Menschenrechtsverletzung erst in der Verletzung eines geschützten Rechtes niederschlagen.[621]

---

621 *Weller/Kaller/Schulz*, AcP 216 (2016), 387, 400 die auch eine Subsumtion der Menschenrechte unter die „sonstigen Rechte" nach § 823 Abs. 1 BGB thematisieren, im Ergebnis jedoch aufgrund des Fehlens eines klaren Bezugspunktes für die Bestimmung des Schutzbereichs eines solchen Rechts ablehnen.

Das ist für viele Verletzungen, die in Produktionsstätten in globalen Lieferketten eintreten können, der Fall.[622] So ist der Schutzbereich des § 823 Abs. 1 BGB immer dann eröffnet, wenn es zu einer Verletzung der körperlichen oder gesundheitlichen Integrität, beispielsweise durch einstürzende Gebäude, Fabrikbrände oder die Verwendung gesundheitsgefährdender Stoffe kommt.[623] Auch bestimmte arbeitsrechtliche Verstöße wie das Abverlangen exzessiver Überstunden können als Verletzung von § 823 Abs. 1 BGB eingestuft werden, wenn sie zu Gesundheitsschädigungen führen.[624] Kommt es zu einer Beschränkung der körperlichen Bewegungsfreiheit, ist der Schutzbereich von § 823 Abs. 1 BGB ebenfalls eröffnet.[625] Das ist z.B. in Fällen von Zwangsarbeit oder Sklaverei denkbar. Aber auch wenn es nicht zu einer den Tatbestand der Freiheitsberaubung erfüllenden Beschränkung der körperlichen Bewegungsfreiheit kommt, können diese Fälle in der Regel als Verletzung des als sonstigen Rechts eingestuften Allgemeinen Persönlichkeitsrechts gewertet werden.[626] Das Allgemeine Persönlichkeitsrecht schützt überdies die sexuelle Selbstbestimmung und bietet auch unterhalb der Schwelle einer Gesundheitsschädigung Schutz vor unmenschlicher und erniedrigender Behandlung.[627] Geschlechterspezifische oder sonst ungerechtfertigte Diskriminierungen können ebenfalls eine Verletzung des Allgemeinen Persönlichkeitsrechts darstellen.[628] Dasselbe gilt für Verstöße gegen das Verbot von Kinderarbeit.[629]

Allerdings unterfallen auch viele der in globalen Lieferketten vorkommenden Menschenrechtsverletzungen nicht dem Schutz von § 823 Abs. 1 BGB. Eine wichtige Einschränkung ergibt sich zum einen daraus, dass das

---

622 *G. Wagner*, RabelsZ 80 (2016), 717, 753 f..
623 Siehe hierzu ausführlich: *von Falkenhausen*, Menschenrechtsschutz durch Deliktsrecht, S. 250 ff.
624 *Saage-Maaß*, Arbeitsbedingungen in der globalen Zulieferkette, S. 9 f.
625 Jauernig-*Teichmann*, § 823 Rn. 5; Grüneberg BGB-*Sprau*, § 823 Rn. 6.
626 So argumentiert vor allem *Osieka*, Zivilrechtliche Haftung deutscher Unternehmen für menschenrechtsbeeinträchtigende Handlungen ihrer Zulieferer, S. 184, am Beispiel der Zwangsarbeit in chinesischen Textilfabriken.
627 *Von Falkenhausen*, Menschenrechtsschutz durch Deliktsrecht, S. 270 ff.
628 Hierzu *Saage-Maaß*, Arbeitsbedingungen in der globalen Zulieferkette, S. 10, die diese Einordnung auf zwei Urteile des Bundesarbeitsgerichts (BAG NJW 1990, 65; BAG NJW 1990, 67, 68) stützt, denen zufolge geschlechterspezifische Benachteiligungen eine Herabwürdigung der beruflichen Fähigkeiten darstellen und daher einen Entschädigungsanspruch auslösen können.
629 *Von Falkenhausen*, Menschenrechtsschutz durch Deliktsrecht, S. 294 ff.; andeutungsweise auch *Habersack/Ehrl*, AcP 219 (2019), 155, 195.

Vermögen als solches nicht geschützt ist.[630] Rein wirtschaftliche Schäden, wie sie z.B. durch die Vorenthaltung des geschuldeten Arbeitslohns entstehen, sind daher nicht ersatzfähig. Vor allem aber sind wichtige Rechte von Arbeiter*innen wie die Vereinigungsfreiheit und das Recht auf Kollektivverhandlungen nicht vom Schutzbereich das § 823 Abs. 1 BGB erfasst. Auch das Recht auf einen angemessenen Lebensstandard sowie das Recht auf einen sicheren und gesunden Arbeitsplatz jenseits des Auftretens konkreter Gesundheitsschädigungen sind nicht geschützt.[631] Diese Einschränkungen wiegen bei der Frage nach der Haftung von Auditunternehmen besonders schwer, da mit Hilfe von Sozialaudits ja gerade auch die Einhaltung arbeitsrechtlicher Mindeststandards und nicht nur der Schutz vor Gefahren für Leib oder Leben sichergestellt werden sollen.

bb. Verletzungshandlung

Wurde ein geschütztes Rechtsgut verletzt, muss zudem eine Verletzungshandlung eines Auditunternehmens identifiziert werden, die diese Rechtsgutsverletzung verursacht haben kann.

(1) Besonderheiten der unternehmerischen Haftung

Unternehmen selbst sind nicht handlungsfähig. Diese fehlende eigenständige Handlungsfähigkeit wird im Deliktsrecht dadurch ausgeglichen, dass Unternehmen in analoger Anwendung von § 31 BGB das Handeln ihrer Organe und verfassungsmäßig berufenen Vertreter zugerechnet wird.[632]

---

630 RG, Urt. v. 20.03.1919 – Rep. VI. 370/18, RGZ 95, 173, 174; BGH, Urt. v. 22.04.1958 – VI ZR 65/57, BGHZ 27, 137, 140.

631 *Görgen,* Unternehmerische Haftung in transnationalen Menschenrechtsfällen, S. 209.

632 Für die nach allg. h.M. erfolgende analoge Anwendung von § 31 BGB auf alle juristischen Personen des Privatrechts siehe z. B. BeckOK BGB-*Schöpflin,* § 31 Rn. 3; MüKo BGB-*Leuschner,* § 31 Rn. 3; Grüneberg BGB-*Ellenberger,* § 31 Rn. 3.

(a) Repräsentantenhaftung

Aufgrund der weiten Auslegung des Begriffs des verfassungsmäßigen Vertreters durch die Rechtsprechung haften Unternehmen im Wege der sogenannten Repräsentantenhaftung für das Handeln all jener Personen, denen durch die allgemeine Betriebsregelung und Handhabung bedeutsame, wesensmäßige Funktionen zur selbstständigen, eigenverantwortlichen Erfüllung zugewiesen sind.[633]

Anders als bei § 831 BGB, der eine Haftung des Geschäftsherrn für eigenes Verschulden bei Einsatz eines Verrichtungsgehilfen festschreibt, dem Geschäftsherrn aber die Möglichkeit gibt, sich zu exkulpieren, wird dem Unternehmen im Rahmen von 31 BGB das Handeln seiner Repräsentanten ohne Exkulpationsmöglichkeit zugerechnet.[634] Zudem ist anerkannt, dass die Sorgfaltspflichten des Unternehmens über die addierten Sorgfaltspflichten der innerhalb des Unternehmens tätigen Individuen hinausgehen.[635] Eine unternehmerische Haftung kann daher auch für die Verletzung von Pflichten bestehen, die ausschließlich das Unternehmen selbst treffen.[636] Dem liegt die Überlegung zugrunde, dass die Eröffnung von Gefahrenquellen in der Regel durch das Unternehmen in seiner Gesamtheit erfolgt und dass sich auch entsprechende Sicherheitserwartungen des Verkehrs regelmäßig an das kollektive Rechtssubjekt als Betreiber, Hersteller oder ähnlichem und nicht etwa an einzelne, oft unbekannte und in der Regel austauschbare Repräsentanten richten.[637]

(b) Verletzung betrieblicher Organisationspflichten

Die Haftung von Unternehmen nach § 823 Abs. 1 BGB kann sich zudem aus der Verletzung sogenannter betrieblicher Organisationspflichten ergeben. Diese von Rechtsprechung und Literatur entwickelte Figur verpflichtet Unternehmen dazu, ihre innerbetrieblichen Abläufe so zu organisieren, dass

---

633 BGH, Urt. v. 30.10.1967 – VII ZR 82/65, NJW 1968, 391, 392; BGH, Urt. v. 21.09.1971 – VI ZR 122/70, NJW 1972, 334; BGH, Urt. v. 05.03.1998 – III ZR 183-96, NJW 1998, 1854, 1856.

634 MüKo BGB-*Wagner*, § 823 Rn. 108.

635 aaO, Rn. 119.

636 *Spindler,* Unternehmensorganisationspflichten, 857 f.

637 aaO, S. 858.

Schädigungen Dritter in dem gebotenen Umfang vermieden werden.[638] Dahinter steht vor allem das Bedürfnis, Haftungslücken auszugleichen, die dadurch entstehen, dass der sogenannte dezentralisierte Entlastungsbeweis innerhalb komplexer, arbeitsteiliger Betriebsstrukturen eine Exkulpation des Geschäftsherrn unter Berufung auf die sorgfältige Auswahl und Überwachung der nächstniedrigen Organisationsebene ermöglicht.[639] Der Vorwurf des Organisationsmangels kann nämlich auch dann erhoben werden, wenn der Geschäftsherr nicht durch allgemeine Aufsichtsanordnungen und Kontrollmechanismen dafür sorgt, dass beim Einsatz nachgeordneter Beschäftigter eine ordentliche Betriebsführung gewährleistet ist.[640]

Betriebliche Organisationspflichten beinhalten zum einen die Sicherstellung der sorgfältigen Auswahl, Einweisung und Kontrolle nachgeordneter Mitarbeiter*innen.[641] Zum anderen umfassen sie aber auch die Pflicht des Geschäftsherrn, stets über die Tätigkeit unterstellter Personen unterrichtet zu sein.[642] Diese zentrale Aufsicht kann anders als einzelne Tätigkeiten nicht mit haftungsbefreiender Wirkung delegiert werden.[643] Ein Organisationsmangel liegt daher z.B. auch vor, wenn der Geschäftsherr wichtige Aufgaben, die er nicht selbst erfüllen kann, anstatt an verfassungsmäßige Vertreter*innen, für deren Verschulden er ohne Entlastungsmöglichkeit einzustehen hat, an einfache Mitarbeiter*innen überträgt. In diesem Fall muss der Geschäftsherr sich so behandeln lassen, als habe er den Beauftragten eine Organstellung eingeräumt.[644]

Organisationspflichten begründen allerdings keine eigenständigen deliktsrechtlich relevanten Pflichten. Sie setzen vielmehr die Existenz solcher Pflichten bereits voraus und tragen lediglich dem zusätzlichen Risiko Rechnung, das durch ihre arbeitsteilige Erfüllung entsteht.[645] Voraussetzung

---

638 MüKo BGB-*G. Wagner*, § 823 Rn. 110.
639 *Spindler*, Unternehmensorganisationspflichten, S. 690; grundlegend zum dezentralisierten Entlastungsbeweis: RG, Urt. v. 25.02.1915 – Rep. VI. 526/14, RGZ 87, 1, 4; BGH, Urt. v. 25.10.1951 – III ZR 95/50, BGHZ 4, 1, 2.
640 BGH, Urt. v. 25.10.1951 – III ZR 95/50, BGHZ 4, 1, 2.
641 *Haider*, Haftung von transnationalen Unternehmen und Staaten für Menschenrechtsverletzungen, S. 434 f.
642 *Spindler*, Unternehmensorganisationspflichten, S. 692.
643 BGH, Urt. v. 17.10.1967 – VI ZR 70/66, NJW 1968, 247, 248; BeckOK BGB-*Förster*, § 823 Rn. 375; MüKo BGB-*G. Wagner*, § 823 Rn. 111.
644 BGH, Urt. v. 08.07.1980 – VI ZR 158/78, NJW 1980, 2810, 2811; BeckOK BGB-*Förster*, § 823 Rn. 375.
645 *Spindler*, Unternehmensorganisationspflichten, S. 781; *Matusche-Beckmann*, Organisationsverschulden, S. 96.

für die Geltendmachung eines Organisationsmangels ist daher stets, dass ein Unternehmen eine Sorgfaltspflicht trifft, zu deren Erfüllung dann eine effektive Unternehmensorganisation erforderlich sein kann.[646]

(2) Verletzung von Verkehrspflichten

Auditunternehmen wird in der Regel nicht vorgeworfen, selbst Menschenrechtsverletzungen in den von ihnen überprüften Zulieferbetrieben verursacht zu haben. Der Vorwurf bezieht sich meist vielmehr darauf, nicht die notwendigen Schritte zur Vermeidung oder Beendigung von vorhersehbaren Rechtsgutsverletzungen durch Dritte ergriffen zu haben. So wird Auditunternehmen beispielsweise angelastet, mögliche Risiken nicht sorgfältig geprüft und erkennbare Gefahren daher nicht aufgedeckt zu haben[647] oder erkannte Verstöße bewusst ignoriert und dennoch eine Empfehlung zur Zertifizierung ausgesprochen zu haben.[648] Dieses Verhalten wirkt zwar nicht unmittelbar verletzend, kann jedoch dazu führen, dass andere Akteure wie Besteller- oder Zulieferunternehmen nicht die notwendigen Schritte ergreifen, um Gefahren zu beseitigen, so dass es zu Verletzungen kommt. In Unterlassensfällen und Fällen mittelbarer Rechtsgutsverletzungen setzt eine Haftung nach § 823 Abs.1 BGB jedoch die Verletzung einer Verkehrspflicht voraus. Zu prüfen ist daher, ob Auditunternehmen eine Verkehrspflicht zum Schutz der in den von ihnen überprüften Fabriken Beschäftigten trifft.

(a) Begriff, Funktion und Entstehung von Verkehrspflichten

Während die aktive und unmittelbare Verletzung der von § 823 Abs.1 BGB geschützten Rechtsgüter ohne Weiteres zu einer Haftung führt, besteht keine allgemeine Rechtspflicht, Dritte vor Gefahren zu schützen. Unterlassen und mittelbaren Rechtsgutsverletzungen werden vielmehr nur dann sanktioniert, wenn sie als pflichtwidrig einzustufen sind, also eine Rechtspflicht

---

646 *Von Falkenhausen*, Menschenrechtsschutz durch Deliktsrecht, S.155.
647 *ECCHR et al.*, Complaint regarding Social Audit Report, S.3.
648 So der Vorwurf gegen den italienischen Prüfdienstleister RINA in einer Beschwerde bei der Nationalen Kontaktstelle der OECD in Italien, siehe hierzu https://cleanclo thes.org/news/2018/09/11/complaint-filed-against-italian-auditor-rina-for-ignorin g-fatal-flaws-in-garment-factory-on-anniversary-of-deadly-factory-fire-in-pakistan (Stand: 18.04.2024).

zum Handeln besteht. Wann dies der Fall ist, wird mit Hilfe sogenannter Verkehrspflichten bestimmt.[649] Verkehrspflichten haben dabei sowohl eine haftungsbegründende als auch eine haftungsbegrenzende Funktion.[650] Mit ihrer Hilfe werden erlaubte Rechtsgutsgefährdungen von unzulässigen Beeinträchtigungen abgegrenzt.[651] Gleichzeitig tragen Verkehrspflichten dem Umstand Rechnung, dass unsere Rechtsordnung eine Vielzahl von Verhaltensweisen trotz ihrer Gefährlichkeit zulässt, indem sie dem für eine Gefahrenquelle Verantwortlichen besondere Sorgfaltspflichten auferlegt.[652]

Der Begriff der Verkehrspflichten hat seinen Ursprung bereits in der Rechtsprechung des Reichsgerichts.[653] Das Reichsgericht formulierte in einem Urteil aus dem Jahr 1902 erstmals den allgemeinen Grundsatz, dass „ein jeder auch für die Beschädigung durch seine Sachen insoweit aufkommen solle, als er dieselbe bei billiger Rücksichtnahme auf die Interessen des anderen hätte verhüten müssen"[654] Da diese Rechtsprechung in ihren Anfängen vor allem Gefahren betraf, die vom Herrschaftsbereich und den Sachen des Einzelnen für den öffentlichen Verkehr ausgingen, wurde zunächst der Begriff der Verkehrssicherungspflichten verwendet.[655] In der Folge erstreckte das Reichsgericht die Pflichten jedoch auf immer weitere Lebensbereiche. Vor allem aber sah es nicht mehr nur den eigenen Herrschaftsbereich, sondern auch das Verhalten des Einzelnen als Anknüpfungspunkt.[656] Daher wird nunmehr häufig anstatt von Verkehrssicherungspflichten schlicht von Verkehrspflichten gesprochen,[657] so auch für die Zwecke dieser Arbeit. Nach der heute gängigen Formel der Rechtsprechung zur Herleitung von Verkehrspflichten gilt: „Derjenige, der eine Gefahrenlage – gleich welcher Art – schafft, ist grundsätzlich verpflichtet, die notwendigen und zumutbaren Vorkehrungen zu treffen, um eine Schädigung anderer möglichst zu verhindern. Die rechtlich gebotene Verkehrssicherung umfasst diejenigen Maßnahmen, die ein umsichtiger und

---

649 BeckOK BGB-*Förster*, § 823 Rn. 296; Grüneberg BGB-*Sprau*, § 823 Rn. 45 ; grundlegend zu Verkehrspflichten: *von Bar*, Verkehrspflichten; *Förster*, JA 2017, 721; *Raab*, JuS 2002, 1041.

650 Staudinger-*Hager*, § 823 Rn. E 3.

651 *Habersack/Zickgraf*, ZHR 182 (2018), 252, 267.

652 *Förster*, JA 2017, 721.

653 MüKo BGB-*G. Wagner*, § 823 Rn. 482.

654 RG, Urt. v. 30.10.1902 – VI 208/02, RGZ 52, 373, 379 (Morscher Baum).

655 *Raab*, JuS 2002, 1041, 1043.

656 RG, Urt. v. 19.09.1921 – VI 191/21, RGZ 102, 372, 375 (Milzbrand).

657 *Von Falkenhausen*, Menschenrechtsschutz durch Deliktsrecht, S. 91.

verständiger, in vernünftigen Grenzen vorsichtiger Mensch für notwendig und ausreichend hält, um andere vor Schäden zu bewahren."[658]

Inzwischen hat die Rechtsprechung Verkehrspflichten für eine Vielzahl von verschiedenen Szenarien entwickelt, von Pflichten im Zusammenhang mit der Abfallentsorgung und dem Betrieb gefährlicher Anlagen bis zu Alltäglichem wie der Streupflicht auf vereisten Straßen.[659] Die Einzelfallbezogenheit der Pflichtenbestimmung ist dabei Gefahr und Chance zugleich. Einerseits führt die schier unüberschaubare Vielzahl der Anwendungsfälle dazu, dass es nur schwer möglich ist, klare Konturen zu definieren und ein Ausufern der Rechtsfigur zu vermeiden.[660] Andererseits ermöglicht es die Rechtsfigur der Verkehrspflichten, gefährliche aber gesellschaftlich oder wirtschaftlich gewollte Verhaltensweisen zuzulassen, diese aber gleichzeitig mit besonderen Pflichten des Verantwortlichen zu verknüpfen.[661] Hierdurch ist das Deliktsrecht in der Lage, auf eine Vielzahl möglicher Gefahrenlagen zu reagieren und sich dabei gleichzeitig veränderten Gegebenheiten und gesellschaftlichen Erwartungen anzupassen.[662] Da Verkehrspflichten fester Bestandteil der deliktischen Haftungsprüfung sind, ist eine Systematisierung der bestehenden Rechtsprechung unabdingbar, um überprüfbare Anknüpfungspunkte für zukünftige Fälle zu finden.

Häufig werden Verkehrspflichten in Sicherungspflichten und Fürsorgepflichten eingeteilt, wobei Erstere dem Schutz der Umwelt vor einer bestimmten Gefahrenquelle in den Blick nehmen, während es bei Letzteren um den Schutz eines Rechtsguts vor Gefahren aus der Umwelt geht.[663] Mit dieser Einteilung wird jedoch lediglich ein bestimmter Pflichteninhalt beschrieben. Aus welchen Gründen es zu den beschriebenen Pflichten

---

658 St. Rspr., z. B. BGH, Urt. v. 19.01.2021 – VI ZR 194/18, NJW 2021, 1090, 1091; BGH, Urt. v. 02.10.2012 – VI ZR 311/11, BGHZ 195, 30; BGH, Urt. v. 06.03.1990 – VI ZR 246/89, NJW-RR 1990, 789; BGH, Urt. v. 08.11.2005 – VI ZR 332/04, NJW 2006, 610; BGH, Urt. v. 02.10.2012 – VI ZR 311/11, NJW 2013, 48.

659 *Graf von Westphalen*, ZIP 2020, 2421, 2423. Zu ausgewählten Fallgruppen der Rechtsprechung im Einzelnen siehe z. B. MüKo BGB-*G. Wagner*, § 823 Rn. 717 ff; BeckOK BGB-*Förster*, § 823 Rn. 397 ff..

660 *Von Bar*, Verkehrspflichten, S. 44.

661 BeckOK BGB-*Förster*, § 823 Rn. 296.

662 *Von Falkenhausen*, Menschenrechtsschutz durch Deliktsrecht, S. 94; *von Bar*, JuS 1988, 169, 172. Letzterer beschreibt es als von Anfang an eine der zentralen Aufgaben der Verkehrspflichten, dort Lücken zu füllen, wo der vorhandene Bestand an Schutzgesetzen nach § 823 Abs. 2 BGB als unzureichend empfunden wurden. Den fluiden Charakter der Verkehrspflichten betont auch *Fleischer*, DB 2022, 920, 922.

663 Siehe z. B. MüKo BGB-*G. Wagner*, § 823 Rn. 500.

kommt, bleibt unbeantwortet.[664] Will man Anknüpfungspunkte für die Behandlung künftiger Fälle definieren, muss man stattdessen die Entstehungsgründe für Verkehrspflichten sowie die dahinterstehenden Erwägungen betrachten. Auch wenn sich die in der Literatur verwendeten Bezeichnungen und Schwerpunktsetzungen durchaus unterscheiden, lassen sich im Wesentlichen drei Entstehungsgründe für Verkehrspflichten identifizieren.[665]

Verkehrspflichten können sich zunächst aus der Beherrschung einer Gefahr ergeben.[666] Derjenige, der eine Gefahrenquelle beherrscht, soll auch dafür verantwortlich sein, dass andere durch diese nicht zu Schaden kommen. Dem liegt insbesondere die Erwägung zugrunde, dass allein derjenige, der die rechtliche Herrschaftsmacht über einen bestimmten Bereich ausübt und damit andere Personen von der Einwirkung auf diesen Bereich ausschließen kann, rechtlich in der Lage ist, die von diesem Bereich ausgehende Gefahr abzuwenden.[667] Demjenigen, der eine Gefahr beherrscht, eine Verkehrspflicht aufzuerlegen, ergibt somit vor allem unter Präventionsgesichtspunkten Sinn, ist von diesem doch in besonderer Weise eine effektive Gefahrenabwehr zu erwarten.[668] Aber auch Vertrauensschutz lässt sich als Argument heranziehen: Wer seinen Herrschaftsbereich für Dritte zugänglich macht, suggeriert, dass dessen Inanspruchnahme risikofrei möglich ist und vermindert dadurch eigene Schutzmaßnahmen der Betroffenen.[669]

Verkehrspflichten können zudem aus einem vorangegangenen gefährlichen Tun, nämlich einer Gefahrschaffung oder Gefahrerhöhung, entstehen.[670] Auslöser für die Entstehung einer Verkehrspflicht können dabei sowohl unmittelbar gefährliche Handlungen als auch solche Verhaltensweisen sein, die Schädigungen durch Dritte möglich machen oder erleichtern.[671]

---

664 *Von Falkenhausen,* Menschenrechtsschutz durch Deliktsrecht, S. 97; *Habersack/Zickgraf,* ZHR 182 (2018), 252, 268.

665 Siehe zu den Entstehungsgründen von Verkehrspflichten insbesondere *von Bar,* Verkehrspflichten, 112 ff.; *Raab,* JuS 2002, 1041, 1044; *Larenz/Canaris,* Lehrbuch des Schuldrechts, § 76 III 3; Staudinger-*Hager,* § 823 Rn. E 12; *Habersack/Zickgraf,* ZHR 182 (2018), 252.

666 *Von Bar,* Verkehrspflichten, S. 122 ff; *von Falkenhausen,* Menschenrechtsschutz durch Deliktsrecht, S. 99 ff.

667 *Raab,* JuS 2002, 1041, 1044; *von Falkenhausen,* Menschenrechtsschutz durch Deliktsrecht, S. 100.

668 *Habersack/Zickgraf,* ZHR 182 (2018), 252, 269.

669 *Von Bar,* Verkehrspflichten, S. 118.

670 *Von Bar,* Verkehrspflichten, S. 113 ff; *von Falkenhausen,* Menschenrechtsschutz durch Deliktsrecht, S. 98 f.

671 *Von Falkenhausen,* Menschenrechtsschutz durch Deliktsrecht, S. 98.

Dahinter steht die grundlegende und bereits in der Formel der Rechtsprechung für die Herleitung von Verkehrspflichten enthaltene Erwägung, dass derjenige, der eine Gefahr schafft oder erhöht, in besonderer Weise für die Schadensvermeidung verantwortlich ist.[672] Erwächst dem Handelnden aus dem gefahrschaffenden Verhalten ein wirtschaftlicher Vorteil, spielt zudem die Einheit von Vorteil und Risiko, also der Gedanke, dass derjenige, der Vorteile aus einer Gefahrenlage zieht, auch die damit einhergehenden Risiken tragen soll, eine Rolle.[673]

Schließlich können sich Verkehrspflichten aus der Übernahme einer Aufgabe ergeben. Dies rechtfertigt vor allem der Vertrauensgedanke: Übernimmt jemand eine bestimmte, der Gefahrvermeidung dienende Aufgabe, führt dies dazu, dass andere Verkehrsteilnehmer im Vertrauen auf die ordnungsgemäße Erledigung dieser Aufgabe eigene Schutzmaßnahmen verringern. Enttäuscht der Übernehmende nun dieses Vertrauen, erhöht sich die Gefahr von Schäden. Um dies zu vermeiden, wird demjenigen, der durch die Übernahme einer Aufgabe berechtigtes Vertrauen hervorruft, eine Verkehrspflicht zur ordnungsgemäßen Erfüllung dieser Aufgabe auferlegt.[674] Zu beachten ist jedoch, dass das Vorliegen eines tatsächlichen Vertrauens des Rechtsverkehrs nicht automatisch zur Entstehung von Verkehrspflichten führt. Vielmehr kommt es darauf an, ob der Rechtsverkehr bestimmte Schutzmaßnahmen auch erwarten darf, das Vertrauen also berechtigt ist.[675] Ob dies der Fall ist, ist eine Wertungsfrage und bedarf daher besonderer Begründung.[676] Verkehrspflichten entstehen dort, wo der Rechtsverkehr infolge der Übernahme einer der Gefahrvermeidung dienenden Aufgabe auf die Abwesenheit von Gefahren vertraut und auch vertrauen darf.[677] Dabei kann die Übernahme der Aufgabe sowohl ausdrücklich als auch stillschweigend erfolgen und setzt nicht notwendigerweise das Bestehen oder die Wirksamkeit einer vertraglichen Zusage voraus.[678] Ein klassischer

---

672 Vgl. *Habersack/Zickgraf*, ZHR 182 (2018), 252, 269 unter Verweis auf BGH, Urt. v. 15.06.1954 – III ZR 125/53, BGHZ 14, 83, 85,

673 *Raab*, JuS 2002, 1041, 1044; *von Bar*, Verkehrspflichten, S. 125. Letzterer sieht hierin sogar einen eigenen Entstehungsgrund für Verkehrspflichten.

674 *Von Bar*, JuS 1988, 169, 170; *von Falkenhausen*, Menschenrechtsschutz durch Deliktsrecht, S. 101; *Habersack/Zickgraf*, ZHR 182 (2018), 252, 269.

675 *B. Schneider*, NZG 2019, 1369, 1372; *von Falkenhausen*, Menschenrechtsschutz durch Deliktsrecht, S. 103.

676 *Habersack/Zickgraf*, ZHR 182 (2018), 252, 269 f..

677 *Von Bar*, Verkehrspflichten, S. 118.

678 *Von Falkenhausen*, Menschenrechtsschutz durch Deliktsrecht, S. 103.

Anwendungsfall für diesen Entstehungsgrund ist die Berufshaftung. Übernimmt jemand im Rahmen seiner Berufsausübung eine bestimmte Aufgabe, löst dies aufgrund der besonderen Sachkunde des Übernehmenden
häufig ein berechtigtes Vertrauen des Rechtsverkehrs in die ordnungsgemäße Aufgabenwahrnehmung aus.[679] Die Aufgabenwahrnehmung in einem
beruflichen Kontext kann daher ein Anhaltspunkt für das Bestehen einer
Verkehrspflicht sein. Überdies kann die Berufsausübung das Maß der erforderlichen Sorgfalt bestimmen und dadurch pflichtverstärkend wirken.[680]

Das Vorliegen mindestens eines Entstehungsgrundes ist notwendige
Voraussetzung für die Annahme einer Verkehrspflicht. Aber auch wenn ein
Entstehungsgrund vorliegt, gebietet die mögliche Einschränkung der Hand-
lungsfreiheit des Pflichtigen zugunsten der Betroffenen eine Abwägung der
widerstreitenden Interessen im Einzelfall.[681] Dabei können Faktoren wie
die Vorteilsziehung aus der Gefahr oder das Ausnutzen einer wirtschaftlichen Machtstellung pflichtverstärkend wirken.[682] Andererseits kann bei
einem Auftreten mehrerer Akteure eine Abgrenzung der verschiedenen Verantwortungsbereiche dazu führen, dass eine Verkehrspflicht trotz Vorliegen
eines Entstehungsgrundes abzulehnen ist. Zwar ist es nicht unüblich, dass
eine Gefahr in den Verantwortungsbereich mehrerer Personen fällt und
somit mehrere Verkehrspflichtige existieren.[683] Entsteht ein Schaden allerdings unmittelbar durch ein deliktisches Verhalten eines Dritten, kommt
der im Deliktsrecht geltende Vertrauensgrundsatz zum Tragen, nach dem
– mangels entgegenstehender Anhaltspunkte – jeder bei der Wahl des eigenen Sorgfaltsniveaus davon ausgehen darf, dass andere sich sorgfaltsgemäß
verhalten.[684] Etwas anderes gilt nur im Ausnahmefall, beispielsweise, wenn
der Schädiger über überlegene Gefahrsteuerungsmöglichkeiten verfügt.[685]
Ebenso kann sich der Schädiger nicht auf den Vertrauensgrundsatz berufen, wenn er selbst die Grundlage für das Verhalten des Dritte geschaffen
hat, der Dritte sich also gewissermaßen zu seinem gefährlichen Verhalten
herausgefordert fühlen durfte.[686] Schließlich führt die Tatsache, dass ein

---

679 *Von Bar,* Verkehrspflichten, S. 119.
680 *Larenz/Canaris,* Lehrbuch des Schuldrechts, § 76 III 3; MüKo BGB-*G. Wagner,*
    § 823 Rn. 526.
681 *Von Falkenhausen,* Menschenrechtsschutz durch Deliktsrecht, S. 96.
682 aaO, S. 103 ff.
683 BeckOK BGB-*Förster,* § 823 Rn. 306 ff..
684 *G. Wagner,* RabelsZ 80 (2016), 717, 758.
685 MüKo BGB-*G. Wagner,* § 823 Rn. 537.
686 *Von Falkenhausen,* Menschenrechtsschutz durch Deliktsrecht, S. 110.

Dritter unmittelbar deliktisch gehandelt hat, auch dann nicht zu einer Entlastung des Schädigers, wenn dieses Handeln vorhersehbar war.[687] Praktische Voraussetzung für das Bestehen einer Verkehrspflicht ist zudem die tatsächliche und rechtliche Gefahrsteuerungsmöglichkeit.[688] Wer faktisch überhaupt keine Möglichkeit hat, schadensvermeidend tätig zu werden, den können auch keine entsprechenden Pflichten treffen.[689] Eine Verkehrspflicht kann daher auch immer nur so weit reichen, wie der Einflussbereich des Pflichtigen.[690]

Einmal entstandene Verkehrspflichten können an Dritte delegiert werden. Hierfür fordert die Rechtsprechung nicht zwingend eine wirksame vertragliche Übertragung, sondern lässt es bereits ausreichen, wenn Dritte faktisch die Aufgabe der Verkehrssicherung übernehmen. Entscheidend ist, dass der ursprünglich Verkehrspflichtige im Vertrauen auf das Tätigwerden des Dritten eigene Schutzvorkehrungen unterlässt.[691] In Folge der Delegation trifft den Übernehmenden eine eigene Verkehrspflicht zum Ergreifen der erforderlichen Schutzmaßnahmen. Dies lässt sich vor allem mit dem Vertrauensgedanken rechtfertigen: Vertraut der primäre Pflichtenträger auf die ordnungsgemäße Aufgabenerledigung durch den Übernehmenden, führt dies regelmäßig dazu, dass eigene Schutzmaßnahmen verringert werden.[692]

Die Verkehrspflicht des Delegierenden endet jedoch nicht in Folge der Delegation, sondern wird umgewandelt in eine Pflicht zur sorgfältigen Auswahl und Überwachung des Übernehmenden.[693] Bei der Auswahl des Übernehmenden muss der Delegierende darauf achten, dass dieser die erforderliche Fähigkeit, Eignung und Zuverlässigkeit zur Erfüllung der übernommenen Verpflichtungen besitzt.[694] Die sorgfältige Erfüllung der übertragenen Verpflichtungen muss der Delegierende sodann fortlaufend

---

687 MüKo BGB-*G. Wagner*, § 823 Rn. 537.
688 *Förster*, JA 2017, 721, 722.
689 MüKo BGB-*G. Wagner*, § 823 Rn. 527.
690 *Von Falkenhausen,* Menschenrechtsschutz durch Deliktsrecht, S. 100.
691 BGH, Urt. v. 17.01.1989 – VI ZR 186/88, NJW-RR 1989, 394, 395; BGH, Urt. v. 22.01.2008 – VI ZR 126/07, NJW 2008, 1440, 1441; BGH, Urt. v. 13.06.2017 – VI ZR 395/16, NJW 2017, 2905, 2906.
692 *Habersack/Zickgraf*, ZHR 182 (2018), 252, 273 f..
693 BGH, Urt. v. 17.01.1989 – VI ZR 186/88, NJW-RR 1989, 394, 395; BGH, Urt. v. 26.09.2006 – VI ZR 166/05, NJW 2006, 3628, 3629; BeckOK BGB-*Förster*, § 823 Rn. 363.
694 BGH, Urt. v. 08.10.2002 – VI ZR 182/01, NJW 2003, 288, 289; LG Nürnberg-Fürth, Urt. v. 01.12.2004 – 6 O 4537/03, NJW-RR 2005, 464, 465.

überwachen, um notfalls selbst zur Gefahrenabwehr einschreiten zu können.[695] Das Ausmaß dieser Pflichten richtet sich nach den Umständen des Einzelfalles. Ein Einschreiten kann insbesondere dann erforderlich sein, wenn Anhaltspunkte dafür vorliegen, dass der Übernehmende seine Aufgabe nicht ordnungsgemäß wahrnimmt.[696] Die fortbestehende Haftung des Delegierenden lässt sich vor allem mit der drohenden Gefahrschaffung durch die Auswahl eines ungeeigneten Gehilfen sowie damit begründen, dass der Delegierende die einmal durch diese Auswahl geschaffene Gefahr durch seine Eingriffsmöglichkeiten zumindest teilweise steuern kann.[697]

(b) Bestehen einer Verkehrspflicht von Auditunternehmen

(aa) Abgeleitete Verkehrspflicht

Da die Durchführung von Sozialaudits freiwillig erfolgt und nicht gesetzlich reguliert ist, lässt sich eine Verkehrspflicht von Auditunternehmen nicht aus einem Spezialgesetz ableiten. Beauftragt ein Bestellerunternehmen ein Auditunternehmen mit der Überprüfung der Einhaltung menschenrechtlicher Standards bei einem seiner Zulieferer, kann sich hieraus jedoch eine abgeleitete Verkehrspflicht ergeben. Das setzt jedoch voraus, dass das Bestellerunternehmen selbst eine Verkehrspflicht gegenüber den Beschäftigten des überprüften Zulieferers trifft, durch die es zur Überprüfung der Arbeitsbedingungen verpflichtet ist. Diese Verkehrspflicht müsste das Bestellerunternehmen zudem wirksam an das Auditunternehmen delegieren.[698]

Ob und unter welchen Voraussetzungen Bestellerunternehmen eine deliktsrechtliche Verkehrspflicht gegenüber den Beschäftigten bei ihren Zulieferern haben, ist auch nach Inkrafttreten des LkSG sehr umstritten.[699] Da es in erster Linie die Zulieferer selbst sind, die die von ihrem Betrieb ausgehenden Gefahren schaffen und beherrschen, wird die bloße Aufgabe von Bestellungen überwiegend nicht als ausreichend für die Begründung

---

695 BeckOK BGB-*Förster*, § 823 Rn. 367.
696 *Von Falkenhausen*, Menschenrechtsschutz durch Deliktsrecht, S. 122 ff.
697 *Habersack/Zickgraf*, ZHR 182 (2018), 252, 275 f.
698 *Glinski/Rott*, Deakin Law Review 23 (2018), 83, 113 f.
699 Siehe hierzu bereits in Kapitel 1 unter A II 2 a.

einer Verkehrspflicht erachtet.[700] Es gibt jedoch eine Reihe von Konstellationen, in denen aufgrund des Vorliegens zusätzlicher Anhaltspunkte eine Verkehrspflicht für Bestellerunternehmen in Betracht gezogen wird, so beispielsweise wenn diese sich freiwillig zu menschenrechtskonformen Herstellungsprozessen verpflichten.[701] Auch die engmaschige Kontrolle von Zulieferern[702] oder die Kenntnis von Menschenrechtsverletzungen in den produzierenden Betrieben[703] werden teilweise für die Begründung von Verkehrspflichten herangezogen. Orientiert man sich an den oben genannten Entstehungsvoraussetzungen für Verkehrspflichten, sprechen insbesondere dann gute Argumente für die Annahme einer menschenrechtlichen Sorgfaltspflicht, wenn Bestellerunternehmen sich selbst gefahrschaffend oder gefahrerhöhend verhalten. Dies ist zum Beispiel dann der Fall, wenn sie unter Ausnutzung einer wirtschaftlichen Übermachtstellung einseitig Einkaufsbedingungen diktieren, deren Erfüllung nur unter menschenrechtswidrigen Arbeitsbedingungen möglich ist, oder wenn sie einem Zulieferer spezifische Vorgaben bezüglich des Herstellungsprozesses machen, die zu einer Gefahrerhöhung führen.[704] Zudem liegt das Entstehen einer Verkehrspflicht nahe, wenn ein Bestellerunternehmen selbst Aufgaben der Gefahrenvorsorge übernimmt und Zulieferer oder Beschäftigte im Vertrauen auf die ordnungsgemäße Erfüllung dieser Aufgaben eigene Schutzvorkehrungen verringern oder unterlassen.[705] Diese Voraussetzungen werden allerdings nur in Einzelfällen erfüllt sein.

Lässt sich tatsächlich einmal eine Verkehrspflicht von Bestellerunternehmen begründen, muss diese die Durchführung von Kontrollen in Zulieferbetrieben und damit Sozialaudits als delegierbare Aufgabe beinhalten, um zu einer Verkehrspflicht von Auditunternehmen führen zu können. Reichweite und Ausgestaltung der menschenrechtlichen Sorgfaltspflichten von Bestellerunternehmen sind ebenfalls umstritten. Welche Maßnahmen

---

700 *Gläßer et al.,* Außergerichtliche Beschwerdemechanismen, S. 79; *von Falkenhausen,* Menschenrechtsschutz durch Deliktsrecht, 159 f; *G. Wagner,* RabelsZ 80 (2016), 717, 757 ff; *Weller/Kaller/Schulz,* AcP 216 (2016), 387, 401 f..

701 Dafür z. B. *Thomale/Hübner,* JZ 72 (2017), 385, 394; a.A. *Fleischer/Korch,* ZIP 2019, 2181, 2190; *Habersack/Ehrl,* AcP 219 (2019), 155, 198.

702 Dies bejahend: *Fleischer/Korch,* ZIP 2019, 2181, 2189; a.A. *von Falkenhausen,* Menschenrechtsschutz durch Deliktsrecht, S. 179 ff. Inwiefern gerade die Durchführung von Sozialaudits zur Entstehung einer Verkehrspflicht führen kann, wird in Kapitel 2 unter B III 1 noch einmal thematisiert.

703 *Thomale/Murko,* EuZA 2021, 40, 52; *Habersack/Ehrl,* AcP 219 (2019), 155, 202.

704 *Von Falkenhausen,* Menschenrechtsschutz durch Deliktsrecht, S. 335.

705 ebd.

zur Verkehrssicherung in einer bestimmten Situation rechtlich geboten sind, richtet sich nach den Sicherheitserwartungen des Verkehrs.[706] Zur Konkretisierung der Sorgfaltserwartungen an Bestellerunternehmen in transnationalen Lieferketten wurden in der Vergangenheit vor allem internationale Soft-Law-Standards wie die UN-Leitprinzipien für Wirtschaft und Menschenrechte und die OECD-Leitsätze für multinationale Unternehmen herangezogen.[707] Diese sehen die Durchführung risikoabhängiger Due Diligence-Prüfungen vor[708], was den Einsatz von Sozialaudits beinhalten kann.[709] Auch das Lieferkettensorgfaltspflichtengesetz, welches seit seinem Inkrafttreten eine Rolle bei der Ausgestaltung menschenrechtlicher Sorgfaltspflichten spielt, fordert die Einrichtung angemessener Kontrollmechanismen bei unmittelbaren Zulieferern und erstreckt diese Pflicht bei Vorliegen tatsächlicher Anhaltspunkte für Menschenrechtsverletzungen auf mittelbare Zulieferer.[710] Wann eine Situation die Überprüfung einer Produktionsstätte vor Ort erfordert, lässt sich den genannten Regelwerken jedoch nicht entnehmen. Dies ist stets unter Abwägung der konkreten Umstände im Einzelfall zu ermitteln.

Kommt man in einem konkreten Fall zu dem Ergebnis, dass ein Bestellerunternehmen eine Verkehrspflicht zur Überprüfung der Arbeitsbedingungen in einem Zulieferbetrieb trifft, müsste es diese zudem an ein Auditunternehmen delegieren. Das setzt nicht notwendigerweise einen wirksamen Auditvertrag voraus. Ausreichend ist vielmehr, dass das Bestellerunternehmen sich infolge der Beauftragung darauf verlässt, dass die notwendigen Prüfungen durch das Auditunternehmen durchgeführt werden und aus diesem Grund von eigenen Prüfmaßnahmen absieht. Aufgrund der faktischen Natur der Delegation von Verkehrspflichten ist es auch nicht unbedingt zwingend, dass ein direktes Auftragsverhältnis zwischen Besteller- und Auditunternehmen besteht. Es kann daher ausreichen, wenn ein Zulieferer auf Veranlassung des verkehrspflichtigen Bestellerunternehmens ein Auditunternehmen mit der Überprüfung seiner Fabrik beauftragt oder wenn die tatsächliche Beauftragung durch eine Sozialstandardinitiative stattfindet. Entscheidend ist, dass dem Bestellerunternehmen eine

---

706 st. Rspr., siehe z. B. BGH, Urt. v. 06.02.2007 – VI ZR 274/05, NJW 2007, 1683, 1684.
707 *Payandeh,* Deliktische Haftung von Unternehmen, 131, 143; *Saage-Maaß/Leifker,* BB 2015, 2499, 2504.
708 OECD-Leitsätze, Teil 1, II A. Nr. 10; UN-Leitprinzipien, Prinzip Nr. 17 ff.
709 Siehe hierzu insb. UN-Leitprinzipien, Kommentar zu Leitprinzip Nr. 20.
710 § 6 Abs. 4 Nr. 4 bzw. § 9 Abs. 3 Nr. 2 LkSG.

Prüfpflicht obliegt, die auf seine Veranlassung einem Auditunternehmen übertragen wird.

Erteilt ein Zulieferer selbst den Auftrag für ein Sozialaudit, kann eine Verkehrspflicht für Auditunternehmen zudem direkt von diesem abgeleitet werden. Das Bestehen einer eigenen Verkehrspflicht ist in diesem Fall einfacher zu beantworten, da Zulieferer naturgemäß eine Schutzpflicht zugunsten der in ihrem Betrieb Beschäftigten trifft.[711] Fraglich ist jedoch die Reichweite dieser abgeleiteten Pflicht. Voraussetzung für die Delegation ist nämlich, dass den Delegierenden eine Pflicht mit demselben Inhalt trifft. Während Zulieferer zweifelsfrei ebenfalls verpflichtet sind, bestimmte Sicherheitsvorkehrungen wie Brandschutzvorrichtungen und die Einhaltung von Hygienestandards regelmäßig zu überprüfen, kann ihnen die Überprüfung anderer Aspekte bereits denklogisch nicht auferlegt werden. Dies gilt insbesondere für solche Gefahren und Verstöße, die der Zulieferer selbst vorsätzlich verursacht wie die Veranlassung exzessiver Überstunden, sexuelle Belästigung am Arbeitsplatz oder das Vorgehen gegen gewerkschaftliche Aktivitäten. Die Überprüfung auf das Vorliegen solcher Verstöße kann nur durch einen Dritten und nicht etwas durch den Zulieferer selbst erfolgen. Folglich handelt es sich auch nicht um eine Verkehrspflicht des Zulieferers, die an ein Auditunternehmen delegiert werden kann.

(bb) Eigenständige Verkehrspflicht

Neben einer von Besteller- oder Zulieferunternehmen abgeleiteten Verkehrspflicht kann Auditunternehmen womöglich aber auch eine eigenständige Verkehrspflicht zum Schutz der in den von ihnen überprüften Betrieben tätigen Personen treffen.

Anhaltspunkte für eine solche eigenständige Verkehrspflicht bestünden, wenn Gerichte in ähnlich gelagerten Fällen von einer Verkehrspflicht ausgegangen wären. Daher soll zunächst ein Blick auf die Rechtsprechung geworfen werden.

Mit der Verkehrspflicht von Berufsträgern beschäftigte sich bereits das Reichsgericht im sogenannten Milzbrandfall.[712] Dort hatte der Kläger, ein Metzgermeister, sich bei der Notschlachtung eines milzbrandkranken Rindes eine Vergiftung zugezogen und verlangte Schadensersatz von dem

---

711 *Glinski/Rott*, Deakin Law Review 23 (2018), 83, 105.
712 RG, Urt. v. 19.09.1921 – VI 191/21, RGZ 102, 372.

durch den Eigentümer des Rindes mit der Behandlung beauftragten und bei der Schlachtung anwesenden Tierarzt. Da eine vertragliche Verbindung zwischen Metzgermeister und Tierarzt nicht bestand, hatte das Reichsgericht die Frage zu beantworten, ob den Tierarzt eine allgemeine Rechtspflicht traf, auch für die Gesundheit und körperliche Unversehrtheit der an der Behandlung des Tieres tätigen Personen Sorge zu tragen. Diese Frage bejahte das Reichsgericht und begründete dies damit, dass derjenige, der eine mit einer Gefahr in einem gewissem Zusammenhang stehende Berufstätigkeit ausübt, eine Verantwortung dafür übernehme, dass dort, wo von seinen Diensten Gebrauch gemacht wird, ein geordneter Verlauf der Dinge gewährleistet ist. Für den Inhalt der so begründeten Verkehrspflicht verwies das Reichsgericht auf die auch dem menschlichen Gesundheitsschutz dienenden seuchenpolizeilichen Vorschriften.[713] Dieses Urteil ist insofern für die Haftung von Auditunternehmen von Bedeutung, als es verdeutlicht, dass eine Verkehrspflicht insbesondere dann entstehen kann, wenn jemand im Rahmen seiner beruflichen Tätigkeit eine bestimmte Aufgabe übernimmt. Anders als in Auditfällen ergab sich der Schutzzweck der in Rede stehenden beruflichen Tätigkeit jedoch aus gesetzlichen Regelungen. Außerdem ging die Gefahr im Milzbrandfall von einem Tier und nicht etwa von einem eigenmächtig handelnden Dritten aus. Daher bietet dieses Urteil nur begrenzt Anhaltspunkte für eine Verkehrspflicht von Auditunternehmen.

Eine Verkehrspflicht im Zusammenhang mit der beruflichen Tätigkeit nimmt die Rechtsprechung auch für mit der örtlichen Bauleitung bzw. Bauaufsicht beauftragte Architekten an. Die Übernahme dieser Aufgabe verpflichte die Architekten nicht nur dazu, ihre Auftraggeber, sondern auch Dritte vor Schäden zu bewahren, die im Zusammenhang mit der Errichtung des Bauwerks entstehen können.[714] Nach der Rechtsprechung handelt es sich jedoch um sogenannte „sekundäre" Verkehrspflichten.[715] In erster Linie wird der Bauunternehmer in der Pflicht gesehen, Schäden zu vermeiden. Architekt*innen hingegen sollen in der Regel nur diejenigen Verkehrssicherungspflichten beachten müssen, die dem Bauherrn

---

713 RG, Urt. v. 19.09.1921 – VI 191/21, RGZ 102, 372.
714 Siehe z. B. BGH, Urt. v. 10.03.1977 – VII ZR 278/75, BGHZ 68, 169; BGH Urt. v. 13.03.2007 – VI ZR 178/05, NJW-RR 2007, 1027; BGH Urt. v. 18.11.2014 – VI ZR 47/13, NJW 2015, 940; eine ausführliche Darstellung des Rechtsprechung zu Verkehrspflichten des Architekten bietet zudem Staudinger-*Hager*, § 823 Rn. 379 ff.
715 BGH, Urt. v. 20.09.1983 – VI ZR 248/81, NJW 1984, 360.

als dem mittelbaren Veranlasser der aus der Bauausführung fließenden Gefahren obliegen.[716] Liegen jedoch Anhaltspunkte dafür vor, dass der Bauunternehmer nicht genügend sachkundig oder zuverlässig ist, soll eine Pflicht zum Einschreiten bestehen. Dasselbe soll gelten, wenn Architekt*innen baustellentypische Gefahrenquellen erkennen oder hätten erkennen müssen.[717] „Primäre" Verkehrspflichten sollen Architekt*innen hingegen lediglich dann treffen, wenn sie selbst Maßnahmen veranlassen, die sich als Gefahrenquellen erweisen.[718] Übertragen auf das Auditszenario wäre das transnationale Unternehmen als Bauherr, der Zulieferer als Bauunternehmer und das Auditunternehmen als der mit der örtlichen Bauaufsicht beauftragte Architekt anzusehen. Bei genauerem Hinsehen hinkt dieser Vergleich jedoch, da der Architekt nur bei (ausnahmsweise) fehlender Zuverlässigkeit des Bauunternehmers oder im Gefahrenfall zum Einschreiten verpflichtet ist. Bei der Durchführung von Sozialaudits ist die Kontrolle des Zulieferers hingegen die Hauptaufgabe des Auditunternehmens, dessen fehlende Zuverlässigkeit die Grundannahme. Eine eigene Gefahrveranlassung durch das Auditunternehmen und damit eine primäre Verantwortlichkeit liegt regelmäßig nicht vor. Direkte Schlüsse für die Herleitung einer eigenständigen Verkehrspflicht von Auditunternehmen lassen sich aus dieser Rechtsprechung daher nicht ziehen.

Im Pauschalreiserecht geht die Rechtsprechung noch einen Schritt weiter und nimmt eine Verkehrspflicht inländischer Reiseveranstalter zur sorgfältigen Auswahl und Kontrolle ihrer Vertragspartner am Reiseort an. So sprach der BGH in einem vielbeachteten Urteil einem Reisenden, der aufgrund eines losen Holzgeländers vom Balkon eines Vertragshotels gestürzt war, einen deliktischen Schadensersatzanspruch gegen den deutschen Reiseveranstalter zu. Er begründete dies damit, dass der Reiseveranstalter gegenüber dem Reisenden die Planung und Durchführung der Reise übernommen habe und der Reisende daher darauf vertrauen dürfe, dass der Veranstalter alles zur erfolgreichen Durchführung der Reise Erforderliche

---

716 BGH, Urt. v. 10.03.1977 – VII ZR 77/76, BGHZ 68, 180; BGH Urt. v. 13.03.2007 – VI ZR 178/05, NJW-RR 2007, 1027.

717 BGH, Urt. v. 13.03.2007 – VI ZR 178/05, NJW-RR 2007, 1027.

718 BGH, Urt. v. 20.09.1983 – VI ZR 248/81, NJW 1984, 360.

unternehme.[719] Diese Rechtsprechung wird teilweise als Argument für eine Haftung transnationaler Unternehmen in globalen Lieferketten herangezogen, da eine Verkehrspflicht begründet wird, obwohl unmittelbare Gefahrverursacher – wie in vielen Lieferkettenszenarien auch – im Ausland ansässige Dritte sind.[720] Ausschlaggebend für die Sorgfaltspflicht des Reiseveranstalters war für den BGH allerdings, dass dieser gegenüber dem Reisenden eine erfolgsbezogene vertragliche Leistungspflicht übernommen hatte, so dass der Reisende auf eine sichere Durchführung der Reise vertrauen durfte. Da Auditunternehmen gegenüber den Beschäftigten in Zulieferbetrieben gerade keine vertraglichen Leistungspflichten übernehmen, lässt sich diese Rechtsprechung auf den hier zu untersuchenden Fall nicht übertragen.[721]

Ebenfalls nicht übertragbar ist die häufig im Zusammenhang mit transnationalen Menschenrechtsfällen herangezogene Rechtsprechung zur deliktischen Haftung von Krankenhäusern und Pflegeheimträgern für Schäden von unter ihrer Obhut stehenden Personen durch Dritte oder das Opfer selbst.[722] In diesen Fällen wird zur Begründung einer Verkehrspflicht zwar auf die faktische Obhutsübernahme abgestellt, dieser Übernahme liegen jedoch regelmäßig vertragliche Beziehungen zugrunde.[723] Auch ist die (meist in der Realität sehr flüchtige) Beziehung zwischen Auditunternehmen und den in den überprüften Produktionsstätten Beschäftigten nicht mit der in der Krankenpflege bestehenden Obhutsbeziehung vergleichbar.[724]

Besonders interessant für die Frage nach einer eigenständigen Verkehrspflicht von Auditunternehmen ist die Rechtsprechung zur Haftung von

---

719 BGH, Urt. v. 25.02.1988 – VII ZR 348/86, BGHZ 103, 298, 303 f.; BGH, Urt. v. 14.12.1999 – X ZR 122/97, NJW 2000, 1188, 1190. Die Frage nach einer deliktischen Haftung stellte sich in diesen Fällen vor allem deshalb, weil Schmerzensgeld über die vertragliche Haftung nach der damaligen Rechtslage nicht zu erlangen war. Siehe hierzu *G. Wagner*, RabelsZ 80 (2016), 717, 774 f..

720 Andeutungsweise *Glinski,* UN-Leitprinzipien, Selbstregulierung der Wirtschaft und Deliktsrecht, 43, 67; *Weller/Thomale*, ZGR 2017, 509, 521. Im Ergebnis ablehnend: *Görgen*, Unternehmerische Haftung in transnationalen Menschenrechtsfällen, S. 294 f.

721 *G. Wagner*, RabelsZ 80 (2016), 717, 774 f..

722 Z. B. BGH, Urt. v. 02.12.1975 – VI ZR 79/74, NJW 1976, 1145; BGH, Urt. v. 28.04.2005 – III ZR 399/04, NJW 2005, 1937; BGH, Urt. v. 14.07.2005 – III ZR 391/04, NJW 2005, 2613.

723 *G. Wagner*, RabelsZ 80 (2016), 717, 774.

724 Allgemein für transnationale Menschenrechtsfälle: *Habersack/Ehrl*, AcP 219 (2019), 155, 199.

Zertifizierungsstellen im Produktsicherheitsrecht. Infolge des *PIP*-Skandals um fehlerhafte Brustimplantate ging es in mehreren in Deutschland und im Ausland erhobenen Klagen um Schadensersatzansprüche der Endempfängerinnen der Brustimplantate gegen den *TÜV Rheinland*, welcher als Benannte Stelle Prüfungen im Rahmen des EU-Konformitätsbewertungsverfahrens durchgeführt hatte.[725] Eine Heranziehung dieser Rechtsprechung ist vor allem deshalb naheliegend, weil sie sich ebenfalls mit der Haftung von Prüfunternehmen befasst, die in keinem Vertragsverhältnis zu den Geschädigten stehen. Eine weitere Parallele zu Auditfällen besteht darin, dass die Gewährleistung der Sicherheit der Geschädigten in erster Linie einem anderen Unternehmen, nämlich dem Hersteller der Medizinprodukte obliegt. Auch in Auditfällen ist primär der Zulieferer für die Sicherheit der Beschäftigten verantwortlich.

In seinem jüngsten Urteil im Zusammenhang mit dem *PIP*-Skandal lehnte der BGH zwar eine Haftung der Benannten Stelle nach den Grundsätzen des Vertrags mit Schutzwirkung zugunsten Dritter ab, hielt aber eine deliktische Haftung durchaus für möglich.[726] Im Rahmen der Zurückverweisung an das Berufungsgericht wies er darauf hin, dass nicht nur eine deliktische Haftung aus § 823 Abs. 2 BGB in Verbindung mit § 6 Abs. 1 und 2 MPG in Betracht komme, sondern auch eine Haftung gemäß § 823 Abs. 1 BGB wegen der Verletzung einer Verkehrspflicht nicht von vornherein ausgeschlossen sei.[727] Damit widersprach der BGH der Argumentation des Berufungsgerichts, das argumentierte, dass eine Garantenstellung nicht aus dem Gesetz folge, da die Benannte Stelle nicht Adressat etwaiger Pflichten gegenüber den Endempfängerinnen der Medizinprodukte sei. Zur Begründung verwies er darauf, dass die Gewährleistung des Schutzes der Gesundheit der Endempfängerinnen durch die Regelungen zum EU-Konformitätsbewertungsverfahren gerade auch der Benannten Stelle obliege.

---

725 Siehe hierzu bereits in Kapitel 2 unter B I 1 c bb (1).

726 BGH, Urt. v. 27.02.2020 – VII ZR 151/18, NJW 2020, 1514, 1519.

727 Die eigenständige Bedeutung dieser Frage ergibt sich daraus, dass im Rahmen von § 823 Abs. 1 BGB anders als für eine Haftung nach § 823 Abs. 2 BGB die Medizinprodukterichtlinie nur ein Indikator dafür ist, welche Maßnahmen für ein sorgfaltsgemäßes Verhalten der Benannten Stelle ausreichen könnten, während die tatsächlichen Pflichten im Einzelfall auch darüber hinausgehen könnten. Siehe hierzu *Glinski/Rott*, Deakin Law Review 23 (2018), 83, 101; a.A. *Handorn*, MPR 2020, 231, 240 der eine eigenständige Bedeutung des § 823 Abs.1 BGB als Haftungsgrundlage angesichts des bereits hochregulierten Pflichtenprogramm in Anhang II der Medizinprodukte-Richtlinie für zweifelhaft hält.

Das Bestehen einer Garantenstellung sei allerdings nicht nach abstrakten Maßstäben, sondern anhand der konkreten Umstände des Einzelfalles unter Abwägung der Interessenlage und Bestimmung des Verantwortungsbereichs der Beteiligten, insbesondere unter Berücksichtigung der Art der Pflichtverletzung festzustellen.[728] Interessant ist auch die Argumentation des BGH zur Sinnhaftigkeit einer deliktischen Haftung. Das Gericht argumentierte insbesondere mit einer andernfalls drohenden Entwertung des EU-Konformitätsbewertungsverfahren. Da dieses nach der europäischen Konzeption des Medizinprodukterechts anstelle eines behördlichen Zulassungsverfahrens trete, müsse die mit weitreichenden Verpflichtungen und Befugnissen ausgestattete Benannte Stelle – wie eine staatliche Behörde an dieser Stelle auch – in Anspruch genommen werden können. Überdies betonte der BGH, dass ohne eine Haftung die Gefahr asymmetrischer Anreize zulasten der Endempfänger der Medizinprodukte und des Gesundheitsschutzes bestünden.[729]

Gerade dieser letzte Punkt stellt auch im Zusammenhang mit Sozialaudits einen rechtspolitischen Grund für eine Haftung dar. Auch in Auditkonstellationen besteht eine asymmetrische Anreizstruktur, die eine weniger strenge Prüfung zulasten der Arbeiter*innen begünstigt.[730] Allerdings kommen Sozialaudits freiwillig und nicht im Rahmen eines gesetzlich geregelten Verfahrens zum Einsatz. Während also die Zertifizierung der Benannten Stelle Teil einer staatlichen Sicherheitsstruktur zum Schutz vor besonders gefährlichen Medizinprodukten ist, lässt sich ein vergleichbarer Zweck bei Sozialaudits allenfalls aus den Umständen ihres Einsatzes herleiten.[731] Außerdem treten die Überprüfungen durch die Benannten Stellen im EU-Medizinprodukterecht bereits aufgrund des gesetzlichen Regelungskonstrukts an die Stelle behördlicher Prüfverfahren, während Sozialaudits lediglich faktisch zu einer Zurückdrängung staatlicher Kontrollen führen. Auch aus diesem Grund kann der Schutzzweck anders beurteilt werden.[732] Schließlich fehlt es Auditunternehmen an gesetzlichen Durchsetzungsmechanismen. Während die Benannte Stelle im Medizinprodukterecht die rechtliche Möglichkeit hat, den Marktzugang für ein bestimmtes Produkt

---

728 Zum Ganzen: BGH, Urt. v. 27.02.2020 – VII ZR 151/18, NJW 2020, 1514, 1519 f.

729 BGH, Urt. v. 27.02.2020 – VII ZR 151/18, NJW 2020, 1514, 1519.

730 Siehe hierzu bereits in Kapitel 2 unter A III 1.

731 Zur Zielsetzung der Zertifizierung durch die Benannte Stelle: *Rott/Glinski*, ZEuP 2015, 192, 204.

732 Aus diesem Grund lehnen *Glinski/Rott*, Deakin Law Review 23 (2018), 83, 104 eine eigenständige Verkehrspflicht in Fällen freiwilliger Zertifizierung ab.

zu verhindern, sind Auditunternehmen auf faktische Druckmittel wie die Verweigerung einer bestimmten CSR-Zertifizierung verwiesen.

Die *PIP*-Rechtsprechung des BGH bietet somit zwar einige Anhaltspunkte für die Haftung von Auditunternehmen, sie kann jedoch nicht direkt auf Auditfälle übertragen werden. Um zu ermitteln, ob Auditunternehmen eine eigenständige Verkehrspflicht zum Schutz der Arbeiter*innen in den überprüften Betrieben trifft, müssen daher zusätzlich die oben dargestellten Entstehungsgründe für Verkehrspflichten herangezogen werden.

Auf die Verantwortlichkeit für den eigenen Herrschaftsbereich kann eine Verkehrspflicht von Auditunternehmen nicht gestützt werden. Sozialaudits finden nämlich gerade in einem fremden Herrschaftsbereich, dem des zu überprüfenden Zulieferers, statt. Daher trifft Auditunternehmen auch keine primäre Verantwortung für die Sicherheit der überprüften Fabriken.[733] Auditunternehmen sind auch nicht auf andere Weise rechtlich in der Lage, die von einem Zulieferbetrieb ausgehenden Gefahren zu beherrschen. Zwar räumt ihnen der Zulieferer für die Durchführung der Überprüfung Zutritt zu seiner Fabrik ein und lässt möglicherweise sogar unangekündigte Prüfungen zu. Auditunternehmen sind jedoch rechtlich nicht dazu in der Lage, gegen den Willen des Zulieferers Erforschungen anzustellen, geschweige denn, bestimmte Abhilfemaßnahmen durchzusetzen.[734]

Die Durchführung von Sozialaudits schafft in der Regel auch keine zusätzlichen Gefahren in den überprüften Fabriken, auch wenn unzureichende Prüfungen dazu führen können, dass bestehende Risiken unentdeckt bleiben und daher nicht beseitigt werden.[735] Etwas anderes gilt höchstens dann, wenn Auditunternehmen im Rahmen ihrer Überprüfung aktiv eine Verschlechterung der vorherrschenden Zustände herbeiführen. Nur in diesem Ausnahmefall lässt sich eine Verkehrspflicht von Auditunternehmen auf ein vorangegangenes gefährliches Tun stützen. Von großer praktischer Relevanz ist dieser Fall jedoch nicht.

Eine Verkehrspflicht von Auditunternehmen kann sich aber womöglich aus der Übernahme der Kontrollaufgabe ergeben. Dass sich Auditunternehmen gegenüber ihrem Auftraggeber rechtlich zur Durchführung von Kontrollen verpflichtet haben, steht außer Frage, ist jedoch für die Beurteilung dieses Entstehungsgrundes nicht entscheidend. Es kommt vielmehr

---

733 In Bezug auf die Benannte Stelle im Medizinprodukterecht: *Glinski/Rott*, Deakin Law Review 23 (2018), 83, 104.

734 *Von Falkenhausen*, Menschenrechtsschutz durch Deliktsrecht, S. 180.

735 *Von Falkenhausen*, Menschenrechtsschutz durch Deliktsrecht, S. 179; *Glinski/Rott*, Deakin Law Review 23 (2018), 83, 104.

darauf an, ob durch das Tätigwerden von Auditunternehmen eine Vertrauenstatbestand geschaffen wird. Man muss sich also fragen, ob der Rechtsverkehr berechtigterweise darauf vertrauen darf, dass Auditunternehmen durch ihre Kontrollen zum Schutz der Beschäftigten beitragen. Damit dies der Fall ist, müssen Sozialaudits erkennbar den Zweck verfolgen, die Rechte der Beschäftigten in den überprüften Betrieben zu schützen. Ein solcher Schutzzweck von Sozialaudits lässt sich mangels gesetzlicher Regelung nicht aus dem Schutzzweck einer Norm ableiten. Auch aus dem Lieferkettensorgfaltspflichtengesetz kann die drittschützende Natur nicht hergeleitet werden, da dieses weder genaue Vorgaben für die Durchführung von Kontrollen macht noch eine verpflichtende Zertifizierung vorsieht. Schaut man sich die Entstehungsgeschichte der Auditindustrie und ihre Rolle in globalen Lieferketten an, spricht jedoch einiges für die drittschützende Natur von Sozialaudits. Sozialaudits wurden als Antwort auf einen zunehmenden öffentlichen Druck zur Verbesserung der Arbeitsbedingungen in globalen Lieferketten geschaffen und werden auch weiterhin dazu eingesetzt, entsprechende unternehmerische Bemühungen zu untermauern. Dass Auditunternehmen die Überprüfungen im Rahmen ihrer beruflichen Tätigkeit durchführen, legt überdies nahe, dass sie in besonderem Maße dazu befähigt sind, Risiken zu identifizieren und so zu ihrer Behebung beizutragen. In der Realität tritt der Schutzzweck von Sozialaudits jedoch nicht immer deutlich zutage. Teilweise werden Sozialaudits als reine Fleißübung verstanden, die im Einkaufsprozess von Bestellerunternehmen nicht mehr als ein Item auf der CSR-Checkliste darstellen und weder gegenüber den Arbeiter*innen in den Betrieben eindeutig kommuniziert noch an die Öffentlichkeit getragen werden. In solchen Fällen ist es schwer zu argumentieren, Auditunternehmen hätten in einer Weise Verantwortung für den Schutz der Beschäftigten übernommen, die dazu führt, dass andere Verkehrsteilnehmer eigene Schutzmaßnahmen verringern.

Anders stellt sich die Situation aber z.B. dar, wenn die Durchführung von Sozialaudits eine Voraussetzung für die Mitgliedschaft in einer Sozialstandardinitiative oder zur Erlangung einer bestimmten CSR-Zertifizierung ist. Solche Systeme verfolgen nämlich nicht nur ausdrücklich und öffentlich erkennbar den Zweck, menschenrechtskonforme Arbeitsbedingungen zu gewährleisten und kommunizieren dies auch nach außen, sondern sie haben in der Regel auch einen besonderen Akkreditierungsprozess für Auditunternehmen und konkrete Durchführungsvorschriften für Sozialaudits.[736] Noch deutlicher tritt der Schutzzweck von Sozialaudits zutage, wenn diese in ein staatliches Zertifizierungssystem integriert sind, mit dem die Einhaltung sozialer Standards sichergestellt werden soll. Ein Beispiel für ein solches System bietet in Deutschland das staatliche Textilsiegel Grüner Knopf, welches an die Einhaltung verbindlicher sozialer und ökologischer Standards gekoppelt ist und eine Orientierung für Verbraucher*innen bieten soll.[737]

Verfolgen Sozialaudits erkennbar den Zweck, Beschäftige zu schützen, ist die Erwartung berechtigt, dass sie dies auch tun werden. Dies kann dazu führen, dass andere Akteure im Vertrauen auf die ordnungsgemäße Durchführung von Sozialaudits eigene Maßnahmen zur Gefahrenvorsorge verringern. Daher kann aus der Übernahme des Prüfauftrags eine Verkehrspflicht von Auditunternehmen zum Schutz der Beschäftigten entstehen. Hier kommen verschiedene Szenarien in Betracht. Erteilt beispielsweise ein Bestellerunternehmen einem Auditunternehmen den Auftrag, die Einhaltung bestimmter Verhaltensregeln bei einem seiner Zulieferer zum Schutz der dort Beschäftigten zu überprüfen, wird das Bestellerunternehmen in der Regel darauf vertrauen, dass dies auch ordnungsgemäß geschieht und auf eigene Kontrollmaßnahmen verzichten, oder diese verringern. Ebenso ist mit einer Verringerung eigener Kontrollmaßnahmen seitens des Bestellerunternehmens zu rechnen, wenn ein Zulieferer nachweisen kann, dass seine Fabrik nach bestimmten Vorgaben überprüft und für sicher befunden wurde. Das Entstehen eines Vertrauenstatbestandes wird in diesen Szenarien dadurch befördert, dass Auditunternehmen eine besondere berufliche Expertise zur Überprüfung von Arbeitsbedingungen für sich in Anspruch nehmen. Die Durchführung von Sozialaudits kann aber auch dazu führen, dass sich Beschäftigte selbst auf einen bestimmten Schutzstandard verlassen und sich damit möglicherweise in falscher Sicherheit wiegen. Voraussetzung dafür ist, dass der Zweck der Überprüfung auch ihnen gegenüber hinreichend deutlich wird, z.B. durch öffentliche Bekundungen von Auditunternehmen oder Zertifizierungsorganisationen, durch Aussagen einzel-

---

736 Zur Unterscheidung zwischen freiwilligen Systemen, die eine Zertifizierung voraussetzen und dem gänzlich freiwilligen Einsatz von Auditunternehmen siehe *Glinski/ Rott*, Deakin Law Review 23 (2018), 83, 107 ff; *Glinski/Rott*, The Role and Liability of Certification Organisations in Transnational Value Chains. Die Funktionsweise von Sozialstandardinitiativen wurde bereits in Kapitel 1 unter B IV 3 erläutert.

737 https://www.gruener-knopf.de/gruener-knopf (Stand: 18.04.2024).

ner Auditor*innen im Rahmen der Durchführung von Sozialaudits oder durch entsprechende Aushänge in Fabriken. Erschwert wird die Darlegung eines berechtigten Vertrauens auf die Einhaltung bestimmter Sicherheitsstandards allerdings dadurch, dass Betroffene in der Regel keinen Zugang zu Auditberichten und damit keine Kenntnis von den getroffenen Feststellungen haben.[738] Es ist auch denkbar, dass Zulieferer ihre Gefahrenvorsorge im Vertrauen auf die ordnungsgemäße Durchführung von Sozialaudits verringern, wenn auch nur bezüglich solcher Risiken, die sie nicht aktiv selbst geschaffen haben und die nicht ohne weiteres erkennbar sind. Schließlich können Sozialaudits, die erkennbar den Schutz der Beschäftigen bezwecken, auch dazu beitragen, dass in der Politik und der breiten Öffentlichkeit ein berechtigtes Vertrauen in die Sicherheit von Arbeiter*innen in globalen Lieferketten entsteht, was das Ausbleiben strengerer Regulierung oder staatlicher Kontrollmaßnahmen zur Folge haben kann.

Obwohl Auditunternehmen also nicht automatisch eine Verkehrspflicht zum Schutz der Arbeiter*innen in den überprüften Fabriken trifft, kann eine solche in bestimmten Fällen aus der Übernahme der Prüfaufgabe folgen.

Etwas anderes ergibt sich auch nicht aus der Abgrenzung verschiedener Verantwortungsbereiche. Zwar sind primär die überprüften Zulieferer für den Schutz der Beschäftigten verantwortlich. Es obliegt in erster Linie ihnen, die notwendigen Maßnahmen dafür zu ergreifen, dass in ihren Fabriken niemand zu Schaden kommt. Auditunternehmen aus diesem Grund die Verantwortung für Schäden von vornherein abzusprechen, würde allerdings den Sinn ihres Tätigwerdens in Frage stellen. Bei der Etablierung von Verkehrspflichten für Auditunternehmen geht es zudem gar nicht darum, ihnen die Pflichten der überprüften Zulieferer aufzubürden. Das Pflichtenprogramm von Auditunternehmen unterscheidet sich vielmehr deutlich von dem der Zulieferer, vor allem ist es auf die Pflicht zur ordnungsgemäßen Erledigung der von ihnen übernommenen Kontrollaufgabe beschränkt.[739]

Auch der grundsätzlich im Deliktsrecht geltende Vertrauensgrundsatz, nach dem jeder bei der Wahl des eigenen Sorgfaltsniveaus von einem sorgfaltsgemäßen Verhalten Dritter ausgehen darf, steht der Annahme einer

---

738 *Business & Human Rights Resource Centre,* Social audit liability, S. 8; *van Ho/Terwindt,* European Review of Private Law 2019, 15 f..

739 In Bezug auf die Pflichten der Benannten Stelle im Medizinprodukterecht: *Degen,* VersR 2017, 462, 466.

Verkehrspflicht nicht entgegen. Zwar geht die Gefahr in erster Linie von Dritten, nämlich in der Regel von den überprüften Zulieferern aus. Da durch Sozialaudits gerade mögliche Verstöße dieser Zulieferer geprüft werden sollen, liegt ein mögliches Fehlverhalten aber in der Natur der Sache. Der Annahme eines sorgfaltsgemäßen Verhaltens ist somit die Grundlage entzogen.

Dass Auditunternehmen stets nur begrenzte Einwirkungsmöglichkeiten zur Verfügung stehen, führt ebenfalls nicht zum Ausschluss einer Verkehrspflicht. Zwar setzt das Bestehen einer Verkehrspflicht eine faktische Handlungsmöglichkeit voraus.[740] Dieses Kriterium ist jedoch keinesfalls gleichzusetzen mit dem Entstehungsgrund der rechtlichen Gefahrbeherrschung. Auch wenn die Gefahren für Beschäftigte nicht im eigenen Herrschaftsbereich von Auditunternehmen drohen und rechtliche Durchsetzungsmechanismen für die Erzwingung von Schutzmaßnahmen fehlen, steht Auditunternehmen eine Reihe faktischer Möglichkeiten zur Einflussnahme wie das Aufzeigen von Risiken, das Erteilen schlechter Bewertungen oder das Versagen von Zertifizierungen zur Verfügung. Dass diese Maßnahmen in ihrer Wirksamkeit womöglich begrenzt sind, führt nicht dazu, dass sie gar nicht erst ergriffen werden müssen. Selbstverständlich können Auditunternehmen nur Maßnahmen im Rahmen des ihnen Möglichen abverlangt werden. Welche das sind, ist aber eine Frage des Inhalts der Verkehrspflicht. Dieser soll im folgenden Abschnitt thematisiert werden.

(c) Inhalt der Verkehrspflicht

(aa) Allgemeine Anknüpfungspunkte

Nimmt man eine deliktische Verkehrspflicht an, stellt sich die Frage nach dem Inhalt dieser Verkehrspflicht. Nach der Rechtsprechung umfasst die rechtlich gebotene Verkehrssicherung diejenigen Maßnahmen, „die ein umsichtiger und verständiger, in vernünftigen Grenzen vorsichtiger Mensch für notwendig und ausreichend hält, um andere vor Schäden zu bewahren"[741]. Der konkrete Umfang einer Verkehrspflicht richtet sich nach den

---

740 Siehe hierzu bereits in Kapitel 2 unter B I 2 a bb (2) (a).
741 St. Rspr., z. B. BGH, Urt. v. 02.10.2012 – VI ZR 311/11, BGHZ 195, 30; BGH, Urt. v. 06.03.1990 – VI ZR 246/89, NJW-RR 1990, 789; BGH, Urt. v. 08.11.2005 – VI ZR 332/04, NJW 2006, 610; BGH, Urt. v. 02.10.2012 – VI ZR 311/11, NJW 2013, 48.

Sicherheitserwartungen des Verkehrs, die für den jeweiligen Lebensbereich bestehen.[742] Besondere Bedeutung kommt dabei der Schwere des drohenden Schadens, der Wahrscheinlichkeit des Schadenseintritts sowie der Größe des Aufwands, der zur Schadensabwendung erforderlich ist, zu.[743] Zudem sind besondere Kenntnisse und Fähigkeiten des Verkehrspflichtigen wie etwa eine berufliche Spezialisierung bei der Berechnung des Maßes der erforderlichen Sorgfalt zu berücksichtigen.[744]

Welche Maßnahmen erforderlich sind, ist daher stets eine Frage der Abwägung. Den von der Rechtsprechung formulierten allgemeinen Anknüpfungspunkten lassen sich kaum verallgemeinerungsfähige Vorgaben entnehmen, welche Maßnahmen von Auditunternehmen zu ergreifen sind. Dass entdeckte Verstöße gegen die zu prüfenden Standards gegenüber dem Auftraggeber angezeigt werden müssen, ergibt sich in der Regel bereits aus der vertraglichen Vereinbarung. Ein weiterer elementarer Bestandteil eines sorgfaltsgemäßen Sozialaudits ist die ausreichende Qualifikation der Prüfer*innen im Umgang mit Menschenrechtsverletzungen. Dazu gehört auch, dass die Prüfer*innen mit der spezifischen Situation vor Ort hinreichend vertraut sind und insbesondere länder- oder branchenspezifische Risiken, die Belange vulnerabler Gruppen sowie vorangegangene Verstöße bei ihrer Prüfung berücksichtigen.[745] Überdies sollte ausreichend Zeit für die Durchführung eingeplant werden, so dass nicht nur eine Begehung der Fabrik sowie die oberflächliche Prüfung von Dokumenten stattfinden kann, sondern mögliche Missstände genauer untersucht und insbesondere

---

742 *Förster*, JA 2017, 721, 724; BGH, Urt. v. 06.02.2007 – VI ZR 274/05, NJW 2007, 1683, 1684.

743 *Raab*, JuS 2002, 1041, 1044.

744 MüKo BGB-*G. Wagner*, § 823 Rn. 526.

745 Dass das häufig nicht der Fall ist, wurde bereits in Kapitel 1 unter C I 3 d dargelegt und wird unter anderem von *Burckhardt*, Wirksamkeit von Audits, S. 4 kritisiert. Dass auf die Bewertungen externer Dritter im Rahmen der Risikoanalyse nach dem LkSG nur dann zurückgegriffen werden sollte, wenn diese die einschlägige Risiken prüfen und überdies über ausreichenden Sachverstand verfügen und ihre Unabhängigkeit sichergestellt ist, betont zudem Fleischer/Mankowski-*Korch*, § 6 Rn. 82.

unter Einbindung der Arbeiter*innen aufgeklärt werden können.[746] Einer Klärung im Einzelfall bedarf hingegen die Frage, inwieweit Auditunternehmen eine Pflicht zur Durchführung unangekündigter Kontrollen oder genauerer Dokumentenanalysen trifft. Denkbar ist dies insbesondere, wenn konkrete Hinweise auf Verstöße oder Manipulationen vorliegen. Werden besonders schwere Verstöße oder eine unmittelbare Gefahr für die Sicherheit der Arbeiter*innen festgestellt, kann man zudem diskutieren, inwieweit Auditunternehmen die ihnen verfügbaren Möglichkeiten auch über den üblichen Pflichtenkatalog hinaus ausschöpfen müssen.[747] Die erwarteten Maßnahmen müssen sich jedoch stets im Rahmen des Zumutbaren bewegen. Grundsätzlich nicht Teil der Verkehrspflicht von Auditunternehmen ist die Implementierung von Schutzmaßnahmen. Diese bleibt in aller Regel Dritten, insbesondere dem überprüften Zulieferer selbst, überlassen.

(bb) Vertragliche Vorgaben

Fraglich ist, wie sich vertragliche Vorgaben auf den Umfang der Sorgfaltspflicht auswirken. Dass dies eine wichtige Rolle spielt, zeigt der Umgang mit dem Einsturz des Fabrikkomplexes Rana Plaza. Mehrere Auditunternehmen, die zuvor bei Fabriken in dem Gebäude Sozialaudits durchgeführt hatten, verteidigten sich gegenüber den gegen sie erhobenen Vorwürfen mit dem Argument, dass die Überprüfung der Gebäudestruktur nicht von

---

746 Auch diese Aspekte sind derzeit häufig nicht gewährleistet, wie insbesondere in Kapitel 1 unter C I 3 b und e erläutert wird. Dass für Sozialaudits ausreichend Zeit eingeplant werden muss, heben *Starmanns/Barthel/Mosel,* Sozial-Audits als Instrument zur Überprüfung von Arbeitsbedingungen, S. 58 hervor. Die zentrale Rolle des Dialogs mit Rechteinhaber*innen betonen beispielsweise HK-LkSG-*Gehne/Humbert/Philippi,* § 5 Rn. 15 im Zusammenhang mit der Durchführung der Risikoanalyse nach dem LkSG und verweisen dafür auf den OECD-Leitfaden für die Erfüllung der Sorgfaltspflicht für verantwortungsvolles unternehmerisches Handeln.

747 Diese Frage war im Rahmen des Zivilprozesses gegen *Bureau Veritas* vor dem Ontario Superior Court, aber auch im Rahmen der Beschwerden gegen den *TÜV Rheinland* im Zusammenhang mit dem Einsturz des Rana Plaza-Gebäudes von zentraler Bedeutung, da die Prüfunternehmen nicht ausdrücklich mit der Prüfung der strukturellen Integrität des Gebäudes beauftragt worden waren (siehe hierzu genauer in Kapitel 1 unter D I, II und III).

ihrem Prüfauftrag umfasst gewesen sei.[748] Ob dies zutrifft, ist hier unerheblich. Jedenfalls werden vertragliche Vorgaben auch weiterhin, mit zunehmender Regulierung globaler Lieferketten vermutlich sogar erst recht, Einschränkungen vorsehen, so dass der Umgang mit ihnen diskussionsbedürftig ist.

Da keine gesetzlich geregelten Befugnisse existieren, können Auditunternehmen immer nur die Kompetenzen haben, die ihnen vertraglich zugestanden bzw. freiwillig eingeräumt werden. Anders ist dies beispielsweise im Medizinprodukterecht, wo der Hersteller gesetzlich verpflichtet ist, der Benannten Stelle die Durchführung aller erforderlichen Inspektionen zu gestatten und ihr die erforderlichen Unterlagen zur Verfügung zu stellen. Auditunternehmen sind hingegen nur dann berechtigt, unangekündigte Überprüfungen durchzuführen oder Dokumente zu prüfen, wenn es ihnen vertraglich zugestanden wurde. An anderer Stelle stehen ihnen jedoch Möglichkeiten zur Verfügung, vertragliche Vorgaben zu überschreiten. So wären Auditunternehmen beispielsweise durchaus in der Lage, festgestellte Risiken auch dann aufzuzeigen, wenn sie nicht explizit zu prüfen waren. Fraglich ist, ob sie hierzu auch verpflichtet sind.

Grundsätzlich ist anerkannt, dass deliktische Sorgfaltspflichten im Rahmen des § 823 Abs. 1 BGB auch über öffentlich-rechtliche oder private Standards hinausgehen können.[749] So ist im Mediziprodukterecht eine Haftung nach § 823 Abs. 1 BGB auch dann denkbar, wenn die Benannte Stelle das Pflichtenprogramm der Medizinprodukterichtlinie zwar erfüllt hat, im konkreten Fall jedoch weitergehende Überprüfungen notwendig erscheinen. Das führt dazu, dass bei Vorliegen konkreter Hinweise auf Verstöße die Durchführung unangemeldeter Inspektionen erforderlich sein kann,

---

748 So machte z. B. der *TÜV Rheinland* in einem öffentlichen Statement geltend, dass die technische Überprüfung der Gebäudestruktur nicht Teil des durchgeführten *BSCI*-Audits sei. Siehe hierzu *ECCHR et al.*, Complaint regarding Social Audit Report, S. 21. Auch Bureau Veritas verteidigte sich gegen die im Zusammenhang mit dem Einsturz des Rana Plaza-Gebäudekomplexes in Kanada erhobene Klage damit, dass die Untersuchung der strukturellen Integrität der Räumlichkeiten des Zulieferers kein Bestandteil des Sozialaudits war, ein Argument, dem das Gericht schließlich auch folgte, siehe Ontario Superior Court of Justice, *Das v. George Weston Limited* (2017) ONSC 4129 (Can LII), Rn. 442.

749 BGH, Urt. v. 09.06.1998 – VI ZR 238–97, NJW 1998, 2905, 2906; BeckOK BGB-*Förster*, § 823 Rn. 346.

obwohl die Richtlinie die Benannten Stellen hierzu nicht verpflichtet.[750] Da allerdings im Fall von Sozialaudits die Verkehrspflicht ihren Ursprung nicht in einer gesetzlichen Regelung, sondern einzig in der Übernahme des Prüfauftrags hat, prägen vertragliche Vorgaben maßgeblich die Verkehrserwartung. Allerdings können daneben auch weitere Faktoren zu berücksichtigen sein, soweit diese ein berechtigtes Vertrauen hervorrufen. Daher kann insbesondere die Außendarstellung von Sozialaudits eine Rolle spielen. Werden diese beispielsweise im Rahmen einer Sozialstandardinitiative als Mittel zur Sicherstellung von Sicherheit und Gesundheit am Arbeitsplatz im Allgemeinen verkauft, darf man davon ausgehen, dass schwere Sicherheitsrisiken umfassend geprüft werden.[751] Auch die Vorgaben internationaler Verhaltensstandards und privater Verhaltenskodizes können sich im Einzelfall auf dem Prüfumfang auswirken und dazu führen, dass über die vertraglichen Vorgaben hinausgehende Maßnahmen ergriffen werden müssen. Hierauf soll im Folgenden näher eingegangen werden.

(cc) Heranziehung internationaler Verhaltensstandards

Es gibt mittlerweile eine Reihe von Verhaltensstandards internationaler Organisationen, die sich mit der unternehmerischen Verantwortung für Menschenrechte auseinandersetzen. Zwar handelt es sich bei diesen Verhaltensstandards lediglich um *Soft Law* ohne rechtliche Bindungswirkung. Die Heranziehung nicht verpflichtender, aber dennoch etablierter Verhaltensstandards zur Ausformung von Verkehrspflichten ist dem deutschen Recht jedoch keinesfalls fremd. Gerichte greifen für die Bestimmung des Umfangs von Sorgfaltspflichten beispielsweise regelmäßig auf DIN-Normen zurück, auch wenn diese lediglich auf freiwillige Anwendung ausgerichtete Emp-

---

750 Anhang II Nr. 5.4 der Richtlinie sieht lediglich die Möglichkeit zur Durchführung unangemeldeter Besichtigungen vor. Auch der EuGH betont jedoch in seinem Urteil im *PIP*-Fall, dass zwar keine generelle Pflicht zur Durchführung unangemeldeter Inspektionen bestehe, dass die Benannte Stelle bei Vorliegen von Hinweisen auf Verstöße aber alle erforderlichen Maßnahmen ergreifen müsse, um ihren Verpflichtungen aus der Richtlinie gerecht zu werden.

751 So auch die Argumentation der Beschwerdeführer*innen in *ECCHR et al.*, Complaint regarding Social Audit Report, S. 21.

fehlungen beinhalten.[752] Dies wird damit begründet, dass diese Normen den Stand der für die betroffenen Kreise geltenden anerkannten Regeln der Technik widerspiegeln und daher zur Bestimmung des nach der Verkehrsauffassung zur Sicherheit Gebotenen in besonderer Weise geeignet sind.[753] Internationale Verhaltensstandards können jedoch lediglich eine Indizwirkung entfalten, eine verbindliche Herleitung menschenrechtlicher Sorgfaltspflichten ermöglichen sie nicht.[754] Es ist daher stets dem entscheidenden Gericht überlassen, ob und inwieweit es solche Verhaltensstandards zur Konkretisierung von Verkehrspflichten transnationaler Unternehmen heranzieht.[755] Die Möglichkeit der Heranziehung internationaler Verhaltensstandards hilft bei der inhaltlichen Bestimmung der Verkehrspflicht von Auditunternehmen zudem nur insoweit, als ihnen hinreichend konkrete Anforderungen für die Durchführung von Sozialaudits entnommen werden können. Die wichtigsten Verhaltensstandards sollen daher im Folgenden vorgestellt und ihre Bedeutung für den Umgang mit Sozialaudits herausgearbeitet werden.

Um menschenrechtliche Sorgfaltspflichten transnationaler Unternehmen mit Inhalt zu füllen, werden häufig die durch den UN-Sonderbeauftragten John Ruggie ausgearbeiteten Leitprinzipien für Wirtschaft und Menschenrechte herangezogen.[756] Die UN-Leitprinzipien wurden vom Menschenrechtsrat der Vereinten Nationen einstimmig verabschiedet und spiegeln trotz ihrer Ausgestaltung als *Soft Law* mittlerweile einen weitreichenden Konsens der internationalen Staatengemeinschaft über die menschenrecht-

---

752 Siehe z. B. BGH, Urt. v. 01.03.1988 – VI ZR 190/87, BGHZ 103, 338; BGH, Urt. v. 19.04.1991 – V ZR 349/89, BGHZ 114, 273; BGH, Urt. v. 03.11.2004 – VIII ZR 344/03, NJW-RR 2005, S. 386 ff. *Saage-Maaß/Leifker*, BB 2015, 2499, 2503 verweisen zudem auf die Heranziehung der Qualitätsmanagementnormen ISO 9000 ff., der VDE-Vorschriften sowie der Regeln internationaler Sportverbände.

753 BGH, Urt. v. 11.12.1979 – VI ZR 141/78, NJW 1980, 1219, 1221; BGH, Urt. v. 01.03.1988 – VI ZR 190/87, BGHZ 103, 338.

754 *Haider*, Haftung von transnationalen Unternehmen und Staaten für Menschenrechtsverletzungen, S. 387.

755 *Görgen*, Unternehmerische Haftung in transnationalen Menschenrechtsfällen, S. 260.

756 *Saage-Maaß*, Arbeitsbedingungen in der globalen Zulieferkette, S. 18; *Payandeh*, Deliktische Haftung von Unternehmen, 131, 143; *Saage-Maaß/Leifker*, BB 2015, 2499, 2503 f. Dass internationale Verhaltensstandards stets nur zur inhaltlichen Ausformung einer Verkehrspflicht beitragen können, nicht jedoch diese aus sich heraus schaffen, betont *von Falkenhausen*, Menschenrechtsschutz durch Deliktsrecht, S. 138.

liche Verantwortung für Unternehmen wider.[757] Seit ihrer Verabschiedung im Jahr 2011 haben die UN-Leitprinzipien nicht nur die Wahrnehmung unternehmerischer Verantwortung in der Zivilgesellschaft entscheidend geprägt, sondern auch politische Prozesse für einen besseren Menschenrechtsschutz in globalen Lieferketten in Gang gesetzt.[758] Diese Umstände sowie die vielfache Inbezugnahme der UN-Leitprinzipien durch öffentliche wie private Standards können als Ausdruck einer sich zunehmend formenden Verkehrserwartung in Bezug auf unternehmerische Sorgfalt gesehen werden.[759]

Inhaltlich bestehen die Leitprinzipien aus drei Säulen, die im Englischen unter dem Dreiklang *protect, respect, remedy* bekannt geworden sind. Die zweite dieser drei Säulen befasst sich mit der Aufgabe der Unternehmen und erlegt ihnen die Verantwortung auf, Menschenrechte zu respektieren. Diese Verantwortung fordert von Unternehmen, dass sie die Verursachung von oder den Beitrag zu Menschenrechtsverletzungen durch ihre Tätigkeit vermeiden und nachteiligen Auswirkungen entgegenwirken. Überdies sollen Unternehmen negative Auswirkungen auf die Menschenrechte verhüten oder vermindern, die aus Geschäftsbeziehungen mit anderen Parteien resultieren, selbst wenn sie nicht zu diesen beigetragen haben.[760] Das Kernstück der unternehmerischen Verantwortung nach den UN-Leitprinzipien ist die menschenrechtliche Sorgfaltspflicht (*Human Rights Due Diligence*), die es Unternehmen aufträgt, „tatsächliche und potenzielle menschenrechtliche Auswirkungen zu ermitteln, die sich daraus ergebenden Erkenntnisse zu berücksichtigen und Folgemaßnahmen zu ergreifen, die ergriffenen Maßnahmen nachzuhalten sowie Angaben dazu zu machen, wie den Auswirkungen begegnet wird."[761]

Sozialaudits können bei der Umsetzung der menschenrechtlichen Sorgfaltspflicht durch transnationale Unternehmen eine Rolle spielen.[762] In der Kommentierung der Leitprinzipien werden Audits sogar ausdrücklich als

---

757 *Saage-Maaß/Leifker*, BB 2015, 2499, 2504; *Haider,* Haftung von transnationalen Unternehmen und Staaten für Menschenrechtsverletzungen, S. 385.

758 *Kroker*, CCZ 2015, 120, 122.

759 In diese Richtung argumentieren auch *Weller/Thomale*, ZGR 2017, 509, 522, die die Verkehrserwartung durch die Vielzahl internationaler Initiativen zur Stärkung der Menschenrechte in der Wirtschaft beeinflusst sehen.

760 Leitprinzip Nr. 13.

761 Leitprinzip Nr. 17.

762 Siehe hierzu beispielsweise *ECCHR/Brot für die Welt/Misereor,* Menschenrechtsfitness von Audits und Zertifizierern?, S. 3 f.

mögliches Mittel zur Überprüfung der Wirksamkeit unternehmerischer Maßnahmen erwähnt.[763] Vor allem aber sind Auditunternehmen selbst Adressaten der von den UN-Leitprinzipien festgelegten Verantwortung zur Achtung der Menschenrechte. Auch sie müssen daher den menschenrechtlichen Sorgfaltsprozess durchlaufen. Zwar enthalten die UN-Leitprinzipien keinen spezifischen Vorgaben für den Sorgfaltsprozess bei Auditunternehmen, ihnen können jedoch allgemeine Vorgaben entnommen werden, die auch im Auditkontext relevant sind. Zunächst einmal verdeutlichen die UN-Leitprinzipien, dass die Sorgfaltspflicht je nach Größe des Wirtschaftsunternehmens, des Risikos schwerer menschenrechtlicher Auswirkungen und der Art und des Kontexts seiner Geschäftstätigkeit von unterschiedlicher Komplexität ist[764] und dass angemessene Maßnahmen abhängig von der Art der Involvierung in nachteilige Auswirkungen und dem Einflussvermögen eines Unternehmens sind.[765] An mehreren Stellen heben die Leitprinzipien zudem die Wichtigkeit des Austauschs mit potenziell betroffenen Gruppen und anderen in Betracht kommenden Stakeholdern hervor[766] und weisen auf die Notwendigkeit hin, besondere Aufmerksamkeit auf die Belange vulnerabler Gruppen zu lenken und etwaige unterschiedliche Risiken für Männer und Frauen zu berücksichtigen.[767] Überdies betonen die UN-Leitprinzipien, dass die Verantwortung zur Achtung der Menschenrechte Kommunikation und die Gewährleistung eines gewissen Maßes an Transparenz und Rechenschaft gegenüber unter Umständen betroffenen Personen oder Gruppen und anderen in Betracht kommenden Stakeholdern beinhaltet.[768]

Auch die OECD-Leitsätze für multinationale Unternehmen enthalten Vorgaben für ein verantwortungsvolles unternehmerisches Handeln in einem globalen Kontext. Diese sollen die gemeinsamen Werte der Regie-

---

763 Kommentar zu Leitprinzip Nr. 20.
764 Leitprinzip Nr. 17 b).
765 Leitprinzip Nr. 19 b).
766 Leitprinzip Nr. 18 b), Nr. 20 b), Nr. 21. Die Interpretationsanleitung des Büros des Hohen Kommissars der Menschenrechte *UN - Office of the High Commissioner for Human Rights,* The Corporate Responsibility to respect Human Rights - An Interpretative Guide, S. 33 enthält zu diesem Punkt die folgende Aussage: "[...] the key to human rights due diligence is the need to understand the perspective of potentially affected individuals and groups. Where possible and appropriate to the enterprise's size or human rights risk profile, this should involve direct consultation with those who may be affected or their legitimate representatives [...]."
767 Kommentar zu Leitprinzip Nr. 18, Kommentar zu Leitprinzip Nr. 20.
768 Kommentar zu Leitprinzip Nr. 21.

rungen der Mitgliedsstaaten widerspiegeln.[769] Die aktuelle Fassung der Leitsätze wurde am 8. Juni 2023 veröffentlicht und soll eine Antwort auf die dringenden sozialen, ökologischen und technologischen Prioritäten bieten, denen sich Gesellschaften und Unternehmen gegenübersehen.[770] In Einklang mit den UN-Leitprinzipien enthalten die OECD-Leitsätze ein umfassendes Konzept der menschenrechtlichen Sorgfaltspflicht. Dieses beinhaltet, dass Unternehmen die von ihnen ausgehenden tatsächlichen und potenziellen Effekte ermitteln, verhüten und mindern als auch Rechenschaft darüber ablegen, wie sie diesen Effekten begegnen.[771] Im Jahr 2018 veröffentlichte die OECD einen Leitfaden, der Unternehmen bei der Umsetzung der unternehmerischen Due Diligence unterstützen soll.[772] Dieser Leitfaden nennt die Durchführung von Audits als Möglichkeit zur Bewertung von Lieferanten und betont dabei, dass die mit der Durchführung beauftragten Personen die nötige Expertise zu relevanten Risiken, einschließlich Kenntnissen der besten Methodologien zur Bestimmung negativer Effekte innerhalb der örtlichen Rahmenbedingungen, Fachwissen zu internationalen und nationalen Standards sowie die Fähigkeit zur Durchführung der Bewertung innerhalb der örtlichen Rahmenbedingungen aufweisen sollten.[773] Der Leitfaden unterstreicht zudem, dass relevante Informationen zeitnah, kulturell feinfühlig und leicht zugänglich an betroffene oder potenziell betroffene Rechteinhaber kommuniziert werden sollten, was die Weitergabe von Auditergebnissen an Gewerkschaften oder Betroffene, ggf. unter Berücksichtigung von Vertraulichkeitsauflagen beinhalten kann.[774]

Für den Bereich Textilien und Schuhware gibt es zudem einen sektorspezifischen Leitfaden der OECD.[775] Dieser Leitfaden gibt Hinweise zur

---

769 So das Vorwort der letzten Fassung der OECD-Leitsätze aus dem Jahr 2011, abrufbar unter https://www.oecd-ilibrary.org/governance/oecd-leitsatze-fur-multinationale -unternehmen_9789264122352-de (Stand: 18.04.2024).

770 So das Vorwort der aktualisierten Fassung der OCED-Leitsätze vom 8. Juni 2023, abrufbar unter https://www.oecd-ilibrary.org/finance-and-investment/oecd-guidel ines-for-multinational-enterprises-on-responsible-business-conduct_81f92357-en;j sessionid=MTsuWH9NeaRwKZGMuavSbqL-E5QHJRZKxOjE1prV.ip-10-240-5-31 (Stand: 18.04.2024).

771 OECD-Leitsätze, Teil 1, II (Allgemeine Grundsätze), IV (Menschenrechte).

772 *OECD*, Leitfaden für die Erfüllung der Sorgfaltspflicht.

773 aaO, S. 60 f.

774 aaO, S. 89 f.

775 *OECD*, Due Diligence Guidance for Responsible Supply Chains in the Garment and Footwear Sector.

Umsetzung der unternehmerischen Sorgfaltspflicht unter Berücksichtigung sektorspezifischer Risiken und sonstiger Besonderheiten. Zwar richtet er sich vor allem an Bestellerunternehmen. Er enthält jedoch auch Empfehlungen für die Bewertung von Lieferanten vor Ort. Nach den Vorgaben des Leitfadens soll sich die Art der Bewertung an dem zu beurteilenden Risiko ausrichten. Für die Bewertung menschenrechtlicher Risiken werden dabei Interviews mit Arbeiter*innen als wichtige Quelle genannt, wobei darauf hingewiesen wird, dass traditionelle Interviews nicht immer das richtige Setting für die Preisgabe sensibler Informationen sind.[776] Zudem sollen Lieferantenbewertungen nach den Empfehlungen des Leitfadens auf einem guten Verständnis des lokalen Kontexts beruhen und mehrere Datenpunkte für die Bestätigung subjektiver Informationen verwenden.[777] Für den Textilsektor bedeutet die Berücksichtigung des spezifischen Kontexts aber beispielsweise auch die Berücksichtigung der besonderen Situation von Frauen, welche den Großteil der Arbeitskräfte in diesem Sektor ausmachen und vielen Risiken in besonderer Weise ausgesetzt sind.[778] Darüber hinaus betont der Leitfaden, dass die mit der Bewertung betrauten Personen ausreichend qualifiziert sein sollten, was nach dem Leitfaden insbesondere umfassende Kenntnisse der relevanten Risiken und Standards sowie die Fähigkeit, die Bewertung im lokalen Kontext durchzuführen (z.B. Sprachkenntnisse), beinhalten soll.[779]

Internationale Verhaltensstandards können also durchaus eine Hilfestellung bei der Bestimmung des Inhalts der Verkehrspflicht von Auditunternehmen bieten. Insbesondere aus den praxisbezogenen Leitfäden der OECD lassen sich über allgemeine Vorgaben zur menschenrechtlichen Sorgfaltspflicht hinaus bereits einige konkrete Anforderungen für den Einsatz von Sozialaudits herleiten. Ob Gerichte sich in der Praxis tatsächlich von diesen Verhaltensstandards leiten lassen, bleibt jedoch abzuwarten.

(dd) Einfluss privater Verhaltensstandards

Neben Verhaltensstandards internationaler Organisationen können auch private Regelwerke den Inhalt von Verkehrspflichten beeinflussen. Ihre

---

776 aaO, S. 56.
777 ebd.
778 *OECD*, Due Diligence Guidance for Responsible Supply Chains in the Garment and Footwear Sector, S. 32 f.
779 aaO, S. 57.

Heranziehung kommt zum einen in Betracht, wenn sie von einer repräsentativen Bandbreite von Unternehmen anerkannt sind und somit legitime Erwartungen an eine bestimmte Berufsgruppe widerspiegeln.[780] Private Standards entfalten aber vor allem dann eine haftungsrechtliche Wirkung, wenn Unternehmen sich selbst zu ihrer Einhaltung verpflichtet haben. Hierdurch signalisieren diese Unternehmen nämlich zugleich die Bereitschaft, sich jedenfalls an diesen Regeln festhalten zu lassen und stellen damit Mindestanforderungen an ihr eigenes Verhalten.[781] Diese Mindestanforderungen können bei der Bestimmung des Inhalts von Verkehrspflichten herangezogen werden. Im Fall von Auditunternehmen bieten vor allem professionelle Verhaltensstandards eine Hilfestellung für mit der Haftungsfrage befasste Gerichte.[782] So definiert beispielsweise die *Association of Professional Social Compliance Auditors (APSCA)* eine Reihe von Anforderungen, die von ihren Mitgliedern, zu denen viele große Auditunternehmen zählen, bei der Durchführung aller Social Compliance Services einzuhalten sind.[783] Auch *Sedex*, nach eigenen Angaben eine der weltweit führenden Mitgliedsorganisationen für ethischen Handel, macht verbundenen Prüfunternehmen, unter denen sich ebenfalls viele der wichtigsten Auditfirmen finden, für die Durchführung sogenannter SMETA-Audits (Sedex Members Ethical Trade Audit) Vorgaben im Rahmen eines *Audit Quality Programme*.[784] Darüber hinaus können sich Vorgaben von Sozialstandardinitiativen für die Durchführung von Sozialaudits auf den Inhalt der Verkehrspflichten von Auditunternehmen auswirken.[785] Inwieweit diese Instrumente tatsächlich eine Hilfestellung bieten können, hängt jedoch davon ab, wie konkret die darin festgelegten Anforderungen ausgestaltet sind.

---

780 *Glinski,* Die rechtliche Bedeutung der privaten Regulierung globaler Produktionsstandards, S. 267 Auch die Beschwerdeführer*innen in *ECCHR et al.,* Complaint regarding Social Audit Report, S. 15 argumentieren: „Generally, widespread industry practice and industry guidelines establish what is commonly and reasonably expected from all social auditors."

781 *Glinski,* Die rechtliche Bedeutung der privaten Regulierung globaler Produktionsstandards, S. 295.

782 *Business & Human Rights Resource Centre,* Social audit liability, S. 9.

783 *APSCA* Code and Standards of professional conduct, abrufbar unter: https://www.t heapsca.org/resources/code-d-032/ (Stand: 18.04.2024).

784 Abrufbar unter https://www.sedex.com/knowledge-hub/news/sedex-launches-audit -quality-programme-and-reduces-audit-companies-that-can-conduct-smeta-to-driv e-audit-quality/ (Stand: 18.04.2024).

785 Die Beschwerdeführer*innen in *ECCHR et al.,* Complaint regarding Social Audit Report, S. 16 berufen sich beispielsweise auf allgemeine *BSCI*-Richtlinien, das *BSCI Management Manual,* den Rahmenvertrag mit der *FTA* und Vorgaben von *SAAS.*

(ee) Vorgaben durch das Lieferkettensorgfaltspflichtengesetz

Schließlich könnte man erwägen, das Lieferkettensorgfaltspflichtengesetz heranzuziehen, um den Inhalt der Verkehrspflichten von in globalen Lieferketten tätigen Auditunternehmen genauer zu bestimmen. Auch wenn der Gesetzestext die Schaffung einer zusätzlichen zivilrechtlichen Haftung ausdrücklich ausschließt, ist zumindest denkbar, dass Gerichte für die inhaltliche Ausgestaltung von Verkehrspflichten auf die nunmehr gesetzlich normierten Sorgfaltsanforderungen zurückgreifen.[786] Fraglich ist jedoch, ob die Tätigkeit von Auditunternehmen überhaupt unter das LkSG fällt. Weder das LkSG und die durch den Gesetzgeber zur Verfügung gestellten Materialien noch die meisten Stimmen in der Literatur beziehen hierzu eindeutig Stellung.

Der persönliche Anwendungsbereich des Gesetzes erstreckt sich gemäß § 1 Abs. 1 LkSG auf Unternehmen, die ihre Hauptverwaltung, ihre Hauptniederlassung, ihren Verwaltungssitz oder ihren satzungsmäßigen Sitz in Deutschland haben, sowie auf Unternehmen, die eine Zweigniederlassung gemäß § 13d HGB im Inland haben. Weitere Voraussetzung ist die Beschäftigung von mindestens 3000 Mitarbeitern im Inland, wobei sich diese Anforderung ab dem 1. Januar 2024 auf 1000 Mitarbeiter reduziert hat. Diese Voraussetzungen dürften jedenfalls für große deutsche Prüffirmen wie den *TÜV Rheinland* und den *TÜV Süd* erfüllt sein.

Für eine Anwendung des LkSG sprechen die möglichen negativen Auswirkungen von Sozialaudits auf Menschenreche in globalen Lieferketten sowie die Tatsache, dass auch Auditunternehmen häufig transnational organisiert sind und einen Teil ihrer Tätigkeit auf Tochtergesellschaften und Subunternehmer auslagern.[787]

Betrachtet man jedoch die im LkSG statuierten Pflichten, passen vielen davon nicht recht zur Tätigkeit von Auditunternehmen. So stehen Auditunternehmen gerade nicht an der Spitze eines Herstellungsprozesses mit Zulieferern, Einkaufspraktiken und Beschaffungsstrategien.[788] Ebenso wenig sind Auditunternehmen direkter Teil der Lieferkette, die nach § 2 Abs. 5

---

786 Siehe hierzu bereits in Kapitel 1 unter A II 2 a.

787 *Gailhofer/Glinski*, Haftungsrechtlicher Rahmen von nachhaltiger Zertifizierung in textilen Lieferketten, S. 71. Für eine Geltung verpflichtender menschenrechtlicher Sorgfalt für Audit- und Zertifizierungsfirmen plädieren auch *ECCHR/Brot für die Welt/Misereor*, Menschenrechtsfitness von Audits und Zertifizierern?, S. 40.

788 *Gailhofer/Glinski*, Haftungsrechtlicher Rahmen von nachhaltiger Zertifizierung in textilen Lieferketten, S. 71.

LkSG „alle Schritte im In- und Ausland, die zur Herstellung der Produkte und zur Erbringung der Dienstleistungen erforderlich sind, angefangen von der Gewinnung der Rohstoffe bis zu der Lieferung an den Endkunden" umfasst.[789] Die Tätigkeit von Auditunternehmen findet nämlich gerade nicht nur auf einer bestimmten Stufe statt, sondern kann horizontal auf verschiedenen Stufen des Wertschöpfungsprozesses ansetzen.[790] Überdies enthält das LkSG keine speziellen Pflichten für Auditunternehmen oder Zertifizierer. In Auditfällen stellen sich aber grundlegend andere Herausforderungen als in den „typischen" Lieferkettenszenarien, auf die das LkSG zugeschnitten ist. So stehen bei Sozialaudits insbesondere Aspekte der Integritäts- und Qualitätssicherung im Vordergrund. Auch wäre zur Sicherstellung dieser Anforderungen eine erfolgsbezogene Pflicht erforderlich, während das LkSG überwiegend Bemühenspflichten aufstellt.[791] Folglich böte das LkSG selbst im Falle seiner Anwendung wenig inhaltliche Orientierung für die Verkehrspflichten von Auditunternehmen.

Auch ohne direkt auf Auditunternehmen anwendbar zu sein, könnte das LkSG jedoch Vorgaben für die Durchführung externer Überprüfungen machen. Allerdings sieht die Begründung des Regierungsentwurfs für das LkSG zwar die Möglichkeit von Überprüfungen vor Ort durch mit Audits beauftragte Dritte vor, fordert jedoch lediglich, dass diese die Durchführung unabhängiger und angemessener Kontrollen gewährleisten müssen.[792] Weder das Gesetz selbst noch die Gesetzesmaterialien machen genauere Angaben dazu, wie ein sorgfaltsgemäßer Sozialaudit auszusehen hat.

(d) Auslagerung der Prüfung

Die tatsächliche Inspektion der Fabrik wird häufig entweder durch ein lokales Tochterunternehmen oder einen unabhängigen Subunternehmer, teilweise sogar durch selbständige Auditor*innen durchgeführt.[793] In solchen

---

789 *Grabosch*, § 2, Rn. 44 geht jedoch davon aus, dass Audit- und Zertifizierungsleistungen jedenfalls dann Teil der Lieferkette sind, wenn sie gesetzlich vorgeschrieben sind.

790 Siehe hierzu Abb. 2 in der Einleitung unter D I.

791 *Gailhofer/Glinski*, Haftungsrechtlicher Rahmen von nachhaltiger Zertifizierung in textilen Lieferketten, S. 86.

792 BT-Drs. 19/28649, S. 48.

793 *Van Ho/Terwindt*, European Review of Private Law 2019, 5; *Business & Human Rights Resource Centre*, Social audit liability, S. 10.

Fällen stellt sich die Frage der unternehmensübergreifenden Reichweite der Verkehrspflichten von Auditunternehmen.[794]

Wurde ein transnational agierendes Auditunternehmen selbst mit der Durchführung eines Sozialaudits beauftragt und lagert lediglich die Inspektion vor Ort aus, könnte man zunächst überlegen, ob der Durchführende als Verrichtungsgehilfe einzustufen ist, dessen Verhalten sich das Auditunternehmen gemäß § 831 Abs. 1 BGB zurechnen lassen muss. Handelt es sich bei dem Durchführenden um ein selbständiges Unternehmen, fehlt es jedoch nach der herrschenden Meinung bereits an der erforderlichen Abhängigkeit und Weisungsgebundenheit. Auch in Konzernkonstellationen wird eine entsprechend enge Eingliederung in den Organisationskreis des Mutterunternehmens nur selten vorkommen.[795] Überdies stünde dem Mutterunternehmen bei einer Anwendung von § 831 Abs. 1 BGB der dezentralisierte Entlastungsbeweis zur Verfügung, was die Geltendmachung eines Anspruchs erschweren würde.[796]

Überträgt das Auditunternehmen eine ursprünglich ihm erteilte Aufgabe an einen Dritten, handelt es sich jedoch um die Delegation einer Verkehrspflicht. Eine solche Delegation hat zwar zur Folge, dass der Übernehmende seinerseits deliktisch verantwortlich wird, sie befreit jedoch den ursprünglich Verkehrspflichtigen nicht vollständig von seiner Verantwortung. Dieser bleibt vielmehr zur sorgfältigen Auswahl und Instruktion sowie zur fortlaufenden Überwachung des Übernehmenden verpflichtet.[797] Wird erkennbar, dass der Übernehmende die erforderlichen Sicherungsmaßnahmen nicht in ausreichendem Maße ergreift, muss der ursprünglich Verkehrspflichtige einschreiten.[798]

Auditunternehmen dürfen die Kontrollen vor Ort also nur an solche natürlichen oder juristischen Personen auslagern, von denen sie eine sorgfältige Durchführung erwarten, und müssen diese zudem ausreichend instruieren und kontrollieren. Wird erkennbar wird, dass der Übernehmende nicht mit der nötigen Sorgfalt vorgeht, müssen sie einschreiten. Kommen sie dieser Pflicht nicht nach, können sie selbst wegen Verletzung einer

---

794 Siehe hierzu auch *Gailhofer/Glinski*, Haftungsrechtlicher Rahmen von nachhaltiger Zertifizierung in textilen Lieferketten, S. 42.

795 *Thomale/Murko*, EuZA 2021, 40, 53; *Fleischer/Korch*, ZIP 2019, 2181, 2185; *Weller/Kaller/Schulz*, AcP 216 (2016), 387, 407.

796 *Thomale/Murko*, EuZA 2021, 40, 54; *Thomale/Hübner*, JZ 72 (2017), 385, 393.

797 MüKo BGB-G. *Wagner*, § 823 Rn. 582; BGH, Urt. v. 23.01.1990 – VI ZR 209/89, BGHZ 110, 114; BGH Urt. v. 22.07.1999 – III ZR 198/98, BGHZ 142, 227.

798 MüKo BGB-G. *Wagner*, § 823 Rn. 582.

Verkehrspflicht haftbar gemacht werden. Dennoch ist davon auszugehen, dass die Auslagerung des Prüfauftrags die Haftbarmachung in der Praxis erschwert, da die vorgeworfene Verletzung in solchen Fällen noch mittelbarer und noch weiter entfernt von der eigenen Wahrnehmung der betroffenen Rechteinhaber*innen stattfindet.

Anders liegt der Fall, wenn ein lokales Tochterunternehmen direkt durch den Auftraggeber mit der Durchführung eines Sozialaudits beauftragt wird. In diesem Fall lässt sich eine Verkehrspflicht des Mutterunternehmens nicht aus der Übernahme einer Aufgabe herleiten, da es selbst ja keine Aufgabe übernommen hat. Ob das Mutterunternehmen dennoch zur Verantwortung gezogen werden kann, hängt also davon ab, ob dieses Unternehmen eine Sorgfaltspflicht zur Vermeidung von Menschenrechtsverletzungen durch ausländische Tochterunternehmen trifft. Diese Frage stellt sich allgemein in der Diskussion um die Haftung transnationaler Unternehmen.[799]

Eine grundsätzliche deliktische Außenhaftung für Menschenrechtsverletzungen von Tochterunternehmen wird nach dem geltenden Recht mehrheitlich nicht angenommen.[800] Nach herrschender Meinung kann die Haftung für Menschenrechtsverletzungen von Konzerntöchtern nicht aus der Legalitätsdurchsetzungspflicht des Muttervorstands hergeleitet werden. Zwar ergibt sich aus §§ 76 I, 93 AktG eine Pflicht des Vorstands zur Vermeidung von Gesetzesverstößen innerhalb des Unternehmens. Der *Siemens/Neubürger*-Entscheidung des LG München I lässt sich zudem entnehmen, dass sich diese Pflicht auf ausländische Konzerntöchter erstrecken kann.[801] Allerdings begründet ein Verstoß lediglich eine Innenhaftung des Vorstands gegenüber der Muttergesellschaft und keinen Anspruch Außenstehender.[802] Aber auch eine Verkehrspflicht des Mutterunternehmens zur Verhinderung von Menschenrechtsverletzungen durch Tochterunternehmen wird, ähnlich wie in Zulieferkonstellationen, nur in Ausnahmefällen angenommen, da es sich bei Konzerntöchtern um juristisch selbständige Unternehmen handelt. Eine deliktische Verantwortung wird vor allem

---

799 Siehe hierzu bereits in Kapitel 1 unter A II 2 a.

800 Siehe z. B. *Hübner*, Grundlagen der Haftungsmöglichkeiten im nationalen Zivilrecht, 11, 23 f..

801 LG München I, Urt. v. 10.12.2013 – 5 HK O 1387/10, NZG 2014, 345; *Fleischer*, NZG 2014, 321, 326.

802 *Weller/Kaller/Schulz*, AcP 216 (2016), 387, 417; *Weller/Thomale*, ZGR 2017, 509, 519 f..

dann erwogen, wenn das Mutterunternehmen in erheblichem Maße Einfluss auf die Tätigkeit des Tochterunternehmens nimmt.[803]

In Auditfällen ist jedoch zusätzlich Folgendes zu bedenken: Anders als in Fällen, in denen transnationale Unternehmen ihre Produktion auf ausländische Tochtergesellschaften auslagern und damit zumindest eine Ursache für mögliche Menschenrechtsverletzungen setzen, fehlt es hier bereits an einer vergleichbaren Auslagerung einer eigenen Geschäftstätigkeit. Hinzu kommt, dass auch Konzerntöchter von Auditunternehmen Verletzungen in der Regel nicht selbst verursachen, sondern diese nur geschehen lassen, obwohl sie zum Einschreiten verpflichtet wären. Es bräuchte daher besondere Anhaltspunkte, um in solchen Fällen auch noch dem Mutterunternehmen eine Verkehrspflicht zum Schutz der Rechte der Beschäftigten aufzuerlegen. Denkbar wäre dies beispielsweise, wenn das Mutterunternehmen selbst Vertrauen für eine ordnungsgemäße Durchführung von Sozialaudits in Anspruch nimmt, wenn die genauen Vorgaben für die Überprüfung von der Konzernmutter stammen oder wenn sich das Mutterunternehmen in einem konkreten Fall in die Prüftätigkeit des Tochterunternehmens einmischt.

cc. Haftungsbegründende Kausalität

Liegt eine Verkehrspflichtverletzung eines Auditunternehmens vor, muss diese auch kausal für die eingetretene Rechtsgutsverletzung gewesen sein, um zu einer Haftung zu führen. Der fehlerhafte Sozialaudit und die daraus resultierende Nichtoffenlegung bestehender Risiken muss also zu einer Verletzung von geschützten Rechtsgütern bei den Beschäftigten geführt haben. Dass die unmittelbare Rechtsgutsverletzung durch einen Dritten, nämlich in der Regel durch den Zulieferer, verursacht wurde, hindert die Annahme der Kausalität nicht. Ausreichend ist eine Mitverursachung durch den Verkehrspflichtigen.[804] Dass diese in der Praxis häufig nur schwer nachzuweisen ist, wird noch gesondert thematisiert werden.[805]

---

803 *Nordhues*, Die Haftung der Muttergesellschaft und ihres Vorstands für Menschenrechtsverletzungen im Konzern, S. 139; *von Falkenhausen*, Menschenrechtsschutz durch Deliktsrecht, 200 ff.

804 *Osieka*, Zivilrechtliche Haftung deutscher Unternehmen für menschenrechtsbeeinträchtigende Handlungen ihrer Zulieferer, S. 193.

805 Siehe hierzu in Kapitel 2 unter B I 2 a gg.

dd. Rechtswidrigkeit

Die Feststellung der Rechtswidrigkeit dürfte bei der deliktischen Haftung von Auditunternehmen in der Regel keine besonderen Probleme bereiten. Nach der Lehre vom Erfolgsunrecht wird die Rechtswidrigkeit ohnehin bereits durch die Rechtsgutsverletzung indiziert und entfällt nur bei Vorliegen eines Rechtfertigungsgrundes.[806] Zwar wird insbesondere bei fahrlässig herbeigeführten Rechtsgutverletzungen nach der Lehre vom Handlungsunrecht die Rechtswidrigkeit nur dann bejaht, wenn die Verletzungshandlung einen Verstoß gegen die im Verkehr erforderliche Sorgfalt darstellt.[807] Ob dies der Fall ist, wurde nach dem hier gewählten Prüfungsaufbau bereits auf der Tatbestandsebene untersucht. Da die Verortung dieser Frage für das Ergebnis der Anspruchsprüfung jedoch ohne Bedeutung ist, kann an dieser Stelle auf weitere Ausführungen verzichtet werden. Lediglich bei offenen Tatbeständen wie der Verletzung des Allgemeinen Persönlichkeitsrechts erfordert das Rechtswidrigkeitsurteil eine gesonderte Güter- und Interessenabwägung.[808] Dies ist zum Beispiel in Fällen von Zwangsarbeit oder der Geschlechterdiskriminierung denkbar. Da diesen Rechten bei Sozialaudits nicht etwa die Meinungs- und Pressefreiheit des Schädigers, sondern lediglich Gewinnerzielungsinteressen gegenüberstehen, ist davon auszugehen, dass eine Abwägung regelmäßig zugunsten der Geschädigten ausfallen würde.[809]

ee. Verschulden

Darüber hinaus ist ein Verschulden des Schädigers erforderlich, das heißt ihm muss entweder Vorsatz oder Fahrlässigkeit zur Last gelegt werden können. Obwohl im Rahmen von Sozialaudits auch vorsätzliche Rechtsgutsverletzungen von Auditunternehmen nicht ausgeschlossen sind, beispielsweise in Fällen der Bestechlichkeit, wird es in der Regel um einen Fahrlässigkeitsvorwurf gehen. Fahrlässigkeit handelt nach § 276 Abs. 2 BGB, wer die im

---

806 BGH, Beschl. v. 04.03.1957 - GSZ 1/56, BGHZ 24, 21, 24 f.; BGH, Urt. 12.02.1963 - VI ZR 70/62, BGHZ 39, 103, 108.

807 *Raab*, JuS 2002, 1041, 1045; MüKo BGB-G. *Wagner*, Rn. 6 m. w. N.

808 BGH, Urt. v. 21.06.1966 – VI ZR 261/64, BGHZ 45, 296, 307.

809 *Osieka*, Zivilrechtliche Haftung deutscher Unternehmen für menschenrechtsbeeinträchtigende Handlungen ihrer Zulieferer, S. 194 zur Haftung transnationaler Unternehmen in Fällen von Zwangsarbeit.

Verkehr erforderliche Sorgfalt außer Acht lässt. Zwar wurde in Fällen der Verkehrspflichtverletzung ein Sorgfaltsverstoß bereits auf Tatbestandsebene geprüft. Im Rahmen des Verschuldens geht es aber um die Verletzung der inneren Sorgfalt, also darum, ob dem Schädiger ein individueller Vorwurf für das Außerachtlassen der im Verkehr erforderlichen Sorgfalt gemacht werden kann.[810] Dass dies der Fall ist, ergibt sich meist aus der Verletzung der äußeren Sorgfalt. Nur ausnahmsweise ist die Fahrlässigkeit zu verneinen, wenn der Schädiger aus individuellen Gründen nicht im Stande war, die an ihn gestellten Verhaltensanforderungen zu erfüllen.[811] Denkbar wäre eine solche Ausnahme zum Beispiel, wenn ein Auditunternehmen ex ante gar nicht erkennen konnte, dass die durchgeführten Kontrollen nicht ausreichend sind.[812]

ff. Schaden und haftungsausfüllende Kausalität

Schließlich ist auch der Eintritt eines kausal auf der Rechtsgutsverletzung beruhenden Schadens erforderlich. Ersatzfähig sind neben materiellen Schäden gemäß § 253 BGB auch immaterielle Schäden. So kann insbesondere wegen einer Verletzung des Körpers, der Gesundheit, der Freiheit oder der sexuellen Selbstbestimmung nach § 253 Abs. 1 BGB Schmerzensgeld zugesprochen werden.

gg. Beweisfragen

Der Beweis für die anspruchsbegründenden Tatsachen, insbesondere für die Verletzung einer Verkehrspflicht im Rahmen des § 823 Abs. 1 BGB, obliegt grundsätzlich den Geschädigten.[813] Das stellt Betroffene in Fällen fehlerhafter Sozialaudits vor erhebliche praktische Schwierigkeiten, da diese in der Regel weder die Prüfabläufe und Auditberichte kennen noch einen Einblick in unternehmensinterne Abläufe haben, die zur Fehlerhaftigkeit des Sozialaudits geführt haben könnten. Womöglich können jedoch Beweiserleichterungen zugunsten der Betroffenen angenommen werden.

---

810 BeckOK BGB-*Förster*, § 823 Rn. 298.
811 BGH, Urt. v. 31.05.1994 – VI ZR 233/93, NJW 1994, 2232, 2233; *Raab*, JuS 2002, 1041, 1048.
812 Für transnationale Unternehmen im Allgemeinen: *Görgen*, Unternehmerische Haftung in transnationalen Menschenrechtsfällen, S. 334.
813 *Förster*, JA 2017, 721, 728 BGH, Urt. v. 14.03.1985 – III ZR 206/83, VersR 1985, 641.

Eine Abweichung vom Grundsatz der Beweislast des Geschädigten ist insbesondere im Bereich der Produzentenhaftung anerkannt. Seit der sogenannten Hühnerpest-Entscheidung des BGH nimmt die Rechtsprechung eine Beweislastumkehr zu Lasten des Herstellers an, wenn jemand bei bestimmungsgemäßer Verwendung eines fehlerhaft hergestellten Produkts geschädigt wird. Das wird damit begründet, dass die Ursache der Unaufklärbarkeit im Bereich des Produzenten liegt, dieser somit an der Sachverhaltsaufklärung „näher dran" ist.[814] Von einigen Autor*innen wird diese Überlegung als Argument für eine allgemeine Beweislastumkehr in Fällen der unternehmerischen Organisationspflichtverletzung herangezogen.[815] Auch im *PIP*-Fall wird die Anwendung der im Rahmen der Produzentenhaftung aufgestellten Beweisgrundsätze diskutiert, überwiegend jedoch skeptisch gesehen.[816] Vorbehalte gegenüber der Übertragbarkeit dieser Grundsätze ergeben sich vor allem daraus, dass die Benannte Stelle aufgrund ihrer Prüftätigkeit zwar weitergehende Einblicke in das Produktionsgeschehen hat als der Geschädigte, sich aber dennoch in einem fremden Organisationsbereich, nämlich dem des Herstellers, befindet.[817] Eine Beweislastumkehr wird lediglich insoweit in Betracht gezogen, als es sich bei den fraglichen Umständen um Betriebsinterna der Benannten Stelle handelt.[818] Für Auditfälle lassen sich aber auch deshalb nur eingeschränkt Parallelen zur Produzentenhaftung ziehen, weil nicht etwa die Herstellung eines Produkts, sondern Arbeitsbedingungen überprüft werden. Auditunternehmen sind daher überhaupt nicht, auch nicht indirekt, in den Herstellungsprozess eines fehlerhaften Produkts involviert. Hinzu kommt, dass die Geschädigten anders als bei der Überprüfung von Medizinprodukten durchaus unmittelbar mit der Prüfleistung in Berührung kommen, es sich also nicht um einen gänzlich von ihnen abgeschottet stattfindenden Prozess handelt, auch wenn ihnen dieser Berührungspunkt praktisch meist wenig bringt.

---

814 BGH, Urt. v. 26.11.1968 – VI ZR 212/66, BGHZ 51, 91.

815 So z. B. *Görgen,* Unternehmerische Haftung in transnationalen Menschenrechtsfällen, S. 321; *Spindler,* Unternehmensorganisationspflichten, 995 ff; *Matusche-Beckmann,* Organisationsverschulden, 130 ff.

816 *Handorn,* MPR 2020, 231, 240; *Brüggemeier,* JZ 73 (2018), 191, 196; *Nietsch/Osmanovic,* ZIP 41 (2020), 2316, 2324.

817 *Nietsch/Osmanovic,* ZIP 41 (2020), 2316, 2324.

818 *Brüggemeier,* JZ 73 (2018), 191, 196.

Als Hilfestellung für Betroffene kann man daher wohl am ehesten eine sekundäre Darlegungslast heranziehen.[819] Eine solche wird von der Rechtsprechung angenommen, wenn die eigentlich darlegungsbelastete Partei außerhalb des von ihr darzulegenden Geschehensablaufes steht und keine nähere Kenntnis der maßgebenden Tatsachen besitzt, während der Prozessgegner die Kenntnis hat und ihm nähere Angaben unschwer möglich und zumutbar sind.[820] Diese Voraussetzungen werden in Auditfällen häufig erfüllt sein, da Betroffene in der Regel kaum Einblick in die Organisation, Durchführung und Ergebnisse der Sozialaudits haben. Somit wäre zunächst das beklagte Auditunternehmen darlegungsbelastet.

Auch der Nachweis der haftungsbegründenden Kausalität ist für Betroffene mit Schwierigkeiten behaftet. Die Feststellung der haftungsbegründenden Kausalität erfolgt nach der conditio sine qua non-Formel.[821] Wird dem Schädiger ein Unterlassen vorgeworfen, darf die unterlassene Handlung nicht hinzugedacht werden können, ohne dass der Schaden entfällt.[822] Ein sorgfaltsgemäßes Handeln des in Anspruch genommenen Auditunternehmens müsste also nachweislich dazu geführt haben, dass die eingetretenen Rechtsgutsverletzungen vermieden worden wären. Um diesen Nachweis zu führen, müssten die Geschädigten zur Überzeugung des Gerichts darlegen können, dass die Durchführung stringenterer Kontrollen zur Entdeckung der eingetretenen Risiken geführt hätte. Zudem müssten sie darlegen können, dass die entdeckten Risiken im Falle ihrer Offenlegung auch beseitigt worden wären. Beides ist auch angesichts fehlender Einblicke in Ablauf und Ergebnis von Sozialaudits häufig nur schwer zu bewerkstelligen.[823] Zunächst einmal kann eine kausale Verursachung nur bezüglich solcher Rechtsgutsverletzungen angenommen werden, die zu einem Zeitpunkt eingetreten sind, zu dem die erforderlichen Schutzmaßnahmen bereits nachweislich Wirkung gezeigt hätten.[824] Zudem wird der Nachweis der hypothetischen Behebung von Risiken dadurch erschwert, dass nicht in jedem Fall

---

819 Für die Haftung der Benannten Stelle im Medizinprodukterecht: *Nietsch/Osmanovic*, ZIP 41 (2020), 2316, 2325.

820 BGH, Urt. v. 08.03.2021 – VI ZR 505/19, NJW 2021, 1669: BGH, Urt. v. 11.06.1990 – II ZR 159/89, NJW 1990, 3151 f.; BGH, Urt. v. 15.10.1986 – IV b ZR 78/85, BGHZ 98, 353.

821 MüKo BGB-*G. Wagner*, § 823 Rn. 72.

822 *Wandt*, Gesetzliche Schuldverhältnisse, § 16 Rn. 137.

823 Auf ähnliche Beweisschwierigkeiten weisen *Rott/Glinski*, ZEuP 2015, 192, 208 im Rahmen der *PIP*-Fälle hin.

824 Zum *PIP*-Fall: *Nietsch/Osmanovic*, ZIP 41 (2020), 2316, 2325.

verlässliche Mechanismen existieren, die eine Beseitigung der durch das Auditunternehmen offengelegten Verstöße sicherstellen.

Allerdings erfordert auch der Kausalitätsnachweis im Sinne von § 286 ZPO nach ständiger Rechtsprechung nicht, dass die Verletzungshandlung mit an Sicherheit grenzender Wahrscheinlichkeit zu einer Rechtsgutsverletzung geführt hätte.[825] Als ausreichend erachtet wird vielmehr „ein Grad von Gewissheit, der Zweifeln eines besonnenen, gewissenhaften und lebenserfahrenen Beurteilers Schweigen gebietet; Zweifel, die sich auf lediglich theoretische Möglichkeiten gründen, für die tatsächliche Anhaltspunkte nicht bestehen, sind hierbei nicht von Bedeutung."[826] Dadurch wird dem Umstand Rechnung getragen, dass ein pflichtwidriges Verhalten in den meisten Fällen nur mit einer bestimmten Wahrscheinlichkeit zu einem Schaden führt und insbesondere in Unterlassensfällen eine Verursachung im naturwissenschaftlich-logischen Sinn gar nicht möglich ist.[827]

In einigen Fällen können zudem auch für den Nachweis der haftungsbegründenden Kausalität Beweiserleichterungen zugunsten der Geschädigten herangezogen werden.[828] Ist beispielsweise ein Zulieferer vertraglich verpflichtet, entdeckte Risiken innerhalb einer bestimmten Frist zu beheben, und bestehen auch Kontrollmechanismen und Sanktionen, die eine Behebung sicherstellen sollen, kann eine tatsächliche Vermutung für die Kausalität der Pflichtverletzung des Auditunternehmens vorgebracht werden.

Stellt das Schadensereignis nach allgemeiner Lebenserfahrung eine typische Folge der Pflichtverletzung dar, kommt dem Geschädigten ein Anscheinsbeweis zugute. Dies wird bei der Verletzung von Verkehrspflichten aber vor allem dann angenommen, wenn genaue Verhaltensanweisungen zur Vermeidung typischer Gefährdungen existieren und sich gerade die Gefahr verwirklicht hat, der durch diese Verhaltensanweisungen begegnet werden sollte.[829] Solche Verhaltensanweisungen müssten also zunächst einmal existieren. Mangels gesetzlicher Normierung eines Pflichtenprogramms für Sozialaudits wäre hier insbesondere an Vorgaben des Auftraggebers sowie verbindliche Verhaltensregeln im Rahmen von priva-

---

825 BGH, Urt. v. 17.02.1970 – III ZR 139/67, BGHZ 53, 245; BGH, Urt. v. 08.07.2008 – VI ZR 259/06, NJW 2008, 2846, 2848; BGH, Urt. v. 19.10.2010 – VI ZR 241/09, NJW 2011, 375, 376.

826 BGH, Urt. v. 08.07.2008 – VI ZR 259/06, NJW 2008, 2846, 2848.

827 MüKo BGB-G. *Wagner*, § 823 Rn. 72.

828 Zu Beweisschwierigkeiten und der Erforderlichkeit von Beweiserleichterungen bei der Produktzertifizierung siehe *Rott/Glinski*, ZEuP 2015, 192, 208.

829 BGH, Urt. v. 14.12.1993 – VI ZR 271/92, NJW 1994, 945, 946.

ter Verhaltensstandards zu denken. Diese müssten jedoch hinreichend bestimmt sein und einen konkreten Bezug zu den eingetretenen Gefahren aufweisen, um berücksichtigungsfähig zu sein. Hinzu kommt, dass sich der Anscheinsbeweis in vielen Auditfällen leicht entkräften ließe, da häufig allein aufgrund des Zeitraums zwischen Durchführung des Sozialaudits und Eintritt einer Rechtsgutsverletzung sowie der Vielzahl der involvierten Akteure auch andere Geschehensabläufe in Betracht kommen.

Auch eine vollständige Beweislastumkehr bezüglich der haftungsbegründenden Kausalität ist in Auditfällen keine realistische Option. Zwar ist die Rechtsprechung in der Vergangenheit beispielsweise in Fällen grober Verletzung von Verträgen zum Schutz der Gesundheit eines Vertragspartners von einer umgekehrten Beweislast ausgegangen.[830] In diesen Fällen war der Gesundheitsschutz jedoch anders als bei Sozialaudits die vertragliche Hauptpflicht des Schuldners, so dass sich die dort aufgestellten Grundsätze nur schwer übertragen lassen.[831]

Selbst wenn die Anspruchsvoraussetzungen des § 823 Abs. 1 BGB erfüllt sind, stehen Betroffene somit vor massiven Beweisschwierigkeiten.

b. § 823 Abs. 2 BGB in Verbindung mit einem Schutzgesetz

Eine weitere mögliche Anspruchsgrundlage für die Haftung von Auditunternehmen ist § 823 Abs. 2 BGB in Verbindung mit einem Schutzgesetz. Die besondere Bedeutung dieser Norm ergibt sich vor allem daraus, dass sie die Erlangung von Schadensersatz auch im Falle reiner Vermögensschäden sowie bei der Verletzung sonstiger Rechtsgüter, die nicht von § 823 Abs. 1 BGB erfasst sind, ermöglicht. Indem § 823 Abs. 2 BGB an den Verstoß gegen das Schutzgesetz und nicht an die Herbeiführung eines bestimmten Verletzungserfolgs anknüpft, ermöglicht er zudem in Gefährdungsfällen eine gewisse Vorverlagerung der Haftung.[832]

---

830 Siehe ursprünglich zum ärztlichen Behandlungsfehler RGZ 171, 168, 171; BGH, Urt. v. 28.04.1959 – VI ZR 51/58 - NJW 1959, 1583; nunmehr beispielsweise auch BGH, Urt. v. 13.03.1962 – VI ZR 142/61, NJW 1962, 959 f. für die Erteilung von Schwimmunterricht und BGH, Urt. v. 11.05.2017 – III ZR 92/16, BGHZ 215, 44 für Pflichten aus einem Hausnotrufvertrag. Die Entwicklung der Rechtsprechung zur Beweislastumkehr zusammenfassend: MüKo BGB-*Wagner*, § 823 Rn. 97 f.

831 Zur beschränkten Analogiefähigkeit siehe MüKo BGB-*Wagner*, § 823 Rn. 98.

832 BeckOK BGB-*Förster*, § 823 Rn. 266.

Da die Haftung nach § 823 Abs. 2 BGB durch die Verletzung eines Schutzgesetzes ausgelöst wird, muss zunächst ein entsprechendes Schutzgesetz existieren. Gemäß Art. 2 EGBGB ist ein Gesetz im Sinne des BGB jede Rechtsnorm, das heißt jede mit staatlich verliehener Rechtssetzungsmacht festgelegte, abstrakt-generelle Regel.[833] Schutzgesetz gemäß § 823 Abs. 2 BGB ist eine Rechtsnorm, die nach Zweck und Inhalt zumindest auch dazu dienen soll, den Einzelnen oder einzelne Personenkreise gegen die Verletzung eines bestimmten Rechtsguts zu schützen.[834] Falls der Schutzzweck durch die gesetzliche Regelung nicht ausdrücklich benannt ist, muss er durch Auslegung ermittelt werden.

Anders als in Fällen der Zertifizierung von Medizinprodukten, in denen der Schutzzweck aus den Regelungen zur Durchführung des Konformitätsbewertungsverfahrens durch die Benannte Stelle hergeleitet werden kann,[835] fehlt es bei Sozialaudits an einer gesetzlichen Regelung des Prüfverfahrens. Auch das seit dem 1. Januar 2023 geltende Lieferkettensorgfaltspflichtengesetz kann aufgrund der in § 3 Abs. 3 S. 1 LkSG enthaltenen Klarstellung, dass eine Verletzung der normierten Pflichten keine zivilrechtliche Haftung begründet, nicht als Schutzgesetz herangezogen werden.[836] Gegen eine Heranziehung des LkSG spricht zudem die fehlende Passgenauigkeit für die Tätigkeit von Auditunternehmen.[837] Als Schutzgesetz kommen daher lediglich allgemeinere Regelungen zum Schutz der betroffenen Rechtsgüter in Betracht.

aa. International anerkannte Menschenrechte als Schutzgesetze

Hier könnte man zum einen an die international anerkannten Menschenrechte selbst, wie sie beispielsweise im IRbpR, dem IPwskR oder den ILO-

---

833 BeckOK BGB-*Förster*, § 823 Rn. 268 mit Verweis auf RGZ 135, 242, 245.
834 St. Rspr., siehe z. B. BGH, Urt. v. 22.06.2010 – VI ZR 212/09, BGHZ 186, 58; BGH, Urt. v. 10.02.2011 – I ZR 136/09, BGHZ 188, 326; BGH, Urt. v. 14.05.2013 – VI ZR 255/11, BGHZ 197, 225.
835 BGH, Urt. v. 27.02.2020 – VII ZR 151/18, NJW 2020, 1514, 1517 stellte hierzu klar: „Bei der im Medizinproduktegesetz getroffenen Regelung zum EU-Konformitätsbewertungsverfahren und den Rechten und Pflichten der Benannten Stelle bei Medizinprodukten der Klasse III in § 6 I und II iVm § 37 MPG, § 7 I Nr. 1 der VO über Medizinprodukte (MPV) und Anhang II der RL 93/42/EWG handelt es sich um ein den Schutz eines anderen bezweckendes Gesetz iSv § 823 II BGB.“
836 Siehe hierzu bereits in Kapitel 1 unter A II 2 b.
837 Siehe hierzu bereits in Kapitel 2 unter B I 2 a aa (2) (c) (ee).

Kernarbeitsnormen verankert sind, denken. Für die Einstufung als Schutzgesetze spricht zwar der individualschützende Charakter der Menschenrechte.[838] Allerdings richten sich völkerrechtliche Verträge zum Schutz von Menschenrechten ausschließlich an Staaten.[839] Ähnlich wie die Grundrechte, die vor allem Abwehrrechte des Bürgers im Vertikalverhältnis zum Staat darstellen, entfalten Menschenrechte zwischen privaten Akteuren grundsätzlich keine horizontale Geltung.[840] Zudem sind die Menschenrechte als solche zu unbestimmt, um einen eigenständigen Haftungstatbestand darzustellen.[841] Im Ergebnis können sie daher nicht als Schutzgesetz herangezogen werden.[842]

bb. Öffentliche und private Verhaltensstandards als Schutzgesetze

Auch öffentliche und private Verhaltensstandards qualifizieren sich mangels Gesetzescharakter nicht als Schutzgesetze im Sinne von § 823 Abs. 2 BGB. Private Verhaltensstandards wie etwa Verhaltenskodizes einzelner Unternehmen oder Sozialstandardinitiativen lassen sich erst gar nicht auf staatliche Rechtssetzung zurückführen und können daher keinen Schutzgesetzcharakter haben.[843] Aber auch Verhaltensstandards internationaler Organisationen wie den UN-Leitprinzipien oder den OECD-Leitsätzen fehlt es an der erforderlichen rechtlichen Verbindlichkeit, um als Schutzgesetze zu fungieren.[844]

---

838 *Haider,* Haftung von transnationalen Unternehmen und Staaten für Menschenrechtsverletzungen, S. 426.
839 *Weller/Kaller/Schulz,* AcP 216 (2016), 387, 406.
840 *Hübner,* Grundlagen der Haftungsmöglichkeiten im nationalen Zivilrecht, 11, 20.
841 *G. Wagner,* RabelsZ 80 (2016), 717, 756.
842 *Habersack/Ehrl,* AcP 219 (2019), 155, 194 Ausführlich zum Schutzgesetzcharakter der Menschenrechte der Vereinten Nationen: *Nordhues,* Die Haftung der Muttergesellschaft und ihres Vorstands für Menschenrechtsverletzungen im Konzern, S. 73 ff.
843 *Haider,* Haftung von transnationalen Unternehmen und Staaten für Menschenrechtsverletzungen, S. 423.
844 *Görgen,* Unternehmerische Haftung in transnationalen Menschenrechtsfällen, S. 353.

cc. Strafrechtliche Normen als Schutzgesetze

Strafrechtliche Normen können hingegen als Schutzgesetze herangezogen werden, soweit sie ein privates Interesse schützen.[845] Daher kann beispielsweise die Verwirklichung von Körperverletzungs- und Tötungsdelikten, aber auch von Straftaten gegen die persönliche Freiheit oder gegen das Vermögen eine Haftung nach § 823 Abs. 2 BGB auslösen. Da in Deutschland bislang kein Unternehmensstrafrecht existiert, kann ein Auditunternehmen selbst sich jedoch nicht strafbar machen. Die Haftung eines Auditunternehmens nach § 823 Abs. 2 BGB kann daher lediglich durch ein strafrechtlich relevantes Verhalten eines Organes oder verfassungsmäßigen Vertreters ausgelöst werden. Dieses wird dem Auditunternehmen für die Zwecke einer zivilrechtlichen Haftung über § 31 BGB zugerechnet. In welchen Fällen eine strafrechtliche Sanktionierung von Organen oder verfassungsmäßigen Vertretern von Auditunternehmen in Betracht kommt, wird in einem späteren Teil dieser Arbeit noch einmal thematisiert werden.[846] Wesentliche Einschränkungen ergeben sich vor allem aus der Notwendigkeit einer strafrechtlichen Garantenstellung in Unterlassensfällen sowie daraus, dass die vorsätzliche Begehung einer Straftat nur selten nachweisbar ist. Da nur ein Teil der möglicherweise durch fehlerhafte Sozialaudits verletzten Rechtsgüter überhaupt durch eine Fahrlässigkeitsstrafbarkeit geschützt ist, schränkt das die Haftung weiter ein. § 823 Abs. 2 BGB in Verbindung mit einer strafrechtlichen Norm als Schutzgesetz hat daher nur eine begrenzte praktische Bedeutung für die Haftung in Auditfällen. § 130 OWiG, der eine Sanktionierung des Inhabers eines Betriebes oder Unternehmens bei Verletzung der unternehmerischen Aufsichtspflicht vorsieht, wird überwiegend nicht als Schutzgesetz i. S. v. § 823 Abs. 2 BGB angesehen.[847] Ob dieser überhaupt für eine Haftung von Auditunternehmen im Zusammenhang mit Sozialaudits herangezogen werden kann, kann daher an dieser Stelle dahinstehen.

---

845 *Deutsch*, VersR 2004, 137; Für eine Auflistung der von der Rechtsprechung anerkannten Schutzgesetze aus dem StGB siehe MüKo BGB-*G. Wagner*, § 823 Rn. 690.
846 Siehe hierzu noch in Kapitel 2 unter B II 2.
847 MüKo BGB-*G. Wagner*, § 823 Rn. 697; BeckOK BGB-*Förster*, § 823 Rn. 291 beide mit Verweis auf BGH, Urt. v. 13.04.1994 - II ZR 16/93, BGHZ 125, 366, 373 ff.

dd. Weitere Anspruchsvoraussetzungen

Neben der Verletzung eines Schutzgesetzes setzt der Anspruch nach § 823 Abs. 2 BGB voraus, dass der Anspruchssteller zum Kreis der geschützten Personen gehört und dass ein Rechtsgut verletzt wurde, dessen Schutz die verletzte Vorschrift bezweckt.[848] Überdies muss die Schutzgesetzverletzung kausal für die eingetretene Rechtsgutsverletzung gewesen sowie rechtswidrig und schuldhaft erfolgt sein. Die Rechtswidrigkeit wird im Rahmen des § 823 Abs. 2 BGB regelmäßig durch die Tatbestandsverwirklichung indiziert.[849] Der Verschuldensmaßstab richtet sich grundsätzlich nach dem verletzten Schutzgesetz selbst. Ist ein Verstoß gegen das Schutzgesetz auch ohne Verschulden möglich, tritt eine Ersatzpflicht gemäß § 823 Abs. 2 S. 2 BGB jedoch nur im Fall eines schuldhaften Handelns ein.[850] Schließlich muss die Rechtsgutsverletzung in kausaler Weise einen ersatzfähigen Schaden hervorgerufen haben. Hier ergeben sich für die Haftung von Auditunternehmen keine Besonderheiten.

ee. Beweisfragen

Problematisch ist in Auditfällen wiederum die Beweisbarkeit der Verletzung eines Schutzgesetzes und deren Kausalität für die eingetretene Rechtsgutsverletzung. Beweisbelastet ist auch im Rahmen von § 823 Abs. 2 BGB grundsätzlich der Geschädigte.[851] Für die Geltendmachung einer Schutzgesetzverletzung bleibt den Betroffenen, wie auch für Ansprüche nach § 823 Abs. 1 BGB, wohl vor allem die Berufung auf eine sekundäre Darlegungslast des Auditunternehmens.[852] Für den Beweis der Kausalität kann dem Geschädigten hingegen ein Anscheinsbeweis zugutekommen, wenn der Schädiger gegen ein Schutzgesetz verstoßen hat, das typischen Gefährdungsmöglichkeiten entgegenwirken soll, und im Zusammenhang mit dem Verstoß gerade derjenige Schaden eingetreten ist, der mit Hilfe des Schutz-

---

848 *Deutsch*, VersR 2004, 137.

849 BGH, Urt. v. 26.02.1993 – V ZR 74/92, NJW 1993, 1580, 1581; BeckOK BGB-*Förster*, § 823 Rn. 283.

850 MüKo BGB-*G. Wagner*, § 823 Rn. 700.

851 BGH, Urt. v. 11.12.2001 – VI ZR 350/00, NJW 2002, 1123, 1124; BeckOK BGB-*Förster*, § 823 Rn. 286.

852 Siehe in Bezug auf § 823 Abs. 1 BGB bereits in Kapitel 2 unter B I 2 a gg.

gesetzes verhindert werden sollte.[853] Die hier hauptsächlich als Schutzgesetze in Betracht kommenden Strafgesetze sind jedoch häufig nicht auf spezifische Gefährdungssituationen zugeschnitten und daher nicht geeignet, den Anscheinsbeweis auszulösen. Somit bleibt es auch diesbezüglich in aller Regel bei der Beweislast des Geschädigten.

c. § 831 Abs. 1 BGB

Eine Haftung von Auditunternehmen könnte sich aber auch aus § 831 Abs. 1 BGB ergeben, Verursacht ein Verrichtungsgehilfe eine Rechtsgutsverletzung, kann der Geschäftsherr unter bestimmten Voraussetzungen haftbar gemacht werden. Es handelt sich hierbei nicht etwa um eine Haftung für fremdes Verschulden. Angeknüpft wird vielmehr an ein eigenes Fehlverhalten des Geschäftsherrn bei der Auswahl oder Überwachung des Verrichtungsgehilfen.[854]

Zunächst ist zu klären, wer überhaupt als Verrichtungsgehilfe von Auditunternehmen in Betracht kommt. Nach der Rechtsprechung gilt als Verrichtungsgehilfe, wer mit Wissen und Wollen des Geschäftsherrn weisungsabhängig in dessen Interessenkreis tätig wird.[855] In der Debatte um die Haftung von Bestellerunternehmen für Menschenrechtsverletzungen in ihren Lieferketten wird vor allem eine mögliche Einstufung von mit der Produktion beauftragten Tochterunternehmen oder Zulieferern als Verrichtungsgehilfen erwogen, in den meisten Fällen jedoch unter Verweis auf die fehlende Weisungsgebundenheit abgelehnt.[856] Diese häufig für die unmittelbare Rechtsgutsverletzung verantwortlichen Unternehmen kommen jedoch von vorneherein nicht als Verrichtungsgehilfen in Betracht, da sie überhaupt nicht im Interessenkreis der Prüfer*innen tätig werden. Mögliche Verrichtungsgehilfen von Auditunternehmen sind daher in erster Linie die Mitarbeiter*innen des Unternehmens, insbesondere die mit der Inspektion vor Ort befassten Auditor*innen. Teilweise können zudem lokale Tochterunternehmen, an die die Inspektion vor Ort ausgelagert wird, als

---

853 BGH, Urt. v. 14.12.1993 – VI ZR 271/92, NJW 1994, 945, 946; BGH, Urt. v. 02.12.1986 – VI ZR 252/85, NJW 1987, 1964, 1965.

854 Jauernig-*Teichmann*, § 831 Rn. 1; NK-BGB-*Katzenmeier*, § 831 Rn. 1.

855 BGH, Urt. v. 30.06.1966 – VII ZR 23/65, BGHZ 45, 313.

856 Siehe z. B. *Haider*, Haftung von transnationalen Unternehmen und Staaten für Menschenrechtsverletzungen, S. 435; *Görgen*, Unternehmerische Haftung in transnationalen Menschenrechtsfällen, S. 348.

Verrichtungsgehilfen eingestuft werden. Das kommt jedoch nur in Ausnahmefällen in Betracht, insbesondere wenn sich die Konzernmutter derart in die konkrete Geschäftstätigkeit der Tochtergesellschaft einmischt, dass sie diese gewissermaßen wie eine unselbständige Betriebseinheit leitet.[857]

Die Haftung nach § 831 Abs. 1 BGB setzt zudem eine widerrechtliche Schädigung eines Dritten durch den Verrichtungsgehilfen voraus. Das bedeutet, der Verrichtungsgehilfe muss einen der Tatbestände der §§ 823 ff. BGB rechtswidrig verwirklicht haben. Ein Verschulden des Verrichtungsgehilfen ist hingegen nicht erforderlich.[858] Im Kontext von Sozialaudits ist primär an eine Verwirklichung von § 823 Abs. 1 BGB zu denken. Die Geschäftsherrenhaftung hängt somit maßgeblich davon ab, ob eine Verkehrspflicht des Verrichtungsgehilfen des Auditunternehmens zum Schutz der Geschädigten bestand. Eine Verkehrspflicht lokaler Subunternehmer kann einerseits durch eine Delegation, andererseits durch eine direkte Beauftragung entstehen, wobei dies nur unter den oben dargelegten Voraussetzungen in Betracht kommt.[859] Überdies kann auch einzelne Auditor*innen unter bestimmten Voraussetzungen eine Verkehrspflicht treffen.[860] Neben einer Verkehrspflichtverletzung durch den Verrichtungsgehilfen kommt in Einzelfällen die Verletzung eines Schutzgesetzes nach § 823 Abs. 2 BGB oder eine vorsätzliche sittenwidrige Schädigung nach § 826 BGB als Ausgangsdelikt in Betracht.

Das deliktische Verhalten des Verrichtungsgehilfen muss zudem in Ausführung der Verrichtung stattgefunden haben. Das setzt nach der Rechtsprechung einen unmittelbaren inneren Zusammenhang zwischen der aufgetragenen Verrichtung und dem schädigenden Verhalten voraus und ist abzugrenzen vom bloßen Handeln „bei Gelegenheit" der Verrichtung.[861] Unterläuft dem Gehilfen daher bei der Ausführung seines Auftrags eine Unachtsamkeit, ist dies unproblematisch erfasst.[862] Aber auch ein weisungswidriges Verhalten des Gehilfen oder eine Überschreitung der Grenzen des

---

857 Zu transnationalen Unternehmen im Allgemeinen: *Nordhues,* Die Haftung der Muttergesellschaft und ihres Vorstands für Menschenrechtsverletzungen im Konzern, S. 153 f.

858 HK-BGB-*A. Staudinger,* § 831 Rn. 8.

859 Siehe hierzu genauer in Kapitel 2 unter B 2 a bb (2) (d).

860 Siehe hierzu in Kapitel 2 unter B II 1 b.

861 BGH, Urt. v. 06.10.1970 – VI ZR 56/69, NJW 1971, 31, 32; BGH, Urt. v. 14.02.1989 – VI ZR 121/88, NJW-RR 1989, 723, 725.

862 MüKo BGB-*G. Wagner,* § 831 Rn. 37.

Auftrags lässt den Zusammenhang grundsätzlich nicht entfallen.[863] Eine Grenze zieht die Rechtsprechung lediglich dort, wo der Verrichtungsgehilfe den Kreis der ihm übertragenen Aufgaben verlässt und die Berührung mit den Rechtsgütern des Geschädigten sich als rein zufällig darstellt.[864] Vorsätzliche Schädigungshandlungen sind von der Einstandspflicht des Geschäftsherrn zudem nur dann umfasst, wenn hierdurch gerade die übertragenen besonderen Pflichten verletzt werden.[865] Übertragen auf Sozialaudits bedeutet das, dass Auditunternehmen für das Verhalten einzelner Auditor*innen einstehen müssen, wenn diese bei der Durchführung eines Sozialaudits unachtsam vorgehen, beispielsweise indem sie Prüfschritte nur oberflächlich durchführen oder Anzeichen von Verstößen nicht nachgehen und dadurch Gefahren für die Beschäftigten unentdeckt bleiben. Eine Einstandspflicht besteht aber auch dann, wenn die Auditor*innen bestimmte Kontrollen weisungswidrig überhaupt nicht durchführen oder entdeckte Risiken bewusst nicht offenlegen. Nur wenn einzelne Auditor*innen den Beschäftigten vorsätzlich einen über die Verletzung der Prüfpflicht hinausgehenden Schaden zufügen, löst dies keine Geschäftsherrenhaftung aus.

Das Verschulden des Geschäftsherrn sowie die Kausalität seiner Sorgfaltspflichtverletzung für den Schadenseintritt werden nach § 831 Abs. 1 S. 2 BGB widerleglich vermutet. Der Geschäftsherr kann sich bezüglich des Verschuldens exkulpieren, indem er nachweist, dass er den für die schädigende Handlung verantwortlichen Verrichtungsgehilfen sorgfältig ausgewählt und überwacht hat.[866] Eine Exkulpation hinsichtlich der Kausalität ist gemäß § 831 Abs. 1 S. 2 Alt. 2 BGB durch den Nachweis möglich, dass der Schaden auch bei Anwendung der erforderlichen Sorgfalt eingetreten wäre. Speziell für Großbetriebe hat die Rechtsprechung den sogenannten dezentralisierten Entlastungsbeweis entwickelt. Der Betriebsinhaber muss sich demnach nicht für sämtliche Mitarbeiter exkulpieren, sondern lediglich nachweisen, dass er die ihm nachgeordnete Führungsebene sorgfältig ausgewählt und überwacht hat.[867] Das erleichtert eine Exkulpation für große Auditunternehmen und erschwert die Geltendmachung eines Anspruchs nach § 831 Abs. 1 BGB.

---

863 MüKo BGB-*G. Wagner*, § 831 Rn. 38.

864 BGH, Urt. v. 14.02.1989 – VI ZR 121/88, NJW-RR 1989, 723, 725.

865 BGH, Urt. v. 30.10.1967 – VII ZR 82/65, BGHZ 49, 19, 23; BGH, Urt. v. 12.06.1997 – I ZR 36–95, NJW-RR 1998, 250, 252.

866 BeckOK BGB-*Förster*, § 831 Rn. 42.

867 BGH, Urt. v. 25.10.1951 – III ZR 95/50, BGHZ 4, 1, 2; HK-BGB-*A. Staudinger*, § 831 Rn. 13.

d. § 826 BGB

Schließlich kann sich in bestimmten Fällen eine deliktische Haftung eines Auditunternehmens aus § 826 BGB ergeben. Da diese Anspruchsgrundlage keine Verletzung bestimmter Rechte oder Rechtsgüter voraussetzt, hat ein Vorgehen nach § 826 BGB für Geschädigte den Vorteil, dass auch reine Vermögensschäden oder die Beeinträchtigung ideeller Interessen ersatzfähig sind.[868]

Für eine Haftung nach § 826 BGB muss eine vorsätzliche sittenwidrige Schädigung stattgefunden haben. Als sittenwidrig gilt eine Schädigung, die „gegen das Anstandsgefühl aller billig und gerecht Denkenden verstößt"[869]. Wann dies der Fall ist, beurteilt sich nach den Umständen des konkreten Einzelfalles. Die Sittenwidrigkeit kann sich aus dem eingesetzten Mittel, dem verfolgten Zweck, dem Missverhältnis von Mittel und Zweck, aber auch aus den eingetretenen Folgen oder einer besonders verwerflichen subjektiven Gesinnung ergeben.[870] Eindeutig als sittenwidrig einzustufen wären in Auditfällen demzufolge Fälle der Kollusion zwischen Prüfunternehmen und bewertetem Zulieferer[871] oder Fälle, in denen ein positiver Auditbericht ausgestellt wird, ohne dass die Prüfer*innen die Fabrik überhaupt betreten haben.[872] Das bloße Erstatten eines fehlerhaften Gutachtens ist hingegen nicht ausreichend.[873] Auch die bloße Nichterfüllung einer allgemeinen Rechtspflicht oder einer vertraglichen Pflicht reicht nicht aus. Vielmehr verletzt ein Unterlassen die guten Sitten nur dann, wenn das geforderte Tun einem sittlichen Gebot entspricht.[874] Es müssen also besonde-

---

868 Für transnationale Menschenrechtsfälle im Allgemeinen: *Weller/Kaller/Schulz*, AcP 216 (2016), 387, 406; *Görgen*, Unternehmerische Haftung in transnationalen Menschenrechtsfällen, S. 379.

869 St. Rspr., siehe bereits RG, Urt. v. 11.04.1901 – Rep. VI. 443/00, RGZ 48, 114, 124, aber auch neuere Entscheidungen, z. B. BGH, Urt. v. 19.07.2004 – II ZR 402/02, BGHZ 160, 149; BGH, Urt. v. 20.07.2017 – IX ZR 310/14, NJW 2017, 2613.

870 HK-BGB-*A. Staudinger*, § 826 Rn. 7; Jauernig-*Teichmann*, § 826 Rn. 5.

871 vgl. *G. Wagner*, SSRN Electronic Journal 2012, 19 in Bezug auf Ratingagenturen.

872 vgl. MüKo BGB-*G. Wagner*, § 826 Rn. 176 in Bezug auf Wirtschaftsprüfer.

873 BGH, Urt. v. 24.09.1991 – VI ZR 293/90, NJW 1991, 3282, 3282 zur Haftung eines Sachverständigen für Grundstücks- und Gebäudebewertung wegen sittenwidriger Schädigung eines Dritten durch ein fehlerhaftes Gutachten.

874 BGH, Urt. v. 10.07.2001 – VI ZR 160/00, NJW 2001, 3702; BGH, Urt. v. 03.12.2013 – XI ZR 295/12, NJW 2014, 1098, 1099.

re Umstände hinzutreten, die die Untätigkeit verwerflich machen.[875] Hiervon wäre beispielsweise auszugehen, wenn ein Auditunternehmen Risiken für die Beschäftigten nur deswegen nicht anzeigt, um sich mit dem beauftragenden Unternehmen gut zu stellen und in der Folge weitere Prüfaufträge zu erhalten. Aber auch die Nichtanzeige erkannter menschenrechtlicher Risiken ohne Verfolgung eines besonderen wirtschaftlichen Eigeninteresses wird teilweise für die Annahme einer sittenwidrigen Schädigung als ausreichend erachtet, so beispielsweise im Fall von Abschlussprüfern, die einer als unrichtig erkannten Bilanz das Testat erteilen.[876] Weiteren Aufschluss kann folgende Feststellung des BGH zur Haftung eines Sachverständigen wegen sittenwidriger Schädigung bieten:

> „[...]. Daß der Sachverständige ein fehlerhaftes Gutachten erstattet hat, reicht dazu nicht aus. Erforderlich ist vielmehr, daß der Sachverständige sich etwa durch nachlässige Ermittlungen zu den Grundlagen seines Auftrages oder gar durch "ins Blaue" gemachte Angaben der Gutachtenaufgabe leichtfertig entledigt und damit eine Rücksichtslosigkeit gegenüber dem Adressaten des Gutachtens und den in seinem Informationsbereich stehenden Dritten an den Tag gelegt hat, die angesichts der Bedeutung, die das Gutachten für deren Entschließungen hatte, und der von ihm in Anspruch genommenen Kompetenz als gewissenlos bezeichnet werden muß."[877]

Neben der Sittenwidrigkeit muss zumindest bedingter Schädigungsvorsatz vorliegen. Dafür ist nicht erforderlich, dass der Schädiger weiß, welche oder wie viele Personen durch sein Verhalten geschädigt werden; vielmehr reicht es aus, dass er die Richtung, in der sich sein Verhalten zum Schaden irgendwelcher anderer auswirken könnte, und die Art des möglicherweise eintretenden Schadens vorausgesehen und mindestens billigend in Kauf genommen hat.[878] Ein vorsätzliches Handeln wird aber auch dann angenommen, wenn der Schädiger so leichtfertig gehandelt hat, dass er eine

---

875   BGH, Urt. v. 04.06.2013 – VI ZR 288/12, NJW-RR 2013, 1448, 1449; BGH, Urt. v. 19.10.2010 – VI ZR 124/09, ZIP 2010, 2458.

876   MüKo BGB-*G. Wagner*, § 826 Rn. 176.

877   BGH, Urt. v. 24.09.1991 – VI ZR 293/90, NJW 1991, 3282, 3282; ebenso: BGH, Urt. v. 19.11.2013 – VI ZR 336/12, NJW 2014, 383, 384.

878   St. Rspr., siehe z. B. BGH, Urt. v. 19.07.2004 – II ZR 402/02, BGHZ 160, 149; BGH, Urt. v. 25.05.2020 – VI ZR 252/19, BGHZ 225, 316.

Schädigung in Kauf genommen haben muss.[879] Hiervon wird man wohl auch in Fällen bewusst falscher Auditberichte ausgehen können. Erfolgt die Schadensverursachung aus einem Unternehmen heraus, fordert der BGH allerdings, dass ein verfassungsmäßiger Vertreter alle objektiven und subjektiven Tatbestandsmerkmale in seiner Person verwirklicht hat.[880] Selbst, wenn dies einmal der Fall sein sollte, wird ein entsprechender Nachweis dem Geschädigten aufgrund des fehlenden Einblicks in unternehmensinterne Abläufe kaum möglich sein.[881]

e. Ergebnis

Aus den Haftungsgrundlagen des Deliktsrechts ergibt sich nur in bestimmten Fällen eine Haftung von Auditunternehmen. Eine Haftung von Auditunternehmen nach § 823 Abs. 2 BGB in Verbindung mit einem Schutzgesetz kommt allein bei Vorliegen eines strafbaren Verhaltens von Organen oder verfassungsmäßigen Vertretern in Betracht. Ein solches Verhalten werden Betroffene jedoch nur selten nachweisen können. Eine Haftung von Auditunternehmen nach § 831 Abs. 1 BGB ist vor allem im Falle deliktischer Handlungen der eigenen Mitarbeiter*innen denkbar, in Einzelfällen auch bei Rechtsverletzungen durch lokale Tochterunternehmen. Diese Anwendungsfälle lassen sich allerdings in der Regel bereits von § 823 Abs. 1 BGB erfassen, da es sich bei den im Rahmen von § 831 Abs. 1 BGB bestehenden Auswahl- und Überwachungspflichten lediglich um Konkretisierungen der allgemeinen unternehmerischen Organisationspflicht handelt. Die eigenständige Bedeutung der Norm ergibt sich somit vor allem aus der Umkehr der Beweislast zugunsten des Geschädigten.[882] Im unternehmerischen Kontext wird dieser entscheidende Vorteil jedoch durch die Möglichkeit des dezentralisierten Entlastungsbeweises weitestgehend zunichte gemacht. Wenn im Rahmen von Sozialaudits nicht lediglich unzureichend geprüft, sondern Risiken bewusst außer Acht gelassen oder gar verschleiert wurden, kommt zudem ein Anspruch aus § 826 BGB in Betracht. Der Nachweis eines derart

---

879 BGH, Urt. v. 06.05.2008 – XI ZR 56/07, BGHZ 176, 281; BGH, Urt. v. 09.03.2010 – XI ZR 93/09, BGHZ 184, 365.

880 BGH, Urt. v. 28.06.2016 – VI ZR 536/15, NJW 2017, 250, 252 f.

881 Für transnationale Menschenrechtsfälle im Allgemeinen: *Görgen,* Unternehmerische Haftung in transnationalen Menschenrechtsfällen, S. 386. Auf entsprechende Beweisschwierigkeiten bei der Tätigkeit von Ratingagenturen weist zudem *Halfmeier,* Liability of Rating Agencies, 231, 244 hin.

882 MüKo BGB-*G. Wagner,* § 831 Rn. 13.

schwerwiegenden Fehlverhaltens ist für Betroffene jedoch ebenfalls nur schwer zu erbringen.

Die besten Chancen für die Geltendmachung deliktischer Ansprüche gegen Auditunternehmen bietet § 823 Abs. 1 BGB. Allerdings kann diese Anspruchsgrundlage nur für die Verletzung der in der Norm genannten Rechtsgüter herangezogen werden, während gerade einige wichtige Arbeiterrechte wie die Vereinigungsfreiheit und das Recht auf Kollektivverhandlungen oder das Recht auf einen angemessenen Lebensstandard nicht vom Schutzbereich das § 823 Abs. 1 BGB erfasst sind. Und auch die für eine Haftung erforderliche Verkehrspflicht von Auditunternehmen lässt sich unter Heranziehung der etablierten Kriterien der Rechtsprechung nur dann gut begründen, wenn eindeutig eine Schutzaufgabe zugunsten der Arbeiter*innen in den überprüften Produktionsstätten übernommen wurde. Dies ist zwar bei der Einbindung in ein Zertifizierungssystem oder eine Sozialstandardinitiative naheliegend, in „einfachen" Auditkonstellationen jedoch deutlich schwerer zu argumentieren. Zusätzlicher Begründungsaufwand für eine Verkehrspflicht eines Auditunternehmens ist auch dann nötig, wenn das Unternehmen die Überprüfung vor Ort an einen Dritten ausgelagert hat. Da die Tätigkeit von Auditunternehmen meist keinen robusten Vorgaben unterliegt, kann zudem die inhaltliche Darlegung eines Sorgfaltspflichtverstoßes Schwierigkeiten bereiten.[883] Schließlich stellt auch der Beweis der anspruchsbegründenden Tatsachen Betroffene vor eine nur schwer zu lösende Aufgabe. Zwar sind punktuell Beweiserleichterungen sowie die Annahme einer sekundären Darlegungslast des Auditunternehmens denkbar. Ob diese in einem Prozess tatsächlich zum Tragen kommen, ist für Betroffene, die eine Klage erwägen, jedoch nur schwer abschätzbar.[884]

3. Annex: Verantwortung nach dem Straf- und Ordnungswidrigkeitenrecht

Eine genuin strafrechtliche Verantwortung von Auditunternehmen kommt nicht in Betracht, da das geltende deutsche Recht keine strafrechtlichen Sanktionen für Unternehmen vorsieht. Die Einführung einer Unternehmensstrafbarkeit, die in vielen anderen Ländern existiert, wird von der herrschenden Meinung vor allem unter Berufung auf die fehlende Hand-

---

883 *Business & Human Rights Resource Centre,* Social audit liability, S. 9.
884 *Saage-Maaß/Klinger,* Unternehmen vor Zivilgerichten wegen der Verletzung von Menschenrechten, 249, 263.

lungs- und Schuldfähigkeit juristischer Personen und Personenvereinigungen abgelehnt; entsprechende Reformbestrebungen blieben bislang ohne Erfolg.[885] Folglich ist ein strafrechtliches Vorgehen de lege lata nur gegen natürliche Personen möglich. Kommen infolge unzureichender Sozialaudits Arbeiter*innen in den überprüften Fabriken zu Schaden, könnte man daher an eine strafrechtliche Verfolgung der durchführenden Auditor*innen einerseits und des Leitungspersonals des beauftragten Auditunternehmen andererseits denken. Ob und unter welchen Voraussetzungen dies möglich, wird in einem späteren Teil der Arbeit noch thematisiert.[886]

Auch wenn sich Auditunternehmen nicht strafbar machen können, so kommt doch die Auferlegung einer Geldbuße nach dem Ordnungswidrigkeitenrecht in Betracht. Zwar handelt es sich um ein verwaltungsrechtliches Verfahren, dieses kommt jedoch einem Strafverfahren recht nahe.[887] Rechtsgrundlage für die Auferlegung einer Geldbuße ist § 30 OWiG. Dieser setzt eine Straftat oder Ordnungswidrigkeit einer Leitungsperson im Sinne von § 30 Abs. 1 Nr. 1-5 OWiG voraus, die zur Verletzung einer das Unternehmen treffenden Pflicht oder zu dessen Bereicherung geführt hat oder hätte führen sollen. Liegt eine solche sogenannte Anlasstat vor, kann nach dem Ordnungswidrigkeitenrecht das Unternehmen selbst in die Verantwortung genommen werden.[888] § 30 OWiG ist somit kein selbständiger Ordnungswidrigkeitentatbestand, sondern fungiert als Zurechnungsnorm für Straftaten und Ordnungswidrigkeiten von Leitungspersonen, durch die verbandsbezogene Pflichten verletzt werden.[889]

Praktisch bedeutsamste Anlasstat für eine Zurechnung nach § 30 OWiG ist die Verletzung einer unternehmensbezogenen Aufsichtspflicht nach § 130 Abs. 1 OWiG. Diese Norm schöpft ihre besondere Relevanz daraus, dass Straftaten und Ordnungswidrigkeiten oft unterhalb der Leitungsebene eines Unternehmens begangen werden.[890] § 130 Abs. 1 OWiG ermöglicht eine indirekte Sanktionierung dieser Taten, indem er Leitungspersonen für die Zuwiderhandlungen Untergeordneter in die Verantwortung nimmt, wenn

---

885 *Roxin/Greco*, Strafrecht AT I, § 8 Rn. 58; *Wessels/Beulke/Satzger*, Strafrecht Allgemeiner Teil, Rn. 149; *H. Otto*, Jura 1998, 409, 415.

886 Siehe hierzu in Kapitel 2 unter B II 2.

887 So wird das Ordnungswidrigkeitenrecht aufgrund der ähnlichen Voraussetzungen von Straftat und Ordnungswidrigkeit verfassungsrechtlich dem Strafrecht im weiteren Sinne zugerechnet. Siehe hierzu *Klesczewski*, Ordnungswidrigkeitenrecht, Rn. 1.

888 KK OWiG-*Rogall*, § 30 Rn. 1; *Rettenmaier/Palm*, NJOZ 2010, 1414.

889 HK OWiG-*Schmitt-Leonardy*, § 30 Rn. 3 *Theile/Petermann*, JuS 2011, 496, 500.

890 *Rettenmaier/Palm*, NJOZ 2010, 1414; *Walter*, JA 2011, 481, 485.

sie nicht die erforderlichen Maßnahmen ergriffen haben, um diese zu vermeiden.[891] Aufsichtspflichtig im Sinne des § 130 OWiG sind nicht nur die Inhaber eines Betriebs oder Unternehmens, sondern auch Personen, die nach § 9 Abs. 1 und 2 OWiG als gesetzliche oder gewillkürte Vertreter einer juristischen Person gelten.[892] Als Täter*innen kommen daher beispielsweise Geschäftsführer*innen und Betriebsleiter*innen, Prokurist*innen, General- und Handlungsbevollmächtigte oder Compliance-Beauftragte in Betracht.[893] Umstritten ist hingegen, ob auch eine Muttergesellschaft im Verhältnis zu ihrer Tochtergesellschaft als aufsichtspflichtige Inhaberin im Sinne von § 130 OWiG eingestuft werden kann. Gegen eine solche konzernweite Aufsichtspflicht wird vor allem die rechtliche Selbständigkeit der Unternehmen ins Feld geführt.[894]

Inhaltlich knüpft die Haftung nach § 130 Abs. 1 OWiG daran an, dass die aufsichtspflichtige Person nicht die erforderlichen Aufsichtsmaßnahmen ergriffen hat, um betriebsbezogene Taten zu verhindern. Erforderliche Maßnahmen können insbesondere die sorgfältige Auswahl, Instruktion und Überwachung von Mitarbeitern*innen, eine klare betriebliche Organisation und Aufgabenverteilung, die Durchführung von Stichproben oder anlassbezogenen Kontrollen sowie das Einschreiten bei und die Sanktionierung von Verstößen sein.[895] Welche Maßnahmen im Einzelfall erforderlich sind, richtet sich unter anderem nach Größe, Organisation und Tätigkeitsfeld eines Unternehmens sowie der Bedeutung der zu überwachenden Vorschriften und der im Falle eines Verstoßes drohenden Gefahr.[896] § 130 Abs. 1 OWiG sanktioniert sowohl die vorsätzliche als auch die fahrlässige Verletzung der Aufsichtspflicht.

Neben der Aufsichtspflichtverletzung setzt § 130 Abs. 1 OWiG eine Zuwiderhandlung eines anderen gegen betriebsbezogene, mit Strafe oder Geldbuße bedrohte Pflichten in Form einer objektiven Bedingung der Ahndung voraus. Täter*innen einer solchen Zuwiderhandlung sind üblicherweise Mitarbeiter*innen des Unternehmens, es kann sich aber auch um vorüber-

---

891 *Theile/Petermann*, JuS 2011, 496, 497; KK OWiG-*Rogall*, § 130 Rn. 1.

892 HK OWiG-*Ziegler/Voelker*, § 130 Rn. 20; *Rettenmaier/Palm*, NJOZ 2010, 1414, 1415.

893 *Brammsen/Sonnenburg*, NZG 2019, 681, 683.

894 So z. B. *Spindler*, Zivilrechtliche Verantwortlichkeit gegenüber Dritten, § 13 Rn. 115; *Hermanns/Kleier*, Grenzen der Aufsichtspflicht, S. 25; a.A.: KK OWiG-*Rogall*, § 130 Rn. 27; *Caracas*, CCZ 2015, 167, 168.

895 Krenberger/Krumm-*Krenberger/Krumm*, Rn. 20; *Rettenmaier/Palm*, NJOZ 2010, 1414, 1415; *Brammsen/Sonnenburg*, NZG 2019, 681, 683.

896 *Theile/Petermann*, JuS 2011, 496, 498.

gehend eingesetzte, betriebsfremde Personen, nicht jedoch um selbständige Dritte handeln.[897] Die Feststellung eines bestimmten Täters ist nicht unbedingt erforderlich.[898] Ebenso wenig kommt es auf die Ahndbarkeit in der Person des Handelnden an, solange das Verhalten nach seinem äußeren Ablauf eine Zuwiderhandlung darstellt.[899] Allerdings muss die Zuwiderhandlung einen Bezug zur beruflichen Tätigkeit des Handelnden aufweisen. Das ist nach der Rechtsprechung dann der Fall, wenn ein innerer Zusammenhang mit der spezifischen Tätigkeit des Begehungstäters oder mit der Art des Betriebs besteht.[900] Nicht ausreichend ist somit ein bloßes Handeln bei Gelegenheit der betrieblichen Tätigkeit. Die Zuwiderhandlung muss zudem kausal auf eine Aufsichtspflichtverletzung des Repräsentanten zurückzuführen sein, wobei es für die Annahme der Kausalität ausreicht, wenn eine ordnungsgemäße Aufsicht die Zuwiderhandlung wesentlich erschwert hätte.

Damit in Auditfällen § 130 Abs. 1 OWiG verwirklicht sein könnte, müsste somit ein*e Mitarbeiter*in eine betriebsbezogene Straftat oder Ordnungswidrigkeit begehen, die bei ordnungsgemäßer Aufsicht verhindert oder wesentlich erschwert worden wäre. Denkbar wäre insbesondere, dass einzelne Auditor*innen bei der Durchführung von Sozialaudits ahndungsfähige Verstöße begehen. Das ist jedoch eher die Ausnahme.[901] Unmittelbare Verursacher von Verletzungen der in den überprüften Betrieben Beschäftigten sind meist Dritte, insbesondere aus der Sphäre des Zulieferers. Da diese Dritten nicht in den Betrieb eingebunden sind, können ihre Taten auch keine Verantwortlichkeit von Auditunternehmen nach dem Ordnungswidrigkeitenrecht begründen.

Ob ein Verstoß gegen das Lieferkettensorgfaltspflichtengesetz als Anlasstat für eine Verantwortung von in Deutschland ansässigen Auditunternehmen nach dem Ordnungswidrigkeitenrecht herangezogen werden kann, ist hingegen fraglich. Zwar stuft § 24 Abs. 1 LkSG es als Ordnungswidrigkeit ein, wenn die normierten unternehmerischen Sorgfaltspflichten nicht in angemessener Weise beachtet werden. Allerdings darf die Anwendbarkeit des LkSG auf Auditunternehmen mit guten Gründen bezweifelt werden.[902]

---

897 *Krenberger/Krumm*, § 130 Rn. 30.

898 KK OWiG-*Rogall*, § 130 Rn. 108; HK OWiG-*Ziegler/Voelker*, § 130 Rn. 58.

899 *Theile/Petermann*, JuS 2011, 496, 499.

900 BGH, Urt. v. 20.10.2011 – 4 StR 71/11, NJW 2012, 1237, 1238; KK OWiG-*Rogall*, § 130 Rn. 89.

901 Siehe hierzu noch in Kapitel 2 unter B II 2 und 3.

902 Siehe hierzu in Kapitel 2 unter B I 2 a bb (2) (c) (ee).

Als Anlasstaten für eine Geldbuße nach § 30 Abs. 1 OWiG kommen jedoch sonstige betriebsbezogene Straftaten oder Ordnungswidrigkeiten von Repräsentant*innen in Betracht. Welche das in Auditfällen sein können und warum es dennoch häufig nicht zu einer Haftung kommt, wird in einem späteren Teil dieser Arbeit, der sich mit der Verantwortung von Einzelpersonen auseinandersetzt, genauer ausgeführt.[903]

Die Geldbuße für das Unternehmen beträgt gemäß § 30 Abs. 2 S. 1 OWiG im Falle einer vorsätzlichen Straftat bis zu zehn Millionen Euro und im Falle einer fahrlässigen Straftat bis zu fünf Millionen Euro. Im Falle einer Ordnungswidrigkeit richtet sich das Höchstmaß der Geldbuße gemäß § 30 Abs. 2 S. 2 OWiG nach dem für diese Ordnungswidrigkeit angedrohten Höchstmaß. § 30 Abs. 2 S. 3 OWiG sieht für den Fall, dass das Gesetz auf diese Vorschrift verweist, eine Verzehnfachung des Höchstmaßes der Geldbuße nach Satz 2 für die im Gesetz bezeichneten Tatbestände vor. Ein Verstoß gegen § 130 OWiG zieht nach dessen Absatz 3 eine Geldbuße von bis zu einer Million Euro nach sich, wenn die Pflichtverletzung mit Strafe bedroht ist. Durch den in Absatz 3 Satz 2 enthaltenen Verweis auf § 30 Abs. 2 S. 2 OWiG kann jedoch eine Geldbuße in bis zu zehnfacher Höhe verhängt werden. Ist die Pflichtverletzung mit Geldbuße bedroht, verweist die Norm wiederum auf das für diese Pflichtverletzung angedrohte Höchstmaß der Geldbuße. Neben der Verhängung von Geldbußen ermöglicht § 17 Abs. 4 OWiG die Abschöpfung des wirtschaftlichen Vorteils, den der Täter aus der Ordnungswidrigkeit erlangt hat. Selbst wenn ein Auditunternehmen eine Zahlung nach diesen Vorschriften leisten muss, fließt das zu zahlende Geld allerdings nicht an die Betroffenen, sondern an den deutschen Staat.

Im Zusammenhang mit Sozialaudits hat in Deutschland bislang kein Ordnungswidrigkeitenverfahren stattgefunden. Als Beispiel für das Vorgehen gegen ein Prüfunternehmen nach dem Ordnungswidrigkeitenrecht kann jedoch der Fall des Staudammbruchs von Brumadinho herangezogen werden. Dieser Fall weist einige Parallelen zu Sozialaudit-Fällen auf, sodass seine Aufarbeitung auch für diese Arbeit von Interesse ist.

Am 25. Januar 2019 brach ein Staudamm einer Eisenerzmine in der Nähe der Kleinstadt Brumadinho in Brasilien, wodurch sich eine riesige Lawine aus giftigem Schlamm auf das Minengelände und umliegende Siedlungen ergoss. Dabei kamen 272 Menschen zu Tode, 395 wurden schwer verletzt, und auch in der Umwelt sind die Folgen der Schlammlawine weiterhin

---

903 Siehe hierzu noch in Kapitel 2 unter B II 2 und 3.

spürbar.[904] Zuvor hatte ein brasilianisches Tochterunternehmen des *TÜV Süd* eine Stabilitätserklärung für den Staudamm abgegeben, obwohl bereits deutliche Hinweise auf dessen Instabilität vorlagen. Der *TÜV Süd* war von dem Betreiber der Mine, dem brasilianischen Unternehmen *Vale S.A.* mit der Durchführung des Audits beauftragt worden. Parallel zur Durchführung des Prüfauftrags verhandelte die brasilianische Tochter des *TÜV Süd* über einen deutlich lukrativeren Beratungsauftrag zu demselben Damm – ein klarer Interessenkonflikt.[905]

Der Dammbruch wird sowohl in Brasilien als auch in Deutschland noch immer juristisch aufgearbeitet. Dabei richtet sich die Aufmerksamkeit nicht nur auf den Minenbetreiber *Vale*, sondern auch auf die Rolle des *TÜV Süd*, dessen Mitarbeiter*innen die Stabilität des Staudamms trotz Kenntnis der Risiken bestätigt haben sollen.[906] Um die Verantwortung zu klären, erstatteten Hinterbliebene zusammen mit dem *ECCHR* und *MISEREOR* im Oktober 2019 Strafanzeige gegen einen deutschen Ingenieur des *TÜV Süd* bei der Staatsanwaltschaft München I wegen fahrlässiger Herbeiführung einer Überschwemmung, fahrlässiger Tötung durch Unterlassen sowie Bestechung im geschäftlichen Verkehr durch Unterlassen. Zudem leiteten sie ein Ordnungswidrigkeitsverfahren gegen das Prüfunternehmen unter Berufung auf die Verletzung von Aufsichtspflichten ein. Nach Auffassung der Anzeigenerstatter hätten die zuständigen Mitarbeiter*innen beim *TÜV Süd* die Ausstellung der Stabilitätserklärung verhindern müssen.[907] Dieser Fall zeichnet sich also dadurch aus, dass ein individuelles Fehlverhalten von Personen innerhalb des *TÜV Süd* identifiziert wurde, welches dem Unternehmen nach § 30 OWiG zugerechnet werden kann. Dasselbe wäre auch in entsprechenden Ordnungswidrigkeitsverfahren gegen Auditunternehmen erforderlich.

Neben diesen Verfahren sind derzeit auch mehrere zivilrechtliche Klagen von insgesamt über 1000 Klagenden gegen den *TÜV Süd* beim Landgericht

---

904 *Müller-Hoff/Oehm*, ZEuP 2022, 142, 143.

905 *Müller-Hoff*, Der Dammbruch von Brumadinho, https://www.business-humanright s.org/de/blog/der-dammbruch-von-brumadinho-wenn-normabweichungen-zum-n ormalzustand-werden/; *Dohmen et al.*, Süddeutsche Zeitung vom 15.02.2020.

906 https://www.deutschlandfunk.de/dammbruch-im-brasilianischen-brumadinho-anz eige-gegen-tuev-100.html (Stand: 18.04.2024).

907 https://www.ecchr.eu/fall/das-geschaeft-mit-der-sicherheit-die-rolle-von-tuev-sued -beim-brumadinho-dammbruch-in-brasilien/; https://www.ecchr.eu/veranstaltung /tausend-tage-straflosigkeit-der-dammbruch-von-brumadinho/ (Stand: 18.04.2024).

München I anhängig, in drei größeren Klagen wird bereits verhandelt.[908] Das Gericht soll klären, ob Betroffene einen Anspruch auf Schadensersatz haben. Aufgrund des für das Deliktsrecht geltenden Tatortprinzips richtet sich diese Frage grundsätzlich nach brasilianischem Recht.[909] Zusammen gerechnet geht es um Schadensersatzansprüche von mehreren hundert Millionen Euro.[910]

II. Rechtliche Verantwortung einzelner Personen innerhalb von Auditunternehmen

Fraglich ist, ob neben Auditunternehmen selbst auch einzelne Personen innerhalb dieser Unternehmen haften, wenn Sozialaudits nicht ordnungsgemäß durchgeführt werden und es in der Folge zu Schäden kommt. Denkbare Haftungssubjekte sind sowohl Leitungspersonen als auch Mitarbeiter*innen unterhalb der Leitungsebene, insbesondere einzelne Auditor*innen. Da zwischen diesen Personen und den Betroffenen keine vertraglichen Beziehungen bestehen, kommt vor allem eine deliktische, aber auch eine strafrechtliche Sanktionierung sowie eine Verantwortung nach dem Ordnungswidrigkeitenrecht in Betracht. Wann es auf eine solche Haftung ankommt und unter welchen Voraussetzungen sie denkbar ist, wird im Folgenden erörtert.

1. Deliktische Haftung

a. Haftung von Leitungspersonen

Als Anspruchsgegner für deliktische Ansprüche kommen in bestimmten Fällen neben einem Unternehmen selbst auch seine Leitungsorgane bzw. deren Mitglieder persönlich in Betracht. Praktisch spielt das vor allem dann eine Rolle, wenn das Unternehmen insolvent ist, da in einem solchen Fall

---

908 *Schwab*, Frankfurter Rundschau vom 24.01.2023.
909 *Müller-Hoff/Oehm*, ZEuP 2022, 142 nehmen aufgrund des Zusammenhangs mit einer Umweltschädigung ein Wahlrecht der Klagenden zwischen dem Recht des Handlungsorts und dem des Erfolgsorts nach Art. 7 Rom II-VO an, halten jedoch aufgrund der weitreichenderen Haftung eine Wahl zugunsten des brasilianischen Rechts für angezeigt.
910 *Schwab*, Frankfurter Rundschau vom 24.01.2023.

sowohl der Anspruch der Geschädigten als auch der interne Freistellungs-
anspruch der Organmitglieder gegenüber dem Unternehmen ins Leere
läuft.[911] Dass es hierzu kommt, ist in Auditfällen durchaus denkbar, da Prüf-
fehler zu erheblichen Schäden bei einer großen Anzahl von Personen führen können. Der Ausgleich dieser Schäden sowie die Auswirkungen eines
möglicherweise entstandenen Reputationsverlusts kann zumindest kleinere
Prüfunternehmen schnell an die Grenzen ihrer Zahlungsfähigkeit führen.
Einzelne Personen können diese Lücke zwar in der Regel nicht vollständig
auffüllen, nichtsdestotrotz können sie zusätzliche Haftungsmasse bieten.
Liegt erkennbar ein individuelles Fehlverhalten vor, kann die persönliche
Haftung einzelner Personen zudem eine wichtige symbolische Bedeutung
für Betroffene haben. Schließlich kann die persönliche deliktische Haftung
auch in Bezug auf Einzelpersonen eine präventive Wirkung entfalten.

Die wichtigsten Haftungsgrundlagen für eine deliktische Haftung von
Organmitgliedern sind § 823 Abs.1 BGB sowie § 823 Abs. 2 BGB in Verbindung mit einem Schutzgesetz. Zwar kommt auch eine Haftung nach
§ 826 BGB in Betracht, die strengen Voraussetzungen dieser Norm werden jedoch nur in Ausnahmefällen nachweislich erfüllt sein.[912] Eine Haftung von Organmitgliedern nach § 831 Abs.1 BGB für Pflichtverletzungen
nachgeordneter Mitarbeiter ist hingegen nicht möglich, da diese nicht Verrichtungsgehilfen der Leitungsorgane, sondern des Unternehmens selbst
sind.[913]

Eine deliktische Haftung lässt sich problemlos für eigenes deliktisches
Verhalten eines Organmitglieds begründen.[914] Begeht also ein Organmitglied selbst eine unerlaubte Handlung oder wirkt an einer solchen mit,
kann es aus § 823 Abs.1 BGB in Anspruch genommen werden.[915] Dasselbe
gilt im Falle der Anordnung eines deliktischen Verhaltens gegenüber einer
nachgeordneten Stelle.[916] Die Haftung ergibt sich in diesen Fällen aus der
Verletzung von Pflichten, die jedermann treffen.[917] Ebenso haftet ein Organmitglied nach § 823 Abs. 2 BGB, wenn es selbst unmittelbar ein Schutzgesetz verletzt.[918] Hierdurch wird der Rechtsgüterschutz über die von § 823

---

911 MüKo BGB-*G. Wagner*, § 823 Rn.154.
912 Siehe hierzu bereits in Kapitel 2 unter B I 2 d.
913 *Brammsen/Sonnenburg*, NZG 2019, 681, 684.
914 *Lutter*, GmbHR 1997, 329, 334.
915 BeckOK BGB-*Förster*, § 823 Rn. 376.
916 *Spindler*, Zivilrechtliche Verantwortlichkeit gegenüber Dritten, § 13 Rn. 33.
917 *Spindler*, Zivilrechtliche Verantwortlichkeit gegenüber Dritten, § 13 Rn. 6.
918 Lutter/Hommelhoff-*Kleindiek*, § 43 Rn. 80.

Abs. 1 geschützten absoluten Rechte erweitert und erstreckt sich z.B. auf reine Vermögensschäden.[919] Erforderlich ist jedoch, dass das Schutzgesetz auch das Organmitglied selbst und nicht lediglich das Unternehmen in die Pflicht nimmt.[920] In Auditfällen ist eine Haftung nach § 823 Abs. 2 BGB vor allem denkbar, wenn ein Organmitglied eine Straftat begeht oder sich an deren Begehung beteiligt. Ist ein eigenhändiges Fehlverhalten eines Organmitglieds als sittenwidrig zu qualifizieren, kommt zudem eine Haftung nach § 826 BGB in Betracht.[921] In Auditfällen könnte dies beispielsweise die Anweisung an nachgeordnete Mitarbeiter sein, einen entdeckten Verstoß nicht in den Auditbericht aufzunehmen oder trotz schwerwiegender Gefahren einem Zulieferer eine positive Bewertung zu erteilen. Häufig liegt jedoch gerade keine eigene Verletzungshandlung eines Organmitglieds vor oder eine solche lässt sich jedenfalls nicht nachweisen.

Praktisch relevanter, aber auch umstrittener ist die Haftungsfrage, wenn ein Schaden durch die Verletzung von Pflichten entsteht, die an sich nur der Gesellschaft obliegen, die aber notwendigerweise von den geschäftsführenden und vertretungsberechtigten Organen übernommen werden müssen.[922] Dies betrifft im Zusammenhang mit Sozialaudits einerseits Fälle, in denen es aufgrund der Verletzung von Organisationspflichten aus dem Betrieb heraus zu deliktischen Handlungen, insbesondere durch einzelne Auditor*innen kommt. Andererseits kann es auch dann relevant werden, wenn in Folge von Sorgfaltspflichtverletzungen auf der Leitungsebene Sozialaudits nicht ordnungsgemäß durchgeführt und dadurch Verletzungen durch Dritte nicht verhindert werden. Wann Organmitglieder eine Verkehrspflicht trifft, die eine persönliche Haftung auslöst, ist höchst umstritten. Der Mehrwert einer detaillierten Darstellung der hierzu vertretenen Meinungen für die Beantwortung der Prüfungsfrage ist beschränkt. Im Folgenden soll daher lediglich ein Überblick über den Meinungsstand gegeben und mögliche Probleme in Auditfällen aufgezeigt werden.

Ausgangspunkt der Debatte um die persönliche Haftung von Organmitgliedern aufgrund einer Verkehrspflichtverletzung ist die sogenannte Baustoffentscheidung des BGH.[923] In dem dieser Entscheidung zugrundeliegenden Fall wurden die einer GmbH unter verlängertem Eigentums-

---

919 *Brammsen/Sonnenburg*, NZG 2019, 681, 684 f.
920 MüKo BGB-*G. Wagner*, § 823 Rn. 175.
921 Lutter/Hommelhoff-*Kleindiek*, § 43 Rn. 81.
922 *Spindler*, Zivilrechtliche Verantwortlichkeit gegenüber Dritten, § 13 Rn. 6.
923 BGH, Urt. v. 05.12.1989 – VI ZR 335/88, BGHZ 109, 287 = BGH NJW 1990, 976.

vorbehalt gelieferten Baumaterialien abredewidrig eingebaut, so dass ein Eigentumsverlust beim Lieferanten eintrat. Der VI. Zivilsenat des BGH sah es als Organisationspflicht des Geschäftsführers, eine widerrechtliche Verletzung des Vorbehaltseigentums von Lieferanten zu vermeiden, und folgerte aus der Verletzung dieser Organisationspflicht eine deliktische Eigenhaftung gegenüber dem Vorbehaltseigentümer. Diese Entscheidung löste heftige Kritik aus.[924] Ihr wurde insbesondere entgegengehalten, die Pflicht des Leitungsorgans zur ordnungsgemäßen Unternehmensorganisation im Innenverhältnis zur Gesellschaft unzulässigerweise auf das Außenverhältnis auszudehnen.

Der II. Zivilsenat des BGH sah sich in einem obiter dictum sogar zu folgender Warnung veranlasst: „Würde jedenfalls die Verletzung der von Geschäftsführern und Vorstandsmitgliedern zu erfüllenden Aufsichtspflichten allgemein dazu führen, daß jeder Außenstehende, der dadurch mittelbar zu Schaden kommt, gegen die Organmitglieder selbst Ersatzansprüche geltend machen könnte, dann wäre der oben erwähnte Grundsatz, wonach die Organisationspflichten der Organmitglieder nur der Gesellschaft gegenüber bestehen, praktisch aus den Angeln gehoben."[925]

Auch der VI. Zivilsenat selbst ruderte in einem späteren Urteil zumindest in Bezug auf reine Vermögensschäden zurück und stellte klar: „Allein aus der Stellung als Geschäftsführer einer GmbH bzw. Mitglied des Vorstands einer Aktiengesellschaft ergibt sich keine Garantenpflicht gegenüber außenstehenden Dritten, eine Schädigung ihres Vermögens zu verhindern."[926] Nunmehr stellte der Senat vor allem darauf ab, ob den Geschäftsführer über die ihm als Organ gegenüber der Gesellschaft obliegenden Pflichten hinaus weitere Pflichten übernommen hat, die ihn aus besonderen Gründen persönlich gegenüber der Geschädigten treffen.[927] Eine unmissverständliche Abkehr von der Baustoff-Rechtsprechung wird hierin allerdings nicht gesehen.[928] Bis heute ist daher umstritten, unter welchen Voraussetzungen eine Eigenhaftung von Organmitgliedern für mittelbare Rechtsgutsverletzungen möglich ist.

---

924 *H.-J. Mertens/G. Mertens*, JZ 45 (1990), 486, 488 ff; *Deutsch*, Allgemeines Haftungsrecht, Rn. 561; *Medicus*, ZGR 1998, 570, 584 f..
925 BGH, Urt. v. 13.04.1994 – II ZR 16/93, NJW 1994, 1801, 1803.
926 BGH, Urt. v. 10.07.2012 – VI ZR 341/10, NJW 2012, 3439.
927 BGH, Urt. v. 10.07.2012 – VI ZR 341/10, NJW 2012, 3439, 3442.
928 *Schirmer*, NJW 2012, 3398, 3400; MüKo BGB-*G. Wagner*, § 823 Rn. 149.

In der Literatur überwiegt zwar die Ansicht, dass eine zu einer Außenhaftung führende deliktische Sorgfaltspflicht der Geschäftsleitung nicht mit der Sorgfaltspflicht der juristischen Person gleichzusetzen ist, sondern einer eigenständigen Begründung bedarf.[929] Unter welchen Umständen diese Voraussetzung erfüllt ist, wird jedoch höchst unterschiedlich gesehen. Nach einer Ansicht kommt eine Außenhaftung nur in Frage, wenn das Organmitglied eine Verkehrspflicht gegenüber der Allgemeinheit und nicht lediglich Pflichten zum Schutz vertraglicher Absprachen verletzt hat.[930] Eine andere Ansicht sieht eine persönliche Haftung vor allem dann begründet, wenn das Organmitglied von Schädigungen durch Dritte wusste und bewusst nichts unternommen hat.[931] Nach einer weiteren Ansicht entsteht die persönliche Haftung – wie bei der Pflichtendelegation an eine außerhalb des Unternehmens stehende Person – durch die partielle Übernahme der das Unternehmen treffenden Sorgfaltspflichten.[932] Einige Autor*innen wollen eine Außenhaftung nach den allgemein zur Begründung von Verkehrspflichten geltenden Kriterien herleiten und sehen diese etwa für gegeben, wenn das Organmitglied selbst gefahrerhöhend gehandelt hat oder als Beschützergarant aufgetreten ist.[933] Schließlich wird vorgeschlagen, die Außenhaftung davon abhängig zu machen, ob berechtigte Sicherheitserwartungen hervorgerufen wurden.[934]

Auch im Rahmen des § 823 Abs. 2 BGB besteht keine generelle Pflicht der Geschäftsleitung, rechtswidriges Verhalten von Mitarbeiter*innen oder Dritten zu verhindern, und zwar auch dann nicht, wenn ein an das Unternehmen adressiertes Schutzgesetz verletzt wird.[935] Erforderlich ist vielmehr, dass die verletzte Norm das Leitungsorgan persönlich in die Pflicht nimmt.[936] Die allgemeinen Geschäftsleitungspflichten gemäß § 43 Abs. 1 GmbHG, § 93 Abs. 1 AktG kommen nicht als Schutzgesetze in Betracht,

---

929 Siehe z. B. *Spindler*, Zivilrechtliche Verantwortlichkeit gegenüber Dritten, § 13 Rn. 22; *Lutter*, ZHR 1993, 464, 472 ff; *H.-J. Mertens/G. Mertens*, JZ 45 (1990), 486, 488 ff; MüKo BGB-*G. Wagner*, § 823 Rn. 148; *Kleindiek,* Deliktshaftung und juristische Person, S. 391.

930 *Grunewald*, ZHR 1993, 451, 454 ff; *Lutter*, DB 1994, 129, 131 ff..

931 *Lutter*, ZHR 1993, 464, 478; *Lutter*, DB 1994, 129, 131 ff..

932 MüKo BGB-*G. Wagner*, § 823 Rn. 158.

933 Lutter/Hommelhoff-*Kleindiek*, Rn. 87; *H.-J. Mertens/G. Mertens*, JZ 45 (1990), 486, 489.

934 *Spindler,* Zivilrechtliche Verantwortlichkeit gegenüber Dritten, § 13 Rn. 33.

935 MüKo BGB-*G. Wagner*, § 823 Rn. 174.

936 MüKo BGB-*G. Wagner*, § 823 Rn. 171.

da sie allein im Innenverhältnis zur Gesellschaft bestehen.[937] Ebenso wenig eignet sich § 130 OWiG als Schutzgesetz.[938] Selbst von der strafrechtlichen Verantwortlichkeit eines Leitungsorgans muss nicht unbedingt auf eine persönliche zivilrechtliche Haftung nach § 823 Abs. 2 BGB geschlossen werden. Die Einstufung eines Straftatbestandes als Schutzgesetz sagt nämlich noch nichts darüber aus, ob dies auch im Falle einer durch mittelbare Verletzung oder das Unterlassen einer ordnungsgemäßen Unternehmensorganisation begangene Straftaten gilt.[939]

Was kann man hieraus für die persönliche Haftung der Organmitglieder von Auditunternehmen schlussfolgern? Zunächst einmal sollte eine Haftung für mittelbare Verletzungen stets eigenständig begründet werden. Um genauer herauszufinden, wann ein Organmitglied eine Verkehrspflicht trifft, erscheint es konsequent, die Entstehungsgründe für Verkehrspflichten heranzuziehen, also darauf abzustellen, ob das Organmitglied persönlich für eine bestimmte Gefahrenquelle verantwortlich ist, im Vorfeld selbst gefahrerhöhend tätig geworden ist oder aber ein berechtigtes Vertrauen in seine Person hervorgerufen hat. Eine persönliche Haftung käme somit beispielsweise in Betracht, wenn nachgeordneten Mitarbeitern Anweisungen gegeben wurden, die zu einer Gefahrerhöhung geführt haben, oder wenn ein Organmitglied den Eindruck erweckt hat, es werde sich persönlich um die Vermeidung eines bestimmten Risikos kümmern. In der Realität wird das jedoch der Ausnahmefall sein.

b. Haftung von Mitarbeiter*innen unterhalb der Leitungsebene

Neben der Haftung von Organmitgliedern ist auch eine persönliche Haftung von Mitarbeiter*innen unterhalb der Leitungseben von Auditunternehmen denkbar. Insbesondere einzelne Auditor*innen, die einen direkten Berührungspunkt mit den Beschäftigten der überprüften Betriebe haben, kommen für eine solche Haftung in Betracht. Praktisch spielt diese Haftung zwar nur eine geringe Rolle, da es Arbeitnehmer*innen meist schlicht an der Zahlungskraft fehlen wird, um Schadensersatzansprüche zu erfüllen.

---

937 MüKo BGB-G. *Wagner*, § 823 Rn. 173; *Spindler*, Zivilrechtliche Verantwortlichkeit gegenüber Dritten, § 13 Rn. 41.

938 Siehe hierzu bereits in Kapitel 2 unter B I 2 b; ausführlich erläutert zudem von *Spindler*, Zivilrechtliche Verantwortlichkeit gegenüber Dritten, § 13 Rn. 44 ff..

939 *Spindler*, Zivilrechtliche Verantwortlichkeit gegenüber Dritten, § 13 Rn. 49.

Nichtsdestotrotz kann eine persönliche Haftung für das Ausgleichsbedürf-nis der Betroffenen und auch unter präventiven Gesichtspunkten relevant sein. Aber auch wenn die Inanspruchnahme in Einzelfällen gerechtfertigt sein kann, ist es grundsätzlich erstrebenswert, die persönliche Haftung von Arbeitnehmer*innen nicht allzu weit zu fassen, da das Risiko einer poten-ziell existenzbedrohenden Schadensforderung meist in keinem Verhältnis zu dem Nutzen steht, den sie aus ihrer Tätigkeit ziehen.[940] Bei betrieblich veranlassten Tätigkeiten findet zwar außer in Fällen von Vorsatz und grober Fahrlässigkeit im Innenverhältnis zum Arbeitgeber eine Freistellung über den innerbetrieblichen Schadensausgleich statt. Dieser läuft aber im Falle der Insolvenz des Arbeitgebers ins Leere.[941]

Als Anspruchsgrundlagen kommen vor allem § 823 Abs. 1 BGB sowie § 823 Abs. 2 BGB in Verbindung mit einem Schutzgesetz in Betracht. In einzelnen Fällen ist es überdies denkbar, einen Schadensersatzanspruch auf § 826 BGB zu stützen. Unproblematisch sind – wie schon bei der Haftung von Organmitgliedern – Fälle, in denen Mitarbeiter*innen eigenhändig eine unerlaubte Handlung begehen oder an der Begehung einer solchen mitwirken.[942] In diesen Fällen haften sie wie jede andere Person auch.[943]

Komplizierter wird es wiederum bei einer nur mittelbaren Rechtsguts-verletzung. Hier stellt sich die Frage, inwieweit Arbeitnehmer*innen im Rahmen ihrer Tätigkeit aufgrund von Verkehrspflichtverletzungen persön-lich haften, insbesondere wenn sie Pflichten übernehmen, die eigentlich durch den Arbeitgeber zu erfüllen sind.[944] Diese Frage ist umstritten und wird in Rechtsprechung und Literatur nicht eindeutig beantwortet.[945] Auf-grund des oben genannten Missverhältnisses von Risiken und Nutzen aus der betrieblichen Tätigkeit sind Bemühungen erkennbar, die Haftung zu begrenzen.[946] Eine Begrenzung der Haftung ergibt sich bereits aus der Einbindung in die Unternehmensorganisation und die damit verbundene Weisungsabhängigkeit von Arbeitnehmer*innen. Führen diese lediglich

---

940 *Spindler*, FS Otto, 537, 538 f; *H. Otto/Schwarze/R. Krause*, Die Haftung des Arbeit-nehmers, S. 365.
941 *Spindler*, FS Otto, 537, 538 f..
942 MüKo BGB-*G. Wagner*, § 823 Rn. 167; BeckOK BGB-*Förster*, § 823 Rn. 282; *Spindler*, FS Otto, 537, 538.
943 *H. Otto/Schwarze/R. Krause*, Die Haftung des Arbeitnehmers, S. 362.
944 BeckOK BGB-*Förster*, § 823 Rn. 465 f.
945 Siehe hierzu z. B. *Spindler*, FS Otto, 537, 546 f; MüKo BGB-*G. Wagner*, § 823 Rn. 167 ff. *H. Otto/Schwarze/R. Krause*, Die Haftung des Arbeitnehmers, 363 f.
946 *H. Otto/Schwarze/R. Krause*, Die Haftung des Arbeitnehmers, S. 359.

Weisungen der Unternehmensleitung aus, können sie grundsätzlich nicht selbst haftbar gemacht werden.[947] Insbesondere die Übernahme einer Verkehrspflicht setzt eine gewisse Eigenverantwortlichkeit bezüglich des Ob und Wie der zu ergreifenden Maßnahmen voraus, welche bei gewöhnlichen Arbeitnehmer*innen häufig nicht vorliegt.[948] Auch das für die Entstehung von Verkehrspflichten maßgebliche Vertrauen sowie die inhaltsbestimmenden Sicherheitserwartungen des Verkehrs fokussieren sich in der Regel auf das Unternehmen als solches und nur selten auf einzelne Mitarbeiter*innen.[949]

Eine haftungsauslösende Verkehrspflicht kann daher nur unter besonderen Umständen angenommen werden, beispielsweise wenn ein eigenes gefahrerhöhendes Verhalten vorangegangen ist oder persönlich Vertrauen in Anspruch genommen wurde.[950] Denkbar ist eine persönliche Haftung vermutlich auch dann, wenn Weisungen des Arbeitgebers umgesetzt werden, die offensichtlich rechtswidrig sind, in Auditfällen beispielsweise die Aufforderung, ein entdecktes Risikos nicht in den Auditbericht aufzunehmen.[951] Eine Haftung aus § 823 Abs. 2 BGB setzt zusätzlich voraus, dass das verletzte Schutzgesetz gerade dem/der Arbeitnehmer*in Pflichten auferlegt, wobei zivilrechtliche Wertungen auch hier nicht ohne Weiteres auf das Strafrecht übertragen werden können.[952]

Daraus folgt, dass eine Inanspruchnahme einzelner Auditor*innen nur in Ausnahmefällen möglich ist. Fälle von unmittelbaren eigenen Verletzungshandlungen können zwar eine persönliche Haftung auslösen, werden praktisch jedoch kaum vorkommen. Die Gefahren gehen vielmehr meist von den überprüften Zulieferunternehmen aus. Allein die räumliche Nähe der Auditor*innen zu diesen Gefahren und die damit verbundene Mög-

---

947 MüKo BGB-G. *Wagner*, § 823 Rn. 168; OLG Hamm, Urt. v. 25.06.1998 – 6 U 146–96, NJW-RR 1999, 1324, 1325.

948 BeckOK BGB-*Förster*, § 823 Rn. 385; BGH, Urt. v. 16.06.1987 – IX ZR 74/86, NJW 1987, 2510, 2511.

949 *Spindler*, FS Otto, 537, 548.

950 *Spindler*, FS Otto, 537, 547; *H. Otto/Schwarze/R. Krause*, Die Haftung des Arbeitnehmers, 367 f.

951 Etwas anderes gilt gemäß OLG Hamm, Urt. v. 25.06.1998 – 6 U 146–96, NJW-RR 1999, 1324 jedoch dann, wenn risikobehaftete Arbeiten weisungsgemäß ausgeführt wurden, der Arbeitnehmer aber davon ausgehen durfte, dass der Arbeitgeber sich anschließend um die erforderlichen Sicherungsmaßnahmen kümmert.

952 *Spindler*, FS Otto, 537, 552.

lichkeit, auf sie einzuwirken reicht nicht aus.[953] Eine Verkehrspflicht zur Verhinderung von Schäden kann allenfalls durch besondere Verhaltensweisen der Auditor*innen entstehen, z.b. wenn ausdrücklich Zusicherungen gegenüber den Beschäftigten gemacht werden, durch die ein berechtigtes Vertrauen entsteht.

2. Strafrechtliche Verantwortung

Neben der deliktischen Haftung kommt in bestimmten Fällen auch eine strafrechtliche Sanktionierung einzelner Personen innerhalb von Auditunternehmen in Betracht. Gerade weil eine strafrechtliche Verantwortung von Auditunternehmen als juristische Personen nach dem deutschen Recht nicht möglich ist[954], konzentriert sich die Frage nach der strafrechtlichen Relevanz bestimmter Verhaltensweisen im Zusammenhang mit Sozialaudits auf Individuen innerhalb dieser Unternehmen. Ein strafbares Verhalten kann einerseits von Leitungspersonen ausgehen, die im Heimatstaat Weisungen erteilen und für organisatorische Fragen zuständig sind. Darüber hinaus ist auch eine Strafbarkeit von Mitarbeiter*innen unterhalb der Leitungseben, insbesondere einzelner Auditor*innen, denkbar. Setzt ein Delikt bestimmte persönliche Eigenschaften voraus, die nur durch das Unternehmen selbst erfüllt sind, ermöglicht § 14 StGB die Erstreckung des Täterkreises eines solchen Sonderdelikte auf bestimmte Leitungspersonen.[955] Das ermöglicht die Schließung von Strafbarkeitslücken, die sich aus der fehlenden strafrechtlichen Unternehmenshaftung ergeben.[956]

a. Bedeutung strafrechtlicher Sanktionen und Grundvoraussetzungen

Zwar hat eine strafrechtliche Verurteilung keine Kompensation der Betroffenen zur Folge, was vor allem in transnationalen Menschenrechtsfällen eine wichtige Rolle spielen kann, da das sorgfaltswidrige Agieren von Unternehmen und Individuen innerhalb dieser Unternehmen die meist ohne-

---

953 Allgemein zu von Dritten herrührenden Gefahren *H. Otto/Schwarze/R. Krause,* Die Haftung des Arbeitnehmers, S. 369.
954 Siehe hierzu bereits in Kapitel 1 unter A IV 2.
955 *H. Otto,* Jura 1998, 409, 410.
956 Lackner/Kühl/Heger-*Heger,* § 14 Rn. 1a.

hin prekäre wirtschaftliche Situation häufig noch verschärft. Andererseits kann das Strafrecht eine erhebliche abschreckende Wirkung gegenüber Individuen entfalten.[957] Überdies beinhaltet eine strafrechtliche Verurteilung ein besonderes Unwerturteil, von dem eine wichtige Signalwirkung ausgeht und das auch für Betroffene einen eigenen Stellenwert haben kann.[958]

Häufig scheitert eine Strafbarkeit von Auditor*innen in Deutschland bereits an der fehlenden Anwendbarkeit des deutschen Strafrechts. In erster Linie gilt das deutsche Strafrecht nach dem in § 3 StGB verankerten Territorialitätsprinzip für im Inland begangene Taten, wobei § 9 Abs. 1 StGB klarstellt, dass eine Tat sowohl dort begangen ist, wo der Täter gehandelt hat oder im Falle des Unterlassens hätte handeln müssen, als auch dort, wo der tatbestandliche Erfolg eingetreten ist oder nach der Vorstellung des Täters eintreten sollte. Für Auslandstaten gilt das deutsche Strafrecht gemäß § 7 StGB hingegen hauptsächlich dann, wenn diese gegen Deutsche begangen wurden oder wenn der Täter die deutsche Staatsbürgerschaft hat.

Für Taten ohne Inlandsbezug kann eine Verfolgung nach dem deutschen Strafrecht aufgrund des in § 6 StGB und § 1 VStGB normierten Weltrechtsprinzips stattfinden. Dieses kommt jedoch nur für bestimmte international geschützte Güter sowie im Fall von Straftaten gegen das Völkerrecht in Betracht. In Auditfällen tritt der Verletzungserfolg in der Regel im Ausland ein. Um das deutsche Strafrecht anwenden zu können, muss daher entweder der Täter in Deutschland gehandelt haben oder – bei einem Handeln im Gaststaat – die deutsche Staatsbürgerschaft innehaben.[959] Diese Voraussetzung ist bei Leitungspersonen deutscher Auditunternehmen in der Regel erfüllt, da diese meist im Inland agieren. Etwas anderes gilt jedoch für einzelne Auditor*innen. Diese handeln in der Regel im Ausland und haben auch nicht unbedingt die deutsche Staatsbürgerschaft, da vor Ort häufig lokales Personal oder Mitarbeiter*innen von Tochterunternehmen eingesetzt werden. Die Anwendung des Weltrechtsprinzips wird nur in den seltensten Fällen möglich sein, da die begangenen Verletzungen meist weder im Kata-

---

957 *Spindler,* Strafrechtliche Verantwortlichkeit, § 15 Rn. 1.

958 So zitiert beispielsweise der WESER-Kurier den Strafrechtler Bernhard Docke, der Hinterbliebene des Brumadinho-Dammbruchs in Deutschland juristisch unterstützt, folgendermaßen: „Es geht darum, dass ihr Unglück nicht schicksalhaft war, sondern durch Straftaten herbeigeführt wurde." (*Wilke,* WESER-KURIER vom 10.02.2021).

959 Für transnationale Menschenrechtsfälle allgemein: *Wittig,* Die Strafbarkeit des Geschäftsherrn nach deutschem Strafrecht für transnationale Menschenrechtsverletzungen, 195, 200.

log des § 6 StGB aufgeführt sind noch zu den Völkerrechtsverbrechen des VStGB gehören.[960]

Kommt das deutsche Strafrecht zur Anwendung, sind in Zulieferfabriken verschiedene Delikte denkbar. So können unsichere Zustände beispielsweise zu körperlichen Schäden oder sogar zum Tod von Beschäftigten führen, so dass Straftaten gegen das Leben (§§ 211 ff. StGB) und die körperliche Unversehrtheit (§§ 223 ff. StGB) in Betracht kommen. Aber auch eine Reihe weiterer Delikte können in den überprüften Fabriken verwirklicht sein, unter anderem Straftaten gegen die sexuelle Selbstbestimmung (§§ 174 ff. StGB) oder die persönliche Freiheit (§§ 232 ff. StGB) sowie Eigentums- und Vermögensstraftaten. In den meisten dieser Fälle lässt sich jedoch nur schwer ein unmittelbarer Zusammenhang mit fehlerhaften Sozialaudits herstellen, da die tatsächlichen Verletzungshandlungen durch andere vorgenommen wurden. Und selbst wenn eine faktische Verknüpfung gelingt, ist nicht immer auch eine Strafverfolgung von Personen innerhalb des eingesetzten Auditunternehmens möglich. In welchen Fällen dies doch einmal in Frage kommt, soll im Folgenden erörtert werden.

b. Strafbarkeit in Auditfällen

Keine besonderen Probleme bereitet die Begründung einer Haftung für eigenes schädigendes Verhalten einzelner Personen, das heißt für täterschaftlich oder als Teilnehmer verwirklichte Begehungstaten.[961] Gibt also beispielsweise eine Person auf der Leitungsebene die Anweisung, gefundene Risiken im Auditbericht unerwähnt zu lassen oder wider besseren Wissens eine positive Bewertung zu erteilen, ist eine strafrechtliche Verfol-

---

960 Für transnationale Menschenrechtsfälle allgemein: *Haider,* Haftung von transnationalen Unternehmen und Staaten für Menschenrechtsverletzungen, S. 510; *Wittig,* Die Strafbarkeit des Geschäftsherrn nach deutschem Strafrecht für transnationale Menschenrechtsverletzungen, 195, 197.
961 *Brammsen/Sonnenburg,* NZG 2019, 681, 682.

gung denkbar.[962] Nach der Tatherrschaftslehre[963] ist dieses Vorgehen in den meisten Fällen als Teilnahmehandlung, nämlich als Beihilfe zu der unmittelbaren Verletzungshandlung Dritter einzustufen. Allerdings wird es oft Schwierigkeiten bereiten, das schädigende Ereignis direkt auf ein Verhalten von Leitungspersonen zurückführen lassen, da zwischen deren Entscheidungen und konkreten Auswirkungen auf Dritte meist eine Kette weiterer Ereignisse steht.[964]

Aber auch wenn einzelne Auditor*innen die Beschäftigten in den überprüften Fabriken aktiv, z.B. durch die Ausübung von Gewalt, in ihren Rechten verletzen, kann dies ohne Weiteres strafrechtlich verfolgt werden, in diesem Fall in der Regel als täterschaftliche Begehungstat. Da Auditor*innen jedoch meist nicht aktiv zu Rechtsgutsverletzungen beitragen, sondern lediglich Rechtsgutsverletzungen Dritter nicht offenlegen, kommt in der Regel nur eine Unterlassensstrafbarkeit in Betracht. Auch diese Fälle der Nichtoffenlegung werden nach der Tatherrschaftslehre regelmäßig als Beihilfehandlung einzustufen sein. Ihre Strafbarkeit setzt daher nach § 13 StGB Abs. 1 StGB eine Garantenstellung voraus. Diese Garantenstellung kann nicht einfach aus den zivilrechtlichen Verkehrspflichten abgeleitet werden, vor allem wenn es sich um Organisationspflichten handelt. Die schlichte Übernahme in das Strafrecht würde die unterschiedliche Funktion von Verkehrs- und Garantenpflichten missachten und zu einem Ausufern der strafrechtlichen Haftung führen.[965] Die strafrechtliche Garantenstellung bedarf daher einer eigenständigen Begründung.

Nach der sogenannten Funktionenlehre lassen sich Garantenstellungen in zwei Gruppen einteilen: Überwachergarantenstellungen und Beschüt-

---

962 So wird beispielsweise das strafrechtliche Vorgehen in Deutschland gegen einen Manager des *TÜV Süd* im Fall Brumadinho darauf gestützt, dass dieser die Zertifizierung des Dammes angeordnet haben soll, obwohl bekannt war, dass die erforderlichen Stabilitätskriterien nicht erfüllt waren. (*Wilke*, WESER-KURIER vom 10.02.2021).

963 Täter ist nach dieser Lehre derjenige, der das Ob und Wie der Tatbestandsverwirklichung bestimmt und dieses als Zentralgestalt des Geschehens planvoll lenkend in den Händen hält, so dass er die Tatbestandsverwirklichung nach seinem Willen hemmen oder ablaufen lassen kann. Teilnehmer ist, wer die Tat ohne eigene Tatherrschaft als „Randfigur" veranlasst oder fördert. Siehe dazu grundlegend: *Roxin*, Täterschaft und Tatherrschaft.

964 *H. Otto*, Jura 1998, 409, 410.

965 *Spindler,* Strafrechtliche Verantwortlichkeit, § 15 Rn. 23.

zergarantenstellungen.[966] Eine Überwachergarantenstellung zeichnet sich durch die Verantwortlichkeit für bestimmte Gefahrenquellen aus, vor denen alle Rechtsgüter zu schützen sind. Das können gefährliche Sachen aber auch Personen sein, von denen eine Gefahr für andere ausgeht.[967] In zwei Urteilen aus den Jahren 2009[968] und 2011[969] hat der BGH anerkannt, dass Leitungspersonen in Unternehmen eine Überwachergarantenpflicht zur Verhinderung betriebsbezogener Straftaten nachgeordneter Mitarbeiter*innen treffen kann, und somit die Grundlage für die sogenannte strafrechtliche Geschäftsherrenhaftung geschaffen. Diese wird einerseits mit der Befehls- und Organisationsherrschaft von Leitungspersonen über weisungsgebundene Angestellte, andererseits mit den mit dem Betrieb eines Unternehmens einhergehenden Gefahren begründet.[970] In Auditfällen geht es jedoch meist gar nicht darum, dass Straftaten eigener Mitarbeiter*innen des Auditunternehmens nicht verhindert wurden, sondern um das Geschehenlassen von Straftaten Dritter bei den überprüften Zulieferunternehmen. Für diese Taten kann das Leitungspersonal von Auditunternehmen nicht nach den Grundsätzen der Geschäftsherrenhaftung verantwortlich gemacht werden. Zum einen ist bereits zweifelhaft, ob diese Grundsätze überhaupt rechtsträgerübergreifend Anwendung finden.[971] Diese Frage stellt sich in der Debatte um die Haftung transnationaler Unternehmen vor allem dann, wenn es um eine mögliche Überwachergarantenstellung des Leitungspersonals deutscher Bestellerunternehmen für Mitarbeiter*innen

---

966 *Wessels/Beulke/Satzger,* Strafrecht Allgemeiner Teil, Rn. 1175; *Kindhäuser/Zimmermann,* Strafrecht Allgemeiner Teil, § 36 Rn. 26 ff; *Rengier,* Strafrecht Allgemeiner Teil, § 50 Rn. 3 ff.

967 Siehe hierzu z. B. Schönke/Schröder-*Bosch,* § 13 Rn. 11 ff.

968 BGH, Urt. v. 17.07.2009 – 5 StR 394/08, BGHSt 54, 44 – Berliner Stadtreinigung.

969 BGH, Urt. v. 20.10.2011 – 4 StR 71/11, BGHSt 57, 42 – Siegener Straßenbaubetriebe/Mobbing.

970 *Wittig,* Wirtschaftsstrafrecht, § 6 Rn. 58.

971 Für Tochterunternehmen grundsätzlich befürwortend *Tiedemann,* Wirtschaftsstrafrecht, Rn. 515; mit Einschränkungen auch *Schünemann,* Unternehmenskriminalität, 621, 642; ablehnend hingegen *H. Schneider/Gottschaldt,* ZIS 2011, 573, 574; im Hinblick auf Zulieferunternehmen kritisch *Wittig,* Die Strafbarkeit des Geschäftsherrn nach deutschem Strafrecht für transnationale Menschenrechtsverletzungen, 195, 208, die darauf verweist, dass es regelmäßig an der erforderlichen Einflussmöglichkeit fehlt.

bei Tochterunternehmen oder Zulieferern geht.[972] In Auditfällen fehlt es jedoch bereits an einer Verbindung, die diese Erstreckung rechtfertigen würde. Anders als Bestellerunternehmen sind Auditunternehmen nämlich nicht Teil einer Produktionskette und nehmen gegenüber Mitarbeiter*innen von Tochterunternehmen oder Zulieferern daher auch keine arbeitgeberähnliche Stellung ein, die mit einem Weisungsrecht des eigenen Leitungspersonals verbunden sein kann. Eine Überwachergarantenstellung einzelner Auditor*innen für die von den überprüften Produktionsstätten ausgehenden Gefahren lässt sich erst recht nicht begründen.

Aber auch eine Beschützergarantenstellung kann eine strafrechtliche Unterlassenshaftung auslösen. Im Unterschied zur Überwachergarantenstellung verpflichtet sie nicht zur Überwachung bestimmter Gefahrenquellen, sondern zum Schutz bestimmter Rechtsgüter vor Gefahren aller Art.[973] Eine Beschützergarantenstellung kann unter anderem aus der freiwilligen Übernahme von Schutzfunktionen folgen, wenn gegenüber dem Gefährdeten selbst oder gegenüber einem Dritten zugunsten des Gefährdeten ein entsprechender Vertrauenstatbestand geschaffen wird.[974] Eine wichtige Rolle spielt dabei, ob im berechtigten Vertrauen auf das schützende Tätigwerden des Übernehmenden auf andere Schutzmaßnahmen verzichtet wurde.[975] In dieser Hinsicht bestehen deutliche Parallelen zur Entstehung von Verkehrspflichten. Auch und gerade bei der strafrechtlichen Beurteilung muss jedoch genau untersucht werden, auf wen sich ein etwaiges Vertrauen bezieht. Zwar kann man in bestimmten Fällen davon ausgehen, dass durch Sozialaudits ein berechtigtes Vertrauen in Schutzmaßnahmen hervorgerufen wird.[976] Dieses Vertrauen bezieht sich jedoch in der Regel auf das Auditunternehmen als solches und nicht etwa auf eine bestimmte Einzelperson. Gerade bei Leitungspersonen von Auditunternehmen, die in keinem direkten Kontakt zu den Beschäftigten in den überprüften Zuliefer-

---

972 Siehe hierzu insbesondere *Wittig,* Die Strafbarkeit des Geschäftsherrn nach deutschem Strafrecht für transnationale Menschenrechtsverletzungen, 195; zudem *Görgen,* Unternehmerische Haftung in transnationalen Menschenrechtsfällen, S. 366 ff; *Haider,* Haftung von transnationalen Unternehmen und Staaten für Menschenrechtsverletzungen, S. 508 f.

973 *Kindhäuser/Zimmermann,* Strafrecht Allgemeiner Teil, § 36 Rn. 53; *Rengier,* Strafrecht Allgemeiner Teil, § 50 Rn. 4.

974 *Kindhäuser/Zimmermann,* Strafrecht Allgemeiner Teil, § 36 Rn. 83 ff.; *Lackner/Kühl/Heger-Heger,* Rn. 9; *Rönnau,* JuS 2018, 526, 528 f..

975 *Wessels/Beulke/Satzger,* Strafrecht Allgemeiner Teil, Rn. 1182; *Roxin,* Strafrecht AT II, § 32 Rn. 55.

976 Siehe hierzu bereits in Kapitel 2 unter B I 2 a bb (2) (b) (bb).

betrieben stehen, ist ein solches Vertrauen kaum begründbar. Aber auch einzelne Auditor*innen werden den Beschäftigten nur selten durch ihr Verhalten Anlass zu der Annahme geben, sie persönlich würden Schutzmaßnahmen ergreifen. Letzteren nicht vorschnell eine Garantenstellung aufzubürden ist im Ergebnis auch richtig, da sie lediglich weisungsgebundene und leicht austauschbare Teile einer Organisationseinheit bilden, deren Fehleranfälligkeit meist weiter oben in der Hierarchie begründet liegt. Das Fehlen einer diesen Umstand wiederspiegelnden Unternehmensstrafbarkeit sollte jedenfalls nicht durch die vorschnelle Sanktionierung von Individuen kompensiert werden.

Eine Strafbarkeit scheitert daher bereits meistens am Fehlen einer Garantenstellung. Aber auch darüber hinaus besteht eine Reihe von Hürden für das strafrechtliche Vorgehen gegen einzelne Personen innerhalb von Auditunternehmen. Das betrifft zum einen den subjektiven Tatbestand. Da es in vielen Fällen an einem Vorsatz bezüglich des Verletzungserfolgs fehlt oder ein vorsätzliches Handeln nur schwer nachweisbar ist, ist eine strafrechtliche Verfolgung oft nur dann möglich, wenn das Gesetz auch fahrlässiges Handeln ausdrücklich unter Strafe stellt (§ 15 StGB), wie zum Beispiel im Falle der fahrlässigen Körperverletzung gemäß § 229 StGB und der fahrlässige Tötung gemäß § 222 StGB.[977] Aber auch der Nachweis einer hypothetischen Kausalität des vorgeworfenen Unterlassens für den Verletzungserfolg stellt angesichts fehlender Einblicke in unternehmensinterne Abläufe und der Intransparenz des Auditprozesses eine hohe Hürde für die strafrechtliche Verfolgung dar. Hierfür muss nachgewiesen werden, dass der tatbestandliche Erfolg (z.B. die Verletzung der körperlichen Unversehrtheit von Beschäftigten in einem überprüften Betrieb aufgrund unsicherer Produktionsbedingungen) bei Hinzudenken der gebotenen Handlung (z.B. die sorgfältige Überprüfung von Risiken und deren Aufnahme in den Auditbericht) mit an Sicherheit grenzender Wahrscheinlichkeit ausgeblieben wäre.

---

977 Für transnationale Menschenrechtsfälle allgemein: *Wittig,* Die Strafbarkeit des Geschäftsherrn nach deutschem Strafrecht für transnationale Menschenrechtsverletzungen, 195, 200; *Görgen,* Unternehmerische Haftung in transnationalen Menschenrechtsfällen, 373 f; *Haider,* Haftung von transnationalen Unternehmen und Staaten für Menschenrechtsverletzungen, S. 509.

Verbleibende Zweifel wirken nach dem im Strafrecht geltenden Grundsatz *in dubio pro reo* zugunsten des Beschuldigten.[978]

3. Verantwortlichkeit nach dem Ordnungswidrigkeitenrecht

Schließlich ist auch eine Haftung einzelner Personen innerhalb von Audit-unternehmen nach dem Ordnungswidrigkeitenrecht denkbar. Insbesondere können Leitungspersonen nach § 130 Abs. 1 OWiG haften, wenn sie ihre Aufsichtspflichten verletzt haben und es hierdurch zu einer betriebsbezogenen Zuwiderhandlung kommt. Diese Norm richtet sich zwar nur an den Inhaber eines Betriebes oder Unternehmens, allerdings kommt es für das Merkmal der Inhaberschaft allein darauf an, ob einer Person die Erfüllung der unternehmensbezogenen Pflichten obliegt, deren Durchsetzung § 130 OWiG bezweckt.[979] Über § 9 Abs. 1 und 2 OWiG wird der taugliche Täterkreis zudem auf Organe, Vertreter*innen und Beauftragte erweitert.[980] Neben der Sanktionierung des Unternehmens über § 30 OWiG, ist somit auch die Verhängung einer Geldbuße gegen die genannten Personen möglich. Wie bereits erläutert, fehlt es jedoch meist an einer konkreten betriebsbezogenen Zuwiderhandlung nachgeordneter Mitarbeiter*innen.[981]

III. Haftung von Bestellerunternehmen im Zusammenhang mit Sozialaudits

Schließlich stellt sich die Frage, wie sich Sozialaudits auf die Haftung von Bestellerunternehmen für in den überprüften Produktionsstätten stattfindende Menschenrechtsverletzungen auswirken können. Einerseits ist denkbar, dass Haftungsansprüche aufgrund des Einsatzes von Sozialaudits erst entstehen. Andererseits kommt womöglich aber auch eine Abwehr von Haftungsansprüchen sowie eine Entlastung im Rahmen behördlicher Verfahren unter Berufung auf Sozialaudits in Betracht. Überdies gilt es zu

---

978 Für transnationale Menschenrechtsfälle im Allgemeinen: *Wittig,* Die Strafbarkeit des Geschäftsherrn nach deutschem Strafrecht für transnationale Menschenrechtsverletzungen, 195, 203; *Görgen,* Unternehmerische Haftung in transnationalen Menschenrechtsfällen, 372 f.

979 *Theile/Petermann,* JuS 2011, 496, 498; KK OWiG-*Rogall,* § 130 Rn. 25.

980 *Rettenmaier/Palm,* NJOZ 2010, 1414, 1415; *Walter,* JA 2011, 481, 486; *Theile/Petermann,* JuS 2011, 496, 498.

981 Siehe hierzu in Kapitel 2 unter B I 3.

klären, ob Bestellerunternehmen für Sorgfaltspflichtverletzungen von Auditunternehmen haftbar gemacht werden können.

1. Entstehung von Haftungsansprüchen aufgrund der Durchführung von Sozialaudits

Haften Bestellerunternehmen womöglich gerade deshalb für Menschenrechtsverletzungen bei ihren Zulieferern, weil sie dort Sozialaudits in Auftrag gegeben oder auf sonstige Weise veranlasst haben?[982] Ein möglicher Anknüpfungspunkt für eine solche Haftung wäre, dass Bestellerunternehmen durch Sozialaudits Kenntnis von Missständen bei ihren Zulieferern erlangen. Zudem könnte man die Durchführung von Sozialaudits als Ausdruck einer gesteigerten Involvierung in die Angelegenheiten des Zulieferers verstehen. Beide Argumentationsansätze finden sich im klägerischen Vortrag im Verfahren gegen das Textilunternehmen KiK vor dem Landgericht Dortmund wieder. Um eine Sorgfaltspflicht nach pakistanischem Recht zu begründen, verwiesen die Kläger zum einen darauf, dass KiK aufgrund eigener Kontrollen sowie externer Audits um die Zustände in der Fabrik gewusst habe und der Schaden somit vorhersehbar gewesen sei. Zum anderen argumentierten sie, KiK habe aufgrund seines hohen Auftragsvolumens und der Durchsetzung von Arbeits- und Sicherheitsstandards mit Hilfe von Sozialaudits Kontrolle über die Operationen des Zulieferers ausgeübt.[983]

Auch in der Literatur werden die Kenntnis von Menschenrechtsverletzungen bei Zulieferern und die Einflussnahme auf das operative Geschäft teilweise zur Begründung deliktischer Verkehrspflichten von Bestellerunter-

---

982 Zu dieser Frage siehe auch *von Falkenhausen,* Menschenrechtsschutz durch Deliktsrecht, 179 ff.

983 https://www.ecchr.eu/fileadmin/Fallbeschreibungen/Fallbeschreibung_KiK_Pakistan_20181115.pdf (Stand: 18.04.2024); *Saage-Maaß/Klinger,* Unternehmen vor Zivilgerichten wegen der Verletzung von Menschenrechten, 249, 253 f..

nehmen herangezogen.[984] Dabei gilt es jedoch Folgendes zu bedenken: Weder die Durchführung von Kontrollen an sich noch das dadurch erlangte Wissen um Missstände schafft zusätzliche Gefahren.[985] Für sich genommen reichen diese Umstände auch nicht, um ein berechtigtes Vertrauen auf eigene Gefahrvorsorgemaßnahmen eines Bestellerunternehmens hervorzurufen.[986] Damit eine Verkehrspflicht entstehen kann, müssen daher stets weitere Faktoren hinzukommen. Führt zum Beispiel ein Bestellerunternehmen einen Zulieferbetrieb faktisch wie eine unselbständige Betriebsabteilung oder nimmt durch konkrete Weisungen Einfluss auf das Risikomanagement, wird es für die in diesem Betrieb herrschenden Gefahrenquellen mitverantwortlich.[987] In diesem Szenario, welches ohnehin eine seltene Ausnahme darstellen dürfte, spielen Sozialaudits jedoch eine eher untergeordnete Rolle. Ebenso kann zwar das Wissen um bestimmte Missstände zur Entstehung einer Verkehrspflicht beitragen, wenn ein Bestellerunternehmen seinem Zulieferer ausdrücklich oder implizit zu verstehen gibt, dass die vorgefundenen Zustände für es akzeptabel sind und so aktiv zur Aufrechterhaltung der Gefahren beiträgt.[988] Die bloße Durchführung von Sozialaudits und die stille Duldung der aufgedeckten Missstände führen aber nicht zur Entstehung von deliktischen Haftungsansprüchen.

Aber auch eine vertragliche Haftung von Bestellerunternehmen entsteht nicht allein aufgrund der Durchführung von Sozialaudits.[989] Zwar ist grundsätzlich denkbar, dass Bestellerunternehmen den Beschäftigten in ihren Zulieferbetrieben im Wege eines Vertrages zugunsten Dritter Schutzmaßnahmen zuwenden.[990] Hierfür bräuchte es jedoch einen entsprechenden Rechtsbindungswillen des Bestellerunternehmens. Um diesen anneh-

---

984 So sehen z. B. *Habersack/Ehrl*, AcP 219 (2019), 155, 202 deliktsrechtliche relevante Fürsorgepflichten begründet, wenn ein Importeuer Kenntnis von Menschenrechtsverletzungen bei seinem Zulieferer hat oder sich ihm aufdrängen muss, dass solche Verletzungen stattfinden. Auch *Thomale/Murko*, EuZA 2021, 40, 52 halten die Begründung einer Fürsorgepflicht bei Kenntniserlangung von Rechtsgutsverletzungen jedenfalls dann für möglich, wenn ein Bestellerunternehmen bereits in besonderem Maße in die Angelegenheiten des Zulieferers involviert ist. *Fleischer/Korch*, ZIP 2019, 2181, 2189 f. sehen in besonders engmaschigen Kontrollen ebenfalls einen Anknüpfungspunkt für eine Verantwortungsübernahme.

985 E. Wagner/Ruttloff/S. Wagner-*S. Wagner*, Rn. 1873.

986 *Von Falkenhausen*, Menschenrechtsschutz durch Deliktsrecht, S. 179 ff.

987 *Fleischer/Korch*, ZIP 2019, 2181, 2189 f..

988 *Von Falkenhausen*, Menschenrechtsschutz durch Deliktsrecht, S. 184.

989 Dies jedoch andeutend: B. *Schneider*, NZG 2019, 1369, 1376; *Heinlein*, NZA 2018, 276, 281.

990 Siehe hierzu bereits in Kapitel 1 unter A II 1.

men zu können, sind besondere Anhaltspunkte wie eine entsprechend verbindliche Formulierung von Schutzpflichten im Liefervertrag sowie die engmaschige Überprüfung und Sanktionierung von Verstößen erforderlich. Der Einsatz externer Auditfirmen kann hier allenfalls ein Faktor von vielen sein.

Treffen ein Bestellerunternehmen allerdings bereits Verkehrspflichten zum Schutz der Beschäftigten in einem Zulieferbetrieb, kann die Überprüfung und Zertifizierung eines freiwilligen Verhaltenskodex sich haftungsverschärfend auswirken. Hierdurch können nämlich erhöhte Erwartungen bei Kund*innen oder Verbraucher*innen entstehen, an denen sich das Unternehmen festhalten lassen muss.[991] Die selbst gesetzten bzw. privatautonom adoptierten Regeln stellen in diesem Fall Mindestanforderungen an das eigene Verhalten dar.[992]

2. Entlastung unter Berufung auf Sozialaudits

a. Abwehr von Haftungsansprüchen

Umgekehrt kann man sich aber auch fragen, ob Sozialaudits von Bestellerunternehmen zur Abwehr von Haftungsansprüchen herangezogen werden können. Das setzt zunächst das Bestehen von menschenrechtlichen Sorgfaltspflichten voraus, deren Verletzung eine Haftung nach sich ziehen kann. Solche Sorgfaltspflichten finden sich zum einen im zweiten Abschnitt des Lieferkettensorgfaltspflichtengesetzes. Verstöße dagegen können gemäß § 24 LkSG mit einem Bußgeld geahndet werden. Unter bestimmten Umständen lassen sich aber auch deliktische Sorgfaltspflichten von Bestellerunternehmen begründen, deren Verletzung insbesondere eine Haftung gemäß § 823 Abs. 1 BGB nach sich ziehen kann.[993] Eine zentrale Frage ist daher, ob Sozialaudits in diesen Fällen zur Erfüllung der Sorgfaltspflicht beitragen können und ob sich Bestellerunternehmen womöglich sogar unter Berufung auf die Durchführung von Sozialaudits von einer Haftung freizeichnen können.

---

991 vgl. *Spindler,* Unternehmensorganisationspflichten, S. 815.

992 *Glinski,* Die rechtliche Bedeutung der privaten Regulierung globaler Produktionsstandards, S. 295.

993 Siehe hierzu bereits in Kapitel 1 unter A II 2 a.

In Fällen, in denen ein Bestellerunternehmen eine Pflicht zur Überprüfung der Arbeitsbedingungen bei einem Zulieferer trifft, ist es naheliegend, dass sich das Bestellerunternehmen darauf beruft, dieser Verpflichtung durch den Einsatz von Sozialaudits ausreichend nachgekommen zu sein. So argumentierte beispielsweise das Textilunternehmen KiK im Verfahren vor dem Landgericht Dortmund, als es sich für die Erfüllung einer – im Übrigen bestrittenen – Pflicht zur Überwachung der Arbeitsbedingungen bei seinem Zulieferer vor allem auf die regelmäßige Durchführung von Sozialaudits berief.[994] Auch im Rahmen der Entstehung des LkSG wurde die haftungsrechtliche Privilegierung von Unternehmen erwogen, die einem staatlich anerkannten (Branchen-)Standard beitreten und diesen implementieren. Diese Safe-Harbour-Regelung sollte an bestimmte gesetzliche Anerkennungskriterien geknüpft sein und eine Haftungsbeschränkung auf Vorsatz und grobe Fahrlässigkeit zur Folge haben.[995] Da die zunächst vorgesehene zivilrechtliche Haftung in der nunmehr verabschiedeten Form des LkSG nicht enthalten ist, kam dieser Vorschlag jedoch nicht zum Tragen.

Aber auch ohne gesetzliche Regelung stellt sich die Frage, ob die Durchführung von Sozialaudits im Einzelfall eine Haftungserleichterung zur Folge haben kann. Beauftragt ein Bestellerunternehmen ein Auditunternehmen mit der Durchführung ihm obliegender Kontrollen, liegt hierin die Delegation einer Verkehrspflicht. Dies führt allerdings nicht zur vollständigen Befreiung des Delegierenden. Der Delegierende bleibt vielmehr zur sorgfältigen Auswahl und Überwachung des Übernehmenden verpflichtet. Das Ausmaß dieser Pflicht richtet sich nach den Umständen des Einzelfalles, insbesondere nach dem konkreten Schadensrisiko.[996] Zwar muss der Delegierende den Übernehmenden im Regelfall nicht auf Schritt und Tritt kontrollieren.[997] Bestehen jedoch Anhaltspunkte dafür, dass der Überneh-

---

994 LG Dortmund, Urt. v. 10.01.2019 – 7 O 95/15.

995 Dieser Vorschlag findet sich im Entwurf des BMAS/BMZ „für Eckpunkte eines Bundesgesetzes über die Stärkung der unternehmerischen Sorgfaltspflichten zur Vermeidung von Menschenrechtsverletzungen in globalen Wertschöpfungsketten. Der Entwurf ist abrufbar unter https://die-korrespondenten.de/fileadmin/user_upload/die-korrespondenten.de/Lieferkettengesetz-Eckpunkte-10.3.20.pdf (Stand: 18.04.2024); siehe hierzu auch *Gailhofer/Glinski*, Haftungsrechtlicher Rahmen von nachhaltiger Zertifizierung in textilen Lieferketten, S. 35.

996 BeckOK BGB-*Förster*, § 823 Rn. 368.

997 Für Lieferkettenfälle: *Gailhofer/Glinski*, Haftungsrechtlicher Rahmen von nachhaltiger Zertifizierung in textilen Lieferketten, S. 27.

mende seine Aufgabe nicht ordnungsgemäß erfüllt, muss der Delegierende selbst zur Gefahrenabwehr einschreiten.[998]

Die Durchführung von Sozialaudits entbindet Bestellerunternehmen also nicht vollständig von einer etwaigen eigenen Pflicht zum Schutz der Betroffenen. Diese Pflicht wandelt sich vielmehr in eine Auswahl- und Überwachungspflicht, der Bestellerunternehmen nur gerecht werden, wenn sie Vorkehrungen für die Sicherstellung einer sorgfältigen Überprüfung treffen.[999] Angesichts der aktuell vorherrschenden Unzulänglichkeiten von Sozialaudits und der häufig unzureichenden Durchführung ist beim Einsatz von Sozialaudits grundsätzlich Skepsis angezeigt.[1000] Daher ist eine besonders sorgfältige Auswahl und Überwachung erforderlich. Bestellerunternehmen sollten sich vorab vergewissern, dass das eingesetzte Auditunternehmen über die entsprechende Expertise für die Durchführung der Kontrollen verfügt und dass die Kontrollen so konzipiert sind, dass Risiken mit einer gewissen Verlässlichkeit aufgedeckt werden können. Da selbst gewissenhaft und ordnungsgemäß durchgeführte Sozialaudits oft nicht in der Lage sind, ein realistisches Bild von den Zuständen in Zulieferfabriken zu vermitteln, dürfen Bestellerunternehmen sich zudem nicht allein auf positive Auditberichte verlassen. Um ihrer Kontrollpflicht gerecht zu werden, müssen sie vielmehr zusätzliche Schritte wie eigene stichprobenartige Überprüfungen, die Einrichtung eines Beschwerdemechanismus oder Capacity Building Maßnahmen ergreifen.[1001]

Der Einsatz von Sozialaudits kann somit nur im Einzelfall und nur unter Erfüllung strenger Voraussetzungen zu einer Entlastung von Bestellerunternehmen beitragen. Das lässt Bestellerunternehmen auch nicht schutzlos zurück. Haben sie sich berechtigterweise auf die Ergebnisse von Sozialaudits

---

998 Siehe hierzu bereits in Kapitel 2 unter B I 2 a bb (2) (a).

999 *Klinger et al.,* Verankerung menschenrechtlicher Sorgfaltspflichten von Unternehmen im deutschen Recht, S. 61. Auch Berg/Kramme-*Kramme/Ponholzer,* § 5 Rn. 12 weisen darauf hin, dass Unternehmen dazu angehalten sind, die Seriosität und die Prüfkriterien der Anbieter von Zertifizierungen im Rahmen ihrer Auswahl- und Überwachungspflicht kritisch zu überprüfen.

1000 *Terwindt,* Social, https://www.anthro.unibe.ch/e40416/e96353/e96354/files81 8574/CarolijnTerwindt-BeitragBlog_ger.pdf. Auch *Spindler,* Unternehmensorganisationspflichten, 812 f. betont, dass einer Zertifizierung durch einen externen Gutachter keine entlastende Funktion zukommen kann und verweist vor allem auf die Unmöglichkeit, in einer kurzen Zeitspanne alle möglichen Fehlerquellen zu überprüfen und die Tatsache, dass Überprüfungen stets nur eine Momentaufnahme darstellen.

1001 Siehe hierzu genauer in Kapitel 3 unter C.

verlassen, können ihre Rechte durch Regressansprüche gegenüber den Auditunternehmen gewahrt werden.[1002]

b. Entlastung im Rahmen von behördlichen Verfahren nach dem LkSG

Womöglich kann die Durchführung von Sozialaudits und die Zertifizierung der Einhaltung bestimmter menschenrechtlicher Standards aber zu einer Entlastung im Rahmen von behördlichen Verfahren nach dem LkSG führen. Jedenfalls ist damit zu rechnen, dass sich Bestellerunternehmen vermehrt auf die Etablierung solcher Kontrollmechanismen berufen werden, um nachzuweisen, dass sie ihren gesetzlichen Pflichten nachgekommen sind.

Die behördliche Überprüfung der Erfüllung der Sorgfaltspflichten des LkSG erfolgt gemäß dessen § 19 Abs. 1 durch das Bundesamt für Wirtschaft und Ausfuhrkontrolle (BAFA). Inwieweit die Behörde private Zertifikate im Rahmen ihrer Beurteilung berücksichtigen darf, ist durch das LkSG selbst nicht geregelt. Das schließt eine Berücksichtigung jedoch nicht aus. In der Gesetzesbegründung zum Regierungswurf heißt es einerseits:

„Die Überprüfung der Einhaltung der eigenen menschenrechtsbezogenen Standards bei unmittelbaren Zulieferern kann etwa durch eigene Kontrolle vor Ort, durch mit Audits beauftragte Dritte sowie durch die Inanspruchnahme anerkannter Zertifizierungs-Systeme oder Audit-Systeme erfolgen, soweit sie die Durchführung unabhängiger und angemessener Kontrollen gewährleisten."[1003]

Andererseits wird gleich im darauffolgenden Satz klargestellt: „Die Beauftragung externer Dritter entbindet das Unternehmen nicht von seiner Verantwortung nach diesem Gesetz."[1004]

Ein gemeinsam durch das BMAS, das BMWK und das BAFA zur Verfügung gestellter Katalog mit Fragen und Antworten zum LkSG beantwortet die Frage, ob Nachhaltigkeitssiegel, Audits und Zertifikate als Nachweis im Rahmen des Gesetzes dienen können, wie folgt:

1002 In Bezug auf Zertifizierer allgemein: *Gailhofer/Glinski*, Haftungsrechtlicher Rahmen von nachhaltiger Zertifizierung in textilen Lieferketten, S. 77.
1003 BT-Drs. 19/28649, S. 48.
1004 ebd.

„Soweit die Siegel, Zertifikate oder Audits nachweisbar die gesetzlichen Sorgfaltsanforderungen erfüllen, können sie als wichtige Anhaltspunkte für die Erfüllung der Sorgfaltspflichten dienen."[1005]

Auf die Frage, ob betroffene Unternehmen von ihren Zulieferern konkret deren Geschäftsbeziehungen und Auditberichte über deren Zulieferer einfordern können, heißt es:

„Das Gesetz legt im Einzelnen nicht fest, welche Nachweise im konkreten Fall von einem Zulieferer zu erbringen bzw. zu vereinbaren sind. Audits können ein Indiz für die Erfüllung der Erwartungen sein, sofern das betreffende Audit die Voraussetzungen des LkSG berücksichtigt."[1006]

Diese Aussagen lassen vermuten, dass Sozialaudits durchaus eine wichtige Rolle beim Nachweis der Erfüllung menschenrechtlicher Sorgfaltspflichten nach dem LkSG spielen werden.[1007] Konkrete Anforderungen für eine Berücksichtigungsfähigkeit werden allerdings nicht genannt. Hier bleiben die Materialien zum LkSG sehr vage.

Unter praktischen Gesichtspunkten bringt ein Zurückgreifen auf private Mechanismen aufgrund der damit verbundenen Entlastung der Behörden und der erleichterten Berücksichtigung branchen- und länderspezifischer Besonderheiten durchaus Vorteile mit sich.[1008] In rechtlicher Hinsicht bestehen jedoch – wie bereits bei der im vorstehenden Abschnitt diskutierten Abwehr von Haftungsansprüchen – erhebliche Bedenken. Gegen eine Einbindung von Sozialaudits und Zertifikaten in den behördlichen Kontrollmechanismus spricht insbesondere, dass die Verlässlichkeit dieser Mechanismen derzeit nicht ausreichend sichergestellt ist. Für in globalen Lieferketten tätige Auditunternehmen und Zertifizierer gibt es keine gesetzlichen Qualitätsanforderungen. Sie werden zudem weder staatlich akkreditiert noch beaufsichtigt und auch eine effektive Haftung ist – wie in diesem Kapitel bereits erörtert wurde – nach dem geltenden Recht nicht ge-

---

1005 https://www.csr-in-deutschland.de/DE/Wirtschaft-Menschenrechte/Gesetz-ue ber-die-unternehmerischen-Sorgfaltspflichten-in-Lieferketten/FAQ/faq.html), Abschnitt XIII Nr. 3 (Stand: 18.04.2024).
1006 aaO, Abschnitt X Nr. 3.
1007 Siehe hierzu ausführlicher in Kapitel 4 unter A I.
1008 *Gailhofer/Glinski*, Haftungsrechtlicher Rahmen von nachhaltiger Zertifizierung in textilen Lieferketten, S. 16. Die Vorteile einer funktionierenden Einbindung privater Zertifizierungssysteme betont auch Joachim Spiller im Interview mit *Müller-Jung*, FAZ vom 04.02.2024.

währleistet.[1009] Bevor eine Berücksichtigung im Rahmen des behördlichen Verfahrens erfolgen könnte, müsste das BAFA daher die Verlässlichkeit und Aussagekraft des in Rede stehenden Sozialaudits oder Zertifikat im Einzelfall prüfen.[1010] Der soeben erwähnte praktische Nutzen des Zurückgreifens auf private Mechanismen wäre dadurch erheblich gemindert. Überdies wurde im vorigen Kapitel bereits festgestellt, dass Sozialaudits überhaupt nicht in der Lage sind, ein umfassendes Bild der Situation in Zulieferbetrieben zu vermitteln, da es sich zum einen um bloße Momentaufnahmen handelt und zum anderen bestimmte Verstöße nur schwer erfasst werden können.[1011] Erforderlich wäre vielmehr eine kontinuierliche Risikoüberwachung und anlassbezogene Risikoanalysen sowie das Ergreifen weiterer Maßnahmen zur Verbesserung der menschenrechtlichen Lage in globalen Lieferketten.[1012] Private Zertifikate, die im Wesentlichen auf der Durchführung von Sozialaudits beruhen, können keine ausreichende Gewähr für die Einhaltung menschenrechtlicher Sorgfaltspflichten bieten. Ihre Verwendung sollte Bestellerunternehmen nicht von der eigenen Verantwortung nach dem LkSG befreien.[1013]

3. Haftung für Sorgfaltspflichtverletzungen von Auditunternehmen

Verletzen Auditunternehmen bei der Durchführung von Sozialaudits Sorgfaltspflichten und kommt es hierdurch zu Schäden, kann man nicht nur die Haftung dieser Auditunternehmen selbst, sondern auch die Haftung der Bestellerunternehmen in Betracht ziehen, die auf den Einsatz von Sozialaudits hingewirkt haben. Geht man nämlich von einer menschenrechtlichen Sorgfaltspflicht von Bestellerunternehmen aus, dient die Durchführung von Sozialaudits der Erfüllung dieser Pflicht. Auditunternehmen können daher möglicherweise als Erfüllungs- oder Verrichtungsgehilfen eingestuft werden mit der Folge, dass Bestellerunternehmen sich ihr Handeln grundsätzlich zurechnen lassen müssten.

1009 Siehe hierzu auch *Gailhofer/Glinski,* Haftungsrechtlicher Rahmen von nachhaltiger Zertifizierung in textilen Lieferketten, S. 18.

1010 *Gailhofer/Glinski,* Haftungsrechtlicher Rahmen von nachhaltiger Zertifizierung in textilen Lieferketten, S. 18.

1011 Siehe hierzu in Kapitel 1 unter C I 2 a und b.

1012 HK-LkSG-*Gehne/Humbert/Philippi,* § 6 Rn. 64 ff. Mögliche komplementär wirkende Mechanismen werden in Kapitel 3 unter C genauer beleuchtet.

1013 *ECCHR/Brot für die Welt/Misereor,* Menschenrechtsfitness von Audits und Zertifizierern?, S. 37; a. A. wohl *Gehling/N. Ott/Lüneborg,* CCZ 2021, 230, 236.

Schuldet ein Bestellerunternehmen den Beschäftigten eines Zulieferbe-
triebes vertraglich die Durchführung von Kontrollen und setzt es für diese
Kontrollen ein Auditunternehmen ein, kann das Auditunternehmen ohne
weiteres als Erfüllungsgehilfe im Sinne von § 278 BGB eingestuft werden.[1014]
Das Bestellerunternehmen muss sich in diesem Fall das Verschulden des
Auditunternehmens im gleichen Umfang zurechnen lassen wie eigenes
Verschulden. Die erforderliche vertragliche Verbindung lässt sich jedoch
allenfalls in Form eines Vertrages zugunsten Dritter konstruieren, in dessen
Rahmen das Bestellerunternehmen eine leistungssichernde Nebenpflicht
zur Kontrolle der Implementierung der zugewendeten Schutzmaßnahmen
trifft.[1015] In der Regel fehlt es am erforderlichen Rechtsbindungswillen für
die Annahme einer solchen vertraglichen Zuwendung.[1016]

Treffen ein Bestellerunternehmen deliktsrechtlich relevante Pflichten,
insbesondere Verkehrspflichten zum Schutz der Beschäftigten, kann § 278
BGB hingegen nicht zur Anwendung kommen. Das Fehlverhalten einge-
setzter Auditunternehmen kann Bestellerunternehmen in diesem Fall auch
nicht nach § 831 BGB zugerechnet werden, da es bei selbständigen Unternehmen in der Regel an der für die Einstufung als Verrichtungsgehilfe
erforderlichen organisatorischen Abhängigkeit und Weisungsgebundenheit
fehlt.[1017] Wird eine deliktische Verkehrspflicht delegiert, könnte man zwar
überlegen, dem Delegierenden das Fehlverhalten des Übernehmenden ana-
log § 278 BGB zuzurechnen.[1018] So ließe sich auch in Auditfällen eine Zurechnung begründen. Allerdings enthält das Gesetz mit § 831 BGB für das
Recht der unerlaubten Handlungen ausdrücklich eine Sondervorschrift,
deren Wertung nicht durch die zusätzliche Anwendung des § 278 BGB
umgangen werden darf.[1019] Im Rahmen des § 831 BGB bleibt der Geschäftsherr zudem gerade nicht voll sicherungspflichtig, sondern kann sich durch
die sorgfältige Auswahl und Überwachung des Verrichtungsgehilfen exkulpieren. Beim Einsatz selbständiger Helfer sollte also nichts Strengeres gelten.[1020] Eine Übernahme des § 278 BGB in das Deliktsrecht wäre aber
auch deshalb verfehlt, weil diese Norm dem Umstand Rechnung trägt,

---

1014 *Heinlein*, NZA 2018, 276, 281.
1015 ebd.
1016 Siehe hierzu bereits in Kapitel 2 unter B I 1 c bb (2).
1017 BGH, Urt. v. 06.11.2012 – VI ZR 174/11, NJW 2013, 1002, 1003; MüKo BGB-*G.
      Wagner*, § 831 Rn. 16.
1018 Dafür: *Brüggemeier*, Haftungsrecht, Rn. 130; *Baums*, FS Lukes, 625, 636 ff..
1019 BGH, Urt. v. 25.10.1951 – III ZR 95/50, BGHZ 4, 1, 3.
1020 *Von Falkenhausen*, Menschenrechtsschutz durch Deliktsrecht, S. 124.

dass der Erfüllungsgehilfe gegenüber dem Geschädigten mangels eigener vertraglicher Verbindung nicht selbst haftet. Durch die Delegation von Verkehrspflichten wird der Übernehmer hingegen gegenüber dem Verletzten deliktisch verantwortlich, so dass eine Haftung des Delegierenden für das Fehlverhalten des Übernehmenden nicht gleichermaßen erforderlich ist.[1021] In Delegationsfällen ist daher lediglich eine Haftung von Bestellerunternehmen für eigenes Fehlverhalten denkbar, wenn die Pflicht zur sorgfältigen Auswahl und Überwachung des Auditunternehmens verletzt wird.[1022]

C. Gerichtsstand und anwendbares Recht

Neben dem Vorliegen der materiellen Anspruchsvoraussetzungen setzt die gerichtliche Geltendmachung von Haftungsansprüchen wegen unzureichender Sozialaudits in Deutschland voraus, dass deutsche Gerichte für solche Fälle überhaupt zuständig sind. Und selbst wenn dies der Fall ist, stellt sich die Frage nach dem anwendbaren Recht. Wann der Zugang zu deutschen Gerichten offensteht und unter welchen Voraussetzungen es zur Anwendbarkeit deutschen Rechts kommt, soll im Folgenden erörtert werden. Der Fokus wird auch hier auf der Geltendmachung zivilrechtlicher Ansprüche gegen transnational agierende Auditunternehmen gelegt.

I. Zugang zu deutschen Gerichten

Die Zuständigkeit deutscher Gerichte in Zivil- und Handelssachen wird in erster Linie von der sogenannten Brüssel Ia-Verordnung (Brüssel Ia-VO)[1023] bestimmt. Dessen Art. 4 Abs. 1 knüpft die gerichtliche Zuständigkeit regelmäßig zunächst an den Wohnsitz des Beklagten. Als Wohnsitz juristischer Personen gilt gemäß Art. 63 Abs. 1 Brüssel Ia-VO der Ort, an dem sich der satzungsmäßige Sitz, die Hauptverwaltung oder die Hauptniederlassung befindet. In Deutschland ansässige Auditunternehmen können also in der Regel problemlos vor deutschen Gerichten verklagt werden, oh-

---

1021 MüKo BGB-*G. Wagner*, § 823 Rn. 585.
1022 Siehe hierzu bereits in Kapitel 2 unter B I 2 a bb (2) (a).
1023 Verordnung (EU) Nr. 1215/2012 des Europäischen Parlaments und des Rates vom 12. Dezember 2012 über die gerichtliche Zuständigkeit und die Anerkennung und Vollstreckung von Entscheidungen in Zivil- und Handelssachen, ABl. L 351 S. 1, ber. 2016 L 264 S. 43.

ne dass es dabei darauf ankommt, ob die Rechtsverletzung in Deutschland stattgefunden hat. Dasselbe gilt für einzelne Personen innerhalb von Auditunternehmen, die ihren Wohnsitz in Deutschland haben. Der Einwand des *forum non conveniens*, also die Ablehnung der Zuständigkeit unter Berufung darauf, dass die Gerichte eines anderen Staates zur Entscheidung besser geeignet sind, ist im europäischen Regelungsgefüge nicht vorgesehen.[1024]

Zwar gibt es einige große Prüfunternehmen mit Sitz in Deutschland, die Sozialaudits durchführen, so insbesondere die drei großen TÜV-Holdings. Viele der transnational agierenden Auditunternehmen sind aber außerhalb von Deutschland ansässig. Für Klagen gegen diese Unternehmen lässt sich die Zuständigkeit deutscher Gerichte wesentlich schwerer begründen. Zwar eröffnet Art. 7 Nr. 2 Brüssel Ia-VO einen besonderen Gerichtsstand für Ansprüche aus unerlaubter Handlung am Ort des schädigenden Ereignisses, was nach dem sogenannten Ubiquitätsprinzip neben dem Erfolgsort auch der Handlungsort sein kann.[1025] Allerdings findet diese Regelung nur auf Beklagte Anwendung, die ihren Sitz ebenfalls in einem EU-Mitgliedsstaat haben. Überdies ist es äußerst unwahrscheinlich, dass ein im Ausland ansässiges transnationales Auditunternehmen schadensbegründende Handlungen in Deutschland vornimmt. Da sich der Erfolgsort in transnationalen Menschenrechtsfällen in der Regel im Ausland befindet, könnte allenfalls hieran die Gerichtszuständigkeit geknüpft werden.[1026] Einen weiteren Anknüpfungspunkt für das Vorgehen gegen Unternehmen, die ihren Sitz in einem anderen EU-Mitgliedsstaat haben, bietet Art. 7 Nr. 5 Brüssel Ia-VO, der eine Gerichtszuständigkeit auch dort begründet, wo eine Zweigniederlassung besteht. Das gilt jedoch nur im Fall von Streitigkeiten aus dem Betrieb eben dieser Zweigniederlassung,[1027] so dass auch diese Regelung bei der Begründung der Zuständigkeit deutscher Gerichte für Klagen gegen ausländische Auditunternehmen keine große Hilfestellung bietet.

Einen weiteren möglichen Gerichtsstand für Unternehmen mit Sitz in einem anderen EU-Mitgliedsstaat eröffnet Art. 8 Nr. 1 Brüssel Ia-VO. Dieser erlaubt eine sogenannte Ankerklage, wenn der Hauptbeklagte seinen Sitz

---

1024 Siehe hierzu EuGH, Urt. v. 01.03.2005, Rs. C-281/02 – Owusu, Slg. 2005 I-01383, Rn. 38 ff. unter Berufung auf den Grundsatz der Rechtssicherheit.

1025 EuGH, Urt. v. 16.06.2016 – C-12/15 - Universal Music International Holding, ECLI:EU:C:2016:449.

1026 Siehe hierzu auch *Stürner*, Zivilprozessuale Voraussetzungen für Klagen gegen transnationale Unternehmen wegen Menschenrechtsverletzungen, 73, 82.

1027 Geimer/Schütze/Hau-*Paulus*, Art. 7 Brüssel Ia-VO Rn. 240.

im Inland hat und zwischen beiden Klagen eine so enge Beziehung besteht, dass eine gemeinsame Verhandlung und Entscheidung geboten erscheint, um widersprechende Entscheidungen zu vermeiden.[1028] Das könnte in Auditfällen insofern interessant sein, als teilweise aus dem zugrundeliegenden Verletzungssachverhalt auch ein Vorgehen gegen Unternehmen denkbar ist, die bei dem überprüften Zulieferer Bestellungen aufgegeben haben. Hat nun das Bestellerunternehmen seinen Sitz in Deutschland und wird daher dort verklagt, ließe sich für ein in einem anderen EU-Mitgliedsstaat ansässiges Auditunternehmen die Zuständigkeit des deutschen Gerichts möglicherweise unter Berufung auf die Konnexität mit dieser Klage argumentieren. Die Frage nach der Konnexität ist unionsrechtlich autonom zu bestimmen und erfasst jedenfalls Fälle der Gesamtschuldnerschaft und der akzessorischen Haftung.[1029] Nach der Rechtsprechung des EuGH steht der Annahme der Konnexität zudem nicht entgegen, dass gegen mehrere Beklagte erhobene Klagen auf unterschiedlichen Rechtsgrundlagen beruhen.[1030] Insbesondere wenn man von der Delegation einer Verkehrspflicht durch das Bestellerunternehmen auf das Auditunternehmen ausgeht, dürfte die Konnexität nach Art. 8 Nr. 1 Brüssel Ia-VO zu bejahen sein, da es angezeigt erscheint, die Frage nach der Verteilung der Verantwortung einheitlich zu entscheiden. Die Begründung der Zuständigkeit deutscher Gerichte unter Berufung auf den Zusammenhang mit einer Klage gegen ein deutsches Bestellerunternehmen ist jedoch nur dann möglich, wenn das Auditunternehmen seinen Sitz ebenfalls in einem EU-Mitgliedsstaat hat. Drittstaatensachverhalte sind von Art. 8 Nr. 1 Brüssel Ia-VO nicht erfasst.[1031]

Hat das beklagte Unternehmen seinen Sitz in einem Drittstaat, richtet sich die Gerichtszuständigkeit gemäß Art. 6 Abs. 1 Brüssel Ia-VO nach dem jeweiligen nationalen Recht des Forumstaates. In Deutschland müsste das angerufene Gericht also die Regeln der ZPO anwenden, um die Zuständigkeitsfrage zu klären. Hieraus ergeben sich allerdings keine erfolgversprechenden Anknüpfungspunkte für ein Vorgehen gegen ausländische Auditunternehmen. Zwar eröffnet § 23 ZPO einen besonderen Gerichtsstand für Klagen gegen Personen, die im Inland zwar keinen (Wohn-)Sitz, wohl

---

1028   Siehe hierzu genauer: Geimer/Schütze/Hau-*Paulus*, Art. 8 Brüssel Ia-VO Rn. 18 ff.

1029   Musielak/Voit-*Stadler/Krüger*, Art. 8 Brüssel Ia-VO Rn. 3.

1030   EuGH, Urt. v. 11.10.2007 – C-98/06 – Freeport, ECLI:EU:C:2007:595.

1031   *Hübner*, Unternehmenshaftung für Menschenrechtsverletzungen, 109 ff., der darauf hinweist, dass die Vorschrift aus diesem Grund eine Klage gegen ausländische Zulieferunternehmen in transnationalen Menschenrechtsfällen meist nicht ermöglicht.

aber Vermögen haben. Für internationale Sachverhalte verlangt die Rechtsprechung aber zusätzlich einen Inlandsbezug des Rechtsstreits, der über die bloße Vermögensbelegenheit hinausgeht.[1032] An diesem wird es in transnationalen Auditfällen meist fehlen.[1033] Auch der besondere Gerichtsstand der unerlaubten Handlung nach § 32 ZPO bietet bei der Begründung der Zuständigkeit deutscher Gerichte für Klagen gegen Auditunternehmen aus Drittstaaten keine große Hilfestellung, da er nur dann zur Anwendung kommt, wenn entweder Handlungs- oder Erfolgsort in Deutschland belegen sind.

Schließlich haben die Parteien in internationalen Sachverhalten gemäß Art. 25 Brüssel Ia-VO die Möglichkeit, eine Gerichtsstandsvereinbarung zu schließen, mit der die Zuständigkeit der Gerichte eines bestimmten EU-Mitgliedsstaats begründet werden kann. Das gilt sogar dann, wenn keine der Parteien ihren (Wohn-)Sitz innerhalb der EU hat.[1034] Voraussetzung hierfür ist jedoch, dass sich ein Auditunternehmen freiwillig auf eine Gerichtsstandsvereinbarung einlässt, durch die die Zuständigkeit deutscher Gerichte begründet wird. Das ist in Auditkonstellationen weniger bei Klagen von Arbeiter*innen denkbar, sondern eher im Fall eines klageweisen Vorgehens deutscher (Besteller-)Unternehmen, welche im Rahmen der Beauftragung des Auditunternehmens auf eine solche Gerichtsstandsvereinbarung hingewirkt haben.

II. Anwendbarkeit des deutschen Rechts

1. Grundsatz: Anwendung ausländischen Rechts

a. Bestimmung des anwendbaren Rechts nach der Rom II-VO

Für außervertragliche Schuldverhältnisse mit transnationalem Bezug wird das anwendbare Recht grundsätzlich nach der sogenannten Rom II-Ver-

---

1032 BGH, Urt. v. 02.07.1991 – XI ZR 206/90, BGHZ 115, 90; BGH, Urteil vom 18.03.1997 – XI ZR 34/96, NJW 1997, 2885, 2886.

1033 In Bezug auf transnationale Menschenrechtsfälle allgemein: *Stürner*, Zivilprozessuale Voraussetzungen für Klagen gegen transnationale Unternehmen wegen Menschenrechtsverletzungen, 73, 84.

1034 Geimer/Schütze/Hau-*E. Peiffer/M. Peiffer*, Art. 25 Brüssel Ia-VO Rn. 12.

ordnung (Rom II-VO)[1035] bestimmt. Das gilt insbesondere für die im Zusammenhang mit Sozialaudits in Betracht kommenden Ansprüche aus unerlaubter Handlung. Nach der herrschenden Meinung werden aber auch Ansprüche aus Vertrag mit Schutzwirkung für Dritte als außervertraglich eingeordnet, so dass sich das anwendbare Recht für diese Ansprüche ebenfalls nach der Rom II-VO richtet.[1036]

Vom Anwendungsbereich der Rom II-VO ausgenommen sind die in Art. 1 Abs. 2 aufgelisteten außervertraglichen Schuldverhältnisse. In den dort genannten Fällen bestimmt sich das anwendbare Recht nach dem nationalen Kollisionsrecht des Forumstaates. In Auditfällen könnte einzig die Bereichsausnahme nach Art. 1 Abs. 2 lit. g Rom II-VO relevant werden. Dieser nimmt „außervertragliche Schuldverhältnisse aus der Verletzung der Privatsphäre oder der Persönlichkeitsrechte, einschließlich der Verleumdung" vom Anwendungsbereich der Rom II-VO aus. Wie bereits erläutert, kann es in auditierten Zulieferbetrieben zu Schäden kommen, die nach dem deutschen Recht als Verletzung des allgemeinen Persönlichkeitsrechts zu qualifizieren wären.[1037] Die Begriffe der Privatsphäre und der Persönlichkeitsrechte im Rahmen der Rom II-VO sind jedoch unionsrechtlich autonom zu bestimmen.[1038] Aufschluss über ihren Inhalt gibt im Fall von Art. 1 Abs. 2 lit. g Rom II-VO vor allem die Entstehungsgeschichte der Norm. So sollten ursprünglich nur persönlichkeitsbezogene Mediendelikte vom Anwendungsbereich der Rom II-VO ausgenommen werden. Hintergrund waren Uneinigkeiten zwischen den Mitgliedsstaaten über den Umgang mit als ungünstig empfundener Berichterstattung und den Stellenwert der Pressefreiheit in Relation zu den Persönlichkeitsrechten von Betroffenen.[1039] Zwar wurde die ausschließliche Beschränkung auf Mediendelikte aufgegeben, die Verwendung des Begriffs der Privatsphäre sowie die beispielhafte Nennung der Verleumdung legen jedoch nahe, dass vor allem

---

1035 Verordnung (EG) Nr. 864/2007 des Europäischen Parlaments und des Rates vom 11. Juli 2007 über das auf außervertragliche Schuldverhältnisse anzuwendende Recht, ABl. L 199 S. 40, ber. 2012 L 310 S. 52.

1036 MüKo BGB-*Junker*, Art. 1 Rom II-VO Rn. 16.

1037 Siehe hierzu in Kapitel 2 unter B I 2 a aa.

1038 Zur autonomen Auslegung unionsrechtlicher Normbegriffe siehe z. B. EuGH, Urt. v. 02.04.2009, Rs. C-523/07, ECLI:EU:C:2009:225 Rn. 34; Urt. v. 06.03.2008, Rs. C-98/07 - Nordania Finans und BG Factoring, ECLI:EU:C:2008:144 Rn. 17.

1039 BeckOK BGB-*Spickhoff*, Art. 1 Rom II-VO Rn. 17 f; *Lehr*, NJW 2012, 705, 708; *von Hein*, ZEuP 2009, 6, 13; ausführlich zur Entstehungsgeschichte: Rauscher-*Unberath/Cziupka*, Art. 1 Rom II-VO Rn. 66 ff.

Ansprüche aus der Verletzung von Ehre und Ruf sowie die Ausforschung und Verbreitung privater Informationen unter die Bereichsausnahme fallen. Kommt es also in Zulieferfabriken beispielsweise zu Beleidigungen und Demütigungen oder werden Arbeiter*innen heimlich überwacht, kann dies unter Art. 1 Abs. 2 lit. g Rom II-VO subsumiert werden. Hingegen sind andere, dem deutschen Begriff des allgemeinen Persönlichkeitsrechts ebenfalls zuzuordnende Fälle wie Verstöße gegen das Verbot von Zwangs- oder Kinderarbeit wohl nicht von der Bereichsausnahme erfasst.[1040]

Werden vor deutschen Gerichten Ansprüche eingeklagt, die nach dem Vorstehenden ausnahmsweise einer Bereichsausnahme unterfallen, richtet sich das anwendbare Recht nach Art. 40 Abs. 1 EGBGB. Dieser räumt dem Verletzten ein Wahlrecht zwischen dem Recht des Handlungsortes und dem des Erfolgsortes ein. Da sich der Erfolgsort in transnationalen Auditfällen regelmäßig im Ausland befindet, käme eine Anwendung deutschen Rechts unter Rückgriff auf Art. 40 Abs. 1 EGBGB nur dann in Betracht, wenn sich der Handlungsort in Deutschland befände. Als Handlungsort gilt der Ort, an dem eine unerlaubte Handlung ganz oder teilweise ausgeführt wurde. Orte, an denen bloße Vorbereitungshandlungen durchgeführt wurden, sind kollisionsrechtlich nicht relevant.[1041] Bei Unterlassungsdelikten ist der Ort ausschlaggebend, an dem hätte gehandelt werden müssen, um den eingetretenen Erfolg abzuwenden.[1042] Wo der Handlungsort ist, ist in Lieferkettensachverhalten allerdings nicht immer leicht zu bestimmen.[1043] So könnte man in Auditfällen einerseits auf den Ort abstellen, an dem fehlerhafte Leitungsentscheidungen getroffen wurden oder entdeckte Missstände nicht in den Auditbericht aufgenommen wurden. Der Handlungsort wäre dann regelmäßig am Sitz des Unternehmens. Andererseits stützt sich die deliktische Verantwortung von Auditunternehmen maßgeblich darauf, dass diese eine übernommene Aufgabe, nämlich die Kontrolle der Arbeitsbedingungen vor Ort, nicht ordnungsgemäß ausgeführt haben. Das spricht dafür, den Handlungsort dort zu verorten, wo die Kontrollen hätten stattfinden sollen, nämlich in den überprüften Produktionsstätten. Somit kommt auch in Fällen, die unter die Bereichsausnahme nach Art. 1

1040 Für transnationale Menschenrechtsfälle im Allgemeinen: *von Falkenhausen*, Menschenrechtsschutz durch Deliktsrecht, S. 306.

1041 BeckOK BGB-*Spickhoff*, Art. 40 EGBGB Rn. 20; *Kegel/Schurig*, Internationales Privatrecht, § 18 IV 1 a bb.

1042 MüKo BGB-*Junker*, Art. 40 EGBGB Rn. 26.

1043 Siehe hierzu auch *von Falkenhausen*, Menschenrechtsschutz durch Deliktsrecht, S. 306 ff.

Abs. 2 lit. g Rom II-VO fallen, nur ausnahmsweise deutsches Recht zur Anwendung.

b. Rechtswahl gemäß Art. 14 Rom II-VO

Vorrang vor der Bestimmung des anwendbaren Rechts nach den Regeln der Rom II-VO hat zudem die Rechtswahl gemäß Art. 14 Rom II-VO. Die Parteien haben die Möglichkeit, das anwendbare Recht zu wählen, dem das außervertragliche Schuldverhältnis unterliegen soll. Da die Geschädigten in transnationalen Auditfällen in der Regel keiner kommerziellen Tätigkeit nachgehen, kommt nur eine nachträgliche Rechtswahl gemäß Art. 14 Abs. 1 S. 1 lit. a Rom II-VO in Betracht. Auch wenn es zunächst wenig plausibel erscheint, dass sich in Deutschland verklagte Auditunternehmen auf eine Vereinbarung zugunsten des deutschen Rechts einlassen, hätte die Anwendung des *lex fori* auch für sie eine Reihe von Vorteilen. Muss ein deutsches Gericht ausländisches Recht anwenden, bedeutet dies nämlich einen hohen Zeit- und Kostenaufwand.[1044] Für das beklagte Unternehmen erschwert die Anwendung eines ihm unbekannten ausländischen Rechts die Verteidigung und ist mit vielen Unsicherheiten hinsichtlich des Verfahrensausgangs verbunden.[1045] Hinzu kommt, dass ausländisches Recht in Deutschland nicht revisibel ist, mögliche Rechtsfehler also nicht mit der Revision gerügt werden können.[1046]

Dennoch wird man wohl davon ausgehen können, dass beklagte Unternehmen sich nur dann freiwillig einer bestimmten Rechtsordnung unterwerfen, wenn sie sich davon auch inhaltlich einen für sie günstigeren Verfahrensausgang als nach dem andernfalls kollisionsrechtlich zur Anwendung kommenden Recht versprechen. Dass sie sich auf die Anwendung deutschen Rechts einlassen, erscheint vor allem vor dem Hintergrund der zunehmend aufkommenden Haftungsdiskussionen eher unwahrscheinlich. Sieht das grundsätzlich anwendbare ausländische Recht eine strengere Haftung vor, ist eine Rechtswahl zugunsten des deutschen Rechts wiederum

---

1044 *Von Falkenhausen*, Menschenrechtsschutz durch Deliktsrecht, S. 312; *Gailhofer/Glinski*, Haftungsrechtlicher Rahmen von nachhaltiger Zertifizierung in textilen Lieferketten, S. 30.

1045 *Görgen*, Unternehmerische Haftung in transnationalen Menschenrechtsfällen, S. 172; *Thomale/Hübner*, JZ 72 (2017), 385, 392; *Gailhofer/Glinski*, Haftungsrechtlicher Rahmen von nachhaltiger Zertifizierung in textilen Lieferketten, S. 30.

1046 BGH, Beschl. v. 04.07.2013 – V ZB 197/12, NJW 2013, 3656, 3658.

nicht im klägerischen Interesse. Eine Vereinbarung im Sinne von Art. 14 Rom II-VO ist daher zwar eine Möglichkeit, um zur Anwendung deutschen Rechts zu kommen. Dass Kläger*innen in Auditfällen tatsächlich davon profitieren, darf jedoch bezweifelt werden.

c. Erfolgsortanknüpfung nach Art. 4 Abs. 1 Rom II-VO

Klagen Betroffene vor deutschen Gerichten gegen Auditunternehmen, greift daher in der Regel die Erfolgsortanknüpfung nach Art. 4 Abs. 1 Rom II-VO. Das bedeutet, dass das Recht desjenigen Staates anzuwenden ist, in dem der Schaden eintritt. Da die mit der fehlerhaften Durchführung von Sozialaudits in Verbindung gebrachten Verletzungen meist am Produktionsstandort eintreten, kommt daher grundsätzlich das dort geltende Recht zur Anwendung. Wo das schadensbegründende Ereignis stattgefunden hat, ist hingegen nicht von Belang.

Ein Wahlrecht zwischen dem Recht des Handlungs- und dem des Erfolgsortes, wie es das deutsche Kollisionsrecht kennt, verbleibt dem Geschädigten lediglich bei Umweltschädigungen gemäß Art. 7 Rom II-VO. Zwar erstreckt sich diese Ausnahme auf Personen- oder Sachschäden, die aus Umweltschädigungen herrühren, und kommt daher beispielsweise auch dann zur Anwendung, wenn die Entsorgung giftiger Abfälle oder das Leck an einer Ölpipeline zu Gesundheitsschäden bei der lokalen Bevölkerung führen.[1047] Die für Auditfälle typischen Verletzungen von Arbeiterrechten sind jedoch nicht erfasst. Überdies besteht Uneinigkeit darüber, ob der Ort der schädigenden Entscheidung überhaupt als Handlungsort einer Umweltschädigung qualifiziert werden kann, oder ob allein der Ort der unmittelbaren Verletzungshandlung ausschlaggebend ist.[1048] Letzterer wäre dort zu verorten, wo die tatsächlichen Schadensursache, wie etwa die Entsorgung der Abfälle oder in Auditfällen die Durchführung der Kontrolltätigkeit vor Ort, gesetzt wird. Folgt man der Ansicht, die allein auf den Ort der unmittelbaren Verletzungshandlung abstellen will, führt Art. 7 Rom II-VO

[1047] *Görgen,* Unternehmerische Haftung in transnationalen Menschenrechtsfällen, S. 174; *von Falkenhausen,* Menschenrechtsschutz durch Deliktsrecht, S. 316.

[1048] Für Letzteres: *Halfmeier,* Zur Rolle des Kollisionsrechts bei der zivilrechtlichen Haftung für Menschenrechtsverletzungen, 33, 41; *G. Wagner,* RabelsZ 80 (2016), 717, 743 f.; a.A. *Hübner,* Unternehmenshaftung für Menschenrechtsverletzungen, 159 ff; *Hartmann,* Haftung von Unternehmen für Menschenrechtsverletzungen im Ausland aus Sicht des Internationalen Privat- und Zivilverfahrensrechts, 281, 300 f.; differenzierend: *Mansel,* ZGR 2018, 439, 462 f.

auch aus diesem Grund in den hier zu untersuchenden Fällen nicht zu einer Anwendung deutschen Rechts.

2. Korrekturmöglichkeiten

Die Rom II-VO ermöglicht jedoch in bestimmten Situationen eine Korrektur des zunächst kollisionsrechtlich gefundenen Ergebnisses.

a. Ausweichklausel gemäß Art. 4 Abs. 3 Rom II-VO

Eine solche Korrekturmöglichkeit enthält die sogenannte Ausweichklausel in Art. 4 Abs. 3 Rom II-VO. Weist die unerlaubte Handlung eine offensichtlich engere Verbindung mit einem anderen Staat auf, kann im Einzelfall ein anderes als das über Art. 4 Abs. 1 Rom II-VO berufene Recht zur Anwendung kommen. Das trägt dem Umstand Rechnung, dass die strenge Erfolgsortanknüpfung nicht immer zu sachgerechten Ergebnissen führt.[1049] Wie bereits das Erfordernis einer „offensichtlich" engeren Verbindung verdeutlicht, besitzt die Norm jedoch Ausnahmecharakter.[1050] Orientierungshilfe für die Anwendung bietet das in Art. 4 Abs. 3 S. 2 Rom II-VO normierte Regelbeispiel, demzufolge eine offensichtlich engere Verbindung sich insbesondere aus einem bereits bestehenden Rechtsverhältnis zwischen den Parteien ergeben kann.[1051] Die Korrektur eines aus rechtspolitischen Gründen als unbillig empfundenen Ergebnisses erlaubt Art. 4 Abs. 3 Rom II-VO hingegen nach überwiegender Ansicht nicht.[1052] Da zwischen Auditunternehmen und den Beschäftigten in der überprüften Fabriken in aller Regel kein Vertragsverhältnis besteht, müsste ein anderer Anknüpfungspunkt gefunden werden. Der Sitz und mögliche Handlungsort eines Auditunterneh-

---

1049 MüKo BGB-*Junker*, Art. 4 Rom II-VO Rn. 101.

1050 BeckOK BGB-*Spickhoff*, Art. 4 Rom II-VO Rn. 13.

1051 *Von Hein*, FS Kropholler, 553, 555.

1052 Allgemein: NK-BGB-*Lehmann*, Art. 4 Rom II-VO Rn. 150; in Bezug auf transnationale Menschenrechtsfälle: *Pförtner*, Menschenrechtliche Sorgfaltspflichten für Unternehmen, 311, 325; *Halfmeier,* Zur Rolle des Kollisionsrechts bei der zivilrechtlichen Haftung für Menschenrechtsverletzungen, 33, 42; *Mansel*, ZGR 2018, 439, 456; a.A. *Thomale/Hübner*, JZ 72 (2017), 385, 391 f., die in transnationalen Menschenrechtsfällen eine teleologische Korrektur im Sinne des Opferschutzes vorschlagen.

mens in Deutschland ist vor dem Hintergrund der gebotenen restriktiven Auslegung der Ausweichklausel zur Begründung einer offensichtlich engeren Verbindung jedoch nicht ausreichend.[1053] Daher kann die Anwendbarkeit deutschen Rechts in Auditfällen nicht mit Hilfe von Art. 4 Abs. 3 Rom II-VO hergeleitet werden.

b. Sicherheits- und Verhaltensregeln gemäß Art. 17 Rom II-VO

Art. 17 Rom II-VO eröffnet die Möglichkeit, einzelne Sicherheits- und Verhaltensregeln am Ort des haftungsbegründenden Ereignisses auch dann zu berücksichtigen, wenn auf das außervertragliche Schuldverhältnis das Recht eines anderen Staates anzuwenden ist. Das dient nach Erwägungsgrund Nr. 34 der Verordnung der Wahrung eines angemessenen Interessenausgleichs zwischen den Parteien. Als klassisches Beispiel gilt ein Verkehrsunfall im Ausland zwischen zwei Urlauber*innen aus demselben Staat. Hier müsste gemäß Art. 4 Abs. 2 Rom II-VO eigentlich das Recht des Herkunftslands der Urlauber*innen zur Anwendung kommen. Über Art. 17 Rom II-VO werden jedoch die Verkehrsregeln des Urlaubsorts berücksichtigt.[1054] In diesem Fall wirkt sich Art. 17 Rom II-VO zugunsten des Schädigers aus, indem es die legitime Erwartungshaltung schützt, dass ein am Handlungsort rechtmäßiges Verhalten nicht zu einer Haftung führt.[1055] Würde man unter Rückgriff auf die Vorschrift in Auditfällen deutsche Verhaltensregeln zur Anwendung bringen, würde das genau dem gegenteiligen Zweck, nämlich der Haftungsverschärfung dienen. Aus diesem Grund wird die Ergebniskorrektur mit Hilfe von Art. 17 Rom II-VO in transnationalen Menschenrechtsfällen überwiegend abgelehnt.[1056] Dem lässt sich andererseits der neutrale Wortlaut der Vorschrift sowie die Tatsache entgegenhalten, dass ein angemessener Interessenausgleich auch die Anwendung von Regeln

---

1053 Für transnationale Menschenrechtsfälle allgemein: *von Falkenhausen*, Menschenrechtsschutz durch Deliktsrecht, S. 313; *Görgen*, Unternehmerische Haftung in transnationalen Menschenrechtsfällen, S. 178.

1054 MüKo BGB-*Junker*, Art. 17 Rom II-VO Rn. 1.

1055 *Halfmeier*, Zur Rolle des Kollisionsrechts bei der zivilrechtlichen Haftung für Menschenrechtsverletzungen, 33, 43.

1056 *G. Wagner*, RabelsZ 80 (2016), 717, 743; *Massoud*, Menschenrechtsverletzungen im Zusammenhang mit wirtschaftlichen Aktivitäten von transnationalen Unternehmen, S. 87; *Halfmeier*, Zur Rolle des Kollisionsrechts bei der zivilrechtlichen Haftung für Menschenrechtsverletzungen, 33, 43.

zulasten des Schädigers erfordern kann.[1057] Geht man von der Anwendbarkeit des Art. 17 Rom II-VO auf transnationale Auditfälle aus, kommen insbesondere Verkehrspflichten als zu berücksichtigende Sicherheits- und Verhaltensregeln in Betracht.[1058] Deutsche Verhaltensregeln könnten aber ohnehin nur dann zur Anwendung kommen, wenn das eigentlich anwendbare Deliktsstatut grundsätzlich eine Haftung von Prüfunternehmen in globalen Lieferketten ermöglicht, da Art. 17 Rom II-VO nur zur Berücksichtigung einzelner Verhaltensregeln und nicht etwa zu einer Übertragung der Haftungsnorm an sich führt.[1059] Überdies müsste der Handlungsort am deutschen Unternehmenssitz zu verorten sein, was – wie bereits erörtert – keineswegs zwingend der Fall ist.[1060] Schließlich verpflichtet Art. 17 Rom II-VO das mit der Sache befasste Gericht lediglich dazu, die Sicherheits- und Verhaltensregeln am Handlungsort „faktisch und soweit angemessen" zu berücksichtigen und eröffnet somit einen weiten Ermessensspielraum.[1061] Die Vorschrift bietet daher keinen verlässlichen Ansatzpunkt für die Anwendung deutschen Rechts in Auditfällen.

c. Eingriffsnorm im Sinne von Art. 16 Rom II-VO

Zwingende Vorschriften des Forumstaates – sogenannte Eingriffsnormen – können nach Art. 16 Rom II-VO auch ohne Rücksicht auf das für das außervertragliche Schuldverhältnis maßgebende Recht ausnahmsweise zur Anwendung kommen. In Art. 16 Rom II-VO kommt also die positive Funktion des *ordre public* zum Ausdruck.[1062] Nach der Rechtsprechung des EuGH sind Eingriffsnormen solche nationale Vorschriften, „deren Einhaltung als so entscheidend für die Wahrung der politischen, sozialen

---

1057 *Von Hein*, FS Hoffmann, 139, 152; im Kontext transnationaler Menschenrechtsfälle: *Görgen*, Unternehmerische Haftung in transnationalen Menschenrechtsfällen, S. 199 f.; ähnlich auch *Pförtner*, Menschenrechtliche Sorgfaltspflichten für Unternehmen, 311, 326 f..

1058 Für die Berücksichtigungsfähigkeit von Verkehrspflichten allgemein: NK-BGB-*Lehmann*, Art. 17 Rom II-VO Rn. 44; in transnationalen Menschenrechtsfällen: *von Falkenhausen*, Menschenrechtsschutz durch Deliktsrecht, 320 f; *Mansel*, ZGR 2018, 439, 467.

1059 Für transnationale Menschenrechtsfälle im Allgemeinen: *Mansel*, ZGR 2018, 439, 465.

1060 Siehe hierzu bereits in Kapitel 2 unter C II 1 c.

1061 *Von Hein*, FS Hoffmann, 139, 146.

1062 BeckOK BGB-*Spickhoff*, Art. 16 Rom II-VO Rn. 1.

oder wirtschaftlichen Organisation des betreffenden Mitgliedstaats angesehen wird, dass ihre Beachtung für alle Personen, die sich im nationalen Hoheitsgebiet dieses Mitgliedstaats befinden, und für jedes dort lokalisierte Rechtsverhältnis vorgeschrieben ist"[1063]. Derzeit existiert im deutschen Recht keine Vorschrift, die diese Anforderungen im Zusammenhang mit Auditfällen erfüllt. Weder die Pflichten von in globalen Lieferketten tätigen Auditunternehmen noch eine Haftung für Sozialaudits sind derzeit in Deutschland gesetzlich normiert. Ungeschriebene Sorgfaltspflichten enthalten keine hinreichend konkreten Vorgaben, um als Eingriffsnormen in Betracht zu kommen.[1064] Aber auch die durch das LkSG aufgestellten Sorgfaltspflichten können wohl nicht über Art. 16 Rom II-VO zur Anwendung kommen. Ein im Rahmen der Ausschussberatung unterbreiteter Vorschlag der ausdrücklichen Ausgestaltung als Eingriffsnorm konnte sich jedenfalls nicht durchsetzen.[1065]

d. Ordre-public-Vorbehalt nach Art. 26 Rom II-VO

Art. 26 Rom II-VO ermöglicht es, einzelne Vorschriften des kollisionsrechtlich ermittelten Rechts nicht anzuwenden, wenn ihre Anwendung mit der öffentlichen Ordnung des Forumstaates offensichtlich unvereinbar ist. Anders als bei Art. 16 Rom II-VO, der auf die Anwendung eigenen Rechts abzielt, geht es bei Art. 26 Rom II-VO vor allem darum, die Anwendung ausländischen Rechts abzuwehren.[1066] Wie aus dem Wortlaut der Regelung („offensichtlich unvereinbar") sowie aus Erwägungsgrund Nr. 32 hervorgeht, darf die Vorbehaltsklausel jedoch nur unter außergewöhnlichen Umständen zum Einsatz kommen. Genannt wird hier insbesondere die mögliche Abwehr unangemessen hoher Schadensersatzansprüche. In transnationalen Menschenrechtsfällen im Allgemeinen, aber auch im Zusammenhang mit Sozialaudits geht es jedoch um den umgekehrten Fall, nämlich dass das

---

1063 EuGH, Urt. v. 23.11.1999, Verb. Rs. C-369/96 und C-376/97- Arblade und Leloup, ECLI:EU:C:1999:575 Rn. 30.

1064 *Spindler,* ZHR 2022, 67, 111 f; *von Falkenhausen,* Menschenrechtsschutz durch Deliktsrecht, S. 326.

1065 vgl. Beschlussempfehlung und Bericht des Ausschusses für Arbeit und Soziales zum Entwurf des Lieferkettensorgfaltspflichtengesetzes vom 09.06.2021, BT-Drs. 19/30505.

1066 *Pförtner,* Menschenrechtliche Sorgfaltspflichten für Unternehmen, 311, 329 bezeichnet das als die „negative Funktion" des *ordre public.*

zur Anwendung berufene Recht keine ausreichende Haftung vorsieht.[1067] Zwar kann der Schutz der Menschenrechte wohl als Teil des deutschen *ordre public* angesehen werden.[1068] Daraus folgt jedoch nicht zwingend eine zivilrechtliche Haftung transnationaler (Audit-)Unternehmen.[1069] Jedenfalls so lange das deutsche Recht eine solche Haftung nicht eindeutig vorsieht, fällt es schwer zu argumentieren, dass ihr Fehlen in einer ausländischen Rechtsordnung mit der hiesigen öffentlichen Ordnung unvereinbar ist.[1070] Eine offensichtliche Unvereinbarkeit ließe sich nur begründen, wenn das zur Anwendung berufene Recht überhaupt keine deliktische Haftung Privater im Falle der Verletzung menschenrechtlich geschützter Rechtsgüter vorsähe.[1071] Hiervon ist jedoch kaum irgendwo auszugehen.[1072] Selbst wenn die Voraussetzungen von Art. 26 Rom II-VO erfüllt wären, würde daraus zudem nicht automatisch die Anwendung des *lex fori* folgen. Das Recht des Forumstaates darf vielmehr erst dann angewendet werden, wenn auch eine an die Vorstellungen des eigenen *ordre public* angepasste Anwendung ausländischen Rechts nicht zu einer adäquaten Lösung führt.[1073] Eine Anwendung deutschen Rechts auf transnationale Auditfälle kann daher in aller Regel nicht aus Art. 26 Rom II-VO hergeleitet werden.

III. Ergebnis

Eine Klage gegen ein Auditunternehmen vor einem deutschen Gericht ist vor allem dann denkbar, wenn das Auditunternehmen selbst seinen Sitz in Deutschland hat, wenn das Auditunternehmen seinen Sitz in einem an-

---

1067 *G. Wagner*, RabelsZ 80 (2016), 717, 749, der jedoch davon ausgeht, dass diese Korrektur über Art. 16 Rom II-VO erfolgen müsste.

1068 *Von Bar/Mankowski*, Internationales Privatrecht, § 7 Rn. 269 f.

1069 Für transnationale Menschenrechtsfälle im Allgemeinen: *Halfmeier*, Zur Rolle des Kollisionsrechts bei der zivilrechtlichen Haftung für Menschenrechtsverletzungen, 33, 45 ff.

1070 *Mansel*, ZGR 2018, 439, 469 f.

1071 *Halfmeier*, Zur Rolle des Kollisionsrechts bei der zivilrechtlichen Haftung für Menschenrechtsverletzungen, 33, 47 f; *von Falkenhausen*, Menschenrechtsschutz durch Deliktsrecht, S. 329; *Spindler*, ZHR 2022, 67, 110 f..

1072 *Halfmeier*, Zur Rolle des Kollisionsrechts bei der zivilrechtlichen Haftung für Menschenrechtsverletzungen, 33, 48.

1073 Allgemein: MüKo BGB-*Junker*, Art. 26 Rom II-VO Rn. 26; *Mansel*, ZGR 2018, 439, 469; in Bezug auf transnationale Menschenrechtsfälle: *Thomale/Hübner*, JZ 72 (2017), 385, 392; *von Falkenhausen*, Menschenrechtsschutz durch Deliktsrecht, S. 327.

deren EU-Mitgliedsstaat hat und ein Sachzusammenhang mit einer Klage gegen ein deutsches Bestellerunternehmen besteht, oder wenn die Zuständigkeit durch eine Gerichtsstandsvereinbarung begründet wird.

Auch in diesen Fällen wäre *de lege lata* aufgrund der Erfolgsortanknüpfung nach Art. 4 Abs. 1 Rom II-VO jedoch in der Regel das Recht des Produktionsstaates, d. h. ausländisches Recht anzuwenden. Abweichungen sind nur in Ausnahmefällen denkbar, z.B. wenn sich die Parteien freiwillig auf die Anwendung deutschen Rechts einigen oder wenn es um die Verletzung der Privatsphäre oder der Persönlichkeitsrechte im Sinne von Art. 1 Abs. 2 lit. g Rom II-VO geht und der Handlungsort der unerlaubten Handlung in Deutschland liegt. Deutsche Verkehrspflichten können zudem in bestimmten Fällen über Art. 17 Rom II-VO Berücksichtigung finden. Eine Haftung für Sozialaudits wäre in diesem Fall jedoch nur möglich, wenn das eigentlich anwendbare Deliktsrecht eine solche Haftung grundsätzlich vorsieht. Selbst wenn und soweit man eine Haftung von Auditunternehmen oder anderen in die Durchführung von Sozialaudits involvierten Akteuren nach dem geltenden deutschen Recht für möglich hält, können Betroffene hiervon somit nur selten profitieren.

Dies vorausgeschickt, muss die Anwendung ausländischen Rechts nicht unbedingt nachteilig für Betroffene sein. Zwar kann sich insbesondere aus den teilweise kürzeren Verjährungsfristen für Schadensersatzansprüche eine Hürde für den Zugang zu Abhilfe ergeben.[1074] Gleichzeitig stellen die nach dem deutschen Recht dem Kläger obliegende Beweislast sowie das Fehlen einer Durchgriffshaftung erhebliche Hürden für die Durchsetzung deliktsrechtlicher Ansprüche dar.[1075] Grundsätzlich lassen sich auch in anderen Rechtsordnungen Ansatzpunkte für eine Haftung im Zusammenhang mit Sozialaudits finden. So ist beispielsweise nach dem maßgeblich von der Rechtsprechung geprägten englischem Recht in bestimmten Konstellationen eine deliktsrechtliche Verantwortung von Auditunternehmen denkbar.[1076] Das ist vor allem deshalb relevant, weil sich andere Com-

---

1074 *Business & Human Rights Resource Centre,* Social audit liability, S. 15 unter Verweis auf die Klage gegen KiK (siehe hierzu bereits in Kapitel 1 unter A V), die aufgrund der Verjährung möglicher Ansprüche nach pakistanischem Recht abgewiesen wurde.

1075 *Müller-Hoff/Oehm,* ZEuP 2022, 142 am Beispiel einer zivilrechtlichen Schadensersatzklage gegen den *TÜV SÜD* wegen des Staudammbruches in Brumadinho.

1076 Siehe hierzu *van Ho/Terwindt,* European Review of Private Law 2019; *Glinski/Rott,* Deakin Law Review 23 (2018), 83; *Business & Human Rights Resource Centre,* Social audit liability, S. 8.

mon Law-Staaten wie Bangladesch und Pakistan hieran orientieren.[1077]
Aber auch das französische Recht ermöglicht eine Haftung von Auditunternehmen, wenn gesetzliche Pflichten verletzt wurden. Eine entsprechende
Pflichtverletzung bestätigte der Cour d'Appel de Paris im Zusammenhang
mit dem *PIP*-Skandal und ebnete so den Weg für eine Entschädigung Betroffener.[1078] Die Nichteinhaltung der menschenrechtlichen Sorgfaltspflichten kann zudem nach der *loi de vigilance* geahndet werden.[1079] Der Grund
für das fehlende Vertrauen Betroffener in die eigene Rechtsordnung liegt
meist weniger in materiellrechtlichen Defiziten begründet als in der er-
schwerten Durchsetzbarkeit von Ansprüchen.[1080]

Das nach der Rom II-VO anzuwendende Recht ist gemäß dessen Art. 15
maßgebend für sämtliche haftungsrelevante Umstände, insbesondere Haf-
tungsgrund, -umfang und -adressat (lit. a) sowie über die Frage der Haftung für die von einem anderen begangenen Handlungen (lit.g). Dabei
ist nicht nur der formale Gesetzestext (*law in the books*), sondern auch
die tatsächliche Rechtsanwendung durch lokale Gerichte (*law in action*)
zu beachten.[1081] Das einschlägige ausländische Recht zu ermitteln und anzuwenden, ist Aufgabe des zuständigen Gerichts, welches sich durch eigene
Recherche, aber auch durch die Einholung von Gutachten oder sonstigen
Rechtsauskünften über dessen Inhalt informieren kann.[1082]

1077 Für transnationale Menschenrechtsfälle im Allgemeinen: *van Ho/Terwindt*, European Review of Private Law 2019, 3; *von Falkenhausen*, Menschenrechtsschutz
durch Deliktsrecht, S. 312.

1078 *Gailhofer/Glinski*, Haftungsrechtlicher Rahmen von nachhaltiger Zertifizierung in
textilen Lieferketten, S. 78 mit Verweis auf *Bauer*, France, https://www.actu-juridiq
ue.fr/civil/responsabilite-civile/la-france-epicentre-de-la-justice-pour-les-victimes
-des-protheses-pip/.

1079 *Business & Human Rights Resource Centre*, Social audit liability, S. 8.

1080 *Pförtner*, Menschenrechtliche Sorgfaltspflichten für Unternehmen, 311, 314;
Halfmeier, Zur Rolle des Kollisionsrechts bei der zivilrechtlichen Haftung für
Menschenrechtsverletzungen, 33, 43.

1081 BeckOK BGB-*S. Lorenz*, Einl. zum IPR Rn. 90; Für transnationale Menschenrechtsfälle: *Stürner*, Zivilprozessuale Voraussetzungen für Klagen gegen transnationale Unternehmen wegen Menschenrechtsverletzungen, 73, 80 f; *von Falkenhausen*, Menschenrechtsschutz durch Deliktsrecht, S. 311.

1082 *Halfmeier*, Zur Rolle des Kollisionsrechts bei der zivilrechtlichen Haftung für
Menschenrechtsverletzungen, 33, 43; *Stürner*, Zivilprozessuale Voraussetzungen
für Klagen gegen transnationale Unternehmen wegen Menschenrechtsverletzungen, 73, 94.

D. Verfahrensrechtliche Hürden und faktische Hindernisse für den Zugang zu Abhilfe

Eine theoretische Klagemöglichkeit in Deutschland bedeutet nicht, dass Geschädigte tatsächlich Zugang zu Abhilfe haben. Meist besteht eine Vielzahl verfahrensrechtlicher Hürden und faktischer Hindernisse, die ein gerichtliches Vorgehen erschweren. Das gilt für das Vorgehen gegen transnationale Unternehmen im Allgemeinen. Soweit dieses Problem parallel zur allgemeinen Debatte verläuft, soll es daher nur überblickshalber dargestellt und auf weiterführende Literatur verwiesen werden. Zudem stellen sich in Auditfällen aber auch einige spezifische Probleme, auf die ebenfalls im Folgenden eingegangen werden soll.

I. Komplexität transnationalen Vorgehens

Das Vorgehen gegen transnationale Unternehmen in deren Heimatstaat ist für Betroffene von Menschenrechtsverletzungen und ihre Unterstützer*innen eine komplexe Angelegenheit, dem eine sorgfältige Abwägung von Chancen und Risiken vorangeht. Neben den hieraus resultierenden Schwierigkeiten bei der Beweiserhebung und der Frage der Finanzierung eines solchen Vorgehens, auf die sogleich noch gesondert eingegangen wird, stellen schon die Distanz zum Verfahrensort, die Fremdheit des dortigen Gerichtssystems sowie die sprachliche Barriere bei einer Gerichtsverhandlung im Ausland eine erhebliche Hürde für Geschädigte dar.[1083]

Zusätzlich an Komplexität gewinnen derartige Verfahren dadurch, dass aus Sicht des mit der Sache befassten Gerichts meist ausländisches Recht anzuwenden ist. Die zuständigen Richter*innen stehen in diesem Fall vor der zusätzlichen Herausforderung, eine materiellrechtliche Bewertung nach ihnen fremden Rechtsvorschriften vornehmen zu müssen. Um dies zu bewerkstelligen, werden häufig Sachverständigen-Gutachten eingeholt.[1084] Das ist jedoch nicht nur mit hohen Kosten, sondern auch mit Rechtsunsicherheiten für alle Beteiligten verbunden.[1085] Vor allem aber bedeutet die Ermittlung und Anwendung ausländischen Rechts einen erheblichen

---

1083 *Gläßer et al.,* Außergerichtliche Beschwerdemechanismen, S. 70 f.
1084 *Stürner,* Zivilprozessuale Voraussetzungen für Klagen gegen transnationale Unternehmen wegen Menschenrechtsverletzungen, 73, 94.
1085 *Weller/Thomale,* ZGR 2017, 509, 524.

zeitlichen und finanziellen Aufwand, was wiederum die Belastung für Geschädigte erhöht und diese von einem Vorgehen gegen transnationale Unternehmen abschrecken kann.[1086]

II. Beweisschwierigkeiten

Eine erhebliche Hürde für die Geltendmachung von Schadensersatzansprüchen ergibt sich auch daraus, dass die Beweislast für die anspruchsbegründenden Tatsachen in der Regel bei den Geschädigten liegt.[1087] Diese haben jedoch in globalen Lieferketten meist keinen Einblick in unternehmensinterne Vorgänge.[1088] Gerade die Auditindustrie ist von fehlender Transparenz gekennzeichnet: meist sind weder Auditverträge und deren Vorgaben für die durchzuführenden Überprüfungen noch das Ergebnis dieser Überprüfungen in Form von Auditberichten öffentlich zugänglich.[1089] Für Betroffene stellt es daher bereits eine erhebliche Herausforderung dar, die ordnungsgemäße Durchführung von Sozialaudits überhaupt zu kontrollieren. Entdeckte oder vermutete Sorgfaltspflichtverstöße vor Gericht glaubhaft darzulegen ist eine zusätzliche Hürde. Der Zugang zu notwendigen Dokumenten wird anders als im anglo-amerikanischen Prozessrecht nicht durch die sogenannte *pre-trial discovery* erleichtert, die die Parteien zur vorprozessualen Offenlegung von Informationen über die vor Gericht zu verwendenden Beweise verpflichtet.[1090] Der fehlende Zugang zu diesen Informationen erschwert nicht nur die Beweisführung innerhalb eines Gerichtsverfahrens, sondern auch die vor Einleitung des Verfahrens vorzunehmende Risikoabschätzung in Bezug auf dessen Erfolgsaussichten.[1091] Beweisschwierigkeiten können zwar teilweise durch Beweis-

---

1086　*Stürner,* Zivilprozessuale Voraussetzungen für Klagen gegen transnationale Unternehmen wegen Menschenrechtsverletzungen, 73, 94; *Gailhofer/Glinski,* Haftungsrechtlicher Rahmen von nachhaltiger Zertifizierung in textilen Lieferketten, S. 30.

1087　Siehe hierzu insb. in Kapitel 2 unter B I 2 a gg.

1088　*Görgen,* Unternehmerische Haftung in transnationalen Menschenrechtsfällen, S. 394; *Saage-Maaß,* Hürden im deutschen Recht für Klagemöglichkeiten von Geschädigten aus dem Süden, 41, 43.

1089　Siehe hierzu bereits in Kapitel 1 unter C I 5.

1090　*Stürner,* Zivilprozessuale Voraussetzungen für Klagen gegen transnationale Unternehmen wegen Menschenrechtsverletzungen, 73, 95; *Görgen,* Unternehmerische Haftung in transnationalen Menschenrechtsfällen, S. 394.

1091　*Saage-Maaß,* Hürden im deutschen Recht für Klagemöglichkeiten von Geschädigten aus dem Süden, 41, 43.

erleichterungen abgefedert werden. Mangels gesetzlicher Beweisregelungen in transnationalen Menschenrechtsfällen im Allgemeinen, aber auch in Auditfällen, ist für Betroffene jedoch nur schwer abschätzbar, inwiefern ihnen diese tatsächlich vor Gericht zugutekommen.[1092]

Hinzu kommen praktische Probleme bei der Beweisermittlung in transnationalen Menschenrechtsfällen. Diese ergeben sich zum einen aus der örtlichen Entfernung von Beweismitteln, insbesondere von Zeug*innen.[1093] Äußerungen zu fehlerhaften Auditberichten sowie das Sammeln von Beweisen, z.B. durch die Aufnahme von Fotos in den Produktionsstätten, sind für Arbeiter*innen zudem mit einem hohen Risiko verbunden, der Schutz vor Repressalien ist oft unzureichend.[1094] Die Beweisfindung wird daher auch durch die verständliche Angst Betroffener erschwert.

III. Fehlender Zugang zu notwendigen Ressourcen

Eine weitere Hürde ist der oft fehlende Zugang Geschädigter zu den für ein gerichtliches Vorgehen notwendigen Ressourcen.[1095] Verfahren gegen transnationale Unternehmen in ihren Heimatstaaten sind aufwendig und kostenintensiv. Das hat zum einen damit zu tun, dass in vielen Fällen ausländisches Recht anwendbar ist, dessen Inhalt das zuständige Gericht in der Regel mit Hilfe von Sachverständigen-Gutachten ermittelt. Zusätzliche Kosten entstehen aber beispielsweise auch dadurch, dass Zeugen und Beweise sich vielfach im Ausland befinden und dass bei der Durchführung des Verfahrens häufig Dolmetscher*innen zum Einsatz kommen. Im Falle ihres Unterliegens müssen die Kläger*innen diese Kosten nach § 91 Abs. 1 ZPO tragen. Das kann für Betroffene von Menschenrechtsverletzungen und ihre Unterstützer*innen schnell zu einer finanziellen Überforderung

---

1092 Für transnationale Menschenrechtsfälle im Allgemeinen: *Saage-Maaß/Klinger*, Unternehmen vor Zivilgerichten wegen der Verletzung von Menschenrechten, 249, 263; zu Beweisschwierigkeiten und denkbaren Beweiserleichterungen in Auditfällen siehe bereits in Kapitel 2 unter B I 2 a gg.

1093 *Gläßer et al.*, Außergerichtliche Beschwerdemechanismen, S. 70 weisen zwar auf die Möglichkeit einer Beweisaufnahme im Ausland nach § 363 ZPO hin, betonen aber zugleich den damit verbundenen zusätzlichen Aufwand.

1094 *Business & Human Rights Resource Centre*, Social audit liability, S. 14; *Terwindt/Saage-Maaß*, Zur Haftung von Sozialauditor_innen in der Textilindustrie, S. 12.

1095 *ECCHR/Brot für die Welt/Misereor*, Menschenrechtsfitness von Audits und Zertifizierern?, S. 24.

führen und entfaltet somit einen erheblichen Abschreckungseffekt. Hinzu kommt, dass Kläger*innen aus Nicht-EU-Ländern gemäß § 110 Abs. 1 ZPO auf Verlangen des Beklagten zur Leistung von Prozesskostensicherheit verpflichtet sind, was zur Folge hat, dass die zu erwartenden Kosten bereits zu Beginn des Prozesses aufgebracht werden müssen.[1096]

Zwar kann die finanzielle Belastung für Betroffene durch die Gewährung von Prozesskostenhilfe nach §§ 114 ff. ZPO abgemildert werden. Allerdings sind juristische Personen und parteifähige Vereinigungen nur unter den Voraussetzungen von § 116 S. 1 Nr. 2 ZPO prozesskostenhilfefähig, was drittstaatliche Opferverbände von der Inanspruchnahme ausschließt.[1097] Zudem bewahrt auch die Gewährung von Prozesskostenhilfe die Kläger*innen im Falle ihres Unterliegens nicht vor der Verpflichtung, die dem Gegner entstandenen Kosten zu erstatten.[1098]

Aber auch der Zugang zu rechtlicher Vertretung ist nicht ohne Weiteres gewährleistet. Die Notwendigkeit der Beauftragung von Rechtsbeistand ergibt sich in transnationalen Menschenrechtsverfahren regelmäßig aus § 78 Abs. 1 S. 1 ZPO. Betroffene sind auch meist schon allein aufgrund der Komplexität solcher Verfahren auf anwaltliche Unterstützung angewiesen. Hierdurch entstehen zusätzliche Kosten, zumal § 9 RVG die Leistung eines Vorschusses vorsieht. Die Vereinbarung von Erfolgshonoraren ist gemäß § 4a RVG hingegen nur im Ausnahmefall zulässig.[1099] Die nötigen Anwaltskosten können daher häufig nur mit der Unterstützung von Stiftungen oder NGOs aufgebracht werden und die Übernahme der rechtlichen Vertretung ist für die bearbeitenden Rechtsanwält*innen selbst dann mit erheblichen

---

1096 *Saage-Maaß/Klinger,* Unternehmen vor Zivilgerichten wegen der Verletzung von Menschenrechten, 249, 260; *Stürner,* Zivilprozessuale Voraussetzungen für Klagen gegen transnationale Unternehmen wegen Menschenrechtsverletzungen, 73, 91.

1097 *Stürner,* Zivilprozessuale Voraussetzungen für Klagen gegen transnationale Unternehmen wegen Menschenrechtsverletzungen, 73, 90 f; *Görgen,* Unternehmerische Haftung in transnationalen Menschenrechtsfällen, S. 392.

1098 Klargestellt in § 123 ZPO. Zu diesem Problem in transnationalen Menschenrechtsfällen: *Hübner,* Unternehmenshaftung für Menschenrechtsverletzungen, 130 f.

1099 *Stürner,* Zivilprozessuale Voraussetzungen für Klagen gegen transnationale Unternehmen wegen Menschenrechtsverletzungen, 73, 92.

wirtschaftlichen Risiken verbunden.[1100] Betroffene haben daher häufig große Schwierigkeiten, geeignete anwaltliche Vertretung zu finden.[1101]

IV. Unzureichende Möglichkeiten kollektiven Rechtsschutzes

Schließlich werden Klagen großer Gruppen von Geschädigten dadurch erschwert, dass in Deutschland nur unzureichende Möglichkeiten kollektiven Rechtsschutzes zur Verfügung stehen.[1102] Zwar können mehrere Personen gemäß § 59 ZPO als Streitgenossen gemeinschaftlich klagen, wenn sie aus demselben Grund berechtigt sind. Bei der Streitgenossenschaft werden jedoch eigenständige Prozessrechtsverhältnisse begründet, so dass Verfahrenshandlungen jeweils gesondert vorgenommen werden müssen und auch die Kosten des Verfahrens sich nur geringfügig reduzieren.[1103] Die Möglichkeit zur Erhebung einer Musterklage, wie sie beispielsweise im Bereich fehlerhafter Kapitalmarktinformationen existiert, ist in Deutschland für transnationale Menschenrechtsfälle nicht vorgesehen.[1104] Eine weitere Möglichkeit, deren Potenzial für Menschenrechtsklagen jedoch noch kaum ergründet ist, bietet die Musterfeststellungsklage nach § 606 Abs. 1 S. 2 ZPO. Mit Hilfe einer solchen Klage kann allerdings nur die Haftung bzw. Nichthaftung als solche festgestellt, nicht jedoch individuelle Schadensersatzansprüche Einzelner verwirklicht werden.[1105] Eine kollektive Rechtsverfolgung ist zwar auch im Wege der Verbandsklage möglich.[1106] So ermöglicht § 11 Abs. 1 LkSG in bestimmten Fällen die gerichtliche Geltendmachung von

---

1100 *Saage-Maaß/Klinger,* Unternehmen vor Zivilgerichten wegen der Verletzung von Menschenrechten, 249, 261; *Saage-Maaß,* Hürden im deutschen Recht für Klagemöglichkeiten von Geschädigten aus dem Süden, 41, 43.

1101 *Hübner,* Unternehmenshaftung für Menschenrechtsverletzungen, S. 131; *Gläßer et al.,* Außergerichtliche Beschwerdemechanismen, S. 72.

1102 Zu diesem Problem in transnationalen Menschenrechtsfällen bereits *Saage-Maaß,* Hürden im deutschen Recht für Klagemöglichkeiten von Geschädigten aus dem Süden, 41, 43.

1103 *Saage-Maaß/Klinger,* Unternehmen vor Zivilgerichten wegen der Verletzung von Menschenrechten, 249, 260; *Gläßer et al.,* Außergerichtliche Beschwerdemechanismen, S. 74.

1104 *Saage-Maaß/Klinger,* Unternehmen vor Zivilgerichten wegen der Verletzung von Menschenrechten, 249, 260.

1105 Siehe hierzu insbesondere *Hübner,* Unternehmenshaftung für Menschenrechtsverletzungen, 135 ff.

1106 Für den Lieferketten-Kontext: *Gläßer et al.,* Außergerichtliche Beschwerdemechanismen, S. 74.

Ansprüchen durch inländische Gewerkschaften oder Nichtregierungsorganisationen im Wege der Prozessstandschaft. Allerdings ist nicht eindeutig geklärt, ob das Lieferkettengesetz und damit diese Regelung auf Klagen gegen Auditunternehmen Anwendung findet.[1107]

E. Zwischenfazit

Die vorstehenden Analysen haben gezeigt, dass eine Haftung für Sozialaudits in globalen Lieferketten zwar erforderlich, derzeit jedoch allenfalls punktuell gewährleistet ist. Weder das Vertragsrecht oder das Deliktsrecht noch das Straf- und Ordnungswidrigkeitenrecht bieten ausreichend Mittel, um effektiv gegen fehlerhafte Sozialaudits vorzugehen.

Ansprüche Betroffener können sich insbesondere aus § 823 Abs. 1 BGB aufgrund der Verletzung von Verkehrspflichten ergeben. Allerdings lassen sich Sorgfaltspflichten zum Schutz der in den überprüften Fabriken Beschäftigten mit Hilfe der anerkannten Entstehungsgründe für Verkehrspflichten nur in bestimmten Konstellationen überzeugend darlegen, nämlich insbesondere dann, wenn Sozialaudits auch nach außen als Mittel zum Schutz der in den überprüften Fabriken Beschäftigten dargestellt werden. Dieser Schutzzweck von Sozialaudits tritt nicht in allen Konstellationen gleichermaßen deutlich zutage. Aufgrund der mangelnden Transparenz bei der Durchführung von Sozialaudits und der oft nur spärlichen Kommunikation gegenüber den Beschäftigten fällt es zudem häufig schwer zu argumentieren, dass ein Vertrauenstatbestand geschaffen wurde. Lässt sich dies im Fall von Auditunternehmen noch teilweise bewerkstelligen, ist die Verantwortungsübernahme durch einzelne Personen innerhalb von Auditunternehmen meist kaum zu begründen.

Hinzu kommt, dass nicht alle typischerweise durch fehlerhafte Sozialaudits gefährdeten Rechtsgüter überhaupt von § 823 Abs. 1 BGB erfasst sind. Zwar ermöglichen § 823 Abs. 2 und § 826 BGB einen weitergehenden Rechtsgüterschutz, die besonderen Voraussetzungen dieser beiden Normen sind im Zusammenhang mit Sozialaudits jedoch häufig nicht erfüllt.

Schließlich führt die Durchführung von Sozialaudits für sich genommen nicht dazu, dass die dies veranlassenden Bestellerunternehmen einem höheren Haftungsrisiko ausgesetzt sind. In der Praxis kann das Ziel sogar vielmehr sein, eine Haftung zu begrenzen oder zu vermeiden. Und auch

---

1107 Siehe hierzu bereits in Kapitel 2 unter B I 2 a bb (2) (c) (ee).

für den Fall, dass Bestellerunternehmen bereits eine Verkehrspflicht zum Schutz von Arbeiter*innen trifft, müssen sie in der Regel nicht für die Fehler von Auditunternehmen geradestehen. Wenn aber Bestellerunternehmen – wie derzeit noch die Regel – nicht gegenüber Betroffenen haften, müssen Auditunternehmen auch nicht fürchten, für fehlerhafte Sozialaudits vertraglich in Regress genommen zu werden. Im Ergebnis wird so meist niemand zur Verantwortung gezogen, wenn Auditunternehmen eine Fabrik fälschlicherweise für sicher befinden und es dort in der Folge zu Menschenrechtsverletzungen kommt.

Aber selbst wenn sich eine deliktische Haftung besser begründen ließe, würde deutsches Recht auf Auditfälle in der Regel keine Anwendung finden. Grund dafür ist die Erfolgsortanknüpfung gemäß Art. 4 Abs. 1 Rom II-VO, von der nur in Ausnahmefällen abgewichen werden kann. Zwar finden sich in vielen anderen Rechtsordnungen ebenfalls Ansätze für eine Haftung im Zusammenhang mit Sozialaudits, diese sind jedoch meist mit ähnlichen Unsicherheiten behaftet wie die Begründung von Ansprüchen nach dem deutschen Recht.

Die Geltendmachung von Haftungsansprüchen wird zudem durch eine Vielzahl von verfahrensrechtlichen Hürden und faktischen Hindernissen erschwert. Ein zentrales Problem ist, dass die Geschädigten grundsätzlich die Beweislast für die anspruchsbegründenden Umstände trifft, sie jedoch häufig kaum Zugang zu den nötigen Beweisen haben. Mögliche Beweiserleichterungen können diesen Umstand nur bedingt ausgleichen, zumal es in hohem Maße von dem entscheidenden Gericht abhängt, ob diese tatsächlich gewährt werden.

Hinzu kommt, dass es den Betroffenen meist an den nötigen Ressourcen fehlt, um ein Verfahren im Heimatstaat des Schädigers anzustrengen. Da es derzeit an einer eindeutigen Haftungsregelung fehlt, darf es nicht überraschen, wenn Betroffene und ihre Unterstützer*innen nicht bereit sind, das mit einem Prozess einhergehende finanzielle Risiko einzugehen. Den Akteur*innen der Auditindustrie droht daher nach dem geltenden Recht faktisch keine Haftung für fehlerhafte Sozialaudits.

Dieses Fehlen von Haftungsrisiken und positiven Verhaltensanreizen begünstigt ein System, in dem Sozialaudits zu häufig nur den Schein menschenrechtskonformer Herstellungsbedingungen erzeugen, ohne dass dahinter echte Bemühungen um Verbesserungen für die betroffenen Arbeiter*innen stehen. Das ist umso problematischer als damit zu rechnen ist, dass Sozialaudits durch die Einführung gesetzlicher Sorgfaltspflichten weiter an Bedeutung gewinnen.[1108] Es braucht daher dringend effektive Instrumente, die die Verlässlichkeit der Überprüfungen sicherstellen.[1109]

Wie die vorstehenden Ausführungen verdeutlichen, besteht nicht nur auf der Ebene des materiellen Rechts Nachbesserungsbedarf, sondern auch in verfahrensrechtlichen Fragen sowie in Bezug auf das anwendbare Recht. Nur durch eine Änderung der rechtlichen Rahmenbedingungen kann eine Untergrabung gesetzlicher Sorgfaltspflichten durch mangelhafte Sozialaudits verhindert werden.[1110] Und nur auf diese Weise kann ermöglicht werden, dass Sozialaudits tatsächlich eine sinnvolle Rolle bei der Überprüfung unternehmerischer Sorgfaltspflichten einnehmen.[1111]

1108 *ECCHR/Brot für die Welt/Misereor,* Menschenrechtsfitness von Audits und Zertifizierern?, S. 10.

1109 Zu diesem Schluss kommt auch eine Reihe zivilgesellschaftlicher Organisationen, die in einem offenen Brief an politische Entscheidungsträger*innen auf EU-Ebene eine Haftung von Auditunternehmen fordern, siehe hierzu *ECCJ et al.,* Urgent request to ensure social auditors' liability.

1110 Zur drohenden Untergrabung von Sorgfaltspflichtengesetzen *ECCHR/Brot für die Welt/Misereor,* Menschenrechtsfitness von Audits und Zertifizierern?, S. 10.

1111 Auch *Gailhofer/Glinski,* Haftungsrechtlicher Rahmen von nachhaltiger Zertifizierung in textilen Lieferketten, S. 43 f. zeigen das Potenzial freiwilliger Zertifikate beim Nachweis unternehmerischer Sorgfaltspflichten auf, kommen jedoch zu dem Schluss, dass der rechtliche Rahmen für Zertifizierer im Textilsektor derzeit noch nicht die erforderliche Verlässlichkeit gewährleistet.

Kapitel 3: Lösungsansätze

Nachdem die im vorstehen Kapitel durchgeführte Analyse ergeben hat, dass derzeit in Bezug auf Sozialaudits eine Haftungslücke besteht, stellt sich die Frage, wie darauf hingewirkt werden kann, dass insbesondere die Auditunternehmen selbst in Zukunft besser für fehlerhafte Sozialaudits zur Verantwortung gezogen werden können. Ist hierfür notwendigerweise ein Tätigwerden des Gesetzgebers erforderlich oder lässt sich eine umfassendere Haftung womöglich auch mit Hilfe der Gerichte erreichen? Gleichzeitig soll ergründet werden, wie Sozialaudits sinnvoll mit anderen Mechanismen zusammenwirken können, um einen besseren Menschenrechtsschutz zu gewährleisten, da selbst streng regulierte und gut funktionierende Sozialaudits globale Lieferketten nicht alleine durchleuchten und für effektive Abhilfe sorgen können.[1112]

A. *Menschenrechtskonforme Auslegung des geltenden Rechts*

Dass sich Rechtspflichten nicht nur aus dem geschriebenen Recht ergeben, sondern auch von der Rechtsprechung ausgeformt und weiterentwickelt werden können, verdeutlichen unter anderem die deliktischen Verkehrspflichten. Diese ermöglichen zum einen eine Anpassung des Rechts an individuelle Situationen, gesellschaftliche Entwicklungen und veränderte Verkehrserwartungen. Zum anderen bieten sie aber auch Raum für die Berücksichtigung übergeordneter Werte. So finden die im deutschen Grundgesetz verankerten Grundrechte über die mittelbare Drittwirkung ihren Weg in das Deliktsrecht.[1113] Da die Bestimmungen des Grundgesetzes nach der Rechtsprechung des Bundesverfassungsgerichts ihrerseits wiederum völker-

---

1112 Dass Sozialaudits einigen inhärenten Einschränkungen unterliegen, wird bereits in Kapitel 1 unter C I 2 erläutert.

1113 Diese „Ausstrahlungswirkung" der Grundrechte auf das Privatrecht wurde durch das BVerfG erstmals mit dem sogenannten „Lüth-Urteil" (BVerfG, Urt. v. 15.01.1958 – 1 BvR 400/51, BVerfGE 7, 198) etabliert und entspricht mittlerweile der ständigen Rechtsprechung.

rechtsfreundlich auszulegen sind,[1114] können die international anerkannten Menschenrechte ebenfalls in die Auslegung des Deliktsrechts einfließen.[1115]

Womöglich kann eine verschärfte Haftung für Sozialaudits also auch durch eine menschenrechtskonforme Auslegung des geltenden Rechts erreicht werden.[1116] Denkbar wäre zum Beispiel, dass man einen Schutzzweck von Sozialaudits zugunsten der in den überprüften Betrieben Beschäftigten auch dann annimmt, wenn dieser nicht eindeutig aus den individuellen Umständen zutage tritt. Anhaltspunkt hierfür könnten die allgemeinen Verkehrserwartungen an derartige Überprüfungen sein.[1117] Eine weitere Stellschraube für eine menschenrechtskonforme Auslegung bietet das zur Entstehung von Verkehrspflichten erforderliche Vertrauen. Dass Arbeiter*innen tatsächlich auf die Schutzwirkung von Sozialaudits vertraut haben, lässt sich angesichts ihrer vielfach unzureichenden Einbindung in die Überprüfungen sowie den meist fehlenden Zugang zu Auditberichten nur schwer argumentieren. Hier könnte man stattdessen auf das hervorgerufene Verkehrsvertrauen und damit weniger auf den konkreten Einzelfall, sondern vielmehr darauf abstellen, dass aufgrund des verbreiteten Einsatzes von Sozialaudits anderweitige Überprüfungen und insbesondere ein staatliches Einschreiten unterbleiben. Ebenso ließe sich argumentieren, dass die

---

1114 BVerfG, Urt. v. 12.6.2018 – 2 BvR 1738/12, 2 BvR 1395/13, 2 BvR 1068/14, 2 BvR 646/15, NVwZ 2018, 1121, 1125; BVerfG, Beschl. v. 14.10.2004 – 2 BvR 1481/04, NJW 2004, 3407, 3408.

1115 Siehe hierzu *von Falkenhausen,* Menschenrechtsschutz durch Deliktsrecht, S. 68 ff., die zwar nicht von einer Pflicht zur Berücksichtigung der Menschenrechte bei der Auslegung des Deliktsrechts ausgeht, die Berücksichtigung jedoch im Rahmen der Auslegungsgrenzen des einfachen Rechts für möglich hält. *Krajewski,* ZaöRV / HJIL 81 (2021), 567, 569 f., geht sogar von einer Pflicht zur völkerrechtsfreundlichen Auslegung des Deliktsrechts aus.

1116 Für eine progressive Auslegung des Deliktsrechts zur Ermöglichung einer Zertifiziererhaftung im Bereich Environmental Governance : *Glinski,* Preconditions and Constraints of Effective Private Environmental Governance, 59, 77.

1117 Entsprechend fordert *Business & Human Rights Resource Centre,* Social audit liability, S. 13: „Courts should interpret future claims in line with the overarching goal of social auditing: to protect workers from unsafe conditions and give workers enforceable rights under the audit contract. Future tort claims in common law jurisdictions are an opportunity for courts to interpret a social audit firm's duty of care with reference to human rights expectations, rather than being limited to the social audit contract, and adopt flexible approaches to finding causation."

Abhängigkeit der Sicherheit der Arbeiter*innen von der ordnungsgemäßen Durchführung der Sozialaudits das Vertrauen gewissermaßen impliziert.[1118]
Aber nicht nur die deliktischen Verkehrspflichten bieten Anknüpfungspunkte für eine menschenrechtskonforme Auslegung. Auch im Rahmen des Vertrages mit Schutzwirkung zugunsten Dritter können die Menschenrechte Berücksichtigung finden. Besonders naheliegend ist hier ein Ansetzen an der Anspruchsvoraussetzung der Schutzbedürftigkeit. Folgt man der derzeit herrschenden Meinung, wäre die Schutzbedürftigkeit in Auditfällen abzulehnen, wenn die betroffenen Arbeiter*innen einen vertraglichen Anspruch aus ihrem Arbeitsverhältnis mit dem überprüften Zulieferer haben, und zwar selbst dann, wenn dieser Anspruch aufgrund der fehlenden Liquidität des Zulieferers oder begrenzter Rechtsschutzmöglichkeiten faktisch wertlos ist.[1119] Hierdurch wird das Ziel eines besseren Menschenrechtsschutzes in globalen Lieferketten geradezu konterkariert. Eine menschenrechtskonforme Auslegung könnte daher so aussehen, dass die Schutzbedürftigkeit nur dann abgelehnt wird, wenn bestehende anderweitige Ansprüche auch tatsächlich realisierbar sind.[1120]

Ein wesentlicher Vorteil einer solchen Haftungserweiterung mittels Auslegung wäre die damit verbundene Flexibilität. Das gilt umso mehr, als der zukünftige Umgang mit Menschenrechtsverletzungen in globalen Lieferketten noch keineswegs vorgezeichnet ist, sondern sich mitten in einem Veränderungsprozess befindet. Auch die Rolle von Sozialaudits kann sich im Laufe dieser Entwicklung verändern. Gerichte können auf diese Veränderungen schneller reagieren als der Gesetzgeber. Richterliche Pflichten lassen zudem mehr Raum für die Berücksichtigung der Besonderheiten des Einzelfalles als für eine Vielzahl von Fällen vorformulierte gesetzliche Regelungen.[1121]

1118 Für das englische Recht: *Business & Human Rights Resource Centre,* Social audit liability, S. 8 („implied reliance") unter Verweis auf *van Ho/Terwindt,* European Review of Private Law 2019.

1119 Siehe hierzu bereits in Kapitel 2 unter B I 1 c bb (4).

1120 Hierfür plädiert *Osieka,* Zivilrechtliche Haftung deutscher Unternehmen für menschenrechtsbeeinträchtigende Handlungen ihrer Zulieferer, S. 170; Auch *Schirmer,* ZEuP 2021, 35, 57 geht davon aus, dass Arbeiter*innen schutzwürdig sind, wenn ihre vertraglichen Ansprüche gegen den lokalen Zulieferer nur auf dem Papier existieren.

1121 Siehe hierzu auch *von Falkenhausen,* Menschenrechtsschutz durch Deliktsrecht, S. 347.

Allerdings besteht Uneinigkeit darüber, wie weit die gerichtlichen Auslegungsspielräume in transnationalen Menschenrechtsfällen reichen. Während *Thomale/Murko* es bereits de lege lata für möglich halten, „das Sanktionsniveau im Auslegungswege anzuheben"[1122], und *Weller/Thomale* eine verkehrspflichtbegründende „Erwartung des Rechtsverkehrs an einer menschenrechtskonforme Konzern- und Zuliefererorganisation" aufgrund jüngerer Entwicklungen für gerechtfertigt halten,[1123] warnt *Wagner,* dass „die Anerkennung einer Verpflichtung, andere mit zumutbaren Mitteln von Rechtsgutverletzungen abzuhalten, zu einer dysfunktionalen Haftung „jeder für jeden"" führe.[1124] Zustimmung verdient jedenfalls *von Falkenhausen,* wenn sie feststellt, dass die Schaffung einer umfassenden Deliktshaftung für Menschenrechtsverletzungen in Lieferketten durch die Rechtsprechung eine Abkehr von den bisherigen dogmatischen Grundlagen bedeuten würde.[1125] Fraglich ist nur, ob hierdurch die Grenze richterlicher Rechtsfortbildung überschritten wären.[1126] Dass „nachhaltigkeitssensible Rekonstruktionen" des Privatrechts hergebrachte Leitbilder und Modelle herausfordern, räumt auch *Schirmer* ein. Allerdings sieht er darin keinen „Systembruch", sondern nur eine Weiterentwicklung der seit jeher vorhandenen Responsivität des Privatrechts für gesellschaftliche Entwicklungen dort, wo bestehende Ordnungsstrukturen dies zulassen.[1127] Wie weit diese bestehenden Ordnungsstrukturen in transnationalen Menschenrechtsfällen reichen, ist jedoch gerade die Frage, die es zu beantworten gilt. Diese Frage hat umso mehr an Aktualität gewonnen, als § 3 Abs. 3 LkSG die Begründung einer zivilrechtlichen Haftung durch eine Verletzung der sich aus dem Lieferkettensorgfaltspflichtengesetz ergebenden Pflichten ablehnt, eine unabhängig von dem Gesetz bestehende Haftung aber unberührt lassen will. In Bezug auf die deliktsrechtliche Haftung transnationaler Bestellerunternehmen gegenüber den Beschäftigten ihrer Tochterunternehmen oder Zulieferer sieht *Fleischer* die durch das Gesetz gezogene Grenze dann überschritten, wenn nicht nur schrittweise Weiterentwicklungen, sondern eine radikale Abkehr

---

1122 *Thomale/Murko,* EuZA 2021, 40, 48.
1123 *Weller/Thomale,* ZGR 2017, 509, 521.
1124 *G. Wagner,* RabelsZ 80 (2016), 717, 776.
1125 *Von Falkenhausen,* Menschenrechtsschutz durch Deliktsrecht, S. 347 f.
1126 Diese Befürchtung äußert neben *von Falkenhausen,* Menschenrechtsschutz durch Deliktsrecht, S. 348 auch *Fleischer,* DB 2022, 920, 924.
1127 *Schirmer,* ZEuP 2021, 35, 63.

von dem Grundsatz der fehlenden Verantwortung für das Verhalten Dritter stattfindet.[1128]

Die Schwierigkeit, eine klare Grenze zwischen zulässiger Auslegung und unzulässiger richterlicher Rechtsfortbildung zu ziehen, ist zugleich auch eine Schwachstelle der Auslegungslösung. Eine Haftungserweiterung für Sozialaudits im Wege der menschenrechtskonformen Auslegung des geltenden Rechts weist aber auch noch einige weitere Schwachstellen auf. Zum einen ist ihre Umsetzung maßgeblich vom Willen des jeweils mit der Sache befassten Gerichts abhängig. So lange für den Umgang mit mangelhaften Sozialaudits – auch mangels entsprechender Klagen – keine gefestigte Rechtsprechung existiert, bedeutet dies eine erhebliche Rechtsunsicherheit, sowohl für Betroffene, die eine Klage erwägen, als auch für mögliche Anspruchsgegner, die ihr Verhalten an bestehenden Pflichten ausrichten wollen.[1129] Eine gesetzliche Regelung würde diese Unsicherheit vermeiden und klare Verhältnisse schaffen.[1130] Ein weiterer Nachteil der Auslegungslösung ist, dass eine Erweiterung der Verkehrspflichten nur für die von § 823 Abs. 1 BGB geschützten Rechtsgüter gelten kann. Andere, ebenfalls durch fehlerhafte Sozialaudits gefährdete Rechte wären weiterhin nicht erfasst. Schließlich sprechen auch kollisionsrechtliche Erwägungen für eine gesetzliche Regelung. Nur die Ausgestaltung einer Haftungsregelung als Eingriffsnorm im Sinne von Art. 16 Rom II-VO würde nämlich die Anwendbarkeit deutschen Rechts verlässlich gewährleisten, während ohne eine ausdrückliche Regelung meist ausländisches Recht zur Anwendung kommen würde.[1131]

Im Ergebnis ist daher die Schaffung von klaren Haftungsregelungen zu bevorzugen. Da dies jedoch nicht über Nacht geschehen kann, sondern das Durchlaufen des Gesetzgebungsverfahrens immer eine gewisse Zeit in Anspruch nimmt, sollten Gerichte in etwaigen Auditfällen jedenfalls vor-

---

1128 *Fleischer*, DB 2022, 920, 925.

1129 Für transnationale Menschenrechtsfälle allgemein: *Görgen,* Unternehmerische Haftung in transnationalen Menschenrechtsfällen, 496 f; *von Falkenhausen,* Menschenrechtsschutz durch Deliktsrecht, S. 73.

1130 Aus diesem Grund fordern auch *ECCHR/Brot für die Welt/Misereor,* Menschenrechtsfitness von Audits und Zertifizierern?, S. 22: „Eine Sorgfaltspflicht von Audit- und Zertifizierungsfirmen gegenüber potenziell betroffenen Dritten sollte daher nicht der Interpretation unterliegen, sondern aus Gründen der Klarheit und Kohärenz explizit im Gesetz verankert werden."

1131 Auf dieses in transnationalen Menschenrechtsfällen allgemein bestehende Problem weist auch *Pförtner,* Menschenrechtliche Sorgfaltspflichten für Unternehmen, 311, 329 hin.

übergehend von der Möglichkeit der menschenrechtskonformen Auslegung Gebrauch machen.

B. Regulierungsmöglichkeiten

I. Ausgangspunkt: Menschenrechtliche Sorgfaltspflicht von Auditunternehmen

Ausgangspunkt verschiedener Ansätze zur Regulierung von Sozialaudits könnte eine gesetzliche Regelung zur menschenrechtlichen Sorgfaltspflicht für in globalen Lieferketten tätige Auditunternehmen sein, unabhängig davon, ob dieser mittels einer zivilrechtlichen Haftung, behördlich oder mit anderen Mitteln zur Geltung verholfen wird.[1132] Hierfür können einige Elemente des LkSG herangezogen werden, so z.B. die Verpflichtung zur Einrichtung eines Risikomanagements und zur Durchführung einer menschenrechtlichen Risikoanalyse. Der bloße Verweis auf das LkSG reicht jedoch nicht aus.[1133] Vielmehr bedarf es eigener Regelungen, die den spezifischen Risiken in Zusammenhang mit dem Einsatz von Sozialaudits Rechnung tragen. Insbesondere folgende Punkte sollten im Rahmen einer gesetzlichen Sorgfaltspflicht geregelt werden:

1. Regelungen zur Qualitätssicherung

Wichtig sind zunächst Regelungen zur Sicherung der Qualität von Sozialaudits. Das beinhaltet zum einen Anforderungen an die Qualifikationen der eingesetzten Auditor*innen. Diese sollten nicht nur über ausreichende Kenntnisse der zu überprüfenden Branche und der dort vorherrschenden Risiken verfügen, sondern auch in der Kommunikation mit Betroffenen

---

1132 *Klinger et al.,* Verankerung menschenrechtlicher Sorgfaltspflichten von Unternehmen im deutschen Recht, S. 46 schlagen zur Regelung von Sorgfaltspflichten transnationaler Unternehmen die Schaffung eines Stammgesetzes vor, welches dann als Baustein mit verschiedenen Durchsetzungsmechanismen kombiniert werden kann. Für die Einführung verpflichtender Gesetze zur menschenrechtlichen Sorgfalt für Audit- und Zertifizierungsfirmen plädieren *ECCHR/Brot für die Welt/Misereor,* Menschenrechtsfitness von Audits und Zertifizierern?, S. 25.
1133 Siehe hierzu bereits in Kapitel 2 unter B I 2 a bb (2) (c) (ee).

und vor allem dem Umgang mit vulnerablen Gruppen geschult sein.[1134] In der Textilindustrie, wo überwiegend Frauen beschäftigt sind, gehört dazu beispielsweise ein besonderes Augenmerk auf den Umgang mit geschlechtersensiblen Themen wie Diskriminierung und sexuelle Belästigung am Arbeitsplatz. Für Interviews mit Arbeiter*innen sollten daher immer auch weibliche Auditorinnen zur Verfügung stehen. Aufgrund der Täuschungsanfälligkeit von Sozialaudits sollten die Prüfer*innen zudem dazu befähigt werden, Manipulationen zu erkennen und aufzudecken.

Die Qualitätssicherung erfordert darüber hinaus methodische Vorgaben für die Durchführung von Sozialaudits. Hierzu gehört unter anderem, dass Auditunternehmen dazu verpflichtet werden sollten, unangekündigte Besuche durchzuführen, um eine gezielte Präparierung der Fabrik zu vermeiden.[1135] Das gilt umso mehr, wenn bereits Anhaltspunkte für Unregelmäßigkeiten vorliegen. Elementarer Bestandteil eines jeden Sozialaudits sollte zudem umfangreiche Befragungen der Arbeiter*innen sein. Diese Befragungen sollten abseits der Wahrnehmung der Vorgesetzten, notwendigenfalls außerhalb des Fabrikgeländes stattfinden, so dass die Anonymität der Befragten gewahrt ist. Nur so kann verhindert werden, dass die Befragten aus Angst vor Repressalien von der Fabrikleitung beschönigende Angaben machen und die wahren Zustände verschweigen. Um ein möglichst vollständiges Bild der Situation vor Ort unter Berücksichtigung besonderer Risikofaktoren zu erhalten, sollten zudem Interessenvertreter*innen wie lokale Gewerkschaften und zivilgesellschaftliche Organisationen in den Prüfprozess eingebunden werden.[1136]

Die Qualität von Sozialaudits hängt überdies davon ab, inwieweit entdeckte Verstöße auch tatsächlich behoben werden. Ein verpflichtendes

---

1134 Für eine nachgewiesene menschenrechtliche Qualifikation plädieren auch *ECCHR/Brot für die Welt/Misereor*, Menschenrechtsfitness von Audits und Zertifizierern?, S. 42.

1135 Für die Durchführung unangekündigter Besuche plädieren *Gailhofer/Glinski*, Haftungsrechtlicher Rahmen von nachhaltiger Zertifizierung in textilen Lieferketten, S. 67. *Starmanns/Barthel/Mosel*, Sozial-Audits als Instrument zur Überprüfung von Arbeitsbedingungen, S. 40 weisen hingegen darauf hin, dass unangekündigte Audits aufgrund der fehlenden Vorbereitung auch ineffizient sein können und zeigen als Alternative die Festlegung eines Zeitfensters auf, in dem der Besuch stattfinden kann.

1136 *ECCHR/Brot für die Welt/Misereor*, Menschenrechtsfitness von Audits und Zertifizierern?, S. 59. Für ein sogenanntes "cross-checking" der Prüfergebnisse durch Betroffenenvertreter plädieren auch *Gailhofer/Glinski*, Haftungsrechtlicher Rahmen von nachhaltiger Zertifizierung in textilen Lieferketten, S. 57.

Qualitätsmerkmal sollte daher ein strenges und vor allem extern überprüfbares System zur Schaffung von Abhilfe sein, welches einen konkreten Abhilfeplan sowie die zeitnahe Kontrolle durch (unangekündigte) Folgeaudits beinhaltet.

Eine detaillierte Aufstellung notwendiger Anforderungen an sorgfaltsgemäße Sozialaudits erfordert weitere Erforschungen sowie einen ausführlichen Konsultationsprozess und kann an dieser Stelle nicht gewährleistet werden. Eine besondere Herausforderung, die es bei der Normierung von Qualitätsanforderungen zu bewältigen gilt, liegt darin, einerseits konkrete und überprüfbare Vorgaben zu machen, andererseits aber genügend Raum für die Anpassung an den situationsspezifischen Kontext und die dort vorherrschenden Risiken zu lassen. Letzteres ist unabdingbar für eine Abkehr von dem viel kritisierte Checklisten-Ansatz vieler Sozialaudits.[1137]

2. Regelungen zur Gewährleistung der Integrität von Sozialaudits

Ein weiterer notwendiger Bestandteil der menschenrechtlichen Sorgfaltspflicht von Auditunternehmen sind Regelungen zur Gewährleistung der Integrität von Sozialaudits. Das ist vor allem deshalb von besonderer Bedeutung, weil durch die Beauftragung und Bezahlung durch Bestellerunternehmen selbst oder durch andere an einem positiven Prüfergebnis interessierte Parteien ein struktureller Fehlanreiz für eine wohlwollende Bewertung entsteht.[1138] Dem könnte beispielsweise dadurch entgegengewirkt werden, dass die Prüfunternehmen durch ein unabhängiges Gremium ausgewählt werden und die Bezahlung aus einem Fonds erfolgt, der auf Beiträgen der Bestellerunternehmen basiert.[1139] Um ausreichend Ressourcen für die sorgfältige Durchführung von Sozialaudits zu sichern und einen Preiswettbewerb zu unterbinden, wären zudem Regelungen zur Vergütung von Audit-

---

1137 *Gailhofer/Glinski,* Haftungsrechtlicher Rahmen von nachhaltiger Zertifizierung in textilen Lieferketten, S. 67. *ECCHR/Brot für die Welt/Misereor,* Menschenrechtsfitness von Audits und Zertifizierern?, S. 32 fordern insbesondere die Anwendung gründlicherer und aufwendigerer Methoden in Hochrisikoregion oder -sektoren.

1138 Siehe hierzu bereits in Kapitel 1 unter C I 1 a.

1139 Eine solche Lösung schlagen *ECCHR/Brot für die Welt/Misereor,* Menschenrechtsfitness von Audits und Zertifizierern?, S. 34 am Beispiel der Zertifizierung der Stabilität von Staudämmen in Brasilien vor.

unternehmen denkbar, beispielsweise in Form einer Gebührenordnung.[1140] Eine angemessene Bezahlung der Prüfer*innen würde überdies die Gefahr einer unzulässigen Beeinflussung verringern.[1141]

Fehlanreize könnten zudem durch die Einführung von Höchstvertragslaufzeiten oder Rotationsregelungen sowie die Einschränkung der Kündigungsmöglichkeiten während eines laufenden Prüfzyklus abgemildert werden.[1142] Außerdem könnte es Auditunternehmen untersagt werden, parallel zur Durchführung von Sozialaudits Beratungsleistungen für die überprüften Betriebe oder die dahinterstehenden Bestellerunternehmen zu erbringen.[1143]

Eine zusätzliche Entkoppelung und damit ein besserer Schutz von unzulässiger Einflussnahme könnte durch die Übertragung der Zertifizierungsentscheidung auf eine von dem mit der Prüfung befassten Auditunternehmen personell und funktionell verschiedene Stelle nach dem sogenannten „Zwei-Personen-Prinzip" erreicht werden.[1144] Schließlich könnten im Rahmen der unternehmerischen Compliance etablierte Maßnahmen zur Korruptionsbekämpfung wie die Durchführung von Integritätsrisikoanalysen, die Schulung von Mitarbeiter*innen sowie die Etablierung eines Hinweisgebersystems auf die Auditbranche übertragen werden.[1145]

1140 *Gailhofer/Glinski*, Haftungsrechtlicher Rahmen von nachhaltiger Zertifizierung in textilen Lieferketten, S. 70.

1141 *ECCHR/Brot für die Welt/Misereor*, Menschenrechtsfitness von Audits und Zertifizierern?, S. 13.

1142 *ECCHR/Brot für die Welt/Misereor*, Menschenrechtsfitness von Audits und Zertifizierern?, S. 35 verweisen auf das Abschlussprüferrecht, wo derartige Regelungen bereits bestehen.

1143 *Klinger/Hartmann/Krebs*, ZUR 2015, 270, 274 führen als Beispiel entsprechende Regelungen im Rahmen des nationalen Bio-Siegels an. Auch *ECCHR/Brot für die Welt/Misereor*, Menschenrechtsfitness von Audits und Zertifizierern?, S. 34 fordern die Unterbindung von parallelen Aufträgen und verweisen auf den Fall des Brumadinho-Dammbruchs, in dem der *TÜV Süd* während des Prüfzeitraums über einen lukrativen Beratungsauftrag für denselben Damm verhandelte.

1144 *ECCHR/Brot für die Welt/Misereor*, Menschenrechtsfitness von Audits und Zertifizierern?, S. 35.

1145 *ECCHR/Brot für die Welt/Misereor*, Menschenrechtsfitness von Audits und Zertifizierern?, S. 36; *Gailhofer/Glinski*, Haftungsrechtlicher Rahmen von nachhaltiger Zertifizierung in textilen Lieferketten, S. 65 mit Verweis auf die Konvention der OCED gegen die Bestechung ausländischer Amtsträger im internationalen Geschäftsverkehr.

3. Transparenzregelungen

Eine Schwachstelle von Sozialaudits ist die mangelnde Transparenz. Häufig werden weder Details zum Prüfungsumfang noch zu den angewandten Methoden oder den gefundenen Ergebnissen öffentlich gemacht. Ob tatsächlich für den Schutz der Arbeiter*innen gesorgt wird, lässt sich auf diese Weise kaum extern verifizieren.[1146] Eine kritische Auseinandersetzung mit Sozialaudits erfordert daher zunächst die Herstellung von Transparenz.[1147] Zur menschenrechtlichen Sorgfaltspflicht von Auditunternehmen sollte daher die Offenlegung bestimmter Informationen wie Prüfumfang, angewandte Methoden, Ergebnisse der Überprüfung und Abhilfepläne gehören. Diese Informationen könnten beispielsweise in öffentlichen Datenbanken zugänglich gemacht werden.[1148] Eine weitere Möglichkeit wäre, Bestellerunternehmen zu verpflichten, die Prüfergebnisse gegenüber staatlichen Einrichtungen wie der BAFA öffentlich zu machen und so eine weitere Kontrollinstanz zu schaffen.[1149] Vertragliche Geheimhaltungspflichten müssten entsprechend eingeschränkt werden.[1150]

4. Mindestanforderungen an die zu prüfenden Standards

Bislang treten Auditunternehmen meist nicht selbst als Standardgeber auf, sondern überprüfen von Dritten aufgestellte Standards, so dass die Qualität der Standards außerhalb ihres Einflussbereichs liegt.[1151] Um zu verhindern,

---

1146 Siehe hierzu bereits in Kapitel 1 unter C I 5.

1147 *Grabosch/Scheper,* Die menschenrechtliche Sorgfaltspflicht von Unternehmen, S. 55; *Terwindt/Saage-Maaß,* Zur Haftung von Sozialauditor_innen in der Textilindustrie, 9 f.

1148 *ECCHR/Brot für die Welt/Misereor,* Menschenrechtsfitness von Audits und Zertifizierern?, 31 f., 39 nennen als Beispiele die die Verpflichtung der EU-Mitgliedsstaaten zur Bereitstellung einer öffentlich zugänglichen Datenbank für Medizinprodukte in Folge des *PIP*-Skandals sowie Berichts- und Veröffentlichungspflichten für private Zertifizierungssysteme zur Zertifizierung nachhaltiger Biokraftstoffe. Auch *Business & Human Rights Resource Centre,* Social audit liability, S. 14 fordern die verpflichtende Offenlegung von Auditberichten und -verträgen.

1149 Diesen Vorschlag macht der Ökonom *Sarosh Kuruvilla* im Interview mit *Fischermann/Rudzio,* Die Zeit vom 08.02.2024.

1150 *Gailhofer/Glinski,* Haftungsrechtlicher Rahmen von nachhaltiger Zertifizierung in textilen Lieferketten, S. 69.

1151 *ECCHR/Brot für die Welt/Misereor,* Menschenrechtsfitness von Audits und Zertifizierern?, S. 24.

dass private Standards einem ungezügelten Wettbewerb mit dem Risiko eines *race to the bottom* ausgesetzt sind, sollten gesetzliche Mindestanforderungen an die zu überprüfenden Standards gestellt werden.[1152] Diese können sich an anerkannten internationalen Regelwerken wie den UN-Leitprinzipien und den ILO-Konventionen orientieren, sollten diese aber weiter konkretisieren und dabei auch regionale und sektorspezifische Besonderheiten berücksichtigen.[1153] Zwingender Bestandteil von Sozialaudits in der Textilindustrie sollte beispielsweise die Überprüfung der Einkaufspraktiken von Bestellerunternehmen sein, da der dort vorherrschende Preis- und Zeitdruck die Verwirklichung besserer Arbeitsbedingungen oft erheblich erschwert.[1154]

Zudem sollten gewisse Mindestanforderungen an die Entstehung der Standards gestellt werden. So sollte insbesondere die Einbeziehung relevanter Interessengruppen erforderlich sein.[1155] Um ein *race to the bottom* tatsächlich zu verhindern, müssten die aufgestellten Mindestanforderungen überdies so präzise formuliert sein, dass konkurrierende Standardgeber sich nicht durch eine möglichst lose Auslegung einen Wettbewerbsvorteil verschaffen können. Das veranschaulichen *Gailhofer* und *Glinksi* am Beispiel von Nachhaltigkeitsstandards, wo generalklauselartige Formulierungen wie „Grünland mit großer biologischer Vielfalt" im Rahmen privater Prüf- und Zertifizierungssysteme sehr unterschiedlich streng interpretiert wurden.[1156] Ebenfalls denkbar wäre eine Beschränkung der auditier- und zertifizierbaren Standards auf Umstände, die sich im Rahmen von Sozialaudits realistischerweise überprüfen lassen. Auf diese Weise würde verhindert, dass Sozialaudits mehr versprechen, als sie tatsächlich gewährleisten können.[1157]

1152 *ECCHR/Brot für die Welt/Misereor,* Menschenrechtsfitness von Audits und Zertifizierern?, S. 30; *Gailhofer/Glinski,* Haftungsrechtlicher Rahmen von nachhaltiger Zertifizierung in textilen Lieferketten, S. 64. Zum Problem des Fehlens einheitlicher Standards siehe bereits in Kapitel 1 unter C I 1 c.

1153 *ECCHR/Brot für die Welt/Misereor,* Menschenrechtsfitness von Audits und Zertifizierern?, S. 30.

1154 Siehe zu dieser Problematik bereits in Kapitel 1 unter C I 1 b.

1155 *ECCHR/Brot für die Welt/Misereor,* Menschenrechtsfitness von Audits und Zertifizierern?, S. 41; *Glinski,* Preconditions and Constraints of Effective Private Environmental Governance, 59, 71 ff..

1156 *Gailhofer/Glinski,* Haftungsrechtlicher Rahmen von nachhaltiger Zertifizierung in textilen Lieferketten, S. 54.

1157 In Bezug auf Zertifizierungssysteme: aaO, S. 65.

5. Erstreckung auf Tochterunternehmen und Subunternehmer

Wichtig ist schließlich die Erstreckung der menschenrechtlichen Sorgfaltspflicht auf Tochterunternehmen und Subunternehmer von Auditunternehmen. Die Delegation der Kontrollen vor Ort an solche Unternehmen stellt
einen zusätzlichen Risikofaktor dar, wenn Qualifikationen, Ressourcen
und Unabhängigkeit nicht hinreichend sichergestellt sind.[1158] Um dies zu
verhindern, müssten Auditunternehmen im Fall der Unterauftragsvergabe
dazu verpflichtet werden, die in den vorstehenden Abschnitten skizzierten
Sorgfaltsanforderungen an die eingesetzten Unternehmen weiterzugeben
und ihre Einhaltung sicherzustellen. Hierfür könnte die Etablierung eines
strukturierten Verfahrens ähnlich dem des LkSG hilfreich sein, welches
Auditunternehmen dazu verpflichtet, die Risiken im Zusammenhang mit
der Auslagerung der Überprüfung zu analysieren und geeignete Präventionsmaßnahmen zu deren Vermeidung – etwa die Durchführung von
Schulungen, die Ausstattung mit ausreichend finanziellen Ressourcen oder
die Durchführung stichprobenartiger eigener Kontrollen – zu ergreifen.[1159]
Gleichzeitig sollte darauf hingewirkt werden, die Auslagerung der Überprüfung insgesamt einzudämmen, um die damit verbundenen zusätzlichen
Risiken zu vermeiden. Eine Regulierung sollte daher zwar Schutzmechanismen vorsehen, gleichzeitig aber klarstellen, dass die Verantwortung für
die ordnungsgemäße Durchführung des Sozialaudits bei dem ursprünglich
beauftragten Auditunternehmen verbleibt und eine Auslagerung der Überprüfung vor Ort dieses Unternehmen nicht von seiner Verantwortung befreit.[1160]

1158 aaO, S. 66.

1159 Zu den möglichen Bestandteilen eines Risikoidentifizierungsverfahrens siehe *Gail-
hofer/Glinski*, Haftungsrechtlicher Rahmen von nachhaltiger Zertifizierung in textilen Lieferketten, S. 66. Die Erstreckung gesetzlicher Sorgfaltspflichten auf Audit-
und Zertifizierungsunternehmen inklusive deren Geschäftsbeziehungen fordern
ECCHR/Brot für die Welt/Misereor, Menschenrechtsfitness von Audits und Zertifizierern?, S. 41.

1160 In diesem Sinne sprechen sich *Gailhofer/Glinski*, Haftungsrechtlicher Rahmen
von nachhaltiger Zertifizierung in textilen Lieferketten, S. 66 für die umfassende Verantwortung der (Ober-)Zertifizierungsgesellschaft als regulatorischen Ausgangspunkt aus und sehen in der Festschreibung von Sorgfaltspflichten nur deren
prozedurale Untermauerung.

II. Haftung gegenüber Betroffenen

1. Anknüpfen an die Verletzung der Sorgfaltspflicht

Die Haftung gegenüber den von fehlerhaften Sozialaudits Betroffenen, also insbesondere den in den überprüften Produktionsstätten tätigen Arbeiter*innen, könnte direkt an die Verletzung der oben skizzierten menschenrechtlichen Sorgfaltspflicht von Auditunternehmen anknüpfen. Das könnte auf zweierlei Wegen geschehen.

a. Option 1: Ausdrückliche Haftungsregelung

Zum einen könnte eine solche Haftung gegenüber Betroffenen dadurch erreicht werden, dass eine eigene Haftungsnorm geschaffen wird. Diese könnte an die schuldhafte Verletzung der menschenrechtlichen Sorgfaltspflicht von Auditunternehmen anknüpfen und bei Eintreten bestimmter Verletzungen eine Ersatzpflicht festlegen. Neben der Rechtssicherheit, die hierdurch geschaffen würde, hätte eine ausdrückliche Haftungsregelung noch eine Reihe weiterer Vorteile. So könnte auf diesem Weg erreicht werden, dass die Haftung alle typischerweise durch fehlerhafte Sozialaudits gefährdeten Rechtsgüter erfasst.[1161] Durch die Ausgestaltung als Eingriffsnorm im Sinne von Art. 16 Rom II-VO könnte zudem die international privatrechtliche Anwendbarkeit der Haftungsregelung sichergestellt werden.[1162] Überdies könnten wichtige verfahrensrechtliche Aspekte wie Beweiserleichterungen für Betroffene, der Zugang zu relevanten Dokumenten sowie Möglichkeiten des kollektiven Rechtsschutzes in diesem Zuge ebenfalls geregelt werden.[1163]

Schließlich wäre Raum für die Klarstellung, dass Auditunternehmen und transnationale Bestellerunternehmen gegenüber Betroffenen gesamtschuld-

---

1161 *Initiative Lieferkettengesetz,* Rechtsgutachten zur Ausgestaltung eines Lieferkettengesetzes, S. 53 schlägt vor, die zivilrechtliche Haftung transnationaler Unternehmen derart auszugestalten, Menschen- und Arbeiterrechte, die in von Deutschland ratifizierten Übereinkommen begründet sind, den im deutschen Deliktsrecht geschützten Rechtsgütern gleichzustellen.

1162 *Gailhofer/Glinski,* Haftungsrechtlicher Rahmen von nachhaltiger Zertifizierung in textilen Lieferketten, S. 85.

1163 aaO, S. 81 f., 87.

nerisch haften.[1164] Wie bereits dargelegt, sollte der Einsatz von Sozialaudits nämlich nicht dazu führen, dass Bestellerunternehmen aus der Haftung entlassen werden.[1165] Um einen solchen Gleichlauf der Ansprüche herzustellen, müsste allerdings auch die Haftung transnationaler Bestellerunternehmen zunächst eine gesetzliche Verankerung finden, das LkSG in seiner derzeitigen Form ist hierfür nicht ausreichend.

b. Option 2: Haftung nach § 823 BGB

Aber auch wenn man es bei der Kodifizierung der oben skizzierten Sorgfaltspflichten beließe, könnte man über die allgemeinen Normen des Deliktsrechts eine Haftung von Auditunternehmen herleiten. In erster Linie könnte sich eine solche aus § 823 Abs. 2 BGB ergeben. Voraussetzung wäre, dass die gesetzlichen Sorgfaltspflichten eindeutig als Schutzgesetz zugunsten der Menschen vor Ort erkennbar sind, beispielsweise durch ausdrücklichen Hinweis hierauf im Gesetzestext oder Klarstellung in den Gesetzesmaterialien. In diesem Fall könnte man wohl davon ausgehen, dass die Rechtsprechung – parallel zur Bewertung der *PIP*-Fälle – eine Haftung annimmt.[1166] Daneben käme zudem eine Haftung nach § 823 Abs. 1 BGB in Betracht.[1167] Die Herleitung der Haftung über diese Vorschriften wäre zwar verglichen mit einer ausdrücklichen Haftungsregelung die schlankere und damit womöglich einfacher zu implementierende Lösung, sie brächte aber auch nicht die im vorstehenden Abschnitt genannten Vorteile mit sich.

2. Indirekte Regulierung durch Anknüpfen an das LkSG

Alternativ könnte die Haftung von Auditunternehmen aber auch indirekt durch ein Anknüpfen an die Pflichten transnationaler Unternehmen nach dem LkSG erreicht werden. Auch hier sind wieder zwei Optionen denkbar.

1164 Eine solche Regelung fordern auch *ECCHR/Brot für die Welt/Misereor*, Menschenrechtsfitness von Audits und Zertifizierern?, S. 37. *Gailhofer/Glinski*, Haftungsrechtlicher Rahmen von nachhaltiger Zertifizierung in textilen Lieferketten, S. 82 weisen darauf hin, dass der Schutz des transnationalen Unternehmens über einen vertraglichen Regressanspruch gegenüber dem Zertifizierer erfolgen kann.

1165 Siehe hierzu in Kapitel 2 unter B III 2 a.

1166 Zum Ganzen *Gailhofer/Glinski*, Haftungsrechtlicher Rahmen von nachhaltiger Zertifizierung in textilen Lieferketten, S. 76 ff.

1167 aaO, S. 76.

a. Option 1: Anreizsystem

Eine Option wäre es, ein Anreizsystem für transnationale Bestellerunternehmen zu schaffen. Dafür müssten zunächst Voraussetzungen definiert werden, unter denen Sozialaudits als adäquates Mittel zur Erfüllung der menschenrechtlichen Sorgfaltspflicht gelten. Hierfür könnte man auf die oben skizzierten Sorgfaltsanforderungen für Auditunternehmen zurückgreifen. Zusätzlich könnte man für die Berücksichtigungsfähigkeit im Rahmen des LkSG fordern, dass im Auditvertrag eine Schutzwirkung gegenüber betroffenen Dritten vereinbart wurde und so die Haftung gegenüber Betroffenen gewährleistet ist.[1168]

Das Anreizsystem könnte einerseits so funktionieren, dass die Erfüllung der menschenrechtlichen Sorgfaltspflicht nach dem LkSG widerlegbar vermutet wird, wenn den genannten Anforderungen genügende Sozialaudits eingesetzt wurden. Es bestünde also eine Art *safe harbour* für transnationale Unternehmen beim Einsatz qualifizierter Sozialaudits.[1169] In abgeschwächter Form könnte das Anreizsystem auch so aussehen, dass Sozialaudits nur unter den genannten Voraussetzungen als Verteidigungsargument dienen können, ohne dass hiermit eine gesetzliche Vermutung einhergeht.[1170] Eine generelle Haftungsfreistellung sollte hingegen nicht erfolgen.[1171] Hierdurch würde in den ohnehin schon weit verzweigten globalen Lieferketten eine weitere Verlagerung von Verantwortung stattfinden, welche sich im Zweifel zu Lasten der Betroffenen auswirken würde. Durch eine vollständige Entlastung würde nämlich nicht nur ein Anreiz für Bestellerunternehmen gesetzt, sich gewissermaßen von der eigenen Verantwortung freizukaufen, sondern auch eine Erwartung an Sozialaudits gestellt, die diese selbst in ihrer besten Form nicht erfüllen können. Legitime Erwartungen von Bestellerunternehmen können stattdessen durch Regressansprüche gegenüber den eingesetzten Auditunternehmen geschützt werden.

1168 aaO, S. 68.

1169 Siehe *Grabosch/Scheper,* Die menschenrechtliche Sorgfaltspflicht von Unternehmen, 55 f., 61 mit einem entsprechenden Formulierungsvorschlag. Ebenso: *Hübner,* NZG 2020, 1411, 1415. Eine Vermutungswirkung zugunsten einer ausreichenden Risikoanalyse beim Einsatz bewährter Auditierungs- oder Zertifizierungssysteme halten auch *Klinger et al.,* Verankerung menschenrechtlicher Sorgfaltspflichten von Unternehmen im deutschen Recht, S. 33 für möglich.

1170 In diese Richtung: *ECCHR/Brot für die Welt/Misereor,* Menschenrechtsfitness von Audits und Zertifizierern?, S. 37 f.

1171 *ECCHR/Brot für die Welt/Misereor,* Menschenrechtsfitness von Audits und Zertifizierern?, S. 41.

Ein Anreiz könnte aber auch derart geschaffen werden, dass an die Nichtdurchführung qualifizierter Sozialaudits negative Folgen geknüpft werden. In diese Richtung ging ein Änderungsantrag der Fraktion BÜNDNIS 90/DIE GRÜNEN zum Gesetzesentwurf des LkSG. Der Änderungsantrag sah eine Beweislastumkehr bezüglich der haftungsbegründenden Kausalität zwischen Sorgfaltspflicht- und Rechtsgutsverletzung vor, machte hiervon jedoch eine Ausnahme, wenn das beschuldigte Unternehmen Mitglied eines staatlich anerkannten Fachverbands für unternehmerische Sorgfaltspflichten ist, der bestimmte Voraussetzungen erfüllt.[1172] Die Umsetzung eines derartigen Vorschlags würde jedoch derzeit daran scheitern, dass das nun in Kraft getretene LkSG keine zivilrechtliche Haftung vorsieht.

Die Einhaltung der festgelegten Voraussetzungen könnte durch ein staatliches Kontroll- und Akkreditierungssystem sichergestellt werden.[1173] Dieses Modell kommt in anderen Bereichen bereits zum Einsatz. So können Prüfunternehmen bei der Überprüfung von Medizinprodukten der Klasse II und III nach dem europäischen Produktsicherheitsrecht nur dann als „Benannte Stelle" tätig werden, wenn sie eine staatliche Akkreditierung erhalten haben.[1174] Ebenso darf die europäische Schiffszertifizierung ausschließlich durch von der Europäischen Kommission akkreditierte Zertifizierungsorganisationen durchgeführt werden.[1175]

Denkbar wäre auch die Einführung eines staatlichen Textilsiegels, für das nur akkreditierte Prüfunternehmen eine Zertifizierung ausstellen dürfen.[1176] Im Ansatz existiert ein solches Siegel mit dem Grünen Knopf bereits. Allerdings wird für den Nachweis der Einhaltung produktbezogener

---

1172 Beschlussempfehlung und Bericht des Ausschusses für Arbeit und Soziales zum Entwurf des Lieferkettensorgfaltspflichtengesetzes vom 09.06.2021, BT-Drs. 19/30505.

1173 *Gailhofer/Glinski,* Haftungsrechtlicher Rahmen von nachhaltiger Zertifizierung in textilen Lieferketten, S. 79. Für die öffentliche Akkreditierung und Aufsicht menschenrechtsrelevanter Audit- und Zertifizierungssysteme plädieren auch *EC-CHR/Brot für die Welt/Misereor,* Menschenrechtsfitness von Audits und Zertifizierern?, 28 f. *Klinger/Hartmann/Krebs,* ZUR 2015, 270, 274 f. schlagen vor, das nationale Bio-Siegel als Vorbild für ein staatliches Akkreditierungs- und Kontrollsystem heranzuziehen.

1174 Siehe hierzu genauer *Gailhofer/Glinski,* Haftungsrechtlicher Rahmen von nachhaltiger Zertifizierung in textilen Lieferketten, S. 46 ff.

1175 *Gailhofer/Glinski,* Haftungsrechtlicher Rahmen von nachhaltiger Zertifizierung in textilen Lieferketten, S. 50 f.

1176 *Klinger/Hartmann/Krebs,* ZUR 2015, 270, 275 schlagen für die Ausgestaltung eines solchen Siegels eine Orientierung am nationalen Bio-Siegel vor.

Anforderungen bislang auf anerkannte private Siegel zurückgegriffen.[1177] Zu den als Nachweis für die Erfüllung der Sozialkriterien akzeptierten Siegeln gehören auch solche, die in der Vergangenheit mit unzureichenden Sozialaudits in Verbindung gebracht wurden, wie zum Beispiel der SA8000-Standard oder eine *WRAP*-Zertifizierung.[1178]

Werden neben einem staatlichen Siegel auch private Siegel anerkannt, sollten diese bestimmte inhaltliche Mindestanforderungen erfüllen und nur durch staatlich akkreditierte Auditunternehmen vergeben werden.[1179]

b. Option 2: Verpflichtung zur Durchführung von Sozialaudits

Alternativ könnten Unternehmen, die dem LkSG unterfallen, zur Durchführung von Sozialaudits verpflichtet werden.[1180] Gleichzeitig könnte die Auswahl der zur Durchführung der verpflichtenden Sozialaudits berechtigten Unternehmen durch das Erfordernis einer staatlichen Akkreditierung begrenzt werden. Auf diese Weise könnte die Erfüllung der oben skizzierten Sorgfaltsanforderungen durch die eingesetzten Auditunternehmen sichergestellt werden. Akkreditierungsvoraussetzung könnte zudem die Einräumung einer vertraglichen Haftung gegenüber Betroffenen sein. Diese Lösung hätte den Vorteil, dass bestimmte Mindeststandards jedenfalls im Anwendungsbereich des LkSG flächendeckend durchgesetzt werden könnten.

1177 *Bundesministerium für wirtschaftliche Zusammenarbeit und Entwicklung,* Grüner Knopf - Standard 1.0, S. 13. Zur Funktionsweise des Textilsiegels siehe auch *Gailhofer/Glinski,* Haftungsrechtlicher Rahmen von nachhaltiger Zertifizierung in textilen Lieferketten, S. 62 f.

1178 https://www.gruener-knopf.de/kriterien (Stand: 18.04.2024). Zu Vorfällen in nach diesen Standards zertifizierten Produktionsstätten siehe bereits in Kapitel 1 unter B IV 3 c.

1179 *Klinger/Hartmann/Krebs,* ZUR 2015, 270, 276 halten es sogar für denkbar, dass von einem Wettbewerb zwischen verschiedenen Siegeln positive Impulse ausgehen.

1180 Zur Möglichkeit einer Zertifizierungspflicht siehe *Gailhofer/Glinski,* Haftungsrechtlicher Rahmen von nachhaltiger Zertifizierung in textilen Lieferketten, S. 72. Mit den Vor- und Nachteilen einer verpflichtenden gegenüber einer freiwilligen Zertifizierung befassen sich zudem *Klinger/Hartmann/Krebs,* ZUR 2015, 270, 275 f..

c. Zwischenfazit

Ein weiterer Vorteil eines Anknüpfens an das LkSG – sei es in Form einer Anreizlösung oder über eine Pflicht zur Durchführung von Sozialaudits – wäre, dass auch eine Verhaltenssteuerung ausländischer Auditunternehmen bewirkt werden könnte, soweit sie die Einhaltung der normierten Sorgfalts-pflichten überprüfen. Ein nationales Haftungsregime würde hingegen nur den Zugriff auf in Deutschland ansässige Prüffirmen eröffnen.[1181]

Andererseits wäre die Wirkung einer solchen Regelung auf den Anwen-dungsbereich des LkSG beschränkt. Aus diesem Grund schlagen *Gailhofer* und *Glinski* die Einführung einer Zertifizierungspflicht auch für all diejenigen Unternehmen vor, die mit der Einhaltung von Menschenrechten in ihren Lieferketten werben.[1182] Dies käme faktisch einer Akkreditierungs-pflicht für die in diesem Sektor tätigen Auditunternehmen sehr nahe, da nicht akkreditierte Unternehmen Sozialaudits nur noch für die interne Ver-wendung durchführen dürften, die öffentliche Wahrnehmung aber häufig die maßgebliche Motivation hinter der Durchführung von Sozialaudits dar-stellt. Gegenüber der Einführung einer nationalen Akkreditierungspflicht werden zudem europarechtliche Bedenken geäußert.[1183]

Bedacht werden sollte außerdem Folgendes: Die weitreichende Ver-pflichtung transnationaler Bestellerunternehmen zur Durchführung von Sozialaudits würde die Bedeutung von Sozialaudits und damit auch die Macht von Auditunternehmen weiter stärken, ohne dass erwiesen ist, dass sie tatsächlich substanziell zum Schutz der Menschenrechte in globalen Lieferketten beitragen können.

1181 *Gailhofer/Glinski*, Haftungsrechtlicher Rahmen von nachhaltiger Zertifizierung in textilen Lieferketten, S. 79; *ECCHR/Brot für die Welt/Misereor*, Menschenrechtsfit-ness von Audits und Zertifizierern?, S. 38. *Klinger/Hartmann/Krebs*, ZUR 2015, 270, 275 weisen auf den mit der Vorortkontrolle durch in Deutschland akkredi-tierte und beaufsichtigte Prüfunternehmen verbundenen Aufwand hin, dies aber dennoch derzeit für die wirksamste Lösung.

1182 *Gailhofer/Glinski*, Haftungsrechtlicher Rahmen von nachhaltiger Zertifizierung in textilen Lieferketten, S. 84.

1183 *Klinger/Ernst*, Rechtsgutachten zur Akkreditierungspflicht von nachhaltigen Ver-brauchersiegeln im Textilsektor gehen davon aus, dass der nationale Gesetzgeber zwar regeln dürfte, wer eine Zertifizierung erteilen kann, nicht jedoch die ebenfalls regelungsbedürftige Frage des „Wie" der Ausstellung von Zertifikaten., da die soge-nannte UGP-Richtlinie diesbezüglich eine Sperrwirkung entfalte. Die Richtlinie verhindere zudem ein nationales Verbot der Selbstzertifizierung, welches die Au-tor*innen jedoch unter dem Gesichtspunkt des Verbraucherschutzes für zwingend erforderlich halten.

III. Staatliche Regulierung jenseits von Haftung gegenüber Betroffenen

Auch jenseits der zivilrechtlichen Haftung gegenüber Betroffenen sind verschiedene Regulierungsansätze für Sozialaudits denkbar.

1. Behördliche Durchsetzung der Sorgfaltspflichten

Eine Möglichkeit wäre die behördliche Durchsetzung der oben skizzierten Sorgfaltspflichten für Auditunternehmen. Dieses Modell verfolgt auch das LkSG, welches jedoch in seiner derzeitigen Form – wie bereits erläutert[1184] – die Tätigkeit von Auditunternehmen nicht in ausreichendem Maße in den Blick nimmt. Entsprechend dem im LkSG vorgesehenen Verfahren könnte auch die Einhaltung der auditbezogenen Sorgfaltspflicht durch eine speziell mit dieser Aufgabe betrauten Behörde einer risikobasierten Kontrolle unterzogen werden, wobei die Behörde sowohl von Amts wegen als auch auf Antrag tätig werden könnte.[1185] Verstöße könnten insbesondere mit einem Ausschluss von der Vergabe öffentlicher Aufträge[1186] sowie mit der Verhängung von Bußgeldern nach dem Ordnungswidrigkeitenrecht[1187] sanktioniert werden. Eine weitere behördliche Sanktion könnte das sogenannte *„naming and shaming"*, das heißt die Benennung von Unternehmen mit bestätigten Verstößen in einem öffentlichen Register sein.[1188]

Attraktiv an einer behördlichen Durchsetzung wäre, dass sie präventiv zum Einsatz käme. Ein zivilrechtliches Haftungsregime kann zwar ebenfalls eine präventive Wirkung entfalten, ein tatsächliches Einschreiten ist jedoch immer erst dann möglich, wenn bereits ein Schaden entstanden ist.[1189] Anders als die zivilrechtliche Haftung ist die behördliche Durchsetzung auch nicht abhängig vom Tätigwerden einzelner Betroffener, was angesichts der verfahrensrechtlichen und faktischen Hürden, die einer Haftungsklage ent-

---

1184 Siehe hierzu oben in Kapitel 2 unter B I 2 a bb (2) (c) (ee).
1185 So für transnationale Bestellerunternehmen: § 14 LkSG.
1186 So für transnationale Bestellerunternehmen: § 22 LkSG.
1187 So für transnationale Bestellerunternehmen: § 24 LkSG.
1188 *ECCHR/Brot für die Welt/Misereor,* Menschenrechtsfitness von Audits und Zertifizierern?, S. 52.
1189 *Von Falkenhausen,* Menschenrechtsschutz durch Deliktsrecht, S. 349.

gegenstehen[1190], einen erheblichen Vorteil darstellen kann.[1191] Allerdings führt die behördliche Durchsetzung eben nicht dazu, dass Geschädigte einen Ausgleich erhalten. Zudem stellt es deutsche Behörden vor eine erhebliche Herausforderung, verlässliche Informationen über Missstände in den Produktionsländern zu sammeln, während Arbeiter*innen bereits durch ihre bloße Betroffenheit einen Wissensvorsprung haben.[1192]

2. Anknüpfen an das LkSG ohne die Voraussetzung einer zivilrechtlichen Haftung

Ein Anknüpfen an das LkSG, wie unter Punkt B. II. dieses Kapitels bereits vorgeschlagen, wäre auch denkbar, ohne dass die einbezogenen Auditunternehmen einer zivilrechtlichen Haftung unterworfen werden. Eine verhaltenssteuernde Wirkung könnte bereits dadurch erreicht werden, dass die Überprüfung der Erfüllung der menschenrechtlichen Sorgfaltspflicht nach dem LkSG solchen Auditunternehmen vorbehalten bleibt, die ihrerseits bestimmte Sorgfaltsanforderungen erfüllen. Um dies sicherzustellen, könnte wiederum eine staatliche Akkreditierung zum Einsatz kommen.[1193] Für Auditunternehmen würde die Akkreditierung den Zugang zu Aufträgen im Zusammenhang mit der Kontrolle des LkSG eröffnen und so einen wirtschaftlichen Anreiz für mehr Sorgfalt schaffen. Ob diese Lösung in ihrer verhaltenssteuernden Wirkung vergleichbar wäre mit einer Regelung, die es Auditunternehmen zusätzlich abverlangt, den Betroffenen fehlerhafter Sozialaudits einen vertraglichen Haftungsanspruch einzuräumen, darf jedoch bezweifelt werden. Werden die Anforderungen nicht erfüllt, würde lediglich die Entziehung der Akkreditierung, nicht jedoch Schadensersatzansprüche Betroffener drohen. Das Problem asymmetrischer Haftungsanreize[1194] würde auf diese Weise nicht vollständig ausgeräumt.

1190 Siehe hierzu bereits in Kapitel 2 unter D.
1191 *Von Falkenhausen*, Menschenrechtsschutz durch Deliktsrecht, S. 349; *Klinger et al.*, Verankerung menschenrechtlicher Sorgfaltspflichten von Unternehmen im deutschen Recht, S. 47.
1192 *G. Wagner*, ZEuP 2023, 517, 523.
1193 Für die Einbindung privatwirtschaftlicher Zertifizierungssysteme mit staatlicher Überwachung im Rahmen des LkSG plädiert auch *Joachim Spiller* im Interview mit *Müller-Jung*, FAZ vom 04.02.2024.
1194 Siehe hierzu bereits in Kapitel 1 unter C 1 a.

3. Berichtspflichten

Anstatt materieller Sorgfaltsanforderungen für Auditunternehmen in Kombination mit einem behördlichen oder privatrechtlichen Durchsetzungsmechanismus wäre auch die bloße Regelung von Berichtspflichten für Auditunternehmen denkbar. Beispiele für Berichtspflichtengesetze zur Verbesserung der unternehmerischen Sorgfalt in globalen Lieferketten sind die sogenannte CSR-Richtlinie der EU und der *Modern Slavery Act* im Vereinigten Königreich. Die Idee hinter derartigen Gesetzen ist, dass die Verpflichtung zur Offenlegung menschenrechtlicher Auswirkungen der eigenen Tätigkeit und des Umgangs damit bereits für sich genommen eine Steuerungswirkung entfaltet, indem sie eine kritische Beobachtung durch die Zivilgesellschaft ermöglicht und Einfluss auf die Entscheidungen von Verbraucher*innen und Geschäftspartnern nimmt.[1195] Würde man Auditunternehmen zu einer menschenrechtlichen Berichterstattung und womöglich auch zur Veröffentlichung von (ggf. anonymisierten) Auditprotokollen, Auditberichten und Abhilfeplänen verpflichten, könnte das in der Tat zu mehr Realismus im Umgang mit Sozialaudits führen. Eine gewisse Verhaltenssteuerung könnte bereits durch befürchtete Reputationsschäden im unternehmerischen Verkehr und möglicherweise damit verbundene Auftragsrückgänge führen. Die verhaltenssteuernde Wirkung wäre allerdings wohl dadurch in ihrer Wirkung begrenzt, dass Auditunternehmen nicht im selben Maße auf ihr öffentliches Image angewiesen sind, wie viele der (Textil-)Unternehmen, deren Produktionsstätten sie überprüfen.[1196] Stattdessen sollte die Herstellung von mehr Transparenz Bestandteil eines Maßnahmenpakets sein, welches auch Sanktionsmechanismen beinhaltet.

1195 *Grabosch,* Internationale Sorgfaltspflichtengesetze, S. 4 verwendet die Formulierung, dass Berichtspflichtengesetze auf den kritischen Blick der Zivilgesellschaft setzen; *von Falkenhausen,* Menschenrechtsschutz durch Deliktsrecht, S. 350 spricht von der Regulierungskraft des Marktes.

1196 Auch *von Falkenhausen,* Menschenrechtsschutz durch Deliktsrecht, 350 f. weist darauf hin, dass die öffentliche Reputation nicht immer die gewünschte Steuerung bewirkt und führt dies unter anderem darauf zurück, dass nicht alle Unternehmen gleichermaßen auf ihr öffentliches Image angewiesen sind.

4. Regulierung über das Lauterkeitsrecht

Das Verhalten von Auditunternehmen kann möglicherweise auch über das Lauterkeitsrecht reguliert werden. Bereits im ersten Kapitel dieser Arbeit wurde erörtert, dass unter bestimmten Voraussetzungen Ansprüche gegen transnationale (Besteller-)Unternehmen wegen unlauterer Geschäftspraktiken nach dem UWG denkbar sind, beispielsweise im Fall der Verwendung eines Zertifikats, ohne dass die Zertifizierungsanforderungen erfüllt sind.[1197] Auch eine Inanspruchnahme von Siegelgebern wird grundsätzlich anerkannt, da das Ausstellen falscher Zertifikate als Anstiftung oder Beihilfe zu einem unlauteren Verhalten gewertet werden kann.[1198] Noch ungeklärt ist, ob man auch die Tätigkeit von Auditunternehmen als Teilnahmehandlung einstufen kann, wenn diese fälschlicherweise die Einhaltung der Zertifizierungsvoraussetzungen bestätigen, ohne selbst Siegelgeber zu sein.[1199]

Eine andere Möglichkeit wäre das Aufstellen inhaltlicher Mindestanforderungen an menschenrechtsrelevante Zertifikate sowie an das Zertifizierungsverfahren selbst. Die Verwendung eines Zertifikats, das diese Anforderungen nicht erfüllt, könnte dann als unlauter im Sinne des UWG eingestuft werden, was Beseitigungs- und Unterlassungsansprüche, aber auch Schadensersatzforderungen von Mitbewerbern oder Verbraucher*innen nach sich ziehen könnte. Ein solches Vorgehen regen *Gailhofer* und *Glinski* an.[1200] Zwar würde auch durch eine derartige Regelung keine Abhilfe für die Arbeiter*innen in den überprüften Fabriken geschaffen. Die drohende Inanspruchnahme nach dem UWG könnte jedoch zu einer erhöhten Sorgfalt bei der Durchführung von Sozialaudits führen, von der sie zumindest indirekt profitieren würden.

1197 Siehe hierzu bereits in Kapitel 1 unter A VI 3.

1198 LG Offenburg, Urt. v. 30.03.2011 – 5 O 44/09 KfH, BeckRS 2012, 4110.

1199 Dafür plädieren *Gailhofer/Glinski,* Haftungsrechtlicher Rahmen von nachhaltiger Zertifizierung in textilen Lieferketten, S. 73 und berufen sich darauf, dass es aus der Perspektive des UWG nicht darauf ankommen kann, ob der Siegelgeber selbst die Zertifizierungsvoraussetzungen prüft oder diese Prüfung auslagert.

1200 *Gailhofer/Glinski,* Haftungsrechtlicher Rahmen von nachhaltiger Zertifizierung in textilen Lieferketten, S. 73, 82 f.

5. Indirekte Verhaltenssteuerung über das Gewährleistungsrecht

Eine indirekte Verhaltenssteuerung ist zudem über das Mängelgewährleistungsrecht denkbar. Gibt ein Unternehmen an, dass bei der Herstellung seines Produkts die Einhaltung von CSR-Standards mit Hilfe von Sozialaudits gewährleistet wird, oder verweist es auf eine Zertifizierung über die Einhaltung, kann dies eine konkludente Beschaffenheitsvereinbarung im Sinne von § 434 Abs. 2 S. 1 Nr. 1 BGB darstellen. Die herrschende Meinung bejaht dies für produktbezogene Angaben, zu denen auch der Herstellungsprozess gehört, lehnt es aber im Fall rein unternehmensbezogener Angaben ab.[1201] Eine nachhaltige Unternehmenspolitik im Allgemeinen kann daher zwar keine Beschaffenheit eines Produkts darstellen, die Beachtung von Sozialstandards bei der Herstellung allerdings schon.[1202] Macht ein Unternehmen also beispielsweise fehlerhafte Angaben über die Einhaltung bestimmter Arbeitszeiten oder das Nichtvorkommen von Kinderarbeit, kann dies neben einem Nacherfüllungsanspruch auch ein Rücktritts oder Minderungsrecht sowie Schadensersatzansprüche von Käufer*innen auslösen.

Diese Ansprüche bestehen allerdings nur gegenüber dem Verkäufer des Produkts. Eine Haftung von Auditunternehmen nach dem Kaufgewährleistungsrecht kommt nicht in Betracht. Eine Verhaltenssteuerung könnte allenfalls indirekt dadurch bewirkt werden, dass Bestellerunternehmen, die aufgrund falscher CSR-Angaben in Anspruch genommen werden, die mit der Überprüfung beauftragten Auditunternehmen in Regress nehmen. Auch die Nachfrage nach sorgfältigen Sozialaudits könnte durch die drohende Inanspruchnahme von Bestellerunternehmen nach dem Gewährleistungsrecht steigen. Derzeit ist eine solche Entwicklung allerdings nicht absehbar. Da zumindest in einigen Fällen bereits eine Anspruchsgrundlage für die Geltendmachung von Gewährleistungsansprüchen gegenüber dem Verkäufer besteht, erscheint eine weitere Regulierung in diesem Zusammenhang nicht zielführend, zumal die Wirkung auf Sozialaudits – wie soeben dargelegt – allenfalls eine indirekte wäre.

1201 *Asmussen*, NJW 2017, 118, 120; *Schirmer*, ZEuP 2021, 35, 44 ff; *Grunewald*, NJW 2021, 1777, 1778 f..

1202 *Gailhofer/Glinski*, Haftungsrechtlicher Rahmen von nachhaltiger Zertifizierung in textilen Lieferketten, S. 32.

6. Regulierung des Marktzugangs für Produkte

Einen etwas anderen Regulierungsansatz verfolgen *Lötzsch* und *Fifka*. Anstatt bei der Tätigkeit transnationaler Unternehmen anzusetzen, schlagen sie die Einführung einer CE-Kennzeichnung für Produkte zur Gewährleistung des Schutzes von Menschenrechten in globalen Wertschöpfungsketten vor.[1203]

Das würde zunächst die Regelung menschenrechtlicher Sorgfaltspflichten in einer CE-Richtlinie voraussetzen. Produkte, die unter Verletzung dieser Pflichten hergestellt wurden, könnte dann die CE-Kennzeichnung und somit der Zugang zum europäischen Binnenmarkt verwehrt werden. Auditunternehmen könnten wiederum unter bestimmten Voraussetzungen in die Überprüfung der Einhaltung der Sorgfaltsanforderungen eingebunden werden, wie etwa die Benannten Stellen im Medizinprodukterecht.[1204] Somit würde ihre Tätigkeit indirekt reguliert. Zwar kommt das Instrument der CE-Kennzeichnung derzeit vor allem zum Schutz von Verbraucher*innen zum Einsatz, eine Ausweitung auf den Schutz von Menschenrechten wäre aber nach Einschätzung der Autoren durchaus denkbar und hätte neben der vorbeugenden Wirkung den Vorteil, dass es sich um eine europaweit einheitliche Regelung handeln würde und damit ein *level playing field* hergestellt würde.[1205]

In eine ähnliche Richtung gehen die Überlegungen von *Klinger* und *Ernst*, die für den Textilsektor die Einführung einer Akkreditierungspflicht von nachhaltigen Verbrauchersiegeln auf europäischer Ebene anregen.[1206] Denkbar wäre nach der Vorstellung der Autor*innen die Schaffung einer europäischen Verordnung nach dem Vorbild der EU-Öko-Verordnung, die sich inhaltlich an den Vorgaben des freiwilligen staatlichen Textilsiegels „Grüner Knopf" orientiert und ein Verbot von Selbstzertifizierungen im nachhaltigen Textilsektor umfasst.[1207] Auf diese Weise würde zumindest der Marktzugang für solche Produkte reguliert, die sich mit dem Begriff der Nachhaltigkeit schmücken wollen. Dieser Vorschlag nimmt zwar ebenfalls

---

1203 *Lötzsch/Fikfa*, EuZW 2020, 179.

1204 aaO, 179, 184 f. schlagen eine Kombination aus staatlicher Überwachung und privatem Monitoring vor, um die Kontrolle der gesamten Lieferkette in den Herstellungsländern zu gewährleisten.

1205 aaO, 179.

1206 *Klinger/Ernst*, Rechtsgutachten zur Akkreditierungspflicht von nachhaltigen Verbrauchersiegeln im Textilsektor.

1207 aaO, S. 33.

in erster Linie den Verbraucherschutz in den Blick, es ist jedoch davon auszugehen, dass er sich auch positiv auf den Menschenrechtsschutz in Lieferketten auswirken würde.[1208] Auch in dieser Variante könnte die Tätigkeit von Auditunternehmen im Rahmen des Akkreditierungssystems mitreguliert werden.

IV. Bewertung der Regulierungsmöglichkeiten

Wie die vorstehenden Abschnitte verdeutlicht haben, gibt es eine Vielzahl von Regulierungsmöglichkeiten für Sozialaudits. Diese schließen sich nicht gegenseitig aus, sondern können teilweise auch ergänzend zueinander wirken. Ziel sollte es sein, ein möglichst effektives Maßnahmenpaket zu schnüren.

Um den besonderen Herausforderungen und Risiken im Zusammenhang mit der Prüftätigkeit zu begegnen, sollte als erster wichtiger Baustein die Sorgfaltspflicht von Auditunternehmen gesetzlich geregelt werden. Das könnte im Rahmen eines allgemeinen Prüf- und Zertifizierungsgesetzes geschehen, welches grundlegende Anforderungen an die Ausübung einer Prüftätigkeit aufstellt. Spezielle Pflichten, die mit der Tätigkeit in globalen Lieferketten und den dort auftretenden Menschenrechtsrisiken zusammenhängen, sowie sektorspezifische Ergänzungen könnten im Rahmen von Spezialgesetzen erfolgen.[1209] Für den Fall, dass eine derart umfassende Regelung nicht (zeitnah) umsetzbar erscheint, könnte zunächst auch eine rein sektorspezifische Regelung für Sozialaudits erfolgen. Menschenrechtliche Sorgfaltspflichten für in globalen Lieferketten tätige Auditunternehmen könnten dabei entweder in einem Spezialgesetz oder in einem eigenen Abschnitt des LkSG beziehungsweise einer etwaigen europäischen Lieferkettenregelung festgehalten werden. Letzteres hätte den Vorteil, dass man an einen vorhandenen Rahmen anknüpfen könnte und lediglich dort justieren müsste, wo die Tätigkeit von Auditunternehmen spezifische Regelungen erfordert.

Wichtiger Bestandteil einer wirksamen Regulierung ist zudem die zivilrechtliche Haftung von Auditunternehmen gegenüber den Betroffenen im

---

1208 aaO, S. 33 f. gehen insbesondere davon aus, dass ein Verbot von nicht-akkreditierten Siegeln die Effektivität des Lieferkettengesetzes erhöhen würde.

1209 Einen solchen Ansatz schlagen *Gailhofer/Glinski,* Haftungsrechtlicher Rahmen von nachhaltiger Zertifizierung in textilen Lieferketten, S. 84 vor.

Fall der schuldhaften Verletzung ihrer Sorgfaltspflichten. Die Erforderlichkeit einer solchen Haftung wurde in dieser Arbeit bereits ausführlich erörtert.[1210] Am wirkungsvollsten wäre wohl die Schaffung einer ausdrücklichen Haftungsregelung, welche den Kreis der geschützten Rechtsgüter über den Katalog des § 823 Abs. 1 BGB hinaus auf alle typischerweise durch fehlerhafte Sozialaudits bedrohten Rechtsgüter erweitert sowie verfahrensrechtliche Erleichterungen zugunsten der Betroffenen vorsieht. Auch hierfür böte sich die Regelung in einem eigenen Audit- und Zertifizierungsgesetz an, da die Haftung dann schlicht an die Verletzung der in diesem Gesetz aufgestellten Pflichten angeknüpft werden könnte. Die international-privatrechtliche Anwendbarkeit der Haftungsregelung könnte durch die Ausgestaltung als Eingriffsnorm sichergestellt werden.

Eine bessere zivilrechtliche Haftung allein ist jedoch nicht ausreichend, um fehlerhaften Sozialaudits wirksam etwas entgegenzusetzen. Insbesondere kann nicht erwartet werden, dass die Betroffenen in den Produktionsländern die Einhaltung der menschenrechtlichen Sorgfaltspflicht durch Auditunternehmen umfassend überwachen und durchsetzen.[1211] Sinnvoll wäre daher die Schaffung eines Kombinationsmodells aus einer präventiv wirkenden behördlichen Durchsetzung der Sorgfaltspflicht flankiert mit einer zivilrechtlichen Haftung im Schadensfall.[1212]

Um sicherzustellen, dass das LkSG nicht durch mangelhafte Sozialaudits unterlaufen wird, sollten Auditunternehmen, die die Einhaltung der menschenrechtlichen Sorgfaltspflichten transnationaler Unternehmen nach diesem Gesetz überprüfen, eine staatliche Akkreditierung erwerben müssen. Auf diese Weise wäre zumindest auch eine partielle Erstreckung der Sorgfaltsregelungen auf ausländische Prüfunternehmen gewährleistet. Ergänzend könnte man verlangen, dass sich die mit der Überprüfung des LkSG betrauten Auditunternehmen für etwaige Klagen Betroffener dem deutschen Recht und der deutschen Gerichtsbarkeit unterwerfen.[1213]

Erwiese sich dieses System als wirkungsvoll, könnte man über eine Erstreckung der Pflicht zur Durchführung von Sozialaudits durch akkredi-

---

1210 Siehe hierzu in Kapitel 2 unter A.

1211 *ECCHR/Brot für die Welt/Misereor,* Menschenrechtsfitness von Audits und Zertifizierern?, S. 23 f.

1212 Für transnationale Menschenrechtsfälle allgemein: *Klinger et al.,* Verankerung menschenrechtlicher Sorgfaltspflichten von Unternehmen im deutschen Recht, 46 f; *von Falkenhausen,* Menschenrechtsschutz durch Deliktsrecht, S. 352.

1213 *Gailhofer/Glinski,* Haftungsrechtlicher Rahmen von nachhaltiger Zertifizierung in textilen Lieferketten, S. 80.

tierte Auditunternehmen auf all jene Unternehmen nachdenken, die mit der Einhaltung von Menschenrechten in ihren Lieferketten werben,[1214] wobei jedoch etwaige Einschränkungen durch das europäische Recht beachtet werden müssten.[1215] Ohnehin wäre jedoch langfristig betrachtet eine Regelung auf europäischer Ebene wünschenswert, um die Qualität von Sozialaudits europaweit sicherzustellen und für Auditunternehmen sowie für transnationale Unternehmen, die Sozialaudits in Anspruch nehmen, ein *level playing field* zu schaffen.

Bei allen Regulierungsbemühungen sollte man jedoch nicht aus dem Blick verlieren, dass bestimmte menschenrechtliche Risiken in globalen Lieferketten auch durch sorgfältige Sozialaudits kaum aufgedeckt werden können.[1216] Hierfür sind ergänzende Mechanismen, aber auch die Erschließung von Alternativen zu Sozialaudits notwendig. Welche das sein könnten, soll im folgenden Abschnitt erörtert werden.

C. Komplementär wirkende Mechanismen und Alternativen zum Auditsystem

I. Beschwerdemechanismen

Neben Sozialaudits kommen häufig auch nicht-staatliche außergerichtliche Beschwerdemechanismen zum Einsatz, um Menschenrechtsverstöße in globalen Lieferketten aufzudecken. Nach der Konzeption der UN-Leitprinzipien spielen Beschwerdemechanismen eine wichtige Rolle, wenn es darum geht, Betroffenen wirksamen Zugang zu Abhilfe zu gewähren. Durch das Lieferkettensorgfaltspflichtengesetz werden Unternehmen sogar dazu verpflichtet, ein unternehmensinternes Beschwerdeverfahren einzurichten oder sich an einem externen Beschwerdeverfahren zu beteiligen.[1217]

1214   Siehe hierzu *Gailhofer/Glinski,* Haftungsrechtlicher Rahmen von nachhaltiger Zertifizierung in textilen Lieferketten, S. 84.

1215   Von der Unwirksamkeit einer nationalen Akkreditierungspflicht ausgehend: *Klinger/Ernst,* Rechtsgutachten zur Akkreditierungspflicht von nachhaltigen Verbrauchersiegeln im Textilsektor.

1216   Siehe hierzu ausführlich in Kapitel 1 unter C I 2 b; zudem: *Grabosch/Scheper,* Die menschenrechtliche Sorgfaltspflicht von Unternehmen, S. 55; *Gailhofer/Glinski,* Haftungsrechtlicher Rahmen von nachhaltiger Zertifizierung in textilen Lieferketten, S. 65.

1217   Zum Beschwerdeverfahren nach § 8 LkSG siehe *Sagan,* ZIP 2022, 1419; *Stemberg,* CCZ 2022, 92; *Bürger,* SPA 2022, 81; *Gläßer/Schmitz,* NJW 2023, 1465.

Im Rahmen dieser Arbeit interessiert vor allem die Frage, wie Beschwerdemechanismen Sozialaudits sinnvoll ergänzen bzw. zu deren Verbesserung beitragen können.

1. Beschwerdemechanismen als Teil der unternehmerischen Sorgfaltspflicht

Maßgeblicher Ausgangspunkt für die Anerkennung von Beschwerdemechanismen als Bestandteil der unternehmerischen Sorgfaltspflicht sind die UN-Leitprinzipien. Während die erste Säule der Leitprinzipien sich mit der staatlichen Pflicht zum Schutz der Menschenrechte befasst und die zweite Säule sich auf die unternehmerische Verantwortung konzentriert, sieht die dritte Säule Mechanismen vor, die darauf gerichtet sind, wirksamen Zugang zu Abhilfe für Betroffene durch die Einrichtung von Beschwerdemechanismen zu schaffen. Nach der Kommentierung zu Leitprinzip Nr. 25 bezeichnet der Begriff Beschwerdemechanismus dabei „jedes routinemäßige, staatliche oder nicht-staatliche, gerichtliche oder nicht-gerichtliche Verfahren, durch das Beschwerden betreffend Menschenrechtsverletzungen durch Unternehmen vorgebracht werden können und Abhilfe gesucht werden kann"[1218]. Staaten sollen vor allem geeignete Maßnahmen zur Gewährleistung der Wirksamkeit innerstaatlicher gerichtlicher Mechanismen treffen sowie wirksame staatliche außergerichtliche Beschwerdemechanismen bereitstellen.[1219] Unternehmen werden wiederum aufgefordert, wirksame nicht-staatliche Beschwerdemechanismen zu schaffen oder sich an solchen Mechanismen zu beteiligen.[1220] Die dritte Säule der UN-Leitprinzipien nimmt also sowohl Staaten als auch Unternehmen in die Verantwortung. Im Folgenden soll es vor allem um nicht-staatliche außergerichtliche Beschwerdemechanismen gehen. Diese können nach der Konzeption der Leitprinzipien sowohl auf Unternehmensebene[1221] als auch von industrieweiten Initiativen, Multi-Stakeholder-Initiativen oder anderen gemeinschaftlichen Initiativen bereitgestellt werden.[1222] Leitprinzip Nr. 31 enthält Wirksamkeitskriterien für außergerichtliche Beschwerdemechanismen. Diese sollen legitim, zugänglich, berechenbar, ausgewogen, transparent,

---

1218 Kommentar zu Leitprinzip Nr. 25.
1219 Leitprinzipien Nr. 26 und 27.
1220 Leitprinzip Nr. 29.
1221 Leitprinzip Nr. 29.
1222 Leitprinzip Nr. 30.

Rechte-kompatibel sowie eine Quelle kontinuierlichen Lernens sein. Auf operativer Ebene, d. h. im Falle der Ansiedlung bei einem Unternehmen selbst, sollen sie zudem auf Austausch und Dialog aufbauen. Das *Accountability and Remedy Project III* (ARP III) des *Office of the High Commissioner of Human Rights* (OHCHR) enthält Ausgestaltungsempfehlungen, die diese Wirksamkeitskriterien weiter konkretisieren.[1223]

Mit dem Inkrafttreten des Lieferkettensorgfaltspflichtengesetzes wurde die Einrichtung eines Beschwerdeverfahrens für die erfassten Unternehmen erstmals auch gesetzlich verpflichtend. Gemäß § 8 LkSG müssen Unternehmen nunmehr entweder dafür sorgen, dass ein angemessenes unternehmensinternes Beschwerdeverfahren eingerichtet ist oder sich an einem entsprechenden externen Beschwerdeverfahren beteiligen. Gesetzlich geregelt sind zudem Verfahrensanforderungen und Wirksamkeitskriterien für das Beschwerdeverfahren, die zumindest teilweise von den UN-Leitprinzipien inspiriert sind.[1224] So muss das Verfahren gemäß § 8 Abs. 4 S. 2 LkSG für potenzielle Beteiligte zugänglich sein, die Vertraulichkeit der Identität wahren und wirksamen Schutz vor Benachteiligung oder Bestrafung aufgrund einer Beschwerde gewährleisten. Als mögliche Zugangshindernisse identifiziert die Begründung zum Regierungsentwurf des LkSG unter anderem die mangelnde Kenntnis des Mechanismus, Sprache, Lese- und Schreibvermögen, Kosten, Standort und Furcht vor Repressalien.[1225]

Auch die EU-Lieferkettenrichtlinie sieht in Art. 14 eine Beschwerdemöglichkeit für Betroffene und ihre Interessenvertreter*innen vor. Die Mitgliedsstaaten müssen sicherstellen, dass Unternehmen ein den Anforderungen der Richtlinie entsprechendes Beschwerdeverfahren einrichten. Um den Aufwand für die Unternehmen zu verringern, sollen sie sich an gemeinsamen Beschwerdeverfahren, z. B. im Rahmen von Sozialstandardinitiativen beteiligen können.[1226] Die eingegangenen Beschwerden sollen unter anderem dazu dienen, tatsächliche und potenzielle negative Auswir-

---

1223 *UN - Office of the High Commissioner for Human Rights,* Improving accountability and access to remedy; darauf aufbauend formulieren *Gläßer et al.,* Außergerichtliche Beschwerdemechanismen praxisorientierte Empfehlungen für die Gestaltung außergerichtlicher Beschwerdemechanismen für Opfer von Menschenrechtsverletzungen in globalen Lieferketten.

1224 Ausführlich zu den Wirksamkeitskriterien: BeckOK LkSG-*Gläßer/Kühn,* § 8 Rn. 24 ff.; differenzierend zwischen Verfahrensanforderungen und sogenannten „Schlüsselkriterien" in § 8 Abs. 4 S. 2 LkSG: *Stemberg,* CCZ 2022, 92.

1225 BT-Drs. 19/28649, S. 50.

1226 Siehe hierzu Erwägungsgrund 59 der Richtlinie.

kungen der unternehmerischen Tätigkeit auf die Menschenrechte und die Umwelt zu ermitteln.[1227] Wichtige Elemente der Regelung sind insbesondere die Verpflichtung für Unternehmen, Maßnahmen zum Schutz vor Repressalien zu ergreifen sowie der ausdrückliche Anspruch der Beschwerdeführer*innen auf angemessene Folgemaßnahmen.

Außergerichtliche Beschwerdemechanismen können verschiedene Formen annehmen, von rein unternehmensinternen Mechanismen über unternehmensübergreifende, brancheninterne Mechanismen bis hin zu branchenübergreifenden Mechanismen, beispielsweise im Rahmen von Sozialstandardinitiativen.[1228] Das Spektrum ist breit und eine Vielzahl verschiedener Governance-Modelle und Verfahrensmodi – von dialogbasierten Verfahren bis zu Drittentscheidungsverfahren – denkbar.[1229]

2. Potenzial von Beschwerdemechanismen

Funktionierende außergerichtliche Beschwerdemechanismen bieten ein enormes Potenzial für eine Verbesserung des Menschenrechtsschutzes in globalen Lieferketten. Sie können staatlichen Rechtsschutz ergänzen, wo dieser Betroffenen keinen ausreichenden Zugang zu Abhilfe bietet, sei es aufgrund von Lücken im materiellen Recht, wegen verfahrensrechtlicher Hürden oder faktischer Hindernisse, oder infolge einer unzureichenden staatlichen Rechtsdurchsetzung.[1230] Außergerichtliche Beschwerdemechanismen können in solchen Fällen eine niedrigschwelligere und an die besonderen Herausforderungen in globalen Lieferketten angepasste Abhilfemöglichkeit darstellen.[1231] Überdies können Beschwerdemechanismen als eine Art Frühwarnsystem für systemische Missstände fungieren und so die Effektivität der Risikoprävention von Unternehmen verbessern.[1232] Das

---

1227   In Bezug auf den Richtlinienvorschlag des Europäischen Parlaments noch *Nietsch/Wiedmann*, CCZ 2022, 125, 130.

1228   *Gläßer/Schmitz*, NJW 2023, 1465, 1466; eine Übersicht über verschiedene außergerichtliche Beschwerdemechanismen bieten auch *Zagelmeyer/Bianchi/Shemberg*, Non, 20 ff.; zu Beschwerdemechanismen im Rahmen von Multi-Stakeholder-Initiativen siehe *Harrison/Wielga*, Business and Human Rights Journal 8 (2023), 43.

1229   Ausführlich zum Spektrum außergerichtlicher Beschwerdemechanismen: *Gläßer et al.,* Außergerichtliche Beschwerdemechanismen, S. 85 ff.

1230   *Gläßer et al.,* Außergerichtliche Beschwerdemechanismen, S. 6 f., 82, 442.

1231   ebd.

1232   *UN - Human Rights Council,* HRC, UN Doc. A/HRC/14/27, Rn. 92; *Stemberg,* CCZ 2022, 92; *Gläßer/Schmitz*, NJW 2023, 1465.

kann wiederum dazu beitragen, dass schwerwiegendere Schäden verhindert werden. Schließlich bieten Beschwerdemechanismen auch insofern eine Chance, als sie in weit höherem Maße als staatliche Gerichtsverfahren dialogbasiert ausgestaltet und auf eine eigenverantwortliche Lösungsentwicklung ausgerichtet werden können. Was eine angemessene Form der Abhilfe darstellt, muss sich dabei nicht unbedingt an rechtlichen Vorgaben orientieren, sondern kann an die tatsächlichen Interessen und Bedürfnissen der Betroffenen angepasst werden. Eine auf diese Weise gefundene Lösung verspricht eine hohe Akzeptanz und damit auch Nachhaltigkeit.[1233]

3. Herausforderungen für Beschwerdemechanismen

Gleichzeitig ist der Einsatz von Beschwerdemechanismen in globalen Lieferketten mit zahlreichen Herausforderungen verbunden. Eine dieser Herausforderungen ist es, einen Mechanismus für alle Betroffenen von Menschenrechtsverletzungen zugänglich zu machen. Die Zugänglichkeit kann zum Beispiel an der mangelnden Bekanntheit des Mechanismus oder dem Fehlen der nötigen Beschwerdekanäle scheitern. Ebenso kann die Furcht vor Repressalien Betroffene davon abhalten, Beschwerden vorzubringen.[1234] Eine zusätzliche Herausforderung ist das strukturelle Machtgefälle, welches zwischen den Verfahrensbeteiligten in transnationalen Menschenrechtsfällen regelmäßig besteht und welches besondere Ausgleichsmaßnahmen wie beispielsweise die finanzielle und beratende Unterstützung der Beschwerdeführer*innen, die Durchführung investigativer Untersuchungen und die gezielte Berücksichtigung von Vulnerabilitäten erforderlich macht.[1235]

Zudem weisen viele der derzeit existierenden Beschwerdemechanismen ähnliche Schwächen auf wie Sozialaudits. So sind sie häufig in Trägerorganisationen mit unternehmensdominierten Governance-Strukturen eingebettet, wodurch die Priorisierung von Unternehmensinteressen begünstigt wird. Ähnlich wie bei Sozialaudits besteht dort häufig der Anreiz, menschenrechtliche Risiken nicht allzu genau unter die Lupe zu nehmen,

---

1233 Siehe hierzu auch *Gläßer et al.*, Außergerichtliche Beschwerdemechanismen, S. 82 f. sowie *Gläßer/Schmitz*, NJW 2023, 1465, 1468 , die sich aus den genannten Gründen für die „mediative Schlichtung" als Leitbild für ein Beschwerdeverfahren gem. § 8 LkSG aussprechen.

1234 UN-Leitprinzipien, Kommentar zu Leitprinzip Nr. 31 (b); *Gläßer et al.*, Außergerichtliche Beschwerdemechanismen, S. 167.

1235 *Gläßer et al.*, Außergerichtliche Beschwerdemechanismen, S. 425 f.

um eine Erweiterung der eigenen Verantwortung zu vermeiden. Private Systeme sind zudem auf Mitglieder und deren Beiträge angewiesen und können auch aus diesem Grund vor der Implementierung effektiver sanktionsbewehrter Mechanismen zurückschrecken.[1236] Ein weiteres Problem ist, dass derzeit eine Vielzahl verschiedener Beschwerdemechanismen existiert, welche teilweise in denselben Fabriken zur Verfügung stehen. Diese Fragmentierung kann zu einer Überforderung der dort tätigen Arbeiter*innen führen. Gleichzeitig werden Betroffene auf nachgelagerten Stufen der Lieferkette häufig gar nicht erreicht.[1237] Schließlich können auch das niedrige Schutzniveau oder die unzureichende Konkretisierung der zugrundeliegenden Standards sowie die fehlende Infragestellung von Einkaufspraktiken die Effektivität von Beschwerdemechanismen unterlaufen.[1238] Solange diese grundlegenden Probleme nicht ausreichend adressiert werden, können Beschwerdemechanismen ihr Potenzial nicht voll entfalten.

Seit dem Inkrafttreten des Lieferkettensorgfaltspflichtengesetzes sind bestimmte transnationale Unternehmen gemäß § 8 LkSG verpflichtet, Beschwerdemechanismen in ihren Lieferketten zu etablieren oder sich an einem entsprechenden externen Beschwerdeverfahren zu beteiligen.[1239] Beschwerdemechanismen können zudem insofern eine wichtige Rolle spielen, als Beschwerden substantiierte Kenntnis über mögliche Verletzungen menschenrechts- oder umweltbezogener Pflichten durch mittelbare Zulieferer im Sinne von § 9 Abs. 3 LkSG auslösen und damit zu einer Ausweitung der unternehmerischen Sorgfaltspflichten beitragen können.[1240] Inhaltlich bleibt die neue Regelung teilweise hinter den im Rahmen der UN-Leitprinzipien formulierten Effektivitätskriterien zurück. Insbesondere fehlt das Erfordernis der Gewährleistung effektiver Abhilfe als Verfahrensziel.[1241] Überdies lässt § 8 LkSG im Unklaren, wie der „Normalfall" der Ausrichtung und

---

1236 *Gailhofer/Glinski*, Haftungsrechtlicher Rahmen von nachhaltiger Zertifizierung in textilen Lieferketten, S. 57 am Beispiel des RSPO.

1237 *Gläßer et al.*, Außergerichtliche Beschwerdemechanismen, 154 f. unter Verweis auf durchgeführte Expert*innen-Interviews.

1238 Zur Notwendigkeit der Anpassung von Einkaufspraktiken als Voraussetzung für die Wirksamkeit anderer Implementierungspraktiken siehe *Gläßer et al.*, Außergerichtliche Beschwerdemechanismen, S. 106 ff.

1239 Siehe hierzu bereits in Kapitel 1 unter A I.

1240 *Stemberg*, CCZ 2022, 92. Dass Beschwerden geeignet sind, substantiierte Kenntnis auszulösen, bestätigt auch die Gesetzesbegründung des Regierungsentwurfs zum LkSG, siehe BT-Drs. 19/28649, S. 50.

1241 *Gläßer et al.*, Außergerichtliche Beschwerdemechanismen, S. 66; *ECCHR/Brot für die Welt/Misereor*, Menschenrechtsfitness von Audits und Zertifizierern?, S. 27.

des Ablaufs eines außergerichtlichen Beschwerdeverfahrens in globalen Lieferketten aussehen sollte.[1242] So wird nicht hinreichend deutlich, ob das Beschwerdeverfahren primär als investigatives Prüfverfahren zur Erfüllung der unternehmerischen Sorgfaltspflichten oder eher als einvernehmliches Streitbeilegungsverfahren mit dem Ziel des individuellen Rechtsschutzes gedacht ist.[1243] Auch die Ausgestaltung eines möglichen einvernehmlichen Verfahrens, insbesondere die Frage der Verfahrenswahl und der beteiligten Akteur*innen, wird nicht näher konkretisiert.[1244]

In praktischer Hinsicht könnte vor allem die Einrichtung eines den gesetzlichen Anforderungen entsprechenden unternehmensinternen Beschwerdemechanismus ein komplexes Unterfangen darstellen. Einfacher dürfte die Beteiligung an einem externen unternehmensübergreifenden Mechanismus sein.[1245] Neben Effizienzgewinnen bieten solche unternehmensübergreifende Mechanismen auch eine Reihe weiterer Vorteile wie ein höheres Maß an Unabhängigkeit und eine gesteigerte Wirksamkeit der Beschwerdeverfahren.[1246]

4. Potenzial des kombinierten Einsatzes von Sozialaudits und Beschwerdemechanismen

Vor dem Hintergrund, dass sich der isolierte Einsatz von Sozialaudits in der Vergangenheit als wenig wirkungsvoll erwiesen hat und dass auch die Nutzer*innen von Beschwerdemechanismen noch mit einer Reihe von Herausforderungen konfrontiert sind, bietet vor allem der kombinierte Einsatz von Sozialaudits und Beschwerdemechanismen großes Potenzial, das insbesondere in der unterschiedlichen Herangehensweise begründet liegt: Während Sozialaudits *top down* allgemeine Informationen zu vorherrschenden Risiken in den überprüften Fabriken sammeln, funktionieren Beschwerdemechanismen *bottom up* und liefern detaillierte Hinweise auf konkrete Verstöße.[1247] Zusammengenommen kann so ein vollständigeres Bild der Arbeitsbedingungen in globalen Lieferketten entstehen.

1242 *Gläßer/Schmitz*, NJW 2023, 1465.
1243 *Gläßer/Schmitz*, NJW 2023, 1465, 1466 f..
1244 BeckOK LkSG-*Gläßer/Kühn*, § 8 Rn. 291.
1245 *Gehling/N. Ott/Lüneborg*, CCZ 2021, 230, 238.
1246 Zu diesem Ergebnis kommen die Untersuchungen von *Gläßer et al.*, Außergerichtliche Beschwerdemechanismen.
1247 *Gläßer/Schmitz*, NJW 2023, 1465.

So kann mit Hilfe von Beschwerdemechanismen die Qualität von Sozial-audits überprüft werden. Gibt es Beschwerden über Verstöße, die durch Sozialaudits nicht aufgedeckt wurden, kann dies als Indiz dafür gewertet werden, dass beim Auditing Nachbesserungsbedarf besteht.[1248] Indem sie Hinweise darauf liefern, welche Arten von Problemen in einer bestimmten Produktionsstätte auftauchen, können Beschwerden auch dazu beitragen, den Fokus zukünftiger Audits zu verbessern. Zudem sind gut funktionierende Beschwerdemechanismen in der Lage, Verstöße aufzudecken, die selbst durch sorgfältige Sozialaudits nur schwer zu erfassen sind, wie beispielsweise geschlechterspezifische Diskriminierung, Belästigung oder gewerkschaftsfeindliche Aktivitäten.[1249] Im Ergebnis können davon auch Unternehmen profitieren, da sie sich durch den Einsatz von Beschwerde-mechanismen weniger auf Sozialaudits verlassen müssen.[1250]

Umgekehrt können aber auch Sozialaudits Beschwerdemechanismen er-gänzen, und zwar gleich in mehrfacher Hinsicht. Zum einen können sie Er-kenntnisse über die in einer bestimmten Region, einem bestimmten Sektor oder einer bestimmten Fabrik vorherrschenden Verstöße und strukturel-len Problemlagen liefern, so dass Beschwerdemechanismen entsprechend angepasst werden können.[1251] Das könnte zum Beispiel in Form einer be-sonderen Sensibilisierung bei der Auswertung von und dem Umgang mit Beschwerden, aber auch durch Anpassungen auf der Ebene der Zugäng-lichkeit des Mechanismus geschehen. Im Rahmen von Sozialaudits aufge-deckte Verstöße können zudem einen Anhaltspunkt für die Begründetheit einer Beschwerde bieten.[1252] Des Weiteren können Sozialaudits eingesetzt werden, um die Umsetzung der Ergebnisse eines Beschwerdeverfahrens zu überwachen.[1253] Gibt es aus einer Produktionsstätte hingegen keine Beschwerden, obwohl im Rahmen von Sozialaudits in größerem Umfang Verstöße zutage gefördert wurden, spricht einiges dafür, dass der Beschwer-

---

1248 *Terwindt,* Zu den Funktionen und Wirkungsweisen von Sozialaudits, 254; *Ter-windt/Saage-Maaß,* Zur Haftung von Sozialauditor_innen in der Textilindustrie, S. 11.

1249 Zur Unzulänglichkeit von Sozialaudits in dieser Hinsicht siehe bereits oben in Kapitel 1 unter C I 2 b.

1250 *Starmanns/Barthel/Mosel,* Sozial-Audits als Instrument zur Überprüfung von Ar-beitsbedingungen, S. 29.

1251 *Gläßer et al.,* Außergerichtliche Beschwerdemechanismen, S. 203.

1252 Umgekehrt sollte man angesichts der bekannten Unzulänglichkeiten des Auditsys-tems vorsichtig sein, das Nichtvorkommen bestimmter Verstöße in Auditberichten als Indiz für die Unbegründetheit einer Beschwerde zu werten.

1253 *Gläßer et al.,* Außergerichtliche Beschwerdemechanismen, S. 203.

demechanismus nicht in ausreichendem Maße in Anspruch genommen wird. Insofern können Sozialaudits auch als eine Art Qualitätskontrolle für Beschwerdemechanismen fungieren. Schließlich können sich Auditing und Beschwerdemechanismen gegenseitig entlasten, indem sie Verstöße aufdecken, ohne dass der jeweils andere Mechanismus in Anspruch genommen werden muss. Auf diese Weise kann das System zur Verbesserung des Menschenrechtsschutzes in globalen Lieferketten insgesamt an Effizienz gewinnen.[1254]

Bereits jetzt kommen Sozialaudits und Beschwerdemechanismen teilweise ergänzend zum Einsatz. Beispiele aus der Textilindustrie bieten die *Fair Wear Foundation*[1255] und die *Fair Labor Association*[1256], aber auch das im Rahmen des Bangladesh Accord etablierte System, welches später noch genauer geschildert werden soll.[1257] Aus anderen Sektoren gibt es ebenfalls Beispiele für ein Zusammenwirken beider Mechanismen, so etwa beim *Roundtable on Sustainable Palm Oil*, einer Organisation, die sich für die nachhaltigere Produktion von Palmöl einsetzt.[1258] Damit der parallele Einsatz von Auditing und Beschwerdemechanismen einen Mehrwert bietet, muss allerdings sowohl jeder Mechanismus für sich gut funktionieren als auch die Verschränkung beider Mechanismen sinnvoll umgesetzt werden. Insbesondere sind Interessenkonflikte, die durch dadurch entstehen, dass dieselben Auditor*innen oder Zertifizierungsorganisationen, die zuvor ein

---

1254 Zur Entlastungsfunktion von Auditing für Beschwerdemechanismen siehe *Gläßer et al.*, Außergerichtliche Beschwerdemechanismen, S. 203.

1255 https://www.fairwear.org/programmes/complaints/ (Stand: 18.04.2024); Für eine Beschreibung der Funktionsweise des Beschwerdemechanismus der *FWF* siehe zudem *Gläßer et al.*, Außergerichtliche Beschwerdemechanismen, S. 135 ff.; zur Integration von Audits in den Beschwerdemechanismus der *FWF Gläßer et al.*, *Außergerichtliche Beschwerdemechanismen, S. 203 f.*

1256 https://www.fairlabor.org/accountability/fair-labor-investigations/tpc/ (Stand: 18.04.2024); Für eine Beschreibung der Funktionsweise des Beschwerdemechanismus der *FLA* siehe zudem *Gläßer et al.*, Außergerichtliche Beschwerdemechanismen, S. 133 ff.

1257 Siehe hierzu in Kapitel 3 unter C V.

1258 https://rspo.org/who-we-are/complaints/ (Stand: 18.04.2024); Für eine Beschreibung der Funktionsweise des Beschwerdemechanismus des RSPO siehe zudem *Gläßer et al.*, Außergerichtliche Beschwerdemechanismen, 139 ff.; zum Ineinandergreifen von Sozialaudits und Beschwerdemechanismus *Gläßer et al.*, Außergerichtliche Beschwerdemechanismen, S. 204.

Unternehmen überprüft oder zertifiziert haben, auch mit der Beurteilung von Beschwerden befasst sind, zu vermeiden.[1259]

5. Überprüfung von Auditunternehmen mit Hilfe von Beschwerdemechanismen

Die im vorstehenden Abschnitt aufgezeigten Ergänzungsmöglichkeiten beziehen sich vor allem auf den kombinierten Einsatz von Sozialaudits und Beschwerdemechanismen zur Überprüfung von Bestellerunternehmen und ihren Zulieferern. Eine bessere Kontrolle der Arbeit von Auditunternehmen könnte aber vor allem auch dadurch gewährleistet werden, dass man Beschwerden gegen diese Unternehmen selbst ermöglicht.[1260] Die damit einhergehende Stärkung der Betroffenenperspektive könnte gleichzeitig dazu beitragen, der strukturellen Asymmetrie des Auditsystems etwas entgegenzusetzen.[1261] Wie dies regulierungstechnisch umgesetzt werden könnte, soll im Folgenden kurz beleuchtet werden.

Eine eindeutige Verpflichtung von Auditunternehmen zur Etablierung von oder Teilnahme an Beschwerdemechanismen ist dem LkSG nicht zu entnehmen, da das Gesetz nicht ausdrücklich auf Auditunternehmen anwendbar ist.[1262] Ebenso enthält das LkSG keine Regelung zu einem kombinierten Einsatz von Sozialaudits und Beschwerdemechanismen. Die UN-Leitprinzipien hingegen erfassen alle Unternehmen und gelten damit auch für Auditfirmen. Auch diese sind somit aufgefordert, einen den Wirksamkeitskriterien von Leitprinzip Nr. 31 entsprechenden Beschwerdemechanismus zu schaffen oder sich an einem solchen zu beteiligen.[1263] Das sollte sich auch in einer gesetzlichen Verpflichtung widerspiegeln.

Eine gesetzliche Regelung könnte so aussehen, dass sie die Etablierung eines den Effektivitätskriterien genügenden Beschwerdemechanismus oder

---

1259 Ein Beispiel dafür nennt *Environmental Investigation Agency/Grassroots,* Who Watches the Watchmen?, S. 19; ebenfalls auf den damit verbundenen Interessenkonflikt hinweisend: *Gailhofer/Glinski,* Haftungsrechtlicher Rahmen von nachhaltiger Zertifizierung in textilen Lieferketten, S. 57; *ECCHR/Brot für die Welt/Misereor,* Menschenrechtsfitness von Audits und Zertifizierern?, S. 19.

1260 *ECCHR/Brot für die Welt/Misereor,* Menschenrechtsfitness von Audits und Zertifizierern?, S. 62.

1261 *Gailhofer/Glinski,* Haftungsrechtlicher Rahmen von nachhaltiger Zertifizierung in textilen Lieferketten, S. 69.

1262 Siehe hierzu bereits in Kapitel 2 unter B I 2 a bb (2) (c) (ee).

1263 *ECCHR/Brot für die Welt/Misereor,* Menschenrechtsfitness von Audits und Zertifizierern?, S. 25 ff.

die Beteiligung an einem bestehenden Mechanismus als Teil der menschenrechtlichen Sorgfaltspflicht von Auditunternehmen vorsieht. Das würde es den Arbeiter*innen in den überprüften Fabriken ermöglichen, Beschwerden einzureichen, wenn etwa eine Überprüfung zu oberflächlich und ohne echte Beteiligung der Belegschaft durchgeführt wurde oder aber, wenn sich Auditor*innen unprofessionell verhalten haben. Auditunternehmen wären dann dazu verpflichtet, diesen Beschwerden nachzugehen und gegebenenfalls Abhilfe zu schaffen, einerseits durch Berichtigung des betroffenen Auditberichts, andererseits durch Überarbeitung der eigenen Methode für zukünftige Kontrollen.

Um tatsächlich eine wirksame zusätzliche Kontrollinstanz zu schaffen, sollte der Beschwerdemechanismus nicht auf Unternehmensebene angesiedelt werden, sondern in eine übergreifende Struktur eingebettet werden. Die Erfüllung der Verpflichtung zur Einrichtung eines derartigen Beschwerdemechanismus könnte zur Voraussetzung für den Erhalt einer (staatlichen) Akkreditierung gemacht werden. Im Rahmen eines Akkreditierungssystems könnte der Beschwerdemechanismus sogar direkt auf der Ebene der Akkreditierungsstelle angesiedelt werden.[1264] Wiederholte Beschwerden gegen Auditunternehmen oder der unzureichende Umgang mit solchen Beschwerden könnten zudem den Verlust der Akkreditierung nach sich ziehen.[1265]

II. Capacity Building

Immer mehr Unternehmen und Sozialstandardinitiativen setzen zudem sogenanntes Capacity Building, d. h. die Vermittlung von Wissen und Fähigkeiten zur Implementierung von Menschenrechten in Lieferketten ein. Dies kann beispielsweise in Form von Schulungen für Zulieferer oder Trainings für Arbeiter*innen und ihre Interessenvertreter*innen geschehen.[1266] Aber auch Auditor*innen können in Capacity Building-Maßnahmen involviert sein.[1267] Capacity Building kann dabei entweder als eigenständige Praktik

---

1264 *ECCHR/Brot für die Welt/Misereor,* Menschenrechtsfitness von Audits und Zertifizierern?, S. 26; *Gailhofer/Glinski,* Haftungsrechtlicher Rahmen von nachhaltiger Zertifizierung in textilen Lieferketten, S. 69.

1265 In diese Richtung auch *Gailhofer/Glinski,* Haftungsrechtlicher Rahmen von nachhaltiger Zertifizierung in textilen Lieferketten, S. 57.

1266 *Oka/Egels-Zandén/Alexander,* Development and Change 51 (2020), 1306.

1267 *Gläßer et al.,* Außergerichtliche Beschwerdemechanismen, S. 104.

oder ergänzend zu anderen Mechanismen wie Social Auditing zum Einsatz kommen.[1268]

Der isolierte Einsatz von Capacity Building kann nur dann etwas bewirken, wenn Verstöße tatsächlich auf mangelndem Wissen oder fehlenden Fähigkeiten beruhen. Werden Verletzungen hingegen absichtlich herbeigeführt oder beruhen sie auf strukturellen Problemen, ist Capacity Building allein hingegen wenig erfolgsversprechend.[1269] In diesem Fall braucht es ergänzende Verfahren oder Mechanismen, zu deren Inanspruchnahme betroffene Arbeiter*innen befähigt werden können.

So kann Capacity Building dazu beitragen, die Wirksamkeit von Sozialaudits zu verbessern. Das kann einerseits dadurch geschehen, dass Arbeiter*innen die nötigen Informationen und Ressourcen zur Verfügung gestellt werden, um sich aktiv in den Auditprozess einzubringen und Rechtsverletzungen nicht nur zu erkennen, sondern diese auch gegenüber den Auditor*innen anzuzeigen.[1270] Andererseits können zumindest solche Zulieferer, die tatsächlich an einer Verbesserung der Arbeitsbedingungen in ihren Betrieben interessiert sind, durch Capacity Building zu einer konstruktiven Teilnahme am Auditprozess befähigt werden, insbesondere indem ihnen das erforderliche organisatorische und technische Know-How vermittelt wird, um relevante Informationen über Arbeitsrechtsverletzungen zu sammeln und zu verarbeiten, die Ursachen dieser Verletzungen zu analysieren und die erforderlichen Verbesserungen wirksam und vor allem auch langfristig umzusetzen.[1271] Auch die Wirksamkeit von Beschwerdemechanismen setzt voraus, dass Arbeiter*innen ihre Rechte kennen und zudem wissen, wie sie den Mechanismus nutzen können. Hier kann Capacity Building ebenfalls gezielt zum Einsatz kommen[1272]

1268 *Oka/Egels-Zandén/Alexander*, Development and Change 51 (2020), 1306, 1317; *Gläßer et al.*, Außergerichtliche Beschwerdemechanismen, S. 104.

1269 *Anner*, Politics & Society 40 (2012), 609, 624; *Gläßer et al.*, Außergerichtliche Beschwerdemechanismen, S. 104; *Mieres/McGrath*, International Labour Review 160 (2021), 631, 642.

1270 *Outhwaite/Martin-Ortega*, Competition & Change 23 (2019), 378, 388.

1271 *Locke*, The Promise and Limits of Private Power, 68, 81 beschreibt diesen unterstützenden Ansatz wie folgt: „Rather than treating suppliers as calculating agents motivated by a desire to cheat their way through inspections, the capability-building approach conceives of them as willing partners who simply lack certain organizational skills necessary for effective enforcement."

1272 *Gläßer et al.*, Außergerichtliche Beschwerdemechanismen, S. 106; *Outhwaite/Martin-Ortega*, Competition & Change 23 (2019), 378, 388.

Das Potenzial der ergänzenden Durchführung von Capacity Building haben viele Unternehmen und Sozialstandardiniativen bereits erkannt. Die Umsetzung erfordert jedoch einen längerfristigen Einsatz und häufigere Interaktionen als punktuelle Kontrollen. Nicht alle Unternehmen sind bereit, die hierfür notwendigen Ressourcen aufzuwenden.[1273] Der unkoordinierte Einsatz von Capacity Building durch verschiedene Unternehmen kann zudem dazu führen, dass Betriebe einer Vielzahl unterschiedlicher Maßnahmen unterworfen sind, wodurch ein Fatigue-Effekt eintreten kann.[1274] Hier kann eine Bündelung von Ressourcen und die Implementierung im Rahmen von unternehmensübergreifenden Strukturen sinnvoll sein.

III. Social Dialogue

Erhebliches Potenzial bei der Verwirklichung eines besseren Menschenrechtsschutzes in globalen Lieferketten wird auch dem Einsatz von Social Dialogue eingeräumt.[1275] Social Dialogue umfasst nach der Definition der ILO alle Arten von Verhandlungen, Konsultationen oder schlichtem Informationsaustausch zwischen und unter Vertretern von Regierungen, Arbeitgeber*innen und Arbeitnehmer*innen zu Fragen von gemeinsamem Interesse im Bereich der Wirtschafts- und Sozialpolitik.[1276] Er kann auf nationaler, regionaler oder betrieblicher Ebene stattfinden und umfasst sowohl dreiseitige Dialogformate unter Beteiligung der Regierung als auch rein zweiseitige Prozesse zwischen der Arbeitnehmer*innen- und der Arbeitgeber*innenseite.[1277] Neben den Hauptbeteiligten können noch eine Reihe weiterer Akteure involviert sein.[1278]

1273 *Oka/Egels-Zandén/Alexander,* Development and Change 51 (2020), 1306, 1317.

1274 *Jackson/Burger/Judd,* Mapping Social Dialogue in Apparel, S. 16.

1275 *Gläßer et al.,* Außergerichtliche Beschwerdemechanismen, S. 100; *Reinecke/Donaghey,* J. Manage. Stud. 58 (2021), 457, 5 ff; *Grimshaw/Koukiadaki/Tavora,* Social Dialogue and Economic Performance, 8 f..

1276 https://www.ilo.org/ifpdial/areas-of-work/social-dialogue/lang--en/index.htm (Stand: 18.04.2024).

1277 ebd.

1278 *Grimshaw/Koukiadaki/Tavora,* Social Dialogue and Economic Performance, S. 5.

1. Ziele von Social Dialogue

Als Hauptziel von Social Dialogue nennt die ILO die Förderung der Konsensbildung und der demokratischen Beteiligung der wichtigsten Interessengruppen in der Arbeitswelt.[1279] Anders als Tarifverhandlungen kann Social Dialogue zwar den Abschluss einer bindenden Vereinbarung bezwecken, das ist jedoch nicht zwingend.[1280] Social Dialogue sollte also weniger als Ersatz für gewerkschaftliche Strukturen und Kollektivverhandlungen gesehen werden, sondern vielmehr als eine Möglichkeit, diese schrittweise zu verstärken und dort eine (temporäre) Alternative zu bieten, wo entsprechende Strukturen noch nicht etabliert sind.[1281] Durch die bessere Einbindung von Arbeiter*innen kann Social Dialogue dazu beitragen, dass Missstände frühzeitig identifiziert, bestehende Probleme behoben und zukünftige Konflikte verhindert werden.[1282] Ein kontinuierlicher Austausch auf Augenhöhe kann zudem dabei helfen, bestehende Machtasymmetrien zu verringern und langfristig Vertrauensbeziehungen aufzubauen.[1283]

2. Erforderliche Rahmenbedingungen

Damit Social Dialogue sein volles Potenzial entfalten kann, müssen nach der Einschätzung der ILO jedoch folgende Rahmenbedingungen gegeben sein:

- starke, unabhängige Arbeitnehmer- und Arbeitgeberorganisationen
- politischer Wille und Engagement auf Seiten aller Parteien
- Achtung der Vereinigungsfreiheit und des Rechts auf Kollektivverhandlungen
- eine angemessene institutionelle Unterstützung[1284]

1279 https://www.ilo.org/ifpdial/areas-of-work/social-dialogue/lang--en/index.htm (Stand: 18.04.2024).
1280 *Reinecke/Donaghey/Hoggarth,* From social auditing to social dialogue, S. 10; *Jackson/Burger/Judd,* Mapping Social Dialogue in Apparel, S. 17.
1281 *Reinecke/Donaghey/Hoggarth,* From social auditing to social dialogue, S. 11; *Gläßer et al.,* Außergerichtliche Beschwerdemechanismen, S. 103.
1282 *Reinecke/Donaghey/Hoggarth,* From social auditing to social dialogue, S. 5.
1283 *Grimshaw/Koukiadaki/Tavora,* Social Dialogue and Economic Performance, 8 f..
1284 https://www.ilo.org/ifpdial/areas-of-work/social-dialogue/lang--en/index.htm (Stand: 18.04.2024).

Das ist in globalen (textilen) Lieferketten häufig nicht der Fall. Vielmehr sind die Beziehungen zwischen Bestellerunternehmen, Zulieferern und Arbeiter*innen in der Regel von einem starken Machtgefälle und geringem Vertrauen geprägt. Insbesondere auf Seiten des Fabrikmanagements fehlt in einem Umfeld, in dem die rechtlichen Rahmenbedingungen für echte gewerkschaftliche Aktivitäten restriktiv sind, oft die Bereitschaft, repräsentative Strukturen zu unterstützen.[1285] Zudem stellen die von niedrigen Preisen und kurzen Lieferfristen geprägten Einkaufspraktiken vieler transnationaler Unternehmen eine Barriere für die Etablierung von Social Dialogue dar, da sie Zulieferern nur wenig Spielraum für die Verhandlung über Arbeitsbedingungen lassen.[1286] Schließlich fehlt es vielfach an den nötigen Mechanismen, um getroffene Vereinbarungen zu überwachen und durchzusetzen.[1287] Vor diesem Hintergrund darf es nicht überraschen, dass Initiativen zur Etablierung von Social Dialogue in der Textilindustrie bislang nur von begrenztem Erfolg waren.[1288]

3. Kombination mit Sozialaudits und anderen Mechanismen

Eine Möglichkeit zur Verbesserung dieser Bilanz bietet wiederum die Kombination von Social Dialogue mit anderen Mechanismen zur Verbesserung der Arbeitsbedingungen in globalen Lieferketten. So kann insbesondere Capacity Building die Beteiligten des Dialogprozesses dabei unterstützen, Probleme zu identifizieren und sich wirksam für deren Behebung einzusetzen.[1289] Unabhängige Beschwerdemechanismen können zudem darauf hinwirken, dass Probleme behoben werden, bevor es zu einer Eskalation kommt, und so die Dialogstrukturen stärken.[1290] Umgekehrt kann die Bei-

---

1285 Diese und weitere Herausforderungen bei der Implementierung von Social Dialogue in der Textilindustrie in Bangladesh nennen *Reinecke/Donaghey/Hoggarth*, From social auditing to social dialogue, 18 ff.

1286 *Jackson/Burger/Judd*, Mapping Social Dialogue in Apparel, S. 14; zu den negativen Auswirkungen der Einkaufspraktiken transnationaler Unternehmen siehe auch in Kapitel 4 unter C I.

1287 *Grimshaw/Koukiadaki/Tavora*, Social Dialogue and Economic Performance, S. 8.

1288 Zu diesem Ergebnis kommen *Jackson/Burger/Judd*, Mapping Social Dialogue in Apparel, S. 98.

1289 *Gläßer et al.*, Außergerichtliche Beschwerdemechanismen, 105 f; *Global Deal/ OECD/ILO*, Building Trust in a Changing World of Work, S. 58; *Reinecke/Donaghey/Hoggarth*, From social auditing to social dialogue, S. 10.

1290 *Reinecke/Donaghey/Hoggarth*, From social auditing to social dialogue, S. 26.

legung von Konflikten im Rahmen des Social Dialogue Beschwerdemechanismen entlasten.[1291]

Auch für Sozialaudits können funktionierende Social Dialogue-Strukturen in mehrfacher Hinsicht eine Unterstützung bieten. Einen Mehrwert schafft Social Dialogue bereits dadurch, dass er einen zusätzlichen Informationskanal eröffnen und so für eine höhere Kontrolldichte sorgt.[1292] Anders als Sozialaudits, die sich in punktuellen Kontrollen erschöpfen, ermöglicht Social Dialogue eine kontinuierliche Überwachung der Arbeitsbedingungen. Social Dialogue kann aber auch durch die direkte Einbindung in den Auditprozess zu einer Verbesserung von Sozialaudits beitragen. So können beispielsweise gemeinsame Vertreter*innen von Arbeiter*innen und Management zu den Zuständen in den überprüften Fabriken befragt werden und so womöglich Missstände aufdecken, die für die Auditor*innen ansonsten nicht ohne Weiteres sichtbar gewesen wären.[1293] Aufgedeckte Missstände können bestenfalls im Rahmen von Social Dialogue aufgegriffen und mit dessen Hilfe gelöst werden.[1294] Social Dialogue-Strukturen können aber auch eingesetzt werden, um die Behebung von Verstößen durch das Fabrikmanagement zu überwachen. Umgekehrt können Sozialaudits herangezogen werden, um die Wahl repräsentativer Gremien, das Stattfinden von Social Dialogue sowie die Umsetzung getroffener Vereinbarungen zu überprüfen.[1295]

4. Social Dialogue als Alternative zu Sozialaudits

Womöglich kann Social Dialogue langfristig aber auch eine Alternative zu Sozialaudits darstellen.[1296] Idealerweise würde durch die Weiterentwicklung von Social Dialogue und die Verbesserung gewerkschaftlicher Strukturen letztlich ein System entstehen, in dem Arbeiter*innen Arbeitsbedingungen

---

1291 *Gläßer et al.,* Außergerichtliche Beschwerdemechanismen, S. 103.
1292 aaO, S. 101.
1293 aaO, S. 405.
1294 *Reinecke/Donaghey/Hoggarth,* From social auditing to social dialogue, S. 23.
1295 Wobei *Reinecke/Donaghey/Hoggarth,* From social auditing to social dialogue, S. 25 darauf hinweisen, dass eine Überwachung des Dialogprozesses selbst durch Sozialaudits nicht gewährleistet werden kann, sondern unabhängig davon stattfinden sollte.
1296 Hiervon gehen *Jackson/Burger/Judd,* Mapping Social Dialogue in Apparel, S. 12 sowie *Reinecke/Donaghey/Hoggarth,* From social auditing to social dialogue aus.

selbst verhandeln und durchsetzen können.[1297] Derzeit ist die Realität jedoch, dass es häufig an den notwendigen Rahmenbedingungen für die effektive Umsetzung von Social Dialogue fehlt. Würde man also Sozialaudits einfach abschaffen, bestünde die Gefahr eines Kontrolldefizits. Aus diesem Grund schlagen *Reinecke, Donaghey* und *Hoggarth* einen mehrschichtigen Ansatz vor, bei dem Sozialaudits und Social Dialogue zunächst ergänzend eingesetzt werden bis die Zeit reif ist für eine vollständige Umstellung.[1298] Bis zu diesem – vermutlich noch in weiter Ferne liegenden – Zeitpunkt kann der Ausbau von Social Dialogue zumindest dazu beitragen, die Abhängigkeit von Sozialaudits zu reduzieren und Arbeiter*innen Gehör zu verleihen.[1299]

IV. Digitale Technologien für mehr Transparenz in Lieferketten?

Zunehmend wird auch der Einsatz digitaler Technologien zur Herstellung von mehr Transparenz in den oft von komplexen Verzweigungen und asymmetrischer Informationsverteilung geprägten globalen Lieferketten diskutiert. Insbesondere die Blockchain-Technologie wird als vielversprechend angesehen.[1300] Hierbei handelt es sich um eine sogenannte *distributed ledger technology*, welche sich dadurch auszeichnet, dass mehrere Knotenpunkte in einem Computernetzwerk alle in das System eingepflegten Daten speichern, verarbeiten und verifizieren und so verhindern, dass eine einzelne Stelle Kontrolle über die Daten in der Blockchain ausübt.[1301] Da einmal gespeicherte Informationen nicht gelöscht werden können und jede Veränderung aufgezeichnet wird, sind Manipulationen kaum möglich.[1302] Die Blockchain-Technologie gilt daher als besonders transparent und vertrauenswürdig. Mit ihrer Hilfe könnte theoretisch die gesamte Produktion von der Gewinnung des Rohstoffs bis zum Vertrieb an den Endkunden

---

1297 *Reinecke/Donaghey/Hoggarth,* From social auditing to social dialogue, S. 22.
1298 aaO, S. 22 f.
1299 aaO, S. 29.
1300 *Strehle,* BRL Working Paper Series No. 12 2020, 1; *Grabosch,* § 5, § 5 Rn. 101 ff..
1301 Im Lieferkettenkontext: *Liedbauer/Heinz,* Blockchain für mehr Transparenz in Lieferketten?, Audio-Podcast vom 16.01.2020, abrufbar unter https://vomfeldins regal.podigee.io/ (Stand: 18.04.2024); grundlegend zu Blockchain: *Murray,* Blockchain explained, https://www.reuters.com/graphics/TECHNOLOGY-BLOCKCH AIN/010070P11GN/index.html.
1302 *Strehle,* BRL Working Paper Series No. 12 2020, 3.

verfolgt und so unter anderem Informationen über die Produktionsbedingungen erlangt und dokumentiert werden.[1303] Auch Auditergebnisse und Zertifizierungen könnten in die Blockchain eingespeist und auf diese Weise fälschungssicher erfasst werden. So ließe sich eindeutig feststellen, dass ein Auditbericht oder ein Zertifikat von der hierfür autorisierten Stelle zu einem bestimmten Zeitpunkt und mit einem bestimmten Inhalt ausgestellt wurde.[1304]

Bei ihrem Einsatz in globalen Lieferketten müsste die Blockchain-Technologie allerdings auf sogenannte exogene Ressourcen, das heißt auf Daten außerhalb des Systems, zurückgreifen.[1305] Hierbei gilt ein Prinzip, das als „garbage in, garbage out" beschrieben wird[1306] – in anderen Worten: die Blockchain achtet nicht darauf, ob die eingespeisten Daten richtig oder falsch sind. Um die korrekten Daten zu ermitteln, muss daher auf andere Methoden – wie beispielsweise Sozialaudits – zurückgegriffen werden.

Auch für die Datenermittlung wird der Einsatz digitaler Technologien erwogen.[1307] So wird für die Nachverfolgung der Textilproduktion beispielsweise vorgeschlagen, dass sich die Näher*innen an den Nähmaschinen mit ihrem Fingerabdruck oder durch einen Iris-Scan gewissermaßen einloggen, um sicherzustellen, dass die vorgeschriebenen Arbeitszeiten eingehalten wurden. Diese Login-Informationen sollen dann wiederum direkt in die Blockchain eingespeist und damit fälschungssicher festgehalten werden.[1308] Eine Weiterentwicklung dieser Idee sieht sogar vor, dass diese Informationen direkt mit dem Bankkonto der Näher*innen verknüpft werden könnten, so dass automatisch der ihnen zustehende Lohn ausgezahlt würde. Diese technologischen Lösungen befinden sich jedoch erst in der Entwicklungsphase; ein flächendeckender Einsatz ist in der näheren Zukunft wohl nicht realistisch. Eine Herausforderung bliebe auch weiterhin das Erfassen

---

1303 *Schwarzkopf et al.,* Mehr Nachhaltigkeit in Lieferketten durch die Blockchain Technologie?, 76, 77 f..

1304 aaO (79).

1305 *Strehle,* BRL Working Paper Series No. 12 2020, 7.

1306 *Nick Lin-Hi,* Zukunftswerkstatt Teil 3: Nachhaltigkeit, Youtube-Video vom 18.09.2019, abrufbar unter https://www.youtube.com/watch?v=G1XkZT4eD9Q (Stand: 18.04.2024).

1307 *Liedbauer/Heinz,* Blockchain für mehr Transparenz in Lieferketten?, Audio-Podcast vom 16.01.2020, abrufbar unter https://vomfeldinsregal.podigee.io/ (Stand: 18.04.2024).

1308 *Nick Lin-Hi,* Zukunftswerkstatt Teil 3: Nachhaltigkeit, Youtube-Video vom 18.09.2019, abrufbar unter https://www.youtube.com/watch?v=G1XkZT4eD9Q (Stand: 18.04.2024).

weniger greifbarer Daten wie beispielsweise das Vorkommen sexueller Belästigung am Arbeitsplatz. Bedenken bestünden zudem bezüglich der damit einhergehenden weitreichenden Überwachung einzelner Arbeiter*innen sowie in Bezug auf das Thema Datenschutz. Vorerst werden digitale Technologien daher allenfalls unterstützend zum Einsatz kommen und stellen keinen Ersatz für etabliertere Methoden wie Sozialaudits oder Beschwerdemechanismen dar.

V. Der Bangladesh Accord als Beispiel für den komplementären Einsatz verschiedener Mechanismen

Ein Beispiel für den komplementären Einsatz verschiedener Mechanismen ist der *Accord on Fire and Building Safety in Bangladesh* (Bangladesh Accord).[1309] Dieser wurde als Beispiel für das Zusammenwirken verschiedener Mechanismen ausgewählt, da er in seiner Wirkungsweise und Reichweite einzigartig für die Textilbranche ist. Es handelt sich um ein rechtlich bindendes Abkommen zwischen Textilunternehmen und internationalen Gewerkschaften sowie deren nationalen Mitgliedsgewerkschaften aus Bangladesch. Das Abkommen wurde als Reaktion auf zahlreiche tödliche Fabrikbrände und Gebäudeeinstürzen ins Leben gerufen.[1310] Es war jedoch erst der Einsturz des Rana Plaza-Gebäudes im Jahr 2013 und der darauffolgende internationale Aufschrei, der schließlich über 220 Mode- und Textilfirmen zur Unterzeichnung des zunächst auf fünf Jahr ausgelegten Abkommens bewegte.[1311] Nach dem Auslaufen des ursprünglichen Accord wurde 2018 ein *Transition Accord* unterzeichnet, ab dem 1. Juni 2020 wurden die Inlandsgeschäfte des Accord auf den *RMG Sustainability Council* (RSC) übertragen.[1312] Aufbauend auf den bereits erzielten Fortschritten trat schließlich am 1. September 2021 ein neues Abkommen, der *International Accord for Health and Safety in the Textile and Garment Industry* (Interna-

---

1309 Accord on Fire and Building Safety in Bangladesh, abrufbar unter https://bang ladesh.wpengine.com/wp-content/uploads/2018/08/2013-Accord.pdf (Stand: 18.04.2024).

1310 https://bangladeshaccord.org/about (Stand: 18.04.2024).

1311 *Claeson*, New Solutions Vol. 24 (2015), 495, 498 f.; https://bangladeshaccord.org/a bout (Stand: 18.04.2024).

1312 2018 Accord on Fire and Building Safety in Bangladesh, abrufbar unter https://b angladesh.wpengine.com/wp-content/uploads/2020/11/2018-Accord.pdf (Stand: 18.04.2024); https://bangladeshaccord.org/about (Stand: 18.04.2024).

tional Accord), in Kraft.[1313] Im November 2023 wurde eine Einigung über die Erneuerung dieses Abkommens erzielt.[1314] Der International Accord ist nun nicht mehr auf Brandschutz und Gebäudesicherheit begrenzt und sieht zudem eine Erweiterung auf andere Länder vor.[1315] Im Übrigen enthält das Nachfolgeabkommen aber dieselben Komponenten wie der Bangladesh Accord.[1316] Im Folgenden soll daher einfach vom „Accord" die Rede sein, in den Fußnoten wird sowohl auf die Regelungen des Bangladesh Accord als auch auf die Nachfolgeregelungen des International Accord verwiesen.

Der Accord wird von einem *Steering Committee* geleitet, welches zu gleichen Teilen aus Vertreter*innen der unterzeichnenden Gewerkschaften und der unterzeichnenden Unternehmen besteht.[1317] Streitigkeiten zwischen den Parteien des Abkommens werden zunächst vor dieses Steering Committee gebracht, welches den Konflikt untersucht und eine Entscheidung trifft. Diese Entscheidung kann in einem Schiedsverfahren angefochten werden, dessen Ergebnis vor staatlichen Gerichten vollstreckbar ist. Anstatt eines Schiedsverfahrens kann auf Wunsch der Parteien auch eine Mediation durchgeführt werden.[1318]

Das Auditprogramm des Accord wird von einem durch das *Steering Committee* ernannten unabhängigen *Safety Inspector* geleitet und durch von diesem ausgewähltes Personal durchgeführt. Prüfberichte sowie etwaige Abhilfepläne werden öffentlich zugänglich gemacht.[1319] Durch *Safety Training Programs* sollen Arbeiter*innen sowohl über Brandschutz und Gebäudesicherheit informiert als auch dazu befähigt werden, Bedenken zu äußern und sich aktiv an der Gewährleistung ihrer eigenen Sicherheit zu beteiligen.[1320] Zusätzlich sieht der Accord in allen Fabriken die Einrichtung von *Health and Safety Committees* bestehend aus Fabrikmanagement

---

1313 International Accord for Health and Safety in the Textile and Garment Industry, abrufbar unter https://internationalaccord.org/wp-content/uploads/2023/02/01.-International-Accord-on-Health-and-Safety-in-the-Textile-and-Garment-Industry-2021.pdf (Stand: 18.04.2024).

1314 https://www.workersrights.org/communications-to-affiliates/deal-achieved-for-new-international-safety-accord/ (Stand: 18.04.2024).

1315 https://internationalaccord.org/ (Stand: 18.04.2024).

1316 *Krajewski/Dey,* Effective Human Rights Due Diligence Ten Years After Rana Plaza?, https://verfassungsblog.de/effective-human-rights-due-diligence-ten-years-after-rana-plaza/.

1317 Bangladesh Accord (2018), Ziff. 1; International Accord, Ziff. 2.

1318 Bangladesh Accord (2018), Ziff. 3; International Accord, Ziff. 48 ff.

1319 Bangladesh Accord (2018), Ziff. 4 ff.; International Accord, Ziff. 6, 7, 30.

1320 Bangladesh Accord (2018), Ziff. 11, 12b; International Accord. Ziff. 6 f.

und Arbeiter*innen vor, welche ebenfalls in Trainingsmaßnahmen und die Überwachung der Einhaltung von Sicherheitsanforderungen involviert sind.[1321] Schließlich haben Arbeiter*innen die Möglichkeit, Sicherheits- und Gesundheitsrisiken über einen Beschwerdemechanismus anzuzeigen und deren Beseitigung einzufordern.[1322] Setzt ein Zulieferer die vom Accord vorgesehenen Maßnahmen nicht um, führt dies zu Sanktionen bis hin zur Beendigung der Geschäftsbeziehung.[1323]

Finanziert wird die Arbeit des Abkommens durch die Mitgliedsunternehmen.[1324] Die Mitgliedsunternehmen sind zudem verpflichtet, mit ihren Zulieferern Geschäftsbedingungen auszuhandeln, die es diesen finanziell ermöglichen, erforderliche Verbesserungsmaßnahmen auch umzusetzen.[1325] Um zu verhindern, dass sich Mitgliedsunternehmen aus Bangladesch zurückziehen, enthält der Accord außerdem die Verpflichtung, dort eine langfristige Lieferbeziehung aufrechtzuerhalten.[1326]

Der Accord gilt innerhalb der Textilindustrie als Best Practice-Beispiel zur Verbesserung der Arbeitsbedingungen.[1327] Im Unterschied zu üblichen CSR-Initiativen handelt es sich um eine verbindliche Vereinbarung, die eine direkte Verbindung zwischen Bestellerunternehmen und den Vertreter*innen der Arbeiterschaft herstellt.[1328] Dabei nutzt der Accord die kollektive Macht der Textilunternehmen, um das Verhalten von Zulieferern zu steuern.[1329] Anstatt eines reinen Audit-Ansatzes kommt dabei eine Kombination von verschiedenen Durchsetzungsmechanismen zum Einsatz. So wurde ein Kontext geschaffen, in dem Arbeiter*innen eine aktivere Rolle bei der Vertretung ihrer eigenen Interessen spielen können.[1330] Auf

---

1321 Bangladesh Accord (2018), Art. 12a; International Accord, Ziff. 26; https://internationalaccord.org/workers/safety-training/ (Stand: 18.04.2024).

1322 Bangladesh Accord (2018), Ziff. 13; Bangladesh Accord (2013), Ziff. 18; International Accord, Ziff. 27.

1323 Bangladesh Accord (2018), Ziff. 16; International Accord, Ziff. 30.

1324 Bangladesh Accord (2018), Ziff. 19; International Accord, Ziff. 41.

1325 Bangladesh Accord (2018), Ziff. 17; International Accord, Ziff. 31.

1326 Bangladesh Accord (2018), Ziff. 18; International Accord, Ziff. 33.

1327 *Krajewski/Dey*, Effective Human Rights Due Diligence Ten Years After Rana Plaza?, https://verfassungsblog.de/effective-human-rights-due-diligence-ten-years-after-rana-plaza/; *ECCHR/Brot für die Welt/Misereor*, Menschenrechtsfitness von Audits und Zertifizierern?, S. 33.

1328 *Salminen*, Am J Comp Law 66 (2018), 411.

1329 *Oka/Egels-Zandén/Alexander*, Development and Change 51 (2020), 1306.

1330 *Donaghey/Reinecke*, British Journal of Industrial Relations 56 (2018), 14, 35.

diese Weise konnten messbare Verbesserungen in der Gebäudesicherheit erzielt[1331] und ein neues Level an Transparenz geschaffen werden.[1332]

Es gibt jedoch auch Kritik am Accord. So wurde insbesondere die ursprüngliche Vereinbarung für ihre Begrenzung auf Brandschutz und Gebäudesicherheit kritisiert.[1333] Ein weiterer Kritikpunkt lautet, dass der Accord transnationale Unternehmen nicht ausreichend zur Verantwortung ziehe.[1334] Eine noch fundamentalere Kritik bezieht sich darauf, dass der Accord noch immer einen Compliance-Ansatz basierend auf externen Kontrollen verfolgt, anstatt Arbeiter*innen dazu zu befähigen, ihre Rechte selbstständig durchzusetzen und auch zu erweitern.[1335] Die Rechte von Arbeiter*innen blieben daher vom guten Willen der teilnehmenden Unternehmen abhängig.[1336] Zwar betont der Accord die Bedeutung der Gewerkschaftsfreiheit, er enthält jedoch keine konkreten Mechanismen zu ihrer Durchsetzung. Das führt dazu, dass die sozioökonomischen Machtverhältnisse in der Textilindustrie, und damit die Faktoren, die maßgeblich für unsichere Arbeitsverhältnisse verantwortlich sind, unverändert bleiben.[1337]

Bei der Einordnung des Accord kann womöglich auch folgende Überlegung helfen: Das Abkommen wurde zu einem Zeitpunkt umgesetzt, als die ganze Welt ihren Blick nach Bangladesch und auf die verheerenden Folgen der mit der dortigen Produktion einhergehenden Arbeitsbedingungen richtete. Es war daher strategisch naheliegend, diese öffentliche Aufmerksamkeit zu nutzen, um die kollektive Verhandlungsmacht transnationaler Unternehmen und Gewerkschaften zu mobilisieren.[1338] Im Vergleich zu einem reinen Audit-Ansatz stellt der Accord eine erhebliche Verbesserung dar. Eine langfristige Lösung ist der Verlass auf transnationale Bestellerunternehmen hingegen nicht, da die Rechte der Arbeiter*innen ihre Grenzen dann stets in der unternehmerischen Bereitschaft zur freiwilligen Selbstregulierung finden und die inhärente Spannung zwischen den Sicherheitsin-

---

1331 *Croucher et al.*, Industrial Law Journal 48 (2019), 549, 559.
1332 *Outhwaite/Martin-Ortega*, Competition & Change 23 (2019), 378, 390.
1333 *Croucher et al.*, Industrial Law Journal 48 (2019), 549, 552; *Huq*, Opportunities and limitations of the Accord, 65.
1334 *Oka/Egels-Zandén/Alexander*, Development and Change 51 (2020), 1306.
1335 *Huq*, Opportunities and limitations of the Accord, 77 f..
1336 aaO (66).
1337 aaO (73, 80).
1338 *Outhwaite/Martin-Ortega*, Competition & Change 23 (2019), 378, 387, 390.

teressen der Arbeiter*innen und den finanziellen Zielen der Unternehmen nie ganz ausgeräumt werden kann.[1339]

D. Zwischenfazit

In diesem Kapitel wurden mögliche Lösungsansätze für das Problem unzureichender Sozialaudits und der fehlenden Haftung gegenüber Betroffenen untersucht. Dabei stellte sich heraus, dass bereits jetzt eine menschenrechtskonforme Auslegung des geltenden Rechts in Form einer stärkeren Berücksichtigung des Schutzzwecks von Sozialaudits sowie des von diesen erzeugten Verkehrsvertrauens eine Erweiterung der deliktischen Haftung ermöglichen würde. Diese sollte daher zumindest als Übergangslösung auch praktiziert werden. Das ist insbesondere vor dem Hintergrund des Inkrafttretens des Lieferkettensorgfaltspflichtengesetzes und dessen drohender Untergrabung durch den Rückgriff auf mangelhafte Sozialaudits von Bedeutung.

Um für alle beteiligten Akteure Rechtssicherheit zu schaffen und einen umfassenderen Schutz der Betroffenen zu gewährleisten, sollte langfristig jedoch eine gesetzliche Regelung von Sozialaudits angestrebt werden. Hier kommen verschiedene Regulierungsmöglichkeiten in Betracht, wobei der Ausgangspunkt stets eine gesetzliche Sorgfaltspflicht für Auditunternehmen sein sollte. Um eine möglichst weitreichende Wirkung zu erzielen, sollte die Einhaltung der Sorgfaltspflicht einerseits behördlich kontrolliert und durchgesetzt werden, andererseits sollte eine zivilrechtliche Haftungsregelung geschaffen werden. Um die Einhaltung der menschenrechtlichen Sorgfaltspflicht nach dem LkSG durch Bestellerunternehmen überprüfen zu dürfen, sollten Auditunternehmen zudem eine staatliche Akkreditierung erwerben müssen.

Gleichzeitig sollte nicht aus dem Blick geraten, dass auch streng regulierte Sozialaudits die Überprüfung der Produktionsbedingungen in globalen Lieferketten nicht allein gewährleisten können. Erforderlich ist daher der Einsatz weiterer Mechanismen, die Sozialaudits ergänzen und irgendwann womöglich sogar teilweise ersetzen können. Erfolgsversprechend sind derzeit insbesondere der Einsatz von Beschwerdemechanismen, Capacity Buil-

---

1339 So im Ergebnis auch *Donaghey/Reinecke*, British Journal of Industrial Relations 56 (2018), 14; *Oka/Egels-Zandén/Alexander*, Development and Change 51 (2020), 1306.

ding und Social Dialogue. In der Zukunft werden zudem digitale Technologien wie Blockchain eine immer wichtigere Rolle spielen. Als überwiegend positives Beispiel für den komplementären Einsatz verschiedener Mechanismen wurde der Bangladesh Accord vorgestellt. Selbst dieser sehr fortschrittliche Ansatz vermag jedoch die Abhängigkeit vom guten Willen transnationaler Unternehmen nicht zu überwinden. Welche strukturellen Veränderungen hierfür erforderlich sind, wird im nächsten Kapitel diskutiert.

Kapitel 4: Ausblick

In diesem letzten Kapitel soll der Blick nach vorne gerichtet werden. Da sich im Umgang mit Menschenrechtsverletzungen in globalen Lieferketten gerade vieles im Umbruch befindet, ist damit zu rechnen, dass sich auch die Rolle von Sozialaudits verändern und sich insbesondere an neue rechtliche Gegebenheiten anpassen wird. Die derzeit in Deutschland sicher wichtigste Veränderung ist das Inkrafttreten des Lieferkettensorgfaltspflichtengesetzes. Zwar können die Auswirkungen des Inkrafttretens zum jetzigen Zeitpunkt noch nicht im Einzelnen beurteilt werden, es sollen aber bereits einige Beobachtungen und Überlegungen angestellt werden, wie sich die gesetzliche Regelung auf die Auditindustrie auswirken könnte. Zudem sollen mögliche Auswirkungen der EU-Lieferkettenrichtlinie kurz beleuchtet werden. Auch wenn eine Regulierung von Sozialaudits derzeit in Deutschland noch nicht absehbar ist, sollen bereits mögliche Auswirkungen einer solchen Regulierung in den Blick genommen und deren Potenzial erörtert werden. Gleichzeitig dient der Ausblick aber auch dazu, die Grenzen einzelner Maßnahmen aufzuzeigen und die Notwendigkeit struktureller Veränderungen deutlich zu machen.

A. Mögliche Auswirkungen von gesetzlichen Sorgfaltspflichten transnationaler Unternehmen auf Auditunternehmen

I. Mögliche Auswirkungen des Lieferkettensorgfaltspflichtengesetzes

Das Lieferkettensorgfaltspflichtengesetz (LkSG) statuiert menschen- und umweltrechtliche Sorgfaltspflichten für transnationale Unternehmen, die behördlich durchgesetzt werden sollen. Dabei richtet es sich seinem Wortlaut nach an Unternehmen, die eigene Lieferketten haben, mithin deutsche Bestellerunternehmen mit ausländischen Zulieferern. Von einer Anwendbarkeit auf Auditunternehmen ist eher nicht auszugehen.[1340]

Durch das LkSG werden transnationale Bestellerunternehmen in Deutschland erstmals rechtlich in die Pflicht genommen. Zwar machten

---

1340 Siehe hierzu bereits in Kapitel 2 unter B I 2 a bb (2) (c) (ee).

bereits zuvor viele Unternehmen ihren Zulieferern bestimmte Vorgaben in Bezug auf Menschenrechte und den Schutz der Umwelt. Dies beruhte jedoch weitgehend auf dem Prinzip der Freiwilligkeit. Auch die Überprüfung der Einhaltung dieser Vorgaben erfolgte daher freiwillig. Seit dem Inkrafttreten des LkSG besteht hingegen gemäß dessen § 5 Abs. 1 eine gesetzliche Verpflichtung zur Durchführung einer Risikoanalyse zur Ermittlung der menschenrechtlichen und umweltbezogenen Risiken im eigenen Geschäftsbereich sowie bei unmittelbaren Zulieferern. Stellt ein Unternehmen ein Risiko fest, muss es Präventionsmaßnahmen ergreifen. Das umfasst nach § 6 Abs. 4 Nr. 4 LkSG

> „die Vereinbarung angemessener vertraglicher Kontrollmechanismen sowie deren risikobasierte Durchführung, um die Einhaltung der Menschenrechtsstrategie bei dem unmittelbaren Zulieferer zu überprüfen."

Der Einsatz von Sozialaudits wird weder im Rahmen der Risikoanalyse noch bei der Durchführung vertraglicher Kontrollmechanismen vorgeschrieben. In der Gesetzesbegründung des Regierungsentwurfs heißt es vielmehr:

> „Es liegt im Ermessen des Unternehmens, eine geeignete Methode der Informationsbeschaffung und Bewertung zu wählen, je nach Risiko, Branche und Produktionsregion. So kann eine Inspektion vor Ort sinnvoll sein, wenn es um die Bewertung von Risiken im Zusammenhang mit dem Arbeitsschutz (z.B. Brand- oder Gebäudesicherheit oder geeignete Schutzmaßnahmen für Beschäftigte) geht. Gespräche mit Arbeitnehmerinnen und Arbeitnehmern oder deren gewerkschaftlicher Vertretung können als eine wichtige Informationsquelle für die Bewertung dienen, ob Arbeitnehmerrechte eingehalten werden. Über den direkten Austausch mit Anwohnern oder deren Interessenvertretern bzw. über geeignete Fallstudien oder weiteres Fachwissen können Informationen dazu erlangt werden, welche Auswirkungen die unternehmerische Tätigkeit auf Gesundheit oder Nutzungsmöglichkeiten von Wasser und Land haben."[1341]

In Bezug auf mögliche Präventionsmaßnahmen nennt die Gesetzesbegründung neben eigenen Kontrollen vor Ort die Beauftragung Dritter mit der Durchführung von Audits sowie die Inanspruchnahme anerkannter Zerti-

---

1341 BT-Drs. 19/28649, S. 45.

fizierungssysteme zur Überprüfung der Einhaltung der eigenen menschenrechtsbezogenen Standards bei unmittelbaren Zulieferern.[1342] Auch in den
gemeinsam durch das BMWK, das BMAS und das BAFA zur Verfügung
gestellten Fragenkatalog zum LkSG wird klargestellt, dass Siegel, Zertifikate oder Audits als wichtige Anhaltspunkte für die Erfüllung der Sorgfaltspflichten dienen können, soweit sie nachweisbar die gesetzlichen Sorgfaltsanforderungen erfüllen.[1343] Aus Sicht des BAFA ist dies auch naheliegend,
da die Behörde selbst nicht in der Lage ist, Kontrollen in den Produktionsstätten vor Ort durchzuführen.[1344] Mangels etablierter Alternativen ist zu
erwarten, dass viele Bestellerunternehmen zumindest teilweise auf Sozialaudits zurückgreifen werden, um die Einhaltung menschenrechtsbezogener
Standards bei ihren unmittelbaren Zulieferern zu überprüfen und damit die
Erfüllung ihrer Sorgfaltspflichten gegenüber der Behörde nachzuweisen.[1345]
Es ist daher zunächst mit einer Zunahme der Auditaktivitäten zu rechnen.
Teilweise werden solche Entwicklungen sogar bereits beobachtet.[1346]

1342 aaO, S. 48.

1343 https://www.csr-in-deutschland.de/DE/Wirtschaft-Menschenrechte/Gesetz-u
      eber-die-unternehmerischen-Sorgfaltspflichten-in-Lieferketten/FAQ/faq.html
      Abschnitt XIII Nr. 3 (Stand: 18.04.2024); siehe hierzu bereits in Kapitel 2 unter B
      III 2 b.

1344 Aus diesem Grund plädiert auch *Spiller* im Interview mit *Müller-Jung*, FAZ vom
      04.02.2024 dafür, staatlich überwachte privatwirtschaftliche Zertifizierungssyste-
      me in die Kontrollen einzubeziehen.

1345 So ähnlich auch *Falder/Frank-Fahle/Poleacov*, Lieferkettensorgfaltspflichtengesetz,
      S. 61, die die Einschätzung äußern, dass es ohne qualifizierte externe Unterstützung
      nicht möglich sein wird, die Risikoanalyse ordnungsgemäß durchzuführen, soweit
      ein Unternehmen keine eigene Präsenz vor Ort unterhält. Berg/Kramme-*Kram-
      me/Ponholzer*, § 5 Rn. 12 halten es für wünschenswert, dass sich ein Markt für die
      externe Überprüfung der Sorgfaltspflichten nach dem LkSG herausbildet, weisen
      jedoch darauf hin, dass diese Entwicklung durch eine ausdrückliche Regelung der
      Rolle externer Zertifizierungen im LkSG erleichtert worden wäre.

1346 Hierzu heißt es bei *F. Lorenz/Krülls*, CCZ 2023, 100, 108: „Die Autoren registrieren
      in ihrer Beratungspraxis in Südostasien ein verstärktes Interesse sowohl von inter-
      nationalen Organisationen als auch von gut vernetzten örtlichen Zulieferern, pass-
      genaue Auditverfahren zu erproben." Dass Unternehmen Sozialaudits als Maßnah-
      me der nach dem LkSG geforderten Risikoprävention einsetzen ergibt sich z.
      B. aus dem Bericht von OTTO nach § 10 LkSG aus dem Jahr 2023. Dort heißt
      es auf S. 26: „In von der amfori-Organisation klassifizierten Risikoländern sind
      Sozialaudits als Kontrollmaßnahme eine Basisanforderung an unsere Zulieferer.
      Sozialaudits sind übliche, den Zulieferern bekannte und vom Zeit- und Kosten-
      aufwand zumutbare, sowie geeignete Mittel einer Kontrollmaßnahme." (Bericht
      abrufbar unter https://www.otto.de/unternehmen/de/verantwortung-otto/bericht
      erstattung-zu-menschenrechtlichen-sorgfaltspflichten, Stand: 18.04.2024).

Gleichzeitig wird in gewisser Weise auch ein Anreiz gesetzt, lieber nicht so genau zu überprüfen, was in der eigenen Lieferkette vor sich geht, da erkannten Risiken auch entgegengewirkt werden muss, während Unkenntnis womöglich auch Untätigkeit rechtfertigt.[1347] Dieser mögliche Fehlanreiz ist besonders in § 9 Abs. 3 LkSG angelegt, der bei substantiierter Kenntnis menschenrechtlicher Risiken eine Ausweitung der Sorgfaltspflicht auf mittelbare Zulieferer vorsieht.[1348] Das Gesetz definiert substantiierte Kenntnis als das Vorliegen tatsächlicher Anhaltspunkte, „die eine Verletzung einer menschenrechtsbezogenen oder einer umweltbezogenen Pflicht bei mittelbaren Zulieferern möglich erscheinen lassen". Die Begründung des Regierungsentwurfs führt aus, dass diese Kenntnis sowohl über gesetzliche Beschwerdeverfahren als auch über eigene Erkenntnisse, über die zuständige Behörde oder durch andere Informationsquellen erlangt werden kann.[1349] Sozialaudits werden zwar nicht ausdrücklich als Informationsquelle erwähnt, es erscheint jedoch naheliegend, dass diese die nötigen tatsächlichen Anhaltspunkte für eine substantiierte Kenntnis liefern können. Dennoch ist nicht davon auszugehen, dass diese Regelung zu einem erheblichen Rückgang der Auditaktivität führen wird. Es ist jedoch zu befürchten, dass Sozialaudits so konzipiert werden, dass nur das Nötigste untersucht und eine allzu genaue Erforschung möglicher Risiken vermieden wird.

Inwieweit der Einsatz von Sozialaudits tatsächlich vor Sanktionen wegen der Nichteinhaltung menschenrechtlicher Sorgfaltspflichten nach dem LkSG schützt, bleibt hingegen abzuwarten. Das LkSG enthält keine ausdrückliche *Safe-Harbour*-Regelung, nach der die Durchführung von Sozialaudits nach einem bestimmten Standard oder die Inhaberschaft eines bestimmten Zertifikats eine Konformitätsvermutung zur Folge hat.[1350] Vielmehr wird in der Begründung des Regierungsentwurfs klargestellt, dass die Beauftragung externer Dritter ein Unternehmen nicht von seiner Verantwortung nach dem Gesetz entbindet.[1351] Dass die Durchführung von Sozialaudits nach der hier vertretenen Auffassung aufgrund der bekannten Defizite und der fehlenden Regulierung derzeit nicht wesentlich zu einer Entlastung von Bestellerunternehmen beitragen sollte, wurde an anderer

---

1347 *Grabosch,* § 2, Rn. 115; *Krebs,* ZUR, 394, 397.
1348 *Stemberg,* NZG 2022, 1093, 1095; BeckOK LkSG-*Gläßer/Kühn,* § 8 Rn. 5.
1349 BT-Drs. 19/28649, S. 50.
1350 E. Wagner/Ruttloff/S. Wagner-*Rutloff/Hahn,* § 9 Rn. 1385
1351 BT-Drs. 19/28649, S. 48.

Stelle bereits dargestellt.[1352] Diese Einschätzung wird auch von einigen Autor*innen geteilt.[1353] So äußert beispielsweise *Rothermel* die Einschätzung, dass Dienstleister im Nachhaltigkeitsbereich ihre Systeme, Strukturen und Prozesse wohl an das LkSG werden anpassen müssen, um dafür wertvoll zu bleiben.[1354] *Grabosch* sieht die beauftragenden Unternehmen selbst in der Pflicht, auf Verbesserungen von Sozialaudits hinzuwirken, soweit sie diese als Mittel zur Vermeidung von Risiken einsetzen wollen.[1355] *Wagner* und *Wagner* weisen darauf hin, dass Unternehmen die Ergebnisse von Auditmaßnahmen nicht einfach so hinnehmen dürfen, sondern diese angesichts bekannter Unzulänglichkeiten zumindest auf ihre Plausibilität hin prüfen müssen.[1356] Ebenso betont eine Reihe von standardsetzenden und zertifizierenden Organisationen selbst:

„[...]. Ambitionierte und vertrauenswürdige Standard- und Zertifizierungssysteme können somit zwar einen wichtigen Beitrag zur Erfüllung von unternehmerischen Sorgfaltspflichten leisten und sollten als ein Element bei der Umsetzung aufgenommen werden, sie können Unternehmen jedoch nicht grundsätzlich oder pauschal von ihrer Verantwortung zur Umsetzung von vollumfänglichen Sorgfaltspflichten befreien oder diese stellvertretend für sie erfüllen."[1357]

Es gibt aber auch Stimmen in der Literatur, die das anders sehen. So wollen beispielsweise *Gehling, Ott* und *Lüneborg* jedenfalls die Einholung anerkannter Zertifizierungen regelmäßig für die Erfüllung der gesetzlichen Sorgfaltsanforderungen ausreichen lassen und davon nur dann eine Ausnahme machen, wenn konkrete Anhaltspunkte dafür vorliegen, dass die Zertifizierung fehlerhaft ist oder wesentliche Risiken unberücksichtigt lässt.[1358] Auch *Korch* geht davon aus, dass Unternehmen auf die Bewertung externer Dienstleister vertrauen dürfen, wenn sie diese sorgfältig auswählen

---

1352 Siehe hierzu bereits in Kapitel 2 unter B III 2 b.

1353 Kritisch zum Einsatz von Sozialaudits zur Erfüllung der Pflichten nach dem LkSG: *Hembach*, Praxisleitfaden Lieferkettensorgfaltspflichtengesetz, S. 135; Rothermel-*Rothermel*, § 6 Rn. 63; *Grabosch*, § 5, Rn. 99.

1354 Rothermel-*Rothermel*, § 6 Rn. 63.

1355 *Grabosch*, § 5, Rn. 99.

1356 E. Wagner/Ruttloff/S. Wagner-*E. Wagner/S. Wagner*, § 4 Rn. 751.

1357 Das ganze Statement, zu dessen Unterzeichnern unter anderem Fairtrade Deutschland, die Rainforest Alliance und die Fair Wear Foundation zählen, ist abrufbar unter https://www.forum-fairer-handel.de/fileadmin/user_upload/Dateien/Publikationen_FFH/2022_FFH_Statement_Zertifizierungen.pdf (Stand: 18.04.2024).

1358 Siehe insb. *Gehling/N. Ott/Lüneborg*, CCZ 2021, 230, 236.

und überwachen. Zwar sieht er die Unternehmen insbesondere in der Pflicht, die Prüfung einschlägiger Risiken sowie die Unabhängigkeit und den ausreichenden Sachverstand des Dritten sicherzustellen und zudem die Bewertungen in angemessener Weise, z.B. durch Stichproben, zu überprüfen.[1359] Sind diese Anforderungen erfüllt, geht er allerdings regelmäßig von einer Erfüllung der Prüfpflicht bei der Zuliefererauswahl aus und versteht die Gesetzesbegründung so, dass lediglich blindes Vertrauen in das Urteil externer Dritter ausgeschlossen werden soll.[1360] *Walden* hält die Nutzung von Informationen, die von Auditunternehmen zur Verfügung gestellt werden – vorbehaltlich der Seriosität des Anbieters – ebenfalls für grundsätzlich unbedenklich und verweist insbesondere auf den Synergievorteil der durch die Gewinnung von Informationen für eine Vielzahl von potenziellen Interessenten entsteht.[1361] Es erscheint also durchaus vorstellbar, dass auch die zuständigen Behörden und die mit der Überprüfung der behördlichen Entscheidungen befassten Gerichte eine externe Überprüfung durch Auditunternehmen oder die Teilnahme an Zertifizierungssystemen zumindest als Indiz für die Erfüllung der menschenrechtlichen Sorgfaltspflicht ansehen werden.

Eine weitere Frage, über deren Antwort man derzeit nur spekulieren kann, ist, ob das LkSG zu einer verstärkten vertraglichen Inanspruchnahme von Auditunternehmen führen wird. Zwar droht den durch das Gesetz erfassten Bestellerunternehmen mangels zivilrechtlicher Haftungsregelung in der Regel keine Inanspruchnahme durch Arbeiter*innen aus ihren Zulieferbetrieben, die Nichterfüllung der gesetzlichen Sorgfaltspflicht kann jedoch weitreichende wirtschaftliche Folgen haben, insbesondere in Form der Verhängung von Bußgeldern. Waren in solchen Fällen Auditunternehmen mit der Überprüfung der Situation vor Ort betraut und haben menschenrechtliche Risiken nicht erfasst, könnte dies dazu führen, dass Regressansprüche gegen diese Unternehmen geltend gemacht werden. Käme es tatsächlich zu einer vermehrten Geltendmachung von Regressansprüchen, könnte hier-

---

1359 Fleischer/Mankowski-*Korch*, § 6 Rn. 82 f.

1360 Fleischer/Mankowski-*Korch*, § 6 Rn. 84 f. Eine Ausnahme von dieser Annahme will der Autor lediglich dann machen, wenn bezüglich bestimmter Geschäfte Hinweise auf schwerwiegende Risiken bestehen. In diesem Fall hält er es für erforderlich, die Beurteilung von Drittanbietern im Einzelfall auf ihre Plausibilität zu prüfen.

1361 Depping/Walden-*Walden*, § 5 Rn. 54.

durch die im Rahmen dieser Arbeit geschilderte Haftungsasymmetrie[1362] zumindest abgemildert werden.

II. Mögliche Auswirkungen der EU-Lieferkettenrichtlinie

Auch die EU-Lieferkettenrichtlinie wird sich auf den Umgang mit Sozialaudits auswirken. Die Regelungen zu einer möglichen Überprüfung der Einhaltung von Pflichten nach der Richtlinie durch unabhängige Dritte wurden im Laufe des Gesetzgebungsverfahrens mehrfach abgeändert, was bereits deutlich macht, wie schwierig und umstritten der Umgang mit diesem Thema ist. Im Unterschied zum deutschen Lieferkettensorgfaltspflichtengesetz sieht die Richtlinie zudem in Art. 29 Abs. 1 eine zivilrechtliche Haftung transnationaler (Besteller-)Unternehmen vor, was auch Sozialaudits noch einmal eine neue Relevanz verleiht.

In Bezug auf externe Überprüfungen enthält die nunmehr durch das Europäische Parlament verabschiedete Fassung der Richtlinie[1363] in Art. 10 Abs. 5 (Verhinderung potenzieller negativer Auswirkungen) sowie in Art. 11 Abs. 6 (Behebung tatsächlicher negativer Auswirkungen) den folgenden Passus:

„Zur Überprüfung der Einhaltung kann das Unternehmen eine Überprüfung durch unabhängige Dritte, einschließlich im Rahmen von Industrieinitiativen bzw. Multi-Stakeholder-Initiativen, in Anspruch nehmen."

Die „Überprüfung durch unabhängige Dritte" definiert Art. 3 Abs. 1 lit. h) als

„die Überprüfung der Einhaltung der sich aus dieser Richtlinie ergebenden Menschenrechts- und Umweltanforderungen seitens eines Unternehmens oder Teilen seiner Aktivitätskette durch einen objektiven und von dem Unternehmen völlig unabhängigen Sachverständigen, der frei von Interessenkonflikten und externer Einflussnahme ist, je nach Art der negativen Auswirkungen Erfahrung und Kompetenz in Umwelt-

---

1362 Siehe hierzu insbesondere in Kapitel 2 unter A III 1.
1363 Legislative Entschließung des Europäischen Parlaments vom 24. April 2024 zu dem Vorschlag für eine Richtlinie des Europäischen Parlaments und des Rates über die Sorgfaltspflichten von Unternehmen im Hinblick auf Nachhaltigkeit und zur Änderung der Richtlinie (EU) 2019/1937 (COM(2022)0071 – C9-0050/2022 – 2022/0051(COD)).

oder Menschenrechtsfragen besitzt und hinsichtlich der Qualität und Zuverlässigkeit der Überprüfung rechenschaftspflichtig ist;"

Es ist davon auszugehen, dass diese Regelung vor allem Sozialaudits in den Blick nimmt. Diese können nach der Konzeption der Richtlinie sowohl isoliert als auch im Rahmen einer Sozialstandardinitiative (die Richtlinie spricht in Art. 3 Abs. 1 lit. j) von „Industrieinitiative bzw. Multi-Stakeholder-Initiative") stattfinden.

Art. 20 Abs. 5 (Begleitmaßnahmen) präzisiert dahingehend noch einmal wie folgt:

„Unternehmen können unbeschadet der Artikel 25, 26 und 29 Überprüfungen durch unabhängige Dritte von Unternehmen in ihrer Aktivitätskette in Anspruch nehmen, um die Erfüllung der Sorgfaltspflichten zu unterstützen, soweit diese Überprüfung geeignet ist, um die Erfüllung der einschlägigen Verpflichtungen zu unterstützen. Die Überprüfung durch unabhängige Dritte kann auch von anderen Unternehmen oder einer Industrieinitiative bzw. Multi-Stakeholder-Initiative durchgeführt werden. Mit der unabhängigen Überprüfung betraute Dritte müssen objektiv und völlig unabhängig vom Unternehmen handeln, frei von jeglichen Interessenkonflikten sein, frei von jedweder direkten oder indirekten äußeren Einflussnahme sein und jede Handlung unterlassen, die mit ihrer Unabhängigkeit unvereinbar ist. Je nach Art der negativen Auswirkungen müssen sie über Erfahrung und Kompetenz in Umwelt- oder Menschenrechtsfragen verfügen, und sie müssen für die Qualität und Zuverlässigkeit ihrer Überprüfung verantwortlich sein.
Die Kommission gibt in Zusammenarbeit mit den Mitgliedstaaten Leitlinien zur Festlegung von Eignungskriterien und einer Methode, mit der Unternehmen die Eignung von mit der unabhängigen Überprüfung betrauten Dritten bewerten sollen, und Leitlinien für die Überwachung der Richtigkeit, der Wirksamkeit und der Integrität der von Dritten durchgeführten Überprüfung heraus."

Schließlich stellt Art. 29 Abs. 4 (Zivilrechtliche Haftung von Unternehmen und Anspruch auf vollständige Entschädigung) klar:

„Unternehmen, die an Industrie- oder Multi-Stakeholder-Initiativen teilgenommen haben oder die unabhängige Überprüfung durch Dritte oder Vertragsklauseln in Anspruch nehmen, um die Erfüllung der Sorgfaltspflichten zu unterstützen, können dennoch gemäß diesem Artikel haftbar gemacht werden."

Dieser letztgenannte Abschnitt ist von großer Bedeutung, stellt er doch klar, dass die Durchführung von Sozialaudits zumindest keinen *safe harbour* für von der Richtlinie betroffene Unternehmen schafft. Inwiefern sich die in Anspruch genommene externe Unterstützung dennoch zu ihren Gunsten auswirkt, bleibt abzuwarten.

Ein weiterer positiv hervorzuhebender Aspekt der Richtlinie ist, dass gewisse Anforderungen an externe Überprüfungen aufgestellt werden. Andererseits sind die aufgelisteten Kriterien noch zu wenig bestimmt. So ist beispielsweise nicht klar, wie die genannte Unabhängigkeit auszusehen hat und wie dies mit den derzeitigen Beauftragungs- und Vergütungsmodellen für Sozialaudits vereinbar ist. Hier bleibt zu hoffen, dass die in Aussicht gestellten Leitlinien robuste Kriterien benennen.

Eine Haftung für Sozialaudits schafft die Richtlinie nicht.[1364] Vor diesem Hintergrund bleibt die Befürchtung, dass durch die zunehmende Lieferkettenregulierung und die Möglichkeit der Inanspruchnahme von Unterstützung durch Dritte eine Verlagerung von Verantwortung auf Auditunternehmen ohne entsprechende Rechenschaftspflicht stattfindet.[1365]

III. Ausblick

Wie sich die EU-Lieferkettenrichtlinie auf den Umgang mit Sozialaudits auswirken wird, ist derzeit noch keineswegs sicher. Zunächst müssen die Regelungen in nationales Recht umgesetzt werden. Für Bestellerunternehmen stellt sich indes die Frage, wie sie die Einhaltung menschenrechtlicher Sorgfaltspflichten in ihren Lieferketten gewährleisten sollen, wenn Sozialaudits in ihrer aktuellen Form kein adäquates Mittel darstellen und die gesetzlichen Regelungen hierzu nicht ausreichend Stellung beziehen. Zum einen können sie selbst auf eine Verbesserung des Auditsystems hinwirken, z.B. durch erhöhte vertragliche Anforderungen an Auditunternehmen

---

1364 Bereits während des Entstehungsprozesses der Richtlinie hatte eine Reihe zivilgesellschaftlicher Organisationen in einem offenen Brief an politische Entscheidungsträger*innen eine solche Haftung gefordert, siehe hierzu: *ECCJ et al.,* Urgent request to ensure social auditors' liability.

1365 Zum Kommissionsentwurf formulierte die *ECCJ,* European, S. 12: «Resort to verification through industry initiatives and third-party audits is worryingly promoted by the proposal, sending the dangerous message that companies can rely on them as an adequate means of due diligence.».

sowie der Aufnahme von Dritthaftungsklauseln in den Auditvertrag,[1366] aber auch indem sie mehr Geld für die Durchführung gründlicherer Überprüfungen zur Verfügung stellen. Zum anderen kann die Kombination verschiedener Mechanismen, wie bereits im vorherigen Kapitel geschildert, die Fehleranfälligkeit einzelner Maßnahmen zumindest teilweise ausgleichen und ein adäquateres Bild von den Zuständen in Zulieferfabriken ermöglichen.[1367] Ein völliger Verlass auf externe Mechanismen sollte jedoch ohnehin nicht möglich sein.[1368]

B. Mögliche Auswirkungen einer Regulierung von Sozialaudits

Sozialaudits selbst sind derzeit noch kaum reguliert. Eine Aufstellung von menschenrechtlichen Sorgfaltspflichten in Bezug auf Sozialaudits sowie eine gesetzlich vorgesehene Haftung von Auditunternehmen im Falle des Verstoßes dagegen könnten daher weitreichende Auswirkungen auf die Auditindustrie haben.

Infolge einer gesetzlichen Regulierung müssten Auditunternehmen Maßnahmen ergreifen, um ihre Geschäftstätigkeit an die einzuhaltenden Sorgfaltsanforderungen anzupassen. Sozialaudits würden also zu einem Compliance-Thema. Wie Compliance Management in transnationalen Menschenrechtsfällen aussehen kann, zeichnet das LkSG vor.[1369] Dafür muss nicht notwendigerweise ein komplett neues System geschaffen werden. Auch eine Einbeziehung in bestehende Compliance-Management-Systeme ist denkbar.[1370] Ein wichtiges Element sollte – wie auch im Rahmen des LkSG[1371] – die Verankerung des Risikomanagements in allen maßgeblichen Geschäftsabläufen und die Festlegung der Zuständigkeit für die Überwa-

---

1366 Siehe zu dieser Möglichkeit bereits in Kapitel 2 unter B I 1 d.
1367 Siehe hierzu in Kapitel 3 unter C.
1368 Dies ist auch vom deutschen Gesetzgeber erkennbar nicht gewollt In der Gesetzesbegründung für den Regierungsentwurf des LkSG (BT-Drs. 19/28649) heißt es hierzu auf S. 48: „Die Beauftragung externer Dritter entbindet das Unternehmen nicht von seiner Verantwortung nach diesem Gesetz."
1369 *Gehling/N. Ott/Lüneborg*, CCZ 2021, 230, 231.
1370 Siehe für das LkSG insbesondere *Makowicz*, comply 7. Jahrgang (März 2022), 10.
1371 Siehe hierzu § 3 Abs. 1 und Abs. 3 LkSG.

chung des Risikomanagements innerhalb des Unternehmens sein.[1372] Ähnlich wie bei der Umsetzung des LkSG könnte das Verfahren so aussehen, dass zunächst eine Risikoanalyse stattfindet, gefolgt von Präventions- und Abhilfemaßnahmen und flankiert durch die Einrichtung eines Beschwerdeverfahrens. Ergriffene Maßnahmen sollten zudem regelmäßig evaluiert und erforderlichenfalls nachgebessert werden. Bei der Umsetzung könnten die von *Makowicz* für das Compliance Management im Rahmen des LkSG identifizierten Gestaltungsgrundsätze der Wirksamkeit, der Risikoorientierung und der Angemessenheit zur Anwendung kommen.[1373]

Auch inhaltlich können die Vorgaben des LkSG eine gewisse Orientierung bieten. Zusätzlich müssten Auditunternehmen aber auf spezifische Risiken im Rahmen von Sozialaudits reagieren. Nachbesserungsbedarf kann sich sowohl bei der Konzeption als auch bei der Durchführung von Sozialaudits ergeben. Das könnte beispielsweise die bessere Anpassung der Überprüfungen an branchen- und länderspezifische Risiken sowie ein erhöhtes Augenmerk auf das Vorhandensein ausreichender Qualifikationen bei den eingesetzten Prüfer*innen beinhalten. In vielen Fällen wird es zudem erforderlich sein, mehr Zeit für Sozialaudits einzuplanen, um gründliche Kontrollen zu gewährleisten. Im Falle einer Auslagerung der Überprüfung an Tochterunternehmen oder Subunternehmer könnte die Implementierung von Mechanismen zur Gewährleistung einer sorgfältigen Überprüfung erforderlich werden. Welche Maßnahmen im Einzelnen ergriffen werden müssten, hängt von der Ausgestaltung der gesetzlichen Regelung sowie der individuellen Situation der betroffenen Unternehmen ab. Es kann jedoch davon ausgegangen werden, dass bei vielen Auditunternehmen erheblicher Nachbesserungsbedarf bestünde.

Das hätte wiederum zur Folge, dass die Kosten für Auditunternehmen steigen würden und Sozialaudits in der Folge teurer werden müssten.[1374] Ein Teil der gestiegenen Kosten ließe sich angesichts der starken Nachfrage nach Sozialaudits wahrscheinlich an die beauftragenden Unternehmen weitergeben. Dies würde sich wohl letztlich in einem erhöhten Preis der Endprodukte für Verbraucher*innen niederschlagen. Eine Hilfestellung bei

---

1372 Für die Umsetzung des LkSG sehen *Bäumges/Jürgens*, CCZ 2022, 195, 196 ff. die Zuständigkeit sowohl bei verschiedenen Fachabteilungen als auch bei der Compliance-Abteilung, die die Autoren für prädestiniert für die Erfüllung von Querschnittsaufgaben halten.

1373 *Makowicz*, comply 7. Jahrgang (März 2022), 10, 11.

1374 *ECCHR/Brot für die Welt/Misereor,* Menschenrechtsfitness von Audits und Zertifizierern?, S. 33.

der Verteilung von Mehrkosten könnten gesetzliche Vergütungsregelungen bieten.[1375] Zudem wäre denkbar, dass Auditunternehmen ihren Haftpflichtversicherungsschutz so erweitern, dass auch die Verursachung von Personen- und Sachschäden nach § 823 ff. BGB erfasst sind.[1376] Dies würde allerdings die Kosten für Versicherungsprämien und damit letztlich ebenfalls für die betroffenen Auditunternehmen in die Höhe treiben. Angesichts der teilweise gravierenden Risiken ist fraglich, ob eine derartige Erweiterung des Versicherungsschutzes überhaupt wirtschaftlich möglich wäre.[1377] Um Haftungsrisiken zu begrenzen, könnten Auditunternehmen aber auch das Angebot von Sozialaudits auf solche Verstöße beschränken, die mit einem vertretbaren Aufwand realistischerweise aufgedeckt werden können. Solche Beschränkungen könnten in Verträgen mit Auftraggebern aufgenommen werden, um die Geltendmachung vertraglicher Regressansprüche zu vermeiden. Eine solche Begrenzung der Reichweite wäre ein wertvoller Schritt zu einem ehrlicheren Umgang mit Sozialaudits. Voraussetzung für eine wirksame Beschränkung müsste allerdings auch eine entsprechend angepasste öffentliche Darstellung der Möglichkeiten und Grenzen von Sozialaudits sein.

Eine mögliche Folge gestiegener gesetzlicher Anforderungen sowie etwaiger Beschränkungen des Prüfumfangs von Sozialaudits könnte sein, dass bestimmte Akteure der Sozialauditindustrie vom Markt verschwinden. Eine solche Entwicklung ließ sich im Medizinprodukte-Sektor nach dem *PIP*-Skandal beobachten. Als Reaktion auf die zahlreichen Klagen gegen die *TÜV Rheinland* sowie die sich abzeichnende Verschärfung von Regulierung und Kontrollen stellen ca. 25 % der Benannten Stellen ihre Tätigkeit ein.[1378]

Da die Kritik an dem Auditsystem langsam, aber sicher auch in der Politik angekommen ist, scheint eine Steigerung der Qualität von Sozialaudits sowie ein ehrlicherer Umgang mit ihren Einschränkungen langfristig der beste Weg, um der Auditindustrie auch weiterhin eine Rolle bei

---

1375 aaO, S. 41.

1376 Die Notwendigkeit einer solchen Maßnahme zeigt *Graf von Westphalen*, ZIP 2020, 2421, 2428 für den Fall einer Lieferkettenhaftung transnationaler Unternehmen auf.

1377 So weisen beispielsweise *Bomsdorf/Blatecki-Burgert*, ZRP 2020, 42, 45 darauf hin, dass die potenziellen Risiken einer Haftung für Zulieferer kaum noch versicherbar wären und *B. Schneider*, NZG 2019, 1369, 1373 warnt vor massiv ansteigenden Versicherungsprämien.

1378 *Gailhofer/Glinski*, Haftungsrechtlicher Rahmen von nachhaltiger Zertifizierung in textilen Lieferketten, S. 49 unter Verweis auf *Graf*, MPR 2016, 43, 44.

der Kontrolle globaler Lieferketten zu sichern. Denn nur wenn bestimmte qualitative Standards sichergestellt sind, können Sozialaudits staatliche Kontrollen von Sorgfaltspflichten in Lieferketten sinnvoll ergänzen und so zu einer Steigerung der Effektivität von Lieferkettengesetzen beitragen.[1379] Wäre die Rolle von Sozialaudits bei der Umsetzung der Pflichten nach dem LkSG klarer definiert, könnte ihr Einsatz auch für Bestellerunternehmen attraktiver werden. Eine gesetzliche Regelung könnte zudem zu mehr Rechtssicherheit für Auditunternehmen selbst führen. Auch nach dem geltenden Recht ist nämlich eine Haftung gegenüber den Arbeiter*innen in den überprüften Fabriken nicht vollständig ausgeschlossen. Gleichzeitig ist jedoch nirgends ausdrücklich festgehalten, welche Sorgfaltsanforderungen für die Durchführung von Sozialaudits in globalen Lieferketten gelten. Anstatt also eine Regulierung von Sozialaudits als Bedrohung für das Geschäftsmodell von Auditunternehmen zu sehen, kann diese auch als Chance betrachtet werden.

C. Grenzen einzelner Maßnahmen und Notwendigkeit struktureller Veränderungen

Alle Versuche, die Auditindustrie zu reformieren, Sozialaudits um weitere Implementierungspraktiken zu ergänzen oder gar ganz zu ersetzen, sind in ihrer Wirkung begrenzt, wenn der gesamtwirtschaftliche Kontext, in dem diese Versuche stattfinden, derselbe bleibt. Was es zusätzlich braucht, sind strukturelle Veränderungen in globalen Lieferketten, insbesondere eine Abkehr von rein gewinnorientierten Geschäftsmodellen transnationaler Unternehmen hin zu einem faireren Wirtschaften, das die Grundbedürfnisse der Arbeiter*innen respektiert. Eine umfassende Analyse der notwendigen strukturellen Veränderungen berührt schnell die Grundfesten des globalen Wirtschaftssystems und kann im Rahmen dieser Arbeit nicht geleistet werden. Dennoch sollen zwei zentrale Stellschrauben aufgezeigt werden, die notwendig sind, um Arbeitsbedingungen in der Textilindustrie nachhaltig zu verbessern, nämlich zum einen die Anpassung der Einkaufspraktiken durch Bestellerunternehmen und zum anderen die Stärkung der Arbeiter*innen, so dass diese ihre Rechte selbst schützen und durchsetzen können.

1379 vgl. *Klinger/Ernst*, Rechtsgutachten zur Akkreditierungspflicht von nachhaltigen Verbrauchersiegeln im Textilsektor, 33 f. zu den möglichen Wirkungen einer Akkreditierungspflicht.

I. Einkaufspraktiken

Dass Einkaufspraktiken transnationaler Bestellerunternehmen eine zentrale Ursache für die schlechten Arbeitsbedingungen in der Textilindustrie sind, wurde in dieser Arbeit bereits an mehreren Stellen geschildert[1380] und ist auch in der Forschung und Praxis weitgehend anerkannt[1381], soll hier aber noch einmal klar in den Fokus gerückt werden. Kurzfristige Planung, kurze Lieferfristen und in letzter Minute geänderte Bestellungen führen dazu, dass Zulieferer den Beschäftigten in ihren Betrieben exzessive Überstunden abverlangen oder die Produktion an Subunternehmer und informelle (Gelegenheits-)Arbeitskräfte und auslagern.[1382] Enormer Preisdruck und die verspätete Bezahlung von Bestellungen[1383] sind nicht nur eine Ursache für schlechte Löhne, sondern auch dafür, dass soziale Standards nicht umgesetzt und gewerkschaftliche Aktivitäten aus Angst vor den damit verbundenen Disruptionen und Lohnsteigerungen unterdrückt werden.[1384] Da die nachhaltige Verbesserung der Arbeitsbedingungen zudem nur selten eine entscheidende Rolle im Rahmen von Einkaufsentscheidungen transnationaler Unternehmen spielt, bestehen wenig Anreize für Zulieferer, kostspielige Verbesserungsmaßnahmen umzusetzen.[1385]

Um die Arbeitsbedingungen in globalen Lieferketten nachhaltig zu verbessern, müssen also die Einkaufspraktiken angepasst werden. Das gilt umso mehr, als die Anpassung der Einkaufspraktiken auch eine strukturelle Voraussetzung dafür ist, dass Sozialaudits und andere Mechanismen zur Implementierung menschenwürdiger Arbeitsbedingungen überhaupt ihre Wirkung entfalten können.[1386] So können im Rahmen von Sozialaudits aufgedeckte Missstände nur dann behoben werden, wenn Zulieferer ausreichend finanziellen und strategischen Spielraum hierfür haben. Das ist häu-

---

1380 Siehe hierzu in der Einleitung unter C I sowie in Kapitel 1 unter C I 1 b.

1381 *Amengual/Distelhorst/Tobin*, ILR Review 73 (2020), 817; *Pinedo/Vaughan-Whitehead*, INWORK Issue Brief No.10 2017; *Alexander*, Journal of Business Ethics 162 (2020), 269; *MSI Working Group*, The Common Framework for Responsible Purchasing Practices; *Human Rights Watch*, "Paying for a bus ticket and expecting to fly".

1382 *Pinedo/Vaughan-Whitehead*, INWORK Issue Brief No.10 2017, 6; *MSI Working Group*, The Common Framework for Responsible Purchasing Practices, S. 2.

1383 bzw. das vollständige Ausbleiben der Bezahlung und die Nichtabnahme bereits angefertigter Bestellungen während der Corona-Pandemie.

1384 *Anner*, Review of International Political Economy 27 (2019), 320.

1385 *Bartley*, Rules without Rights, S. 179.

1386 *Gläßer et al.*, Außergerichtliche Beschwerdemechanismen, S. 107.

fig jedoch nicht der Fall. Stattdessen verlangen viele Bestellerunternehmen die Einhaltung immer höherer Standards zu immer niedrigeren Preisen und innerhalb immer kürzerer Lieferfristen und stellen damit Zulieferer vor eine schier unlösbare Aufgabe.[1387] Aber auch die übrigen, im vorherigen Kapitel dargestellten Mechanismen hängen in ihrer Wirksamkeit von vernünftigen Einkaufspraktiken transnationaler Bestellerunternehmen ab. Nur wenn Arbeitgeber einen genuinen Verhandlungsspielraum haben, können durch Social Dialogue Lösungen ausgehandelt und die durch Capacity Building erworbenen Fähigkeiten wirksam zum Einsatz gebracht werden; und auch die Etablierung von Beschwerdemechanismen hat nur dann einen Sinn, wenn die aufgezeigten Missstände praktisch überhaupt behoben werden können.[1388]

Dass Einkaufspraktiken eine wichtige Rolle für die Schaffung menschenwürdiger Arbeitsbedingungen in globalen Lieferketten spielen, hat auch der Gesetzgeber erkannt. So wird in § 6 Abs. 3 Nr. 2 LkSG „die Entwicklung und Implementierung geeigneter Beschaffungsstrategien und Einkaufspraktiken, durch die festgestellte Risiken verhindert oder minimiert werden", gefordert. Als mögliche Stellschrauben nennt die Gesetzesbegründung des Regierungsentwurfs die Festlegung von Lieferzeiten und Einkaufspreisen sowie die Dauer von Vertragsbeziehungen. Die EU-Lieferkettenrichtlinie sieht zur Verhinderung potenzieller negativer Auswirkungen sowie zur Behebung tatsächlicher negativer Auswirkungen unter anderem vor, dass Unternehmen ihre Beschaffungspraxis erforderlichenfalls anpassen.[1389] Angestrebt wird laut den Erwägungsgründen eine Beschaffungspolitik, „mit der zu existenzsichernden Löhnen und Einkommen für ihre Lieferanten beigetragen wird und mögliche negative Auswirkungen auf Menschenrechte oder die Umwelt nicht gefördert werden." Aber auch internationale Soft-Law-Regelwerke nehmen auf diese Problematik Bezug. Von Textilunternehmen fordert beispielsweise die *OECD Due Diligence Guidance for Responsible Supply Chains in the Garment and Footwear Sector*, dass diese durch verantwortungsvolle Einkaufspraktiken verhindern, dass ein Beitrag zu Verletzungen geleistet wird.[1390] Hierfür sollen die Unternehmen Preis-

---

1387 *Anner,* The Sourcing Squeeze; *Barrientos,* Gender and work in global value chains, S. 186.
1388 *Gläßer et al.,* Außergerichtliche Beschwerdemechanismen, S. 108.
1389 Siehe hierzu Art. 10 Abs. 2 lit d) sowie Art. 11 Abs. 3 lit. e) der Richtlinie.
1390 *OECD,* Due Diligence Guidance for Responsible Supply Chains in the Garment and Footwear Sector, S. 73.

modelle entwickeln, die die Kosten für Löhne, Sozialleistungen und Investitionen in menschenwürdige Arbeit berücksichtigen.[1391] Wie das umgesetzt werden könnte, zeigen beispielsweise das von einer Arbeitsgruppe aus Multistakeholder-Initiativen erstellte *Common Framework for Responsible Purchasing Practices*[1392] oder der Ansatz von *ACT*, einem Übereinkommen zwischen globalen Markenunternehmen und der internationalen Gewerkschaftsorganisation *IndustriALL* für existenzsichernde Löhne in textilen Lieferketten[1393].

Ein Beispiel für die Integration von Einkaufspraktiken in ein Regelungssystem bietet der Bangladesh Accord. Dort ist geregelt, dass Mitgliedsunternehmen mit ihren Lieferanten Geschäftsbedingungen aushandeln müssen, die sicherstellen, dass es für die Fabriken finanziell machbar ist, sichere Arbeitsplätze aufrechtzuerhalten und die geforderten Verbesserungen umzusetzen.[1394] Die Unternehmen verpflichten sich zudem, langfristige Geschäftsbeziehungen mit Bangladesch aufrecht zu erhalten.[1395] Diese Verpflichtung kann, wie die übrigen Verpflichtungen aus dem Accord auch, in einem schiedsgerichtlichen Verfahren durchgesetzt werden und war auch bereits Gegenstand eines Schiedsverfahrens.[1396] Auch im Rahmen von Sozialstandardinitiativen gewinnen Einkaufspraktiken zunehmend an Bedeutung. So sind verantwortungsvolle Einkaufspraktiken beispielsweise integraler Bestandteil des *Brand Performance Check* der *FWF*.[1397] Auch die *FLA* verpflichtet ihre Mitglieder, ihre Einkaufspraktiken an die Arbeitsplatzstandards anzupassen.[1398]

Die vorstehenden Erläuterungen zeigen, dass das Thema bereits in der rechtspolitischen Debatte angekommen ist. Dass Einkaufspraktiken immer noch Fortschritte behindern und sich negativ auf die Einhaltung der Menschenrechte in globalen Lieferketten auswirken, verdeutlicht aber nicht

---

1391 aaO, S. 74.
1392 *MSI Working Group*, The Common Framework for Responsible Purchasing Practices.
1393 https://actonlivingwages.com/ (Stand: 18.04.2024).
1394 Bangladesh Accord (2018), Art. 17.
1395 Bangladesh Accord (2018), Art. 18.
1396 *Gläßer et al.*, Außergerichtliche Beschwerdemechanismen, S. 194.
1397 Siehe hierzu S. 30 ff. des Brand Performance Check Guide der *FWF*, abrufbar unter https://api.fairwear.org/wp-content/uploads/2020/03/FWF_BrandPerformanceC heckGuide-DEF.pdf (Stand: 18.04.2024).
1398 Siehe Prinzip Nr. 2 der Principles of Fair Labor and Responsible Sourcing der *FLA*, abrufbar unter https://www.fairlabor.org/accountability/standards/manufacturing /mfg-principles/ (Stand: 18.04.2024).

zuletzt der Umgang vieler Unternehmen mit der Corona-Pandemie, der gekennzeichnet war von Auftragsstornierungen, der Durchsetzung von Preisnachlässen und teilweise sogar der Verweigerung der Abnahme bestellter Ware.[1399] Ob sich hieran durch die zunehmende gesetzliche Regulierung globaler Lieferketten etwas ändern wird, bleibt abzuwarten. Wünschenswert wäre, dass in Zukunft konkrete Anforderungen an die Einkaufspraktiken von Bestellerunternehmen gestellt und auch durchgesetzt werden.[1400] Die Überprüfung von Einkaufspraktiken sollte zudem zum Standardprogramm von Sozialaudits gehören, nicht wie derzeit die Ausnahme bleiben.[1401]

II. Stärkung der Arbeiter*innen

Die zweite strukturelle Veränderung, die nötig ist, um bessere Arbeitsbedingungen in globalen Lieferketten zu bewirken, ist eine Stärkung der Arbeiter*innen derart, dass diese ihre Interessen selbst wirksam vertreten können. Dabei geht es nicht nur darum, die Interessen von Arbeiter*innen in besonderem Maße zu berücksichtigten, wie in den vorangegangenen Kapiteln bereits mehrfach gefordert.[1402] Erforderlich ist vielmehr ein vollständiger Paradigmenwechsel hin zu einem Konzept, das von seinen Vertreter*innen als *worker-driven supply chain governance*[1403], *worker-driven social responsibility*[1404] oder auch *worker-driven monitoring*[1405] bezeichnet wird. Dieses Konzept basiert auf der Vorstellung, dass nachhaltige Veränderungen nur von den betroffenen Arbeiter*innen selbst ausgehen können und dass diese die treibende Kraft hinter der Schaffung, Überwachung und Durchsetzung von Programmen zur Verbesserung von Arbeitsbedin-

---

1399 *ECCHR/ILAW/WRC,* Force majeure. Siehe hierzu außerdem bereits in der Einleitung unter C I.
1400 Das fordert auch ein Zusammenschluss zivilgesellschaftlicher Organisationen in einem offenen Brief an die EU-Kommissare Reynders und Breton, siehe *ECCJ et al.,* Complementary action needed to address unfair purchasing practices and achieve goals of the upcoming Sustainable Corporate Governance directive.
1401 *Fondation des droits de l'homme au travail,* Beyond Social Auditing, S. 18; *Lund-Thomsen/Lindgreen,* J Bus Ethics 123 (2014), 11.
1402 Siehe z. B. in Kapitel 1 unter C I 3 e und Kapitel 3 C III.
1403 *Reinecke/Donaghey,* Journal of Supply Chain Management 57 (2021), 14.
1404 https://wsr-network.org/wp-content/uploads/2017/10/What_is_WSR_web.pdf (Stand: 19.04.2024).
1405 *Outhwaite/Martin-Ortega,* Competition & Change 23 (2019), 378.

gungen sein müssen.[1406] Das erfordert die demokratische Partizipation von Arbeiter*innen und ihren Vertreter*innen in Governance-Systemen durch Gewerkschaften und andere repräsentative Strukturen.[1407] Auf diese Weise soll sichergestellt werden, dass die Verbesserung der Arbeitsbedingungen stets das übergeordnete Ziel aller Maßnahmen und nicht bloß ein Add-on ist.[1408]

Hinter diesen Vorstellungen und Vorschlägen steckt die Erkenntnis, dass traditionelle CSR-Modelle und der diesen zugrundeliegende Management-Ansatz bislang keine echten Verbesserungen bewirken konnten. Die Gründe hierfür erörtern vor allem *Reinecke* und *Donaghey* eindrücklich: Indem Reformen von unternehmerischer Seite verordnet und Arbeiter*innen zu passiven Empfänger*innen von CSR-Maßnahmen gemacht werden, wird verkannt, dass Unternehmen und Arbeiter*innen unterschiedliche Interessen verfolgen. Nur durch eine separate Vertretung der Interessen von Arbeiter*innen kann gewährleistet werden, dass diese Interessen unabhängig davon vorangebracht werden, ob das auch für Unternehmen einen Vorteil bringt.[1409]

Der Gedanke der vermehrten aktiven Einbindung von Arbeiter*innen ist teilweise bereits in den im vorherigen Kapitel geschilderten Implementierungsmechanismen enthalten. So geht es insbesondere bei Social Dialogue darum, konsensuale Lösungen und die demokratische Beteiligung der wichtigsten Interessengruppen in der Arbeitswelt zu fördern.[1410] Aber auch Capacity Building kann dazu beitragen, dass Arbeiter*innen ihre Stimme hörbar machen. Beschwerdemechanismen bieten schließlich einen Kanal für die Geltendmachung der eigenen Anliegen. Starke lokale Gewerkschaften oder andere Strukturen für eine echte Interessenvertretung von Arbeiter*innen fehlen jedoch noch viel zu häufig, so dass die Wirkung dieser Mechanismen begrenzt bleibt. Das kann wiederum anhand des Bangladesh Accord verdeutlicht werden: Die internationalen Gewerkschaftsorganisationen *UNI Global Union* und *IndustriALL* waren als Vertragsparteien nicht nur maßgeblich in die Verhandlung des Accord involviert, sondern konnten das Vereinbarte auch rechtlich durchsetzen. Lokale Gewerkschaften

---

1406 https://wsr-network.org/wp-content/uploads/2017/10/What_is_WSR_web.pdf (Stand: 19.04.2024).
1407 *Reinecke/Donaghey*, Journal of Supply Chain Management 57 (2021), 14, 15.
1408 *Outhwaite/Martin-Ortega*, Competition & Change 23 (2019), 378, 386; *Reinecke/Donaghey*, Journal of Supply Chain Management 57 (2021), 14, 17.
1409 *Reinecke/Donaghey*, Journal of Supply Chain Management 57 (2021), 14, 16 ff..
1410 Siehe hierzu bereits in Kapitel 3 unter C III.

spielten ebenfalls eine wichtige Rolle, beispielsweise bei der Durchführung von Capacity Building-Maßnahmen oder die Möglichkeit, Inspektor*innen bei Fabrikaudits zu begleiten.[1411] Allerdings hat der Accord die Gewerkschaftsfreiheit selbst und damit die Möglichkeit von Arbeiter*innen, selbständig weitere Veränderungen herbeizuführen, nicht entscheidend gestärkt.[1412]

Gewerkschaften und andere repräsentative Strukturen von Arbeiter*innen sollten daher weiter gestärkt werden, so dass Veränderungen letztendlich von diesen selbst ausgehen können und immer weniger von unternehmerischen Bemühungen abhängig sind. Externes Monitoring durch Sozialaudits würde in diesem Szenario nur unter aktiver Einbindung der Arbeiter*innen-Vertretung stattfinden und womöglich irgendwann ganz überflüssig werden. Bis dahin ist es aber wohl noch ein weiter Weg.

1411 *Reinecke/Donaghey*, Journal of Supply Chain Management 57 (2021), 14, 21.
1412 Diese Kritik äußert vor allem *Huq,* Opportunities and limitations of the Accord.

Zusammenfassung der wesentlichen Untersuchungsergebnisse und Gesamtfazit

Die wesentlichen Ergebnisse dieser Arbeit lassen sich in folgenden Thesen zusammenfassen:

1. Sozialaudits in ihrer gegenwärtigen Form sind kein effektives Mittel zur Kontrolle der Arbeitsbedingungen in globalen Lieferketten. Das hat zum einen strukturelle Ursachen, wie die Tatsache, dass sie meist von Akteuren beauftragt werden, die kein Interesse an der Offenlegung gravierender Missstände haben, und dass Zulieferern oft der finanzielle Spielraum für die Implementierung der geforderten Verbesserungen fehlt. Es liegt zum anderen aber auch an der häufig methodisch mangelhaften Durchführung der Überprüfungen sowie daran, dass Sozialaudits zur Offenlegung bestimmter Verstöße schlicht nicht geeignet sind.
2. Obwohl diese Unzulänglichkeiten mittlerweile bekannt sind, sind Sozialaudits weiterhin ein verbreiteter Bestandteil der unternehmerischen Bemühungen um einen besseren Menschenrechtsschutz in globalen Lieferketten. Dass sich dies bald ändern wird, ist nicht absehbar. Vielmehr ist davon auszugehen, dass infolge des Inkrafttretens des Lieferkettensorgfaltspflichtengesetzes und der damit für die betroffenen Unternehmen verpflichtend gewordenen menschenrechtlichen Risikoanalyse die Bedeutung von Sozialaudits noch einmal zunehmen wird.
3. Um zu verhindern, dass fehlerhafte Sozialaudits (gesetzgeberische) Bemühungen um einen besseren Schutz von Menschenrechten in globalen Lieferketten untergraben, während Betroffene fehlerhafter Überprüfungen weitestgehend schutzlos bleiben, ist eine Haftung von Auditunternehmen für fehlerhafte Sozialaudits gegenüber Betroffenen in den überprüften Produktionsstätten dringend erforderlich.
4. Eine Haftung für Sozialaudits ist nach dem geltenden Recht allenfalls punktuell gewährleistet. Insbesondere eine deliktische Haftung von Auditunternehmen gegenüber den in den überprüften Betrieben Beschäftigten lässt sich nur im Falle eines eindeutig zutage tretenden Schutzzwecks des Sozialaudits sowie der Begründung eines entsprechenden Vertrauenstatbestandes gut darlegen. Mangels einschlägiger Rechtsprechung in vergleichbaren Fällen ist aber selbst dann fraglich, ob deutsche Gerich-

te tatsächlich zugunsten der Beschäftigten entscheiden würden. Hinzu kommt, dass das deutsche Recht auf Grund der Erfolgsortanknüpfung bei der Geltendmachung deliktischer Ansprüche ohnehin häufig nicht zur Anwendung kommt. Schließlich wird die Geltendmachung von Haftungsansprüchen durch Betroffene auch durch eine Vielzahl von verfahrensrechtlichen Hürden und faktischen Hindernissen erschwert. Betroffene und ihre Interessenvertreter*innen gehen somit ein hohes Prozessrisiko ein, wenn sie gerichtlich gegen Auditunternehmen vorgehen. Im Ergebnis bleiben fehlerhafte Sozialaudits für die durchführenden Unternehmen daher meist ohne Konsequenzen.

5. Eine menschenrechtskonforme Auslegung des geltenden Rechts ist nicht ausreichend, um die derzeit bestehende Haftungslücke auszuräumen. Stattdessen muss der Gesetzgeber tätig werden.

6. Für die Regulierung von Sozialaudits sind verschiedene Ansätze denkbar, wobei Ausgangspunkt stets eine menschenrechtliche Sorgfaltspflicht für Auditunternehmen sein sollte. Weiterer unabdingbarer Bestandteil einer wirksamen Regulierung ist zudem die zivilrechtliche Haftung von Auditunternehmen gegenüber Betroffenen, idealerweise in Kombination mit einer präventiv wirkenden behördlichen Durchsetzung der Sorgfaltspflicht. Für Auditunternehmen, die die Einhaltung der Pflichten nach dem Lieferkettensorgfaltspflichtengesetz überprüfen wollen, könnte zudem ein staatliches Akkreditierungssystem geschaffen werden. Im Sinne einer einheitlichen Handhabung sollte langfristig eine Regelung auf europäischer Ebene angestrebt werden.

7. Da selbst sorgfältig konzipierte und durchgeführte Sozialaudits nicht in der Lage sind, sämtliche Verstöße in Zulieferfabriken aufzudecken, sollten diese, wenn überhaupt, in Kombination mit anderen Verfahren zum Schutz von Menschenrechten in globalen Lieferketten wie Beschwerdemechanismen, Capacity Building und Social Dialogue zum Einsatz kommen.

8. Eine Regulierung von Sozialaudits würde höchstwahrscheinlich zu Kostensteigerungen sowie einer Begrenzung der Reichweite von Sozialaudits führen. Hierdurch würden Sozialaudits an Attraktivität verlieren, so dass ein Bedeutungsverlust drohen könnte. Andererseits würden gesetzliche Regelungen eine dringend notwendige Qualitätssteigerung von Sozialaudits bewirken und damit letztlich ihre zukünftige Relevanz sicherstellen. Denn nur wenn Sozialaudits einen wirksamen Beitrag zur Implementierung eines besseren Menschenrechtsschutzes leisten können, werden sie in globalen Lieferketten auf Dauer eine Rolle spielen.

9. Nachhaltige Verbesserungen der Menschenrechtslage können nur erzielt werden, wenn die Einkaufspraktiken transnationaler Bestellerunternehmen den Zulieferern echten Spielraum für die Umsetzung der geforderten Maßnahmen lassen, anstatt die bestehenden Risiken noch zu verschärfen. Unabdingbare Voraussetzung für einen langfristigen Wandel ist zudem, dass die Partizipation von Arbeiter*innen weiter gestärkt wird.

An die Politik werden daher an dieser Stelle drei Appelle gerichtet. Die ersten beiden Appelle richten sich auf Maßnahmen, die kurz- bis mittelfristig umgesetzt werden können. Ersten sollten Sozialaudits bei der Regulierung der Tätigkeit transnationaler Unternehmen stets mitgedacht und – soweit erforderlich – mitreguliert werden. Da Sozialaudits auf absehbare Zeit ein wichtiger Bestandteil der Überprüfung von Arbeitsbedingungen in globalen Lieferketten bleiben werden, kann nur auf diese Weise eine Untergrabung gesetzlicher Sorgfaltsregelungen verhindert werden. Zweitens sollten die Einkaufspraktiken transnationaler Bestellerunternehmen noch mehr in den Fokus von Regulierungsansätzen gerückt werden, da ihre Verbesserung die Grundvoraussetzung für nachhaltige Veränderungen darstellt. Der dritte Appell ist, langfristig ein System anzustreben, das primär auf der Durchsetzung von Rechten durch die betroffenen Arbeiter*innen selbst basiert. Das kann nur erreicht werden, indem der Aufbau eigener repräsentativer Strukturen immer weiter gestärkt wird. Gelingt dies, werden Sozialaudits bestenfalls irgendwann überflüssig.

Diese Arbeit kann nicht alle juristischen Fragen zum Umgang mit Sozialaudits in globalen Lieferketten abschließend beantworten. Hierfür ist weitere Forschung erforderlich. Insbesondere sollten die verschiedenen Regulierungsmöglichkeiten genauer untersucht werden. Eine zentrale Herausforderung wird dabei sein, eine Regelung zu finden, die gleichzeitig möglichst wirksam, für die betroffenen Auditunternehmen aber trotzdem praktikabel ist. Auch die Rolle von Zertifizierern und Siegelgebern und ihre mögliche Einbindung in gesetzliche Regelungen sollte genauer beleuchtet werden.

Eine weitere wichtige Fragestellung betrifft den Umgang mit der Überprüfung und Zertifizierung von unternehmensinternen Compliance-Strukturen, die auf die Einhaltung gesetzlicher Regelungen zum Schutz von Menschenrechten gerichtet sind. Die Errichtung solcher Strukturen wird insbesondere durch das Lieferkettensorgfaltspflichtengesetz gefordert, womit die Bedeutung externer Kontrollsysteme zunehmen wird. Auch in diesem Zusammenhang gilt es daher sicherzustellen, dass die Wirksamkeit der gesetzlichen Regelungen nicht durch fehleranfällige Prüf- und Zertifizierungssysteme abgeschwächt wird. Die Forschung, die sich der in diesem Zusammenhang bestehenden Herausforderungen annimmt, kann teilweise an die Erkenntnisse zum Umgang mit Sozialaudits anknüpfen.

Schließlich sollte weiter erforscht werden, wie man Betroffene bestmöglich vor Repressalien schützen kann, wenn sie sich gegen Menschenrechtsverletzungen in globalen Lieferketten zu Wehr setzen. Wirksame Schutzmechanismen sind nicht nur für das Funktionieren von Sozialaudits eine elementare Voraussetzung, sondern auch für funktionierende Beschwerdesysteme sowie die erfolgreiche Durchführung von Social Dialogue. Die Beantwortung der Frage, wie das Schutzniveau verbessert werden kann, erfordert jedoch nicht in erster Linie eine juristische Analyse, sondern vor allem die Suche nach praktikablen Lösungen unter Einbeziehung von Stakeholdern an den Produktionsstandorten.

Die Betrachtung von Sozialaudits erfolgte in dieser Arbeit am Beispiel der Textilindustrie. Das diente vor allem der Veranschaulichung der vorherrschenden Lebensrealitäten und beteiligten Akteure, welche wiederum für das Verständnis der Notwendigkeit einer Regulierung von Sozialaudits eine wichtige Rolle spielen. In anderen Branchen ist die Ausgangslage zwar teilweise eine andere, beispielsweise in Bezug auf Machtverhältnisse zwischen den beteiligten Unternehmen oder die Sichtbarkeit von Missständen für Verbraucher*innen. Am Bestehen einer Haftungslücke ändert das jedoch meist wenig. Die rechtliche Beurteilung kann daher größtenteils übertragen werden.

Wie es mit Sozialaudits weitergeht, wird auch maßgeblich davon abhängen, wie sich die zunehmende Regulierung von Lieferketten tatsächlich auf die Auditindustrie auswirkt, inwieweit also z.B. Sozialaudits durch das BAFA und von Gerichten als Mittel zur Erfüllung der unternehmerischen Sorgfaltspflicht nach dem Lieferkettensorgfaltspflichtengesetz akzeptiert werden und ob es vermehrt zu Regressforderungen von Bestellerunternehmen gegen Auditunternehmen kommt. Auch die Umsetzung der EU-Lieferkettenrichtlinie kann hier noch einmal vieles verändern. All diese Entwicklungen sollten weiter beobachtet und erforscht werden. Sicher ist aber auch jetzt schon eines: Der Einsatz von Sozialaudits muss endlich einen rechtlichen Rahmen bekommen.

Anlage 1: Gespräche mit Expert*innen

1. Gespräch der Verfasserin mit Chara de Lacey, Project Manager for Social Audit Accountability at Business & Human Rights Resource Centre, am 2. Juni 2021 sowie am 2. Juli 2021
2. Gespräch der Verfasserin mit Prof. Dr. Peter Rott, Professor für Bürgerliches Recht, Handels- und Wirtschafsrecht sowie Informationsrecht, Carl von Ossietzky Universität Oldenburg, am 10. Juni 2021
3. Gespräch der Verfasserin mit Dr. Jan Erik Spangenberg, Rechtsanwalt und Partner bei Manner Spangenberg, am 2. September 2021
4. Gespräch der Verfasserin mit Claudia Müller-Hoff, Senior Legal Advisor Business and Human Rights, European Center for Constitutional and Human Rights e.V., am 23. Februar 2022
5. Gespräch der Verfasserin mit Dr. Carola Glinski, Associate Professor JUR- CEPRI - Centre for Private Governance, Universität Kopenhagen, am 20. Mai 2022

Literaturverzeichnis

AFL-CIO (Hrsg.), Responsibility outsourced: Social audits, workplace certification and twenty years of failure to protect worker rights, 2013, https://aflcio.org/reports/respo nsibility-outsourced (zugegriffen am 19.04.2024).

Albin-Lackey, Chris, Without Rules, A Failed Approach to Corporate Accountability, Human Rights Watch, 2013.

Alexander, Rachel, Emerging Roles of Lead Buyer Governance for Sustainability Across Global Production Networks, Journal of Business Ethics 162 (2020), 269–290 (zit. als *Alexander*, Journal of Business Ethics 162 2020).

Amengual, Matthew/Distelhorst, Greg/Tobin, Danny, Global Purchasing as Labor Regulation: The Missing Middle, ILR Review 73 (2020), 817–840 (zit. als *Amengual/ Distelhorst/Tobin*, ILR Review 73 2020).

Anner, Mark, Corporate Social Responsibility and Freedom of Association Rights, Politics & Society 40 (2012), 609–644 (zit. als *Anner*, Politics & Society 40 2012).

Anner, Mark, Monitoring Workers' Rights: The Limits of Voluntary Social Compliance Initiatives in Labor Repressive Regimes, Glob Policy 8 (2017), 56–65 (zit. als *Anner*, Glob Policy 8 2017).

Anner, Mark, Squeezing workers' rights in global supply chains: purchasing practices in the Bangladesh garment export sector in comparative perspective, Review of International Political Economy 27 (2019), 320–347 (zit. als *Anner*, Review of International Political Economy 27 2019).

Anner, Mark, The Sourcing Squeeze: Workers' Rights, and Building Safety in Bangladesh Since Rana Plaza, 2018, https://wsr-network.org/resource/binding-power-the -sourcing-squeeze-workers-rights-and-building-safety-in-bangladesh-since-rana-pl aza/ (zugegriffen am 19.04.2024).

Anner, Mark in Association with the Worker Rights Consortium, Abandoned? The Impact of Covid-19 on Workers and Businesses at the Bottom of the Global Garment Supply Chains, Pennsylvania State University Center for Global Workers' Rights, 2020.

Asmussen, Sven, Haftung für unwahre Aussagen über Nachhaltigkeitskodizes vor Abschluss eines Kaufvertrags, NJW 2017, 118 (zit. als *Asmussen*, NJW 2017).

Bakker, Frank G.A. de/Rasche, Andreas/Ponte, Stefano, Multi-Stakeholder Initiatives on Sustainability: A Cross-Disciplinary Review and Research Agenda for Business Ethics, Business Ethics Quarterly 29 (2019), 343–383 (zit. als *Bakker/Rasche/Ponte*, Business Ethics Quarterly 29 2019).

Barrientos, Stephanie, Gender and work in global value chains, Capturing the gains?, Development trajectories in global value chains, 2019 (zit. als *Barrientos*, Gender and work in global value chains).

Barrientos, Stephanie/Bianchi, Lara/Berman, Cindy, Gender and governance of global value chains: Promoting the rights of women workers, International Labour Review 158 (2019), 729–752 (zit. als *Barrientos/Bianchi/Berman,* International Labour Review 158 2019).

Barrientos, Stephanie/Smith, Sally, Do workers benefit from ethical trade? Assessing codes of labour practice in global production systems, Third World Quarterly 28 (2007), 713–729 (zit. als *Barrientos/Smith,* Third World Quarterly 28 2007).

Barry, Christian, Applying the contribution principle, Metaphilosophy 36 (2005), 210–227 (zit. als *Barry,* Metaphilosophy 36 2005).

Barry, Christian, Global Justice: Aims, Arrangements, and Responsibilities, in: Toni Erskine (Hrsg.), Can Institutions Have Responsibilities?, Collective Moral Agency and International Relations, Global Issues Series, London 2003, S. 218–237 (zit. als *Barry,* Global Justice).

Bartley, Tim, Rules without rights, Land, labor, and private authority in the global economy, Transformations in governance, Oxford 2018 (zit. als *Bartley,* Rules without Rights).

Bauer, Delphine, La France, épicentre de la justice pour les victimes des prothèses PIP, https://www.actu-juridique.fr/civil/responsabilite-civile/la-france-epicentre-de-la-justice-pour-les-victimes-des-protheses-pip/ (zugegriffen am 18.04.2024).

Bäumges, Johannes/Jürgens, Robert, Vorbereiter, Challenger, Verantwortlicher, Überwacher – die Rolle von Compliance bei der Umsetzung des LkSG, CCZ 2022, 195–198 (zit. als *Bäumges/Jürgens,* CCZ 2022).

Baums, Theodor, Haftung für Verrichtungsgehilfen nach deutschem und schweizerischem Recht, in: Herbert Leßmann, Bernhard Großfeld, Lothar Vollmer (Hrsg.), Festschrift für Rudolf Lukes zum 65. Geburtstag, 1989, S. 625–640 (zit. als *Baums,* Haftung für Verrichtungsgehilfen).

BeckOK BGB, 69. Aufl., hrsg. von Wolfgang Hau, Roman Poseck, 01.02.2024 (zit. als BeckOK BGB-*Bearbeiter*).

BeckOK Lieferkettensorgfaltspflichtengesetz, 4. Aufl., hrsg. von Elisabeth Henn, Jannika Jahn, 2023 (zit. als BeckOK LkSG-*Bearbeiter*).

Bellinghausen, Rupert/Krause, Anke, Haftung Benannter Stellen für fehlerhafte Medizinprodukte, NJW 2020, 1480-1482 (zit. als *Bellinghausen/A. Krause,* NJW 2020).

Bendell, Jem, Towards Participatory Workplace Appraisal: Report From a Focus Group of Women Banana Workers, New Academy of Business, Bath, UK 2001.

Berg, Daniel/Kramme, Malte, Lieferkettensorgfaltspflichtengesetz (LkSG), Kommentar, München 2023 (zit. als Berg/Kramme-*Bearbeiter*).

Bidder, Benjamin, Dammbruch, Brustimplantate, Wetterstationen: TÜV-Skandale - Wenn die Prüfer selbst durchfallen, DER SPIEGEL vom 31.01.2019, https://www.spiegel.de/wirtschaft/unternehmen/tuev-skandale-wenn-die-pruefer-selbst-durchfallen-a-1250772.html (zugegriffen am 18.04.2024).

Binder, Matthieu, Die Haftung von Zertifizierungs- und Prüfunternehmen als gebotener Bestandteil eines effektiven Lieferkettengesetzes 2020, https://verfassungsblog.de/die-haftung-von-zertifizierungs-und-pruefunternehmen-als-gebotener-bestandteil-eines-effektiven-lieferkettengesetzes/ (zugegriffen am 18.04.2024).

Bloehs, Joachim/Frank, Torben, Akkreditierungsrecht, VO (EG) Nr. 765/2008, AkkStelleG mit Nebenvorschriften, Kommentar, München 2015 (zit. als Bloehs/T. Frank-*Bearbeiter*).

Bomsdorf, Tobias/Blatecki-Burgert, Berthold, Haftung deutscher Unternehmen für „Menschenrechtsverstöße", ZRP 2020, 42–45 (zit. als *Bomsdorf/Blatecki-Burgert*, ZRP 2020).

Brammsen, Joerg/Sonnenburg, Kathrin, Geschäftsführeraußenhaftung in der GmbH, NZG 2019, 681–688 (zit. als *Brammsen/Sonnenburg*, NZG 2019).

Brockmann, Tim/Künnen, Simon, Vertrag mit Schutzwirkung für Dritte und Drittschadensliquidation, JA 2019, 729–734 (zit. als *Brockmann/Künnen*, JA 2019).

Brot für die Welt/Misereor/ECCHR (Hrsg.), Transnationale Unternehmen in Lateinamerika: Gefahr für die Menschenrechte?, Gefährdung der Menschenrechte durch Unternehmen und juristische Haftungsfragen, 2011, https://www.ecchr.eu/publikatio n/transnationale-unternehmen-in-lateinamerika-gefahr-fuer-die-menschenrechte/ (zugegriffen am 19.04.2024).

Brown, Garrett, Fatal flaws of foreign factory audits, ISHN vom 01.02.2013, https://w ww.ishn.com/articles/95045-fatal-flaws-of-foreign-factory-audits (zugegriffen am 18.04.2024).

Brüggemeier, Gert, Haftungsrecht, Struktur, Prinzipien, Schutzbereich, Ein Beitrag zur Europäisierung des Privatrechts, Enzyklopädie der Rechts- und Staatswissenschaft, s.l. 2006 (zit. als *Brüggemeier*, Haftungsrecht).

Brüggemeier, Gert, Luxemburg locuta, causa finita? – Eine Nachbetrachtung der juristischen Behandlung der sogenannten PIP-Affäre in Deutschland, JZ 73 (2018), 191–196 (zit. als *Brüggemeier*, JZ 73 2018).

Brune, Julia, Menschenrechte und transnationale Unternehmen, Grenzen und Potentiale des UN Framework for Business and Human Rights, International Politics v.3, Baden-Baden 2020 (zit. als *Brune*, Menschenrechte und transnationale Unternehmen).

Bundesministerium für wirtschaftliche Zusammenarbeit und Entwicklung (Hrsg.), Grüner Knopf - Standard 1.0, Unternehmens- und produktbezogene Anforderungen, 2020.

Burckhardt, Gisela, Arbeitsbedingungen von Frauen in globalen Zulieferketten, in: Gisela Burckhardt (Hrsg.), Corporate Social Responsibility - Mythen und Maßnahmen, Wiesbaden 2013, S. 11–14 (zit. als *Burckhardt*, Arbeitsbedingungen von Frauen in globalen Zulieferketten).

Burckhardt, Gisela, Wirksamkeit von Audits in der Textilbranche, Gutachten als Antwort auf die Argumente der KiK Textilien und Non-Food GmbH, https://www.ecchr .eu/fileadmin/Gutachten/Gutachten_Dr._Gisela_Burckhardt_KiK_Pakistan_Audits _2015.pdf (zugegriffen am 18.04.2024).

Burckhardt, Gisela (Hrsg.), Die Schönfärberei der Discounter, Klage gegen Lidl's irreführende Werbung, https://femnet.de/images/downloads/CCC/Studie-Schoenfaerb erei.pdf (zugegriffen am 18.04.2024).

Bürger, Kathrin, Neue Pflicht zur Einführung eines betrieblichen Beschwerdeverfahrens nach dem Lieferkettensorgfaltsgesetz, SPA 2022, 81–82 (zit. als *Bürger*, SPA 2022).

Business & Human Rights Resource Centre (Hrsg.), Social audit liability, Hard law strategies to redress weak social assurances, 2021, https://media.business-humanrights.org/media/documents/2021_CLA_Annual_Briefing_v5.pdf (zugegriffen am 19.04.2024).

Caracas, Christian, § 130 OWiG – Das lange Schwert der Korruptionsbekämpfung im privaten Sektor – Teil 1, CCZ 2015, 167–170 (zit. als *Caracas*, CCZ 2015).

Cheyns, Emmanuelle/Thévenot, Laurent, Government by certification standards The consent and complaints of affected communities, La Revue des droits de l'homme 2019 (zit. als *Cheyns/Thévenot*, La Revue des droits de l'homme 2019).

Claeson, Björn Skorpen, Emerging from the tragedies in Bangladesh: a challenge to voluntarism in the global economy, New Solutions Vol. 24 (2015), 495–509 (zit. als *Claeson*, New Solutions Vol. 24 2015).

Clean Clothes Campaign (Hrsg.), Fig Leaf for fashion, How social auditing protects brands and fails workers, 2019, https://cleanclothes.org/file-repository/figleaf-for-fashion.pdf (zugegriffen am 19.04.2024).

Clean Clothes Campaign (Hrsg.), Looking for a quick fix, How weak social auditing is keeping workers in sweatshops, 2005, https://respect.international/wp-content/uploads/2019/07/Looking-for-a-Quick-Fix-How-Weak-Social-Auditing-is-Keeping-Workers-in-Sweatshops.pdf (zugegriffen am 19.04.2024).

Clean Clothes Campaign (Hrsg.), Made by Women, Gender, the Global Garment Industry and the Movement for Women Workers' Rights, 2005, https://cleanclothes.org/resources/publications/made-by-women.pdf (zugegriffen am 19.04.2024).

Clean Clothes Campaign (Hrsg.), Still Un(der)paid, How the garment industry failed to pay its workers during the pandemic, 2021, https://cleanclothes.org/file-repository/cc-still-underpaid-report-2021-web-def.pdf/view (zugegriffen am 19.04.2024).

Clean Clothes Campaign (Hrsg.), Un(der)paid in the pandemic, An estimate of what the garment industry ows its workers, 2020, https://cleanclothes.org/file-repository/underpaid-in-the-pandemic.pdf (zugegriffen am 19.04.2024).

Clifford, Stephanie/Greenhouse, Steven, Fast and Flawed Inspections of Factories Abroad, The New York Times vom 01.09.2013, https://www.nytimes.com/2013/09/02/business/global/superficial-visits-and-trickery-undermine-foreign-factory-inspections.html (zugegriffen am 18.04.2024).

Connor, Tim/Delaney, Annie/Rennie, Sarah, The Ethical Trading Initiative, Negotiated solutions to human rights violations in global supply chains?, Non-Judicial Human Rights Redress Mechanisms, 2016, https://corporateaccountabilityresearch.net/njm-project-publications (zugegriffen am 19.04.2024).

Cooter, Robert/Ulen, Thomas, Law and Economics, 6. Aufl., 2016 (zit. als *Cooter/Ulen*, Law and Economics).

Corcione, Elena, Human Rights Violations Committed by Certified Companies: Assessing the Accountability of Third-Party Certifiers, STALS 2019, 1–19 (zit. als *Corcione*, STALS 2019).

Croucher, Richard/Houssart, Mark/Miles, Lilian/James, Philip, Legal Sanction, International Organisations and the Bangladesh Accord, Industrial Law Journal 48 (2019), 549–570 (zit. als *Croucher et al.*, Industrial Law Journal 48 2019).

Dahan, Yossi/Lerner, Hanna/Milman-Sivan, Faina, Global Justice, Labor Standards and Responsibility, Theoretical Inquiries in Law 12 (2011) (zit. als *Dahan/Lerner/ Milman-Sivan*, Theoretical Inquiries in Law 12 2011).

Davidov, Guy, Who is a Worker?, Industrial Law Journal 2005, 57–68 (zit. als *Davidov*, Industrial Law Journal 2005).

Degen, Julia Kathrin, Die Haftung der "Benannten Stelle" iSv § 3 Nr. 20 MPG, VersR 2017, 462 (zit. als *Degen*, VersR 2017).

Depping, André/Walden, Daniel, LkSG, Gesetz über die unternehmerischen Sorgfaltspflichten zur Vermeidung von Menschenrechtsverletzungen in Lieferketten (Lieferkettensorgfaltspflichtengesetz - LkSG), München 2022 (zit. als Depping/Walden-*Bearbeiter*).

Deutsch, Erwin, Allgemeines Haftungsrecht, 2. Aufl., Köln u.a. 1996 (zit. als *Deutsch*, Allgemeines Haftungsrecht).

Deutsch, Erwin, Haftungsrecht, Allgemeine Lehren 1, Köln 1976 (zit. als *Deutsch*, Haftungsrecht).

Deutsch, Erwin, Schutzgesetze aus dem Strafrecht in § 823 Abs. 2 BGB, VersR 2004, 137–142 (zit. als *Deutsch*, VersR 2004).

Deutsche Nationale Kontaktstelle für die OECD-Leitsätze für multinationale Unternehmen, Abschließende Erklärung, 2018.

Dohmen, Caspar, Mehr Pflichten für Prüfer, Süddeutsche Zeitung vom 03.03.2016, https://www.sueddeutsche.de/wirtschaft/textilbranche-mehr-pflichten-fuer-pruefer -1.2890388 (zugegriffen am 18.04.2024).

Dohmen, Caspar/Gurk, Christoph/Ott, Klaus/Richter, Nicolas, Deutsche Staatsanwälte ermitteln gegen den TÜV Süd, Süddeutsche Zeitung vom 15.02.2020, https://www.s ueddeutsche.de/wirtschaft/tuev-sued-brasilien-drammbruch-ermittlung-1.4798212 (zugegriffen am 18.04.2024).

Donaghey, Jimmy/Reinecke, Juliane, When Industrial Democracy Meets Corporate Social Responsibility - A Comparison of the Bangladesh Accord and Alliance as Responses to the Rana Plaza Disaster, British Journal of Industrial Relations 56 (2018), 14–42 (zit. als *Donaghey/Reinecke*, British Journal of Industrial Relations 56 2018).

Doorey, David J., Lost in Translation: Rana Plaza, Loblaw, and the Disconnect Between Legal Formality and Corporate Social Responsibility, SSRN Electronic Journal 2018, 1–47 (zit. als *Doorey*, SSRN Electronic Journal 2018).

Dreier, Hannah, They're Paid Billions to Root Out Child Labor in the U.S. Why Do They Fail?, New York Times vom 28.12.2023, https://www.nytimes.com/2023/12/28/ us/migrant-child-labor-audits.html (zugegriffen am 19.04.2024).

Dutta, Anatol, Das Statut der Haftung aus Vertrag mit Schutzwirkung für Dritte, IPrax 2009, 293–298 (zit. als *Dutta*, IPrax 2009).

ECCHR, Legal Opinion on English Common Law Principles on Tort, Jabir and others v Textilien und Non-Food GmbH, 2015, https://www.ecchr.eu/fileadmin/Juristisc he_Dokumente/Legal_Opion_Essex_Jabir_et_al_v_KiK_2015.pdf (zugegriffen am 19.04.2024).

ECCHR (Hrsg.), Das kranke System der Textilindustrie, Menschenrechtliche Sorgfalts-pflichten in Krisenzeiten, 2020, https://www.ecchr.eu/fileadmin/Publikationen/ECC HR_PP_LIEFERKETTEN_CORONA_DE.pdf (zugegriffen am 19.04.2024).

ECCHR et al. (Hrsg.), Complaint against TÜV Rheinland and TÜV India on possible Violations of the OECD Guidelines for Multinational Companies, May 2016.

ECCHR et al. (Hrsg.), Complaint regarding Social Audit Report BSCI of Phantom Apparel Ltd by TÜV Rheinland, 6 July 2015, https://www.ecchr.eu/fileadmin/Juristis che_Dokumente/Complaint_regarding_Social_Audit_Report_BSCI_of_Phantom_A pparel_Ltd_by_TUeV_Rheinland_20150707.pdf (zugegriffen am 19.04.2024).

ECCHR/Brot für die Welt/Misereor (Hrsg.), Menschenrechtsfitness von Audits und Zertifizierern?, 2021, https://www.ecchr.eu/fileadmin/Fachartikel/ECCHR_AUDITS _DS_WEB.pdf (zugegriffen am 19.04.2024).

ECCHR/ILAW/WRC (Hrsg.), Force majeure: How global apparel brands are using the COVID-19 pandemic to stiff suppliers and abandon workers, 2020, https://www.ecc hr.eu/fileadmin/ECCHR_PP_FARCE_MAJEURE.pdf (zugegriffen am 19.04.2024).

ECCJ (Hrsg.), European Commission's proposal for a directive on Corporate Sustaina-bility Due Diligence, A comprehensive analysis, 2022, https://corporatejustice.org/w p-content/uploads/2022/04/ECCJ-analysis-CSDDD-proposal-2022.pdf (zugegriffen am 19.04.2024).

ECCJ et al., Complementary action needed to address unfair purchasing practices and achieve goals of the upcoming Sustainable Corporate Governance directive, https://c orporatejustice.org/wp-content/uploads/2021/07/210715_EU_CSOs_Purchasing_Pr actices_Letter_FINAL.pdf (zugegriffen am 19.04.2024).

ECCJ et al., Urgent request to ensure social auditors' liability and effective legislation on human rights and environmental due diligence (HREDD) and corporate accoun-tability, 2021, https://corporatejustice.org/wp-content/uploads/2021/09/Social-auditi ng_Open-letter-to-EU-policymakers_Final_130921.pdf (zugegriffen am 19.04.2024).

Egels-Zandén, Niklas/Lindholm, Henrik, Do codes of conduct improve worker rights in supply chains? A study of Fair Wear Foundation, Journal of Cleaner Production 107 (2015), 31–40 (zit. als *Egels-Zandén/Lindholm*, Journal of Cleaner Production 107 2015).

Egels-Zandén, Niklas/Merk, Jeroen, Private Regulation and Trade Union Rights: Why Codes of Conduct Have Limited Impact on Trade Union Rights, Journal of Business Ethics 123 (2014), 461–473 (zit. als *Egels-Zandén/Merk*, Journal of Business Ethics 123 2014).

Ehmann, Erik, Das Lieferkettensorgfaltspflichtengesetz (LKsG) kommt!, ZVertriebsR 2021, 205–207 (zit. als *Ehmann*, ZVertriebsR 2021).

Ehmann, Erik, Der Regierungsentwurf für das Lieferkettengesetz: Erläuterung und ers-te Hinweise zur Anwendung, ZVertriebsR 2021, 141–151 (zit. als *Ehmann*, ZVertriebsR 2021).

Ehmann, Erik/Berg, Daniel, Das Lieferkettensorgfaltspflichtengesetz (LkSG): ein erster Überblick, GWR 2021, 287–293 (zit. als *Ehmann/Berg*, GWR 2021).

Eickenjäger, Sebastian, Die Durchsetzung von Menschenrechten gegenüber Unternehmen mittels nichtfinanzieller Berichterstattung, in: Markus Krajewski, Miriam Saage-Maaß (Hrsg.), Die Durchsetzung menschenrechtlicher Sorgfaltspflichten von Unternehmen, Zivilrechtliche Haftung und Berichterstattung als Steuerungsinstrumente, 2018, S. 243–278 (zit. als *Eickenjäger*, Die Durchsetzung von Menschenrechten gegenüber Unternehmen mittels nichtfinanzieller Berichterstattung).

ELEVATE, Response to Clean Clothes Campaign report, "Fig Leaf for Fashion: How social auditing protects brands and fails workers", ELEVATE 30.09.2019, https://m edia.business-humanrights.org/media/documents/files/documents/ELEVATE_ response_to_CCC_report_Fig_Leaf_for_Fashion_20190930.pdf (zugegriffen am 19.04.2024).

Environmental Investigation Agency/Grassroots (Hrsg.), Who Watches the Watchmen?, 16.11.2015, https://eia-international.org/report/who-watches-the-watchmen/ (zuge-griffen am 11.07.2022).

Esbenshade, Jill, A Review of Private Regulation: Codes and Monitoring in the Apparel Industry, Sociology Compass 6 (2012), 541–556 (zit. als *Esbenshade*, Sociology Compass 6 2012).

European Civil Society Strategy, European Strategy for Sustainable Textile, Garments, Leather and Footwear, Civil Society Shadow Strategy, 2020, https://fairtrade-advocac y.org/wp-content/uploads/2020/07/Civil-Society-European-Strategy-for-Sustainable -Textiles.pdf (zugegriffen am 19.04.2024).

European Commission, Directorate-General for Justice and Consumers, Study on due diligence requirements through the supply chain, 2020, https://data.europa.eu/doi/1 0.2838/39830 (zugegriffen am 19.04.2024).

Falder, Roland/Frank-Fahle, Constantin/Poleacov, Peter, Lieferkettensorgfaltspflichten-gesetz, Ein Überblick für Praktiker, Wiesbaden 2022 (zit. als *Falder/Frank-Fahle/ Poleacov*, Lieferkettensorgfaltspflichtengesetz).

Fischer, Sebastian/Zastrow, Alexander, Zur Dritthaftung des Abschlussprüfers aus Anlass des Falls Wirecard, GWR 2020, 351–359 (zit. als *Fischer/Zastrow*, GWR 2020).

Fischermann, Thomas/Rudzio, Kolja, Globale Produktion: "Kein Hersteller kennt seine ganze Lieferkette", Interview mit Sarosh Kuruvilla, Die Zeit vom 08.02.2024, https:// www.zeit.de/2024/07/globale-produktion-lieferkette-unternehmenspruefung-sarosh -kuruvilla (zugegriffen am 19.04.2024).

Fleischer, Holger, Aktienrechtliche Compliance-Pflichten im Praxistest: Das Siemens/Neubürger-Urt. des LG München I, NZG 2014, 321–329 (zit. als *Fleischer*, NZG 2014).

Fleischer, Holger, Zivilrechtliche Haftung im Halbschatten des Lieferkettensorgfalts-pflichtengesetzes, DB 2022, 920–929 (zit. als *Fleischer*, DB 2022).

Fleischer, Holger/Korch, Stefan, Zur deliktsrechtlichen Verantwortlichkeit von Auftrag-gebern in der Lieferkette, ZIP 2019, 2181–2191 (zit. als *Fleischer/Korch*, ZIP 2019).

Fleischer, Holger/Mankowski, Peter, LkSG, Gesetz über die unternehmerischen Sorgfaltspflichten zur Vermeidung von Menschenrechtsverletzungen in Lieferketten (Lieferkettensorgfaltspflichtengesetz): Kommentar, München 2023 (zit. als Fleischer/Mankowski-*Bearbeiter*).

Fondation des droits de l'homme au travail (Hrsg.), Beyond Social Auditing, 2008.

Fondation des droits de l'homme au travail (Hrsg.), Towards Social Assessment, 2011.

Förster, Christian, Verkehrssicherungspflichten, JA 2017, 721–728 (zit. als *Förster*, JA 2017).

Frank, T. A., Confessions of a Sweatshop Inspector | Washington Monthly, Washington Monthly vom 01.04.2008, https://washingtonmonthly.com/2008/04/01/confessions-of-a-sweatshop-inspector/ (zugegriffen am 18.04.2024).

Fransen, Luc/LeBaron, Genevieve, Big audit firms as regulatory intermediaries in transnational labor governance, Regulation & Governance 13 (2019), 260–279 (zit. als *Fransen/LeBaron*, Regulation & Governance 13 2019).

Gailhofer, Peter, Rechtsfragen im Kontext einer Lieferkettenregulierung, Ein Diskussionsbeitrag zum Verständnis rechtsverbindlicher umweltbezogener Sorgfaltspflichten, Umweltbundesamt, 2020.

Gailhofer, Peter/Glinski, Carola, Haftungsrechtlicher Rahmen von nachhaltiger Zertifizierung in textilen Lieferketten, Verbaucherzentrale Bundesverband e.V., 2021, https://www.vzbv.de/publikationen/nachhaltigkeit-verlaesslich-zertifizieren (zugegriffen am 19.04.2024).

Gärtner, Philipp, Die Haftung der Benannten Stelle für Medizinprodukte, MedR Schriftenreihe Medizinrecht, Berlin, Heidelberg 2021 (zit. als *Gärtner*, Die Haftung der Benannten Stelle für Medizinprodukte).

Gassner, Kathi/Seith, Sebastian, Ordnungswidrigkeitengesetz, Handkommentar, 2. Aufl., 2020 (zit. als Gassner/Seith-*Bearbeiter*).

Gehling, Christian/Ott, Nicolas/Lüneborg, Cäcilie, Das neue Lieferkettensorgfaltspflichtengesetz, Umsetzung in der Unternehmenspraxis, CCZ 2021, 230–240 (zit. als *Gehling/N. Ott/Lüneborg*, CCZ 2021).

Geimer, Reinhold/Schütze, Rolf/Hau, Wolfgang (Hrsg.), Internationaler Rechtsverkehr in Zivil- und Handelssachen, Loseblatt-Handbuch mit Texten, Kommentierungen und Länderberichten, 66. Aufl., 2023 (zit. als Geimer/Schütze/Hau-*Bearbeiter*).

Germanwatch (Hrsg.), Stellungnahme zum Regierungsentwurf eines Gesetzes zur Stärkung der nichtfinanziellen Berichterstattung der Unternehmen in ihren Lage- und Konzernlageberichten (CSR-Richtlinie-Umsetzungsgesetz), 2016, https://www.germanwatch.org/sites/default/files/publication/17889.pdf (zugegriffen am 19.04.2024).

Gerstetter, Christiane/Kamieth, Alexander, Unternehmensverantwortung - Vorschläge für EU-Reformen, Eine juristische Analyse der Auslandtätigkeit zweier deutscher Unternehmen, Bonn 2010 (zit. als *Gerstetter/Kamieth*, Unternehmensverantwortung).

Giesberts, Ludger, Sorgfaltspflichten für die Lieferkette, Das deutsche Gesetz und der EU-Richtlinienentwurf, NVwZ 2022, 1497–1505 (zit. als *Giesberts*, NVwZ 2022).

Gläßer, Ulla/Pfeiffer, Robert/Schmitz, Dominik/Bond, Helene, Außergerichtliche Beschwerdemechanismen entlang globaler Lieferketten, Europa-Universität Viadrina, 2021, https://www.bmj.de/SharedDocs/Downloads/DE/Themen/Nav_Themen/Forschungsbericht_Aussergerichtliche_Beschwerdemechanismen__Final.html (zugegriffen am 19.04.2024).

Gläßer, Ulla/Schmitz, Dominik, Effektive Beschwerdemechanismen entlang von Lieferketten, NJW 2023, 1465–1470 (zit. als *Gläßer/Schmitz*, NJW 2023).

Glinski, Carola, Die rechtliche Bedeutung der privaten Regulierung globaler Produktionsstandards, 2010 (zit. als *Glinski*, Die rechtliche Bedeutung der privaten Regulierung globaler Produktionsstandards).

Glinski, Carola, Preconditions and Constraints of Effective Private Environmental Governance, in: M. N. Boeve, Sanne Akerboom, Chr. Backes et al. (Hrsg.), Environmental law for transitions to sustainability, European Environmental Law Forum series Volume 7, Cambridge 2021, S. 59–78 (zit. als *Glinski*, Preconditions and Constraints of Effective Private Environmental Governance).

Glinski, Carola, UN-Leitprinzipien, Selbstregulierung der Wirtschaft und Deliktsrecht: Alternativen zu verpflichtenden Völkerrechtsnormen für Unternehmen?, in: Markus Krajewski (Hrsg.), Staatliche Schutzpflichten und unternehmerische Verantwortung für Menschenrechte in globalen Lieferketten, FAU Studien zu Menschenrechten Band 2, Erlangen 2018, S. 43–96 (zit. als *Glinski*, UN-Leitprinzipien, Selbstregulierung der Wirtschaft und Deliktsrecht).

Glinski, Carola/Rott, Peter, The Role and Liability of Certification Organisations in Transnational Value Chains, Deakin Law Review 23 (2018), 83–118 (zit. als *Glinski/Rott*, Deakin Law Review 23 2018).

Glinski, Carola/Rott, Peter, Vortrag: The Role and Liability of Certification Organisations in Transnational Value Chains, 04.11.2017 (zit. als *Glinski/Rott*, The Role and Liability of Certification Organisations in Transnational Value Chains).

Global Deal/OECD/ILO (Hrsg.), Building Trust in a Changing World of Work, 2018, https://www.theglobaldeal.com/resources/GLOBAL-DEAL-FLAGSHIP-REPORT-2018.pdf (zugegriffen am 19.04.2024).

Görgen, Theresa, Unternehmerische Haftung in transnationalen Menschenrechtsfällen, Eine Untersuchung der zivilrechtlichen Haftung unter besonderer Berücksichtigung der UN-Leitprinzipien für Wirtschaft und Menschenrechte, 2019 (zit. als *Görgen*, Unternehmerische Haftung in transnationalen Menschenrechtsfällen).

Grabosch, Robert, § 2 Grundlagen, Prinzipien und Begriffe, in: Robert Grabosch (Hrsg.), Das neue Lieferkettensorgfaltspflichtengesetz, NomosPraxis, Baden-Baden 2021 (zit. als *Grabosch*, § 2).

Grabosch, Robert, § 5 Die Sorgfaltspflichten, in: Robert Grabosch (Hrsg.), Das neue Lieferkettensorgfaltspflichtengesetz, NomosPraxis, Baden-Baden 2021 (zit. als *Grabosch*, § 5).

Grabosch, Robert, Internationale Sorgfaltspflichtengesetze, Lessons Learned für die deutsche Debatte, Friedrich Ebert Stiftung, 2020, https://library.fes.de/pdf-files/iez/16821.pdf (zugegriffen am 19.04.2024).

Grabosch, Robert, Unternehmen und Menschenrechte, Gesetzliche Verpflichtungen zur Sorgfalt im weltweiten Vergleich, Friedrich Ebert Stiftung, 2019, https://library.fes.de /pdf-files/iez/15675.pdf (zugegriffen am 19.04.2024).

Grabosch, Robert/Scheper, Christian, Die menschenrechtliche Sorgfaltspflicht von Unternehmen, Politische und rechtliche Gestaltungsansätze, Friedrich Ebert Stiftung, 2015, https://library.fes.de/pdf-files/iez/11623-20150925.pdf (zugegriffen am 19.04.2024).

Graf von Westphalen, Friedrich, Einige Vorüberlegungen zum bevorstehenden Lieferkettengesetz, ZIP 2020, 2421–2431 (zit. als *Graf von Westphalen*, ZIP 2020).

Graf, Angela, Unangekündigte Audits: BMG-Bekanntmachung konkretisiert Empfehlung 2013/473/EU, MPR 2016, 43-48 (zit. als *Graf*, MPR 2016).

Greco, Luís, Steht das Schuldprinzip der Einführung einer Strafbarkeit juristischer Persones entgegen?: Zugleich Überlegungen zum Verhältnis von Strafe und Schuld, GA 162 (2015), 503–516 (zit. als *Greco*, GA 162 2015).

Grimshaw, Damian/Koukiadaki, Aristea/Tavora, Isabel, Social dialogue and economic performance, What matters for business - A review, Conditions of Work and Employment Series No. 89.

Grüneberg, Christian, Bürgerliches Gesetzbuch, 82. Aufl., München 2023 (zit. als Grüneberg-*Bearbeiter*).

Grunewald, Barbara, Die Haftung von Organmitgliedern nach Deliktsrecht, ZHR 1993, 451–463 (zit. als *Grunewald*, ZHR 1993).

Grunewald, Barbara, Verkäuferhaftung für unrichtige CSR-Berichte des Herstellers, NJW 2021, 1777–1780 (zit. als *Grunewald*, NJW 2021).

Gunnemyr, Mattias, Why the Social Connection Model Fails: Participation is Neither Necessary nor Sufficient for Political Responsibility, Hypatia 35 (2020), 567–586 (zit. als *Gunnemyr*, Hypatia 35 2020).

Habersack, Mathias/Ehrl, Max, Verantwortlichkeit inländischer Unternehmen für Menschenrechtsverletzungen durch ausländische Zulieferer – de lege lata und de lege ferenda, AcP 219 (2019), 155 (zit. als *Habersack/Ehrl*, AcP 219 2019).

Habersack, Mathias/Zickgraf, Peter, Deliktsrechtliche Verkehrs- und Organisationspflichten im Konzern, ZHR 182 (2018), 252–295 (zit. als *Habersack/Zickgraf*, ZHR 182 2018).

Haider, Katharina, Haftung von transnationalen Unternehmen und Staaten für Menschenrechtsverletzungen, Eine Untersuchung der Rechtsschutzmöglichkeiten am Maßstab des Völkerrechts, des Internationalen Zivilverfahrensrechts, des (Internationalen) Privatrechts, des Staatshaftungsrechts und des Strafrechts, 2019 (zit. als *Haider*, Haftung von transnationalen Unternehmen und Staaten für Menschenrechtsverletzungen).

Halfmeier, Axel, Die Haftung von Ratingagenturen gegenüber Kapitalanlegern: Von Sydney lernen?, VuR 2014, 327 (zit. als *Halfmeier*, VuR 2014).

Halfmeier, Axel, Liability of Rating Agencies Under German and European Law, in: Peter Rott (Hrsg.), Certification - Trust, Accountability, Liability, Studies in European economic law and regulation volume 16, 231 (zit. als *Halfmeier*, Liability of Rating Agencies).

Halfmeier, Axel, Zur Rolle des Kollisionsrechts bei der zivilrechtlichen Haftung für Menschenrechtsverletzungen, in: Markus Krajewski, Franziska Oehm, Miriam Saage-Maaß (Hrsg.), Zivil- und strafrechtliche Unternehmensverantwortung für Menschenrechtsverletzungen Bd. 1, Berlin, Heidelberg 2018, S. 33–50 (zit. als *Halfmeier,* Zur Rolle des Kollisionsrechts bei der zivilrechtlichen Haftung für Menschenrechtsverletzungen).

Handorn, Boris, BGH: Grundsätze eines Vertrages mit Schutzwirkung zugunsten Dritter – Haftung gegenüber Patientinnen mit Silikonbrustimplantaten, MPR 2020, 231–241 (zit. als *Handorn,* MPR 2020).

Harrison, James/Wielga, Mark, Grievance Mechanisms in Multi-Stakeholder Initiatives: Providing Effective Remedy for Human Rights Violations?, Business and Human Rights Journal 8 (2023), 43–65 (zit. als *Harrison/Wielga,* Business and Human Rights Journal 8 2023).

Hartmann, Constantin, Haftung von Unternehmen für Menschenrechtsverletzungen im Ausland aus Sicht des Internationalen Privat- und Zivilverfahrensrechts, in: Markus Krajewski, Miriam Saage-Maaß (Hrsg.), Die Durchsetzung menschenrechtlicher Sorgfaltspflichten von Unternehmen, Zivilrechtliche Haftung und Berichterstattung als Steuerungsinstrumente, 2018, S. 281–310 (zit. als *Hartmann,* Haftung von Unternehmen für Menschenrechtsverletzungen im Ausland aus Sicht des Internationalen Privat- und Zivilverfahrensrechts).

He, Guojun/Perloff, Jeffrey M., Does Customer Auditing Help Chinese Workers?, ILR Review 66 (2013), 511–524 (zit. als *He/Perloff,* ILR Review 66 2013).

Heinlein, Ingrid, Zivilrechtliche Verantwortung transnationaler Unternehmen für sichere und gesunde Arbeitsbedingungen in den Betrieben ihrer Lieferanten, NZA 2018, 276 (zit. als *Heinlein,* NZA 2018).

Hembach, Holger, Das LkSG und seine Umsetzung – ein Überblick, LMuR 2023, 9–16 (zit. als *Hembach,* LMuR 2023).

Hembach, Holger, Praxisleitfaden Lieferkettensorgfaltspflichtengesetz (LkSG), Nomos eLibrary Wirtschaftsrecht, Frankfurt, Baden-Baden 2022 (zit. als *Hembach,* Praxisleitfaden Lieferkettensorgfaltspflichtengesetz).

Hermanns, Ferdinand/Kleier, Ulrich, Grenzen der Aufsichtspflicht in Betrieben und Unternehmen, Zur Bedeutung des § 130 OWiG in der Praxis, 1987 (zit. als *Hermanns/Kleier,* Grenzen der Aufsichtspflicht).

Higgins, Abigail, Corporations are paying for worker abuse audits that are 'designed to fail', say insiders, The Guardian vom 10.10.2023, https://www.theguardian.com/global-development/2023/oct/10/corporate-auditing-foreign-workers-abuse-claims (zugegriffen am 19.04.2024).

Hübner, Leonhard, Bausteine eines künftigen Lieferkettengesetzes, NZG 2020, 1411–1417 (zit. als *Hübner,* NZG 2020).

Hübner, Leonhard, Grundlagen der Haftungsmöglichkeiten im nationalen Zivilrecht, in: Markus Krajewski, Franziska Oehm, Miriam Saage-Maaß (Hrsg.), Zivil- und strafrechtliche Unternehmensverantwortung für Menschenrechtsverletzungen Bd. 1, Berlin, Heidelberg 2018, S. 11–31 (zit. als *Hübner,* Grundlagen der Haftungsmöglichkeiten im nationalen Zivilrecht).

Hübner, Leonhard, Unternehmenshaftung für Menschenrechtsverletzungen, JusPriv, Tübingen 2022 (zit. als *Hübner*, Unternehmenshaftung für Menschenrechtsverletzungen).

Human Rights Reporting and Assurance Frameworks Initiative (Hrsg.), Vision for Human Rights Assurance, 2015, https://media.business-humanrights.org/media/docum ents/files/RAFI_VisionforHumanRightsAssurance_17April2015.pdf (zugegriffen am 19.04.2024).

Human Rights Watch (Hrsg.), Combating Sexual Harassment in the Garment Industry, 2020, https://www.hrw.org/news/2019/02/12/combating-sexual-harassment-garment -industry (zugegriffen am 19.04.2024).

Human Rights Watch (Hrsg.), Obsessed with Audit Tools, Missing the Goal, 2022, https://www.hrw.org/report/2022/11/15/obsessed-audit-tools-missing-goal/why-soci al-audits-cant-fix-labor-rights-abuses (zugegriffen am 19.04.2024).

Human Rights Watch (Hrsg.), "Paying for a bus ticket and expecting to fly", How apparel brand purchasing practices drive labor abuses, 2019, https://www.hrw.org/re port/2019/04/24/paying-bus-ticket-and-expecting-fly/how-apparel-brand-purchasin g-practices-drive (zugegriffen am 19.04.2024).

Huq, Chaumtoli, Opportunities and limitations of the Accord: need for a worker organizing model, in: Sanchita Banerjee Saxena (Hrsg.), Labor, Global Supply Chains, and the Garment Industry in South Asia, 2019 (zit. als *Huq*, Opportunities and limitations of the Accord).

Initiative Lieferkettengesetz (Hrsg.), Rechtsgutachten zur Ausgestaltung eines Lieferkettengesetzes, 2020, https://lieferkettengesetz.de/wp-content/uploads/2020/02/200527 _lk_rechtsgutachten_webversion_ds.pdf (zugegriffen am 19.04.2024).

International Labour Organization (Hrsg.), Dreigliedrige Grundsatzerklärung über multinationale Unternehmen und Sozialpolitik, 6. Aufl., 2022, https://www.ilo.org /de/media/365266/download (zugegriffen am 19.04.2024).

International Labour Organization (Hrsg.), Progress and Potential: How Better Work is improving garment workers' lives and boosting factory competitiveness, A summary of an independent assessment of the Better Work programme, Geneva 2016, https:/ /betterwork.org/wp-content/uploads/BW-Progress-and-Potential_Web-final.pdf (zugegriffen am 19.04.2024).

International Labour Organization (Hrsg.), Purchasing practices and working conditions in global supply chains: Global Survey results, INWORK Issue Brief No. 10, 2017.

International Labour Organization (Hrsg.), Women and men in the informal economy, A statistical picture, Geneva, Switzerland, https://www.ilo.org/publications/women -and-men-informal-economy-statistical-update (zugegriffen am 19.04.2024).

Jackson, James Lowell/Burger, Anna/Judd, Jason, Mapping Social Dialogue in Apparel, Synthesis Report, 2021, https://cornell.app.box.com/s/zzg1c5n43lj0c3atrsnl72jrbnj0g n2q (zugegriffen am 19.04.2024).

Jauernig, Othmar, Bürgerliches Gesetzbuch, 19. Aufl., bearb. von Othmar Jauernig, München 2023 (zit. als Jauernig-*Bearbeiter*).

Johnson, David, Verhaltenskodex mit Lieferanten ist regelmäßig kein Vertrag zugunsten Dritter bzw. mit Schutzwirkung für Dritte, CCZ 2020, 103–106 (zit. als *Johnson*, CCZ 2020).

Kamann, Hans-Georg/Irmscher, Philipp, Das Sorgfaltspflichtengesetz – Ein neues Sanktionsrecht für Menschenrechts- und Umweltverstöße in Lieferketten, NZWiSt 2021, 249–256 (zit. als *Kamann/Irmscher*, NZWiSt 2021).

Karlsruher Kommentar zum Gesetz über Ordnungswidrigkeiten, 5. Aufl., hrsg. von Wolfgang Mitsch, 2018 (zit. als KK OWiG-*Bearbeiter*).

Kashyap, Aruna, Social Audit Reforms and the Labor Rights Ruse, Inter Press Service News Agency vom 07.10.2020, https://www.ipsnews.net/2020/10/social-audit-reform s-labor-rights-ruse/ (zugegriffen am 18.04.2024).

Kegel, Gerhard/Schurig, Klaus, Internationales Privatrecht, 9. Aufl., München 2004 (zit. als *Kegel/Schurig*, Internationales Privatrecht).

Kindhäuser, Urs/Zimmermann, Till, Strafrecht Allgemeiner Teil, 11. Aufl., NomosLehrbuch, Baden-Baden 2023 (zit. als *Kindhäuser/Zimmermann*, Strafrecht Allgemeiner Teil).

Kippenberg, Juliane, Lücken im Gesetz, taz vom 30.01.2023, https://taz.de/Neues-Liefer kettengesetz/!5909148/ (zugegriffen am 18.04.2024).

Kleindiek, Detlef, Deliktshaftung und juristische Person, Zugleich zur Eigenhaftung von Unternehmensleitern, Zugl.: Heidelberg, Univ., Habil.-Schr., 1996-1997, Jus privatum 22, Tübingen 1997 (zit. als *Kleindiek*, Deliktshaftung und juristische Person).

Klesczewski, Diethelm, Ordnungswidrigkeitenrecht, Ein Lehrbuch, 2. Aufl., Academia Iuris Lehrbücher der Rechtswissenschaft, München 2016 (zit. als *Klesczewski*, Ordnungswidrigkeitenrecht).

Klinger, Remo/Ernst, Silvia, Rechtsgutachten zur Akkreditierungspflicht von nachhaltigen Verbrauchersiegeln im Textilsektor, Verbaucherzentrale Bundesverband e.V., 2021, https://www.vzbv.de/publikationen/nachhaltigkeit-verlaesslich-zertifizieren (zugegriffen am 19.04.2024).

Klinger, Remo/Hartmann, Constantin/Krebs, David, Vom Blauen Engel zum Bekleidungsengel?, Umweltsiegel als Vorbild staatlicher Zertifizierungen in der Textilindustrie, ZUR 2015, 270–277 (zit. als *Klinger/Hartmann/Krebs*, ZUR 2015).

Klinger, Remo/Krajewski, Markus/Krebs, David/Hartmann, Constantin, Verankerung menschenrechtlicher Sorgfaltspflichten von Unternehmen im deutschen Recht, Gutachten, Germanwatch.

Kocher, Eva, Corporate Social Responsibility, Eine gelungene Inszenierung?, KJ 43 (2010), 29–37 (zit. als *Kocher*, KJ 43 2010).

Kocher, Eva, Transnationales Arbeitsrecht?, AVR 57 (2019), 183 (zit. als *Kocher*, AVR 57 2019).

Kommentar zum Bürgerlichen Gesetzbuch mit Einführungsgesetz, Buch 2: Recht der Schuldverhältnisse: §§ 823 E-I, 824, 825 (Verkehrspflichten, deliktische Produkthaftung, Verletzung eines Schutzgesetzes, Arzthaftungsrecht), hrsg. von Julius von Staudinger, Berlin, Saarbrücken 2021 (zit. als Staudinger-*Bearbeiter*).

Köster, Constantin, Die völkerrechtliche Verantwortlichkeit privater (multinationaler) Unternehmen für Menschenrechtsverletzungen, Schriften zum Völkerrecht - Band 191 v.191, 2010 (zit. als *Köster,* Die völkerrechtliche Verantwortlichkeit privater (multinationaler) Unternehmen für Menschenrechtsverletzungen).

Kötz, Hein, Deliktshaftung für selbständige Unternehmer, ZEuP 2017, 283–309 (zit. als *Kötz,* ZEuP 2017).

Krajewski, Markus, Die Menschenrechtsbindung transnationaler Unternehmen, MRM —MenschenRechtsMagazin 2012, 66–80 (zit. als *Krajewski,* MRM —MenschenRechtsMagazin 2012).

Krajewski, Markus, Menschenrechtsschutz durch Deliktsrecht (2020), ZaöRV / HJIL 81 (2021), 567–572 (zit. als *Krajewski,* ZaöRV / HJIL 81 2021).

Krajewski, Markus/Dey, Shuvra, Effective Human Rights Due Diligence Ten Years After Rana Plaza?, Assessing the complaint against IKEA and Amazon under the German Supply Chain Due Diligence Act 2023, https://verfassungsblog.de/effective-human-rights-due-diligence-ten-years-after-rana-plaza/ (zugegriffen am 18.04.2024).

Krause, Rüdiger, Das Lieferkettensorgfaltspflichtengesetz als Baustein eines transnationalen Arbeitsrechts – Teil II, RdA 2022, 327–341 (zit. als *R. Krause,* RdA 2022).

Krebs, David, Menschenrechtliche und umweltbezogene Sorgfaltspflicht: Der Wettlauf zwischen europäischer und deutscher Rechtssetzung, ZUR, 394–402 (zit. als *Krebs,* ZUR).

Krenberger, Benjamin/Krumm, Carsten (Hrsg.), Ordnungswidrigkeitengesetz, 6. Aufl., 2020 (zit. als Krenberger/Krumm-*Bearbeiter*).

Kroker, Patrick, Menschenrechte in der Compliance, CCZ 2015, 120–127 (zit. als *Kroker,* CCZ 2015).

Kuruvilla, Sarosh/Fischer-Daly, Matt/Raymond, Christopher, Freedom of Association and Collective Bargaining in Global Supply Chains, in: Sarosh Kuruvilla (Hrsg.), Private regulation of labor standards in global supply chains, Problems, progress, and prospects, Ithaca [New York] 2021, S. 148–180 (zit. als *Kuruvilla/Fischer-Daly/Raymond,* Freedom of Association and Collective Bargaining in Global Supply Chains).

Kuruvilla, Sarosh/Li, Chunyun, Freedom of Association and Collective Bargaining in Global Supply Chains: A Research Agenda, Journal of Supply Chain Management 2021, 43–57 (zit. als *Kuruvilla/C. Li,* Journal of Supply Chain Management 2021).

Kuruvilla, Sarosh/Li, Ning/Jackson, James Lowell, Private regulation of labour standards in global supply chains, Current status and future directions, in: Guillaume Delautre, Elizabeth Echeverría Manrique, Colin Fenwick (Hrsg.), Decent work in a globalized economy, Lessons from public and private initiatives, Geneva 2021, S. 185–209 (zit. als *Kuruvilla/N. Li/Jackson,* Private regulation of labour standards in global supply chains).

Kuruvilla, Sarosh/Liu, Mingwei/Li, Chunyun/Chen, Wansi, Field Opacity and Practice-Outcome Decoupling: Private Regulation of Labor Standards in Global Supply Chains, ILR Review 73 (2020), 841–872 (zit. als *Kuruvilla et al.,* ILR Review 73 2020).

Lackner, Karl/Kühl, Kristian/Heger, Martin (Hrsg.), Strafgesetzbuch, Kommentar, 30. Aufl., München 2023 (zit. als Lackner/Kühl/Heger-*Bearbeiter*).

Landau, Ingrid/Hardy, Tess, Transnational Labour Governance in Global Supply Chains: Asking Questions and Seeking Answers on Accountability, in: Guillaume Delautre, Elizabeth Echeverría Manrique, Colin Fenwick (Hrsg.), Decent work in a globalized economy, Lessons from public and private initiatives, Geneva 2021, 43 (zit. als *Landau/Hardy*, Transnational Labour Governance in Global Supply Chains:).

Larenz, Karl/Canaris, Claus-Wilhelm, Lehrbuch des Schuldrechts, Band II, Halbband 2, Besonderer Teil, 13. Aufl., 1994 (zit. als *Larenz/Canaris*, Lehrbuch des Schuldrechts).

LeBaron, Genevieve/Lister, Jane, Benchmarking global supply chains: the power of the 'ethical audit' regime, Review of International Studies 2015, 905–924 (zit. als *LeBaron/Lister*, Review of International Studies 2015).

LeBaron, Genevieve/Lister, Jane, Ethical Audits and the Supply Chains of Global Corporations, SPERI Global Political Economy Brief No. 1 2016 (zit. als *LeBaron/Lister*, SPERI Global Political Economy Brief No. 1 2016).

LeBaron, Genevieve/Lister, Jane/Dauvergne, Peter, Ethical audits as a mechanism of global value chain governance, in: Claire Cutler, Thomas Dietz (Hrsg.), The Politics of Private Transnational Governance by Contract, 2017, S. 97–114 (zit. als *LeBaron/Lister/Dauvergne*, Ethical audits as a mechanism of global value chain governance).

LeBaron, Genevieve/Lister, Jane/Dauvergne, Peter, Governing Global Supply Chain Sustainability through the Ethical Audit Regime, Globalizations 14 (2017), 958–975 (zit. als *LeBaron/Lister/Dauvergne*, Globalizations 14 2017).

Lehr, Matthias, Internationale medienrechtliche Konflikte und Verfahren, NJW 2012, 705 (zit. als *Lehr*, NJW 2012).

Leyens, Patrick, Expertenhaftung: Ersatz von Vermögensschäden im Dreipersonenverhältnis nach Bürgerlichem Recht, JuS 2018, 217–222 (zit. als *Leyens*, JuS 2018).

Liedbauer, Thilo/Heinz, Lara, Blockchain für mehr Transparenz in Lieferketten?, Vom Feld ins Regal 3, 16.01.2020 (zit. als *Liedbauer/Heinz*, Blockchain für mehr Transparenz in Lieferketten?).

LkSG, Lieferkettensorgfaltspflichtengesetz: Handkommentar, hrsg. von Christian Johann, Roya Sangi, Baden-Baden 2023 (zit. als HK-LkSG-*Bearbeiter*).

Locke, Richard, The Promise and Limits of Private Power, Cambridge 2013 (zit. als *Locke*, The Promise and Limits of Private Power).

Locke, Richard/Amengual, Matthew/Mangla, Akshay, Virtue out of Necessity? Compliance, Commitment, and the Improvement of Labor Conditions in Global Supply Chains, Politics & Society 37 (2009), 319–351 (zit. als *Locke/Amengual/Mangla*, Politics & Society 37 2009).

Locke, Richard/Distelhorst, Greg/Pal, Timea/Samel, Hiram M., Production Goes Global, Standards Stay Local: Private Labor Regulation in the Global Electronics Industry, Regulation & Governance 9(3) (2012), 224–242 (zit. als *Locke et al.*, Regulation & Governance 9(3) 2012).

Locke, Richard/Qin, Fei/Brause, Alberto, Does Monitoring Improve Labor Standards? Lessons from Nike, ILR Review 61 (2007), 3–31 (zit. als *Locke/Qin/Brause*, ILR Review 61 2007).

Lorenz, Fabian/Krülls, Sebastian, Die Lieferketten-Risikoanalyse nach dem LkSG – Ein taugliches Konzept, aber unklare Maßstäbe, CCZ 2023, 100–108 (zit. als *F. Lorenz/Krülls*, CCZ 2023).

Lötzsch, Markus/Fikfa, Matthias, Einführung einer CE-Kennzeichnung zum vorbeugenden Schutz von Menschenrechten in Wertschöpfungsketten, EuZW 2020, 179–185 (zit. als *Lötzsch/Fikfa*, EuZW 2020).

Lund-Thomsen, Peter/Lindgreen, Adam, Corporate Social Responsibility in Global Value Chains: Where Are We Now and Where Are We Going?, J Bus Ethics 123 (2014), 11–22 (zit. als *Lund-Thomsen/Lindgreen*, J Bus Ethics 123 2014).

Lutter, Marcus, Gefahren persönlicher Haftung für Gesellschafter und Geschäftsführer einer GmbH, DB 1994, 129–135 (zit. als *Lutter*, DB 1994).

Lutter, Marcus, Haftungsrisiken des Geschäftsführers einer GmbH, GmbHR 1997, 329–335 (zit. als *Lutter*, GmbHR 1997).

Lutter, Marcus, Zur persönlichen Haftung des Geschäftsführers aus deliktischen Schäden im Unternehmen, ZHR 1993, 464–482 (zit. als *Lutter*, ZHR 1993).

Lutter, Marcus/Hommelhoff, Peter/Bayer, Walter/Kleindiek, Detlef, GmbH-Gesetz, Kommentar, 20. Aufl., Köln 2020 (zit. als Lutter/Hommelhoff/Bayer/Kleindiek-*Bearbeiter*).

Maier, Arne, LG Düsseldorf: Haftung einer Ratingagentur gegenüber dem Anleger wegen Erstellung eines fehlerhaften Ratings (Anspruchsgrundlagen), VuR 2017, 383–387 (zit. als *Maier*, VuR 2017).

Makowicz, Bartosz, Integrierte Umsetzung neuer LkSG-Anforderungen in einem CMS, comply 7. Jahrgang (März 2022), 10–12 (zit. als *Makowicz*, comply 7. Jahrgang März 2022).

Mansel, Heinz-Peter, Internationales Privatrecht de lege lata wie de lege ferenda und Menschenrechtsverantwortlichkeit deutscher Unternehmen, ZGR 2018, 439–478 (zit. als *Mansel*, ZGR 2018).

Martin, Maximilian, Creating Sustainable Apparel Value Chains, A Primer on Industry Transformation, Impact Economy, 2013, https://www.impacteconomy.com/papers/IE_PRIMER_DECEMBER2013_EN.pdf (zugegriffen am 19.04.2024).

Marx, Axel/Wouters, Jan, Redesigning enforcement in private labour regulation: Will it work?, International Labour Review 155 (2016), 435–459 (zit. als *Marx/Wouters*, International Labour Review 155 2016).

Massoud, Sofia, Menschenrechtsverletzungen im Zusammenhang mit wirtschaftlichen Aktivitäten von transnationalen Unternehmen, Interdisciplinary Studies in Human Rights Band 2 // 2, Berlin Heidelberg 2018 (zit. als *Massoud*, Menschenrechtsverletzungen im Zusammenhang mit wirtschaftlichen Aktivitäten von transnationalen Unternehmen).

Matusche-Beckmann, Annemarie, Das Organisationsverschulden, JUS PRIVATUM - Beiträge zum Privatrecht 55, 2001 (zit. als *Matusche-Beckmann*, Organisationsverschulden).

Medicus, Dieter, Deliktische Außenhaftung der Vorstandsmitglieder und Geschäftsführer, ZGR 1998, 570–585 (zit. als *Medicus*, ZGR 1998).

Merk, Jeroen/Zeldenrust, Ineke, The Business Social Compliance Initiative: A Critical Perspective, Clean Clothes Campaign, 2005.

Mertens, Hans-Joachim/Mertens, Georg, BGH, 5. 12. 1989 — VI ZR 335/88. Zur deliktischen Haftung von GmbHGeschäftsführern, JZ 45 (1990), 486–490 (zit. als *H.-J. Mertens/G. Mertens*, JZ 45 1990).

Miedema, Christie, Failing workers by design, The fatal assurances of the social auditing industry, https://www.business-humanrights.org/en/failing-workers-by-design-the-f atal-assurances-of-the-social-auditing-industry (zugegriffen am 18.04.2024).

Mielke, Jahel, Textilarbeiter in Bangladesch: Hilflos nach der Katastrophe, Der Tagesspiegel vom 12.08.2013, https://www.tagesspiegel.de/wirtschaft/hilflos-nach-der-kata strophe-3512623.html (zugegriffen am 18.04.2024).

Mieres, Siobhán/McGrath, Fabiola, Ripe to be heard: Worker voice in the Fair Food Program, International Labour Review 160 (2021), 631–647 (zit. als *Mieres/McGrath*, International Labour Review 160 2021).

Mittwoch, Anne-Christin, Nachhaltigkeit und Unternehmensrecht, Schriften zum Unternehmens- und Kapitalmarktrecht, Tübingen 2022 (zit. als *Mittwoch*, Nachhaltigkeit und Unternehmensrecht).

Monnheimer, Maria/Nedelcu, Philipp, Wirtschaft und Menschenrechte – Kommt ein Sorgfaltspflichtengesetz?, ZRP 2020, 205–209 (zit. als *Monnheimer/Nedelcu*, ZRP 2020).

MSI Integrity (Hrsg.), Not Fit-for-Purpose, The Grand Experiment of Multi-Stakeholder Initiatives in Corporate Accountability, Human Rights and Global Governance, 2020, https://www.msi-integrity.org/not-fit-for-purpose/ (zugegriffen am 19.04.2024).

MSI Working Group (Hrsg.), The Common Framework for Responsible Purchasing Practices, Building Resilience in Textile Supply Chains, 2022, https://www.textilbuen dnis.com/download/cfrpp-2022/ (zugegriffen am 19.04.2024).

Müller-Hoff, Claudia, Der Dammbruch von Brumadinho - Wenn Normabweichungen zum Normalzustand werden 29.05.2020, https://www.business-humanrights.org/de/ blog/der-dammbruch-von-brumadinho-wenn-normabweichungen-zum-normalzust and-werden/ (zugegriffen am 18.04.2024).

Müller-Hoff, Claudia, Unternehmen als Täter – internationale Perspektiven und Herausforderungen für das deutsche Straf- und Prozessrecht, in: Markus Krajewski, Franziska Oehm, Miriam Saage-Maaß (Hrsg.), Zivil- und strafrechtliche Unternehmensverantwortung für Menschenrechtsverletzungen Bd. 1, Berlin, Heidelberg 2018, S. 224–246 (zit. als *Müller-Hoff*, Unternehmen als Täter).

Müller-Hoff, Claudia/Oehm, Franziska, Eine Alternative zur Haftung nach dem Sorgfaltspflichtengesetz?, Zur Anwendung ausländischer Rechtsnormen in transnationalen Schadensersatzklagen gegen deutsche Unternehmen, ZEuP 2022, 142–156 (zit. als *Müller-Hoff/Oehm*, ZEuP 2022).

Müller-Jung, Joachim, EU-Lieferkettengesetz: "Ein herber Rückschlag", Interview mit Achim Spiller, FAZ vom 04.02.2024, https://zeitung.faz.net/fas/wissenschaft/2024-0 2-04/853dd887f9ae74c4a17bcf570fdf3791/?GEPC=s5 (zugegriffen am 18.04.2024).

Münchener Kommentar zum Bürgerlichen Gesetzbuch, Band 13: IPR II, Internationales Wirtschaftsrecht, Art. 50-253 EGBGB, 8. Aufl., hrsg. von Franz Jürgen Säcker, Roland Rixecker, Hartmut Oetker u.a., München 2021 (zit. als MüKo BGB-*Bearbeiter*).

Münchener Kommentar zum Bürgerlichen Gesetzbuch, Band 1: Allgemeiner Teil §§ 1-240, AllgPersönlR, ProstG, AGG, 9. Aufl., hrsg. von Franz Jürgen Säcker, Roland Rixecker, Hartmut Oetker u.a., München 2021 (zit. als MüKo BGB-*Bearbeiter*).

Münchener Kommentar zum Bürgerlichen Gesetzbuch, Band 7: Schuldrecht - Besonderer Teil IV §§ 705-853, PartGG, ProdHaftG, 9. Aufl., hrsg. von Franz-Jürgen Säcker, Roland Rixecker, Hartmut Oetker u.a., München 2024 (zit. als MüKo BGB-*Bearbeiter*).

Murray, Maryanne, Blockchain explained, A Reuters Visual Guide, https://www.reu ters.com/graphics/TECHNOLOGY-BLOCKCHAIN/010070P11GN/index.html (zugegriffen am 18.04.2024).

Musielak, Hans-Joachim/Voit, Wolfgang, Zivilprozessordnung, Mit Gerichtsverfassungsgesetz : Kommentar, 21. Aufl., München 2024 (zit. als Musielak/Voit-*Bearbeiter*).

National Contact Point for the OECD Guidelines, Final Statement, 2018, https://pcnital ia.mise.gov.it/attachments/article/2035928/Final%20Statement%20RINA_DEF.pdf (zugegriffen am 19.04.2024).

Nick Lin-Hi, Zukunftswerkstatt Teil 3: Nachhaltigkeit, 18.09.2019 (zit. als Nick Lin-Hi, Zukunftswerkstatt Teil 3: Nachhaltigkeit).

Nietsch, Michael/Osmanovic, Daniel, Die Haftung Benannter Stellen im EU-Konformitätsbewertungsverfahren, ZIP 41 (2020), 2316–2326 (zit. als *Nietsch/Osmanovic*, ZIP 41 2020).

Nietsch, Michael/Wiedmann, Michael, Der Vorschlag zu einer europäischen Sorgfaltspflichten-Richtlinie im Unternehmensbereich (Corporate Sustainability Due Diligence Directive), CCZ 2022, 125–137 (zit. als *Nietsch/Wiedmann*, CCZ 2022).

Nomos Kommentar BGB, Rom-Verordnungen | EuGüVO | EuPartVO | HUP | EuErbVO, 3. Aufl., hrsg. von Rainer Hüßtege, Heinz-Peter Mansel, Baden-Baden, Berlin 2019 (zit. als NK-BGB-*Bearbeiter*).

Nomos Kommentar BGB, Schuldrecht | ProdHaftG | UKlagG, Band 2: §§ 241-853, 4. Aufl., hrsg. von Barbara Dauner-Lieb, Werner Langen, Baden-Baden, Berlin 2021 (zit. als NK-BGB-*Bearbeiter*).

Nomos Kommentar BGB, Handkommentar, 12. Aufl., 2024 (zit. als HK-BGB-*Bearbeiter*).

Nordhues, Sophie, Die Haftung der Muttergesellschaft und ihres Vorstands für Menschenrechtsverletzungen im Konzern, 2019 (zit. als *Nordhues*, Die Haftung der Muttergesellschaft und ihres Vorstands für Menschenrechtsverletzungen im Konzern).

OECD, Guidelines for Multinational Enterprises on Responsible Business Conduct, 2023 (zit. als OECD, Guidelines for Multinational Enterprises).

OECD (Hrsg.), Due Diligence Guidance for Responsible Supply Chains in the Garment and Footwear Sector, 2018, https://www.oecd.org/industry/inv/mne/responsible-sup ply-chains-textile-garment-sector.htm (zugegriffen am 19.04.2024).

OECD (Hrsg.), Informality and Globalisation, In search of a new social contract, 2023, https://www.oecd.org/publications/informality-and-globalisation-c945c24f-en.htm (zugegriffen am 19.04.2024).

OECD (Hrsg.), Leitfaden für die Erfüllung der Sorgfaltspflicht für verantwortungsvolles unternehmerisches Handeln, 2018, https://mneguidelines.oecd.org/OECD-leitfad en-fur-die-erfullung-der-sorgfaltspflicht-fur-verantwortungsvolles-unternehmerisch es-handeln.pdf (zugegriffen am 19.04.2024).

OECD (Hrsg.), Making Codes of Corporate Conduct Work, Management Control Systems and Corporate Responsibility, OECD Working Papers on International Investment 2001/03.

Oka, Chikako/Egels-Zandén, Niklas/Alexander, Rachel, Buyer Engagement and Labour Conditions in Global Supply Chains: The Bangladesh Accord and Beyond, Development and Change 51 (2020), 1306–1330 (zit. als *Oka/Egels-Zandén/Alexander*, Development and Change 51 2020).

O'Rourke, Dara, Monitoring the Monitors: A critique of PricewaterhouseCoopers (PwC) Labor Monitoring, Massachussets Institute of Technology, 2000.

Osieka, Gesine, Zivilrechtliche Haftung deutscher Unternehmen für menschenrechtsbeeinträchtigende Handlungen ihrer Zulieferer, Internationalrechtliche Studien 68, Frankfurt a.M 2014 (zit. als *Osieka*, Zivilrechtliche Haftung deutscher Unternehmen für menschenrechtsbeeinträchtigende Handlungen ihrer Zulieferer).

Otto, Hansjörg/Schwarze, Roland/Krause, Rüdiger, Die Haftung des Arbeitnehmers, 4. Aufl., De Gruyter Handbuch Ser, Berlin/Boston 2014 (zit. als *H. Otto/Schwarze/R. Krause*, Die Haftung des Arbeitnehmers).

Otto, Harro, Die Haftung für kriminelle Handlungen im Unternehmen, Jura 1998, 409–418 (zit. als *H. Otto*, Jura 1998).

Outhwaite, Opi/Martin-Ortega, Olga, Worker-driven monitoring – Redefining supply chain monitoring to improve labour rights in global supply chains, Competition & Change 23 (2019), 378–396 (zit. als *Outhwaite/Martin-Ortega*, Competition & Change 23 2019).

Paefgen, Walter G., Haftung für die Verletzung von Pflichten nach dem neuen Lieferkettensorgfaltspflichtengesetz, ZIP 2021, 2006–2016 (zit. als *Paefgen*, ZIP 2021).

Paiement, Phillip, Jurisgenerative role of auditors in transnational labor governance, Regulation & Governance 13 (2019), 280–298 (zit. als *Paiement*, Regulation & Governance 13 2019).

Paiement, Phillip, Transnational Auditors, Local Workplaces, and the Law, Transnational Legal Theory 2021, 390–414 (zit. als *Paiement*, Transnational Legal Theory 2021).

Payandeh, Mehrdad, Deliktische Haftung von Unternehmen für transnationale Menschenrechtsverletzungen, in: Katharina Boele-Woelki, Florian Faust, Matthias Jacobs et al. (Hrsg.), Festschrift für Karsten Schmidt zum 80. Geburtstag, München 2019, S. 131–146 (zit. als *Payandeh*, Deliktische Haftung von Unternehmen).

Perkel, Colin, Supreme Court refuses to hear lawsuit against Loblaws over Bangladesh factory collapse, The Canadian Press vom 08.08.2019, https://globalnews.ca/news/57 42110/loblaws-bangladesh-factory-lawsuit/ (zugegriffen am 18.04.2024).

Pförtner, Friederike, Menschenrechtliche Sorgfaltspflichten für Unternehmen - eine Betrachtung aus kollisionsrechtlicher Perspektive, in: Markus Krajewski, Miriam Saage-Maaß (Hrsg.), Die Durchsetzung menschenrechtlicher Sorgfaltspflichten von Unternehmen, Zivilrechtliche Haftung und Berichterstattung als Steuerungsinstrumente, 2018, S. 311–331 (zit. als *Pförtner*, Menschenrechtliche Sorgfaltspflichten für Unternehmen).

Pinedo, Luis/Vaughan-Whitehead, Daniel, Purchasing practices and working conditions in global supply chains: Global Survey results, INWORK Issue Brief No.10 2017 (zit. als *Pinedo/Vaughan-Whitehead*, INWORK Issue Brief No.10 2017).

Raab, Thomas, Die Bedeutung der Verkehrspflichten und ihre systematische Stellung im Deliktsrecht, JuS 2002, 1041–1048 (zit. als *Raab*, JuS 2002).

Rauscher, Thomas, Europäisches Zivilprozess- und Kollisionsrecht, EuZPR / EuIPR, Kommentar, 5. Aufl., 2023 (zit. als Rauscher-*Bearbeiter*).

Reinecke, Juliane/Donaghey, Jimmy, Political CSR at the Coalface – The Roles and Contradictions of Multinational Corporations in Developing Workplace Dialogue, J. Manage. Stud. 58 (2021), 457–486 (zit. als *Reinecke/Donaghey*, J. Manage. Stud. 58 2021).

Reinecke, Juliane/Donaghey, Jimmy, Towards Worker-Driven Supply Chain Governance: Developing Decent Work Through Democratic Worker Participation, Journal of Supply Chain Management 57 (2021), 14–28 (zit. als *Reinecke/Donaghey*, Journal of Supply Chain Management 57 2021).

Reinecke, Juliane/Donaghey, Jimmy/Hoggarth, Davinia, From social auditing to social dialogue, 2017.

Rengier, Rudolf, Strafrecht Allgemeiner Teil, 14. Aufl., München 2023 (zit. als *Rengier*, Strafrecht Allgemeiner Teil).

Renner, Moritz, Menschenrechts- und umweltbezogene Unternehmensverantwortung zwischen Kapitalmarkt und Lieferkette, ZEuP 2022, 782–819 (zit. als *Renner*, ZEuP 2022).

Rettenmaier, Felix/Palm, Lisa, Das Ordnungswidrigkeitenrecht und die Aufsichtspflicht von Unternehmensverantwortlichen, NJOZ 2010, 1414–1419 (zit. als *Rettenmaier/ Palm*, NJOZ 2010).

Rönnau, Thomas, Grundwissen – Strafrecht: Garantenstellungen, JuS 2018, 526–530 (zit. als *Rönnau*, JuS 2018).

Rothermel, Martin, LkSG - Lieferkettensorgfaltspflichtengesetz, Kommentar, Frankfurt am Main, Baden-Baden 2022 (zit. als Rothermel-*Bearbeiter*).

Rott, Peter, Introduction, in: Peter Rott (Hrsg.), Certification - Trust, Accountability, Liability, Studies in European economic law and regulation volume 16, , S. 1–11 (zit. als *Rott*, Introduction).

Rott, Peter, Pflichten und Haftung der „benannten Stelle" bei Hochrisiko-Medizinprodukten, NJW 2017, 1146-1148 (zit. als *Rott*, NJW 2017).

Rott, Peter/Glinski, Carola, Die Haftung der Zertifizierungsstelle im Produktsicherheitsrecht, ZEuP 2015, 192–210 (zit. als *Rott/Glinski*, ZEuP 2015).

Roxin, Claus, Strafrecht Allgemeiner Teil Band II, Besondere Erscheinungsformen der Straftat, Strafrecht 02, München 2003 (zit. als *Roxin*, Strafrecht AT II).

Roxin, Claus, Täterschaft und Tatherrschaft, 11. Aufl., De Gruyter eBook-Paket Rechtswissenschaften, Berlin, Boston 2022 (zit. als *Roxin*, Täterschaft und Tatherrschaft).

Roxin, Claus/Greco, Luís, Strafrecht Allgemeiner Teil Band I, Grundlagen - Der Aufbau der Verbrechenslehre, 5. Aufl., München 2020 (zit. als *Roxin/Greco*, Strafrecht AT I).

Rudkowski, Lena, Arbeitsbedingungen in den globalen Lieferketten – Verantwortung deutscher Unternehmen de lege lata und de lege ferenda, RdA 2020, 232–240 (zit. als *Rudkowski*, RdA 2020).

Saage-Maaß, Miriam, Arbeitsbedingungen in der globalen Zulieferkette: Wie weit reicht der Verantwortung deutscher Unternehmen?, 2011.

Saage-Maaß, Miriam, Deutsches Zivilrecht - Mittel gegen Menschenrechtsverletzungen im Ausland?, in: Amnesty International, Oxfam Deutschland (Hrsg.), Dokumentation des Fachgesprächs Wirtschaft und Menschenrechte in einer globalisierten Welt, Welche verbindlichen Regeln für Unternehmen und ihre Zulieferer bietet das deutsche Recht?, 2009, S. 27–33 (zit. als *Saage-Maaß*, Deutsches Zivilrecht - Mittel gegen Menschenrechtsverletzungen im Ausland?).

Saage-Maaß, Miriam, Hürden im deutschen Recht für Klagemöglichkeiten von Geschädigten aus dem Süden, in: Gisela Burckhardt (Hrsg.), Corporate Social Responsibility - Mythen und Maßnahmen, Wiesbaden 2013, S. 41–44 (zit. als *Saage-Maaß*, Hürden im deutschen Recht für Klagemöglichkeiten von Geschädigten aus dem Süden).

Saage-Maaß, Miriam, Unternehmen zur Verantwortung ziehen, Erfahrungen aus transnationalen Menschenrechtsklagen, 2017, https://www.ecchr.eu/fileadmin/Publikationen/Broschuere_Unternehmen_zur_Verantwortung_ziehen_2017.pdf (zugegriffen am 19.04.2024).

Saage-Maaß, Miriam/Klinger, Remo, Unternehmen vor Zivilgerichten wegen der Verletzung von Menschenrechten – Ein Bericht aus der deutschen und internationalen Praxis, in: Markus Krajewski, Franziska Oehm, Miriam Saage-Maaß (Hrsg.), Zivil- und strafrechtliche Unternehmensverantwortung für Menschenrechtsverletzungen Bd. 1, Berlin, Heidelberg 2018, S. 249–266 (zit. als *Saage-Maaß/Klinger*, Unternehmen vor Zivilgerichten wegen der Verletzung von Menschenrechten).

Saage-Maaß, Miriam/Leifker, Haftungsrisiken deutscher Unternehmen und ihres Managements für Menschenrechtsverletzungen im Ausland, BB 2015, 2499–2504 (zit. als *Saage-Maaß*/Leifker, BB 2015).

Sagan, Adam, Das Beschwerdeverfahren nach § 8 LkSG, ZIP 2022, 1419–1427 (zit. als *Sagan*, ZIP 2022).

Salminen, Jaakko, The Accord on Fire and Building Safety in Bangladesh: A New Paradigm for Limiting Buyers' Liability in Global Supply Chains?, Am J Comp Law 66 (2018), 411–451 (zit. als *Salminen*, Am J Comp Law 66 2018).

Sanders, Scott/Cope, Michael/Pulsipher, Elizabeth, Do Factory Audits Improve International Labor Standards? An Examination of Voluntary Corporate Labor Regulations in Global Production Networks, Social Sciences 7(6) (2018), 1–12 (zit. als *Sanders/Cope/Pulsipher*, Social Sciences 7(6) 2018).

Scheper, Christian/Feldt, Heidi, Außenwirtschaftsförderung und Menschenrechte, Eine Bestandsaufnahme deutscher Investitions- und Exportkreditdeckungen aus menschenrechtlicher Perspektive, INEF-Forschungsreihe Menschenrechte, Unternehmensverantwortung und nachhaltige Entwicklung 04/2010, Duisburg 2010 (zit. als *Scheper/Feldt*, Außenwirtschaftsförderung).

Schirmer, Jan-Erik, Abschied von der „Baustoff-Rechtsprechung" des VI. Zivilsenats?, NJW 2012, 3398–3400 (zit. als *Schirmer*, NJW 2012).

Schirmer, Jan-Erik, Nachhaltiges Privatrecht, Jus privatum, Tübingen 2023 (zit. als *Schirmer*, Nachhaltiges Privatrecht).

Schirmer, Jan-Erik, Nachhaltigkeit in den Privatrechten Europas, ZEuP 2021, 35–63 (zit. als *Schirmer*, ZEuP 2021).

Schneider, Björn, Menschenrechtsbezogene Verkehrspflichten in der Lieferkette und ihr problematisches Verhältnis zu vertraglichen Haftungsgrundlagen, NZG 2019, 1369–1379 (zit. als *B. Schneider*, NZG 2019).

Schneider, Hendrik/Gottschaldt, Peter, Grundsatzfragen der strafrechtlichen Verantwortlichkeit von Compliance- Beauftragten in Unternehmen, ZIS 2011, 573–577 (zit. als *H. Schneider/Gottschaldt*, ZIS 2011).

Schönke, Adolf/Schröder, Horst, Strafgesetzbuch, Kommentar, 30. Aufl., München 2019 (zit. als Schönke/Schröder-*Bearbeiter*).

Schroeter, Ulrich G., Haftung von Rating-Agenturen gegenüber Anlegern: Haftungshürden in der deutschen Gerichtspraxis, ZBB 30 (2018), 353–359 (zit. als *Schroeter*, ZBB 30 2018).

Schünemann, Bernd, Unternehmenskriminalität, in: Claus Roxin, Gunter Widmaier, Claus-Wilhelm Canaris et al. (Hrsg.), 50 Jahre Bundesgerichtshof: Festgabe aus der Wissenschaft, Bd. IV: Strafrecht, Strafprozessrecht, München 2000, S. 621–646 (zit. als *Schünemann*, Unternehmenskriminalität).

Schwab, Tobias, Quälende Straflosigkeit, Frankfurter Rundschau vom 24.01.2023, https://www.fr.de/wirtschaft/quaelende-straflosigkeit-tuev-sued-vale-92046610.html (zugegriffen am 18.04.2024).

Schwarzkopf, Julia/Wittenberg, Stefan/Hölzner, Heike/Philipp, Artur, Mehr Nachhaltigkeit in Lieferketten durch die Blockchain Technologie?, Eine kritische Betrachtung von Herausforderungen, in: Stefanie Molthagen-Schnöring (Hrsg.), Digitalisierung der Wirtschaft, Potenziale - Herausfoderungen - Grenzen in Zeiten technologischer und sozialer Disruption, Redaktionsschluss: August 2019, Beiträge und Positionen der HTW Berlin Band 9, Berlin 2019, S. 76–81 (zit. als *Schwarzkopf* et al., Mehr Nachhaltigkeit in Lieferketten durch die Blockchain Technologie?).

Short, Jodi L./Toffel, Michael W./Hugill, Andrea R., Improving Working Conditions in Global Supply Chains: The Role of Institutional Environments and Monitoring Program Design, ILR Review 73 (2020), 873–912 (zit. als *Short/Toffel/Hugill*, ILR Review 73 2020).

Short, Jodi L./Toffel, Michael W./Hugill, Andrea R., Monitoring global supply chains, Strat. Mgmt. J. 37 (2016), 1878–1897 (zit. als *Short/Toffel/Hugill*, Strat. Mgmt. J. 37 2016).

Soundararajan, Vivek/Brown, Jill A., Voluntary Governance Mechanisms in Global Supply Chains: Beyond CSR to a Stakeholder Utility Perspective, Journal of Business Ethics 134 (2016), 83–102 (zit. als *Soundararajan/J. A. Brown*, Journal of Business Ethics 134 2016).

Spießhofer, Birgit, Die neue europäische Richtlinie über die Offenlegung nichtfinanzieller Informationen – Paradigmenwechsel oder Papiertiger?, NZG 2014, 1281 (zit. als *Spießhofer*, NZG 2014).

Spindler, Gerald, § 13 Zivilrechtliche Verantwortlichkeit gegenüber Dritten, in: Holger Fleischer (Hrsg.), Handbuch des Vorstandsrechts, München 2006 (zit. als *Spindler*, Zivilrechtliche Verantwortlichkeit gegenüber Dritten).

Spindler, Gerald, § 15 Strafrechtliche Verantwortlichkeit (einschließlich Ordnungswidrigkeiten), in: Holger Fleischer (Hrsg.), Handbuch des Vorstandsrechts, München 2006 (zit. als *Spindler*, Strafrechtliche Verantwortlichkeit).

Spindler, Gerald, Die Haftung der Arbeitnehmer gegenüber Dritten, in: Rüdiger Krause, Roland Schwarze (Hrsg.), Festschrift für Hansjörg Otto, 2008, S. 537–554 (zit. als *Spindler*, Haftung).

Spindler, Gerald, Unternehmensorganisationspflichten, Zivilrechtliche und öffentlich-rechtliche Regelungskonzepte, 2011 (zit. als *Spindler*, Unternehmensorganisationspflichten).

Spindler, Gerald, Verantwortlichkeit und Haftung in Lieferantenketten, ZHR 2022, 67–124 (zit. als *Spindler*, ZHR 2022).

Starmanns, Mark, Wie viel Unternehmensverantwortung fordern Sozialstandardinitiativen?, BSCI, ETI, FLA, FWF und SA 8000 im Vergleich, in: Gisela Burckhardt (Hrsg.), Corporate Social Responsibility - Mythen und Maßnahmen, Wiesbaden 2013, S. 97–101 (zit. als *Starmanns*, Wie viel Unternehmensverantwortung fordern Sozialstandardinitiativen?).

Starmanns, Mark/Barthel, Maren/Mosel, Hendrik, Sozial-Audits als Instrument zur Überprüfung von Arbeitsbedingungen, Diskussion und Empfehlungen im Kontext der öffentlichen Beschaffung, Beschaffungsamt des BMI, 2021, https://www.bescha.bund.de/SharedDocs/Downloads/Wissenswertes/2021/Studie%20zu%20Sozial-Audits.pdf?__blob=publicationFile&v=3 (zugegriffen am 19.04.2024).

Stemberg, Christian, Die drei „Schlüsselkriterien" des Beschwerdeverfahrens nach § 8 Lieferkettensorgfaltspflichtengesetz, CCZ 2022, 92–99 (zit. als *Stemberg*, CCZ 2022).

Stemberg, Christian, Zur substantiierten Kenntnis nach § 9 III Lieferkettensorgfaltspflichtengesetz, NZG 2022, 1093–1099 (zit. als *Stemberg*, NZG 2022).

Stöbener de Mora, Patricia/Noll, Paul, Grenzenlose Sorgfalt? – Das Lieferkettensorgfaltspflichtengesetz, Teil 1, NZG 2021, 1237–1244 (zit. als *Stöbener de Mora/Noll*, NZG 2021).

Strehle, Elias, Blockchain for Supply Chain: From Promise to Practice, BRL Working Paper Series No. 12 2020 (zit. als *Strehle*, BRL Working Paper Series No. 12 2020).

Stürner, Michael, Zivilprozessuale Voraussetzungen für Klagen gegen transnationale Unternehmen wegen Menschenrechtsverletzungen, in: Markus Krajewski, Franziska Oehm, Miriam Saage-Maaß (Hrsg.), Zivil- und strafrechtliche Unternehmensverantwortung für Menschenrechtsverletzungen Bd. 1, Berlin, Heidelberg 2018, S. 73–98 (zit. als *Stürner*, Zivilprozessuale Voraussetzungen für Klagen gegen transnationale Unternehmen wegen Menschenrechtsverletzungen).

Terwindt, Carolijn, Eher Teil des Problems als der Lösung, Zu den Funktionen und Wirkungsweisen von Sozialaudits, in: Britta Becker, Maren Grimm, Jakob Krameritsch (Hrsg.), Zum Beispiel BASF, Über Konzernmacht und Menschenrechte, Berlin 2018 (zit. als *Terwindt*, Zu den Funktionen und Wirkungsweisen von Sozialaudits).

Terwindt, Carolijn, Social Audits are not human rights due diligence, https://www.anthro.unibe.ch/e40416/e96353/e96354/files818574/CarolijnTerwindt-BeitragBlog_ger.pdf (zugegriffen am 18.04.2024).

Terwindt, Carolijn/Armstrong, Amy, Oversight and accountability in the social auditing industry: The role of social compliance initiatives, International Labour Review 158 (2019), 245–272 (zit. als *Terwindt/Armstrong*, International Labour Review 158 2019).

Terwindt, Carolijn/Burckhardt, Gisela, Sozialaudits in der Textilbranche, Wie kann man die Kontrolleure kontrollieren?, 2019, https://saubere-kleidung.de/2019/03/sozialaudits-in-der-textilbranche/ (zugegriffen am 18.04.2024).

Terwindt, Carolijn/Miermeier, Marie, Die Haftung der Zertifizierer, Überlegungen zur Übertragbarkeit des EuGH-Urt.s zu mangelhaften Brustimplantaten, Humboldt Universität zu Berlin, 2017, http://grundundmenschenrechtsblog.de/die-haftung-der-zertifizierer-ueberlegungen-zur-uebertragbarkeit-des-eugh-urteils-zu-mangelhaften-brustimplantaten/ (zugegriffen am 19.04.2024).

Terwindt, Carolijn/Saage-Maaß, Miriam, Zur Haftung von Sozialauditor_innen in der Textilindustrie, 2016.

The Business of Fashion/McKinsey & Company (Hrsg.), The State of Fashion 2023, Holding onto growth as global clouds gather, https://www.mckinsey.com/industries/retail/our-insights/state-of-fashion-archive#section-header-2023 (zugegriffen am 19.04.2024).

Theile, Hans/Petermann, Stefan, Die Sanktionierung von Unternehmen nach dem OWiG, JuS 2011, 496 (zit. als *Theile/Petermann*, JuS 2011).

Theobald, Christian/Kühling, Jürgen, Energierecht, Energiewirtschaftsgesetz mit Verordnungen, EU-Richtlinien, Gesetzesmaterialien, Gesetze und Verordnungen zu Energieeinsparung und Umweltschutz sowie andere energiewirtschaftlich relevante Rechtsregelungen : Kommentar, 2015. Aufl., München 2015 (zit. als Theobald/Kühling-*Bearbeiter*).

Thomale, Chris/Hübner, Leonhard, Zivilgerichtliche Durchsetzung völkerrechtlicher Unternehmensverantwortung, JZ 72 (2017), 385 (zit. als *Thomale/Hübner*, JZ 72 2017).

Thomale, Chris/Murko, Marina, Unternehmerische Haftung für Menschenrechtsverletzungen in transnationalen Lieferketten, EuZA 2021, 40–60 (zit. als *Thomale/Murko*, EuZA 2021).

Tiedemann, Klaus, Wirtschaftsstrafrecht, 5. Aufl., München 2017 (zit. als *Tiedemann*, Wirtschaftsstrafrecht).

Tschäpe, Philipp/Trefzger, Dominik, Die Sorgfaltspflicht des Lieferkettengesetzes – Rechtsnatur, Inhalt und Haftung, ZfBR 2023, 423–433 (zit. als *Tschäpe/Trefzger*, ZfBR 2023).

UN - Human Rights Council (Hrsg.), Human rights and transnational corporations and other business enterprises, Human Rights Council UN Doc. A/HRC/RES/17/4, 06.07.2011.

UN - Human Rights Council (Hrsg.), Report of the Special Representative of the Secretary- General on the issue of human rights and transnational corporations and other business enterprises A/HRC/14/27, 09.04.2010.

UN - Office of the High Commissioner for Human Rights, Guiding Principles on Bussines and Human Rights UN Doc. HR/PUB/11/04, 16.07.2011.

UN - Office of the High Commissioner for Human Rights, Improving accountability and access to remedy for victims of business-related human rights abuse through non-State-based grievance mechanisms UN Doc. A/HRC/44/32, 19.05.2020.

UN - Office of the High Commissioner for Human Rights (Hrsg.), The Corporate Responsibility to respect Human Rights - An Interpretative Guide UN Doc. HR/PUB/12/02, 2012.

UN - Sub-Commission on the Promotion and Protec- (Hrsg.), Draft Norms on Responsibilities of Transnational Corporations and Other Business Enterprises with Regard to Human Rights E/CN.4/Sub.2/2003/12/Rev.2, 26.08.2003.

Utting, Peter, Regulating Business via Multistakeholder Initiatives: A Preliminary Assessment, in: Rhys Jenkins, Peter Utting, Renato Alva Pino (Hrsg.), Voluntary Approaches to Corporate Responsibility:, Readings and a Resource Guide, Genf 2002 (zit. als *Utting*, Regulating Business via Multistakeholder Initiatives).

van der Vegt, Sebastian, Social Auditing in Bulgaria, Romania and Turkey, Results from Survey and Case Study Research, Geneva 2005, https://eldis.org/document/A20927 (zugegriffen am 19.04.2024).

van Ho, Tara/Terwindt, Carolijn, Assessing the Duty of Care for Social Auditors, European Review of Private Law 2019 (zit. als *van Ho/Terwindt*, European Review of Private Law 2019).

van Suntum, Ulrich, Externe Effekte, in: Heinrich Oberreuter (Hrsg.), Staatslexikon, Recht - Wirtschaft - Gesellschaft. Bd. 2: Eid - Hermeneutik, Staatslexikon 8. Aufl Bd. 2, Freiburg 2018 (zit. als *van Suntum*, Externe Effekte).

Velte, Patrick, Sorgfaltspflichten in der Wertschöpfungskette als Bestandteil der Nachhaltigkeitsberichterstattung, Normative Rahmenbedingungen, empirische Befunde und kritische Würdigung, DStR 2023, 2358–2366 (zit. als *Velte*, DStR 2023).

von Bar, Christian, Entwicklungen und Entwicklungstendenzen im Recht der Verkehrs(sicherungs)pflichten, JuS 1988, 169–174 (zit. als *von Bar*, JuS 1988).

von Bar, Christian, Verkehrspflichten, Richterliche Gefahrsteuerungsgebote im deutschen Deliktsrecht, Zugl.: Göttingen, Univ., Habil.-Schr., 1979/80, Zugl, Köln u.a. 1980 (zit. als *von Bar*, Verkehrspflichten).

von Bar, Christian/Mankowski, Peter, Internationales Privatrecht, Band 1: Allgemeine Lehren, 2. Aufl., München 2003 (zit. als *von Bar/Mankowski*, Internationales Privatrecht).

von Falkenhausen, Marie, Menschenrechtsschutz durch Deliktsrecht, Unternehmerische Pflichten in internationalen Lieferketten, Studien zum ausländischen und internationalen Privatrecht v.440, Tübingen 2020 (zit. als *von Falkenhausen*, Menschenrechtsschutz durch Deliktsrecht).

von Hein, Jan, Die Ausweichklausel im europäischen Internationalen Deliktsrecht, in: Dietmar Baetge, Jan von Hein, Michael von Hinden (Hrsg.), Die richtige Ordnung, Festschrift für Jan Kropholler zum 70. Geburtstag, Tübingen 2008, S. 553–571 (zit. als *von Hein*, Ausweichklausel).

von Hein, Jan, Die Behandlung von Sicherheits- und Verhaltensregeln nach Art. 17 der Rom II-Verordnung, in: Herbert Kronke, Karsten Thorn, Marianne Andrae et al. (Hrsg.), Grenzen überwinden - Prinzipien bewahren, Festschrift für Bernd von Hoffmann zum 70. Geburtstag am 28. Dezember 2011, Bielefeld 2011, S. 139–158 (zit. als *von Hein*, Behandlung).

von Hein, Jan, Europäisches Internationales Deliktsrecht nach der Rom II-Verordnung, ZEuP 2009, 6–33 (zit. als *von Hein*, ZEuP 2009).

Wagner, Eric/Rutloff, Marc, Das Lieferkettensorgfaltspflichtengesetz – Eine erste Einordnung, NJW 2021, 2145 (zit. als *E. Wagner/Rutloff*, NJW 2021).

Wagner, Eric/Rutloff, Marc/Wagner, Simon, Das Lieferkettensorgfaltspflichtengesetz in der Unternehmenspraxis, Handbuch, hrsg. von Eric Wagner, Marc Rutloff, Simon Wagner, München 2022 (zit. als *E. Wagner/Ruttloff/S. Wagner-Bearbeiter*).

Wagner, Gerhard, Die Haftung von Ratingagenturen gegenüber dem Anlegerpublikum (Liability of Rating Agencies), SSRN Electronic Journal 2012 (zit. als *G. Wagner*, SSRN Electronic Journal 2012).

Wagner, Gerhard, Haftung für Menschenrechtsverletzungen, RabelsZ 80 (2016), 717 (zit. als *G. Wagner*, RabelsZ 80 2016).

Wagner, Gerhard, Haftung für Menschenrechtsverletzungen in der Lieferkette, ZIP 42 (2021), 1095–1105 (zit. als *G. Wagner*, ZIP 42 2021).

Wagner, Gerhard, Lieferkettenverantwortlichkeit - alles eine Frage der Durchsetzung, ZEuP 2023, 517–528 (zit. als *G. Wagner*, ZEuP 2023).

Wagner, Gerhard, Marktaufsichtshaftung produktsicherheitsrechtlicher Zertifizierungsstellen, JZ 73 (2018), 130 (zit. als *G. Wagner*, JZ 73 2018).

Walsh, Declan/Greenhouse, Steven, Pakistan Factory Fire Shows Flaws in Monitoring, The New York Times vom 07.12.2012, https://www.nytimes.com/2012/12/08/world/asia/pakistan-factory-fire-shows-flaws-in-monitoring.html (zugegriffen am 18.04.2024).

Walter, Tonio, Sanktionen im Wirtschaftsstrafrecht, JA 2011, 481–486 (zit. als *Walter*, JA 2011).

Wandt, Manfred, Gesetzliche Schuldverhältnisse, Deliktsrecht, Schadensrecht, Bereicherungsrecht, GoA, 11. Aufl., beck-eBibliothek die Studienliteratur, München 2022 (zit. als *Wandt*, Gesetzliche Schuldverhältnisse).

Wangenheim, Georg von, Certification as Solution to the Asymmetric Information Problem?, in: Peter Rott (Hrsg.), Certification - Trust, Accountability, Liability, Studies in European economic law and regulation volume 16, , S. 11–22 (zit. als *Wangenheim*, Certification as Solution to the Asymmetric Information Problem?).

Weilert, Katarina, Transnationale Unternehmen im rechtsfreien Raum? Geltung und Reichweite völkerrechtlicher Standards, ZaöRV 2009, 883–917 (zit. als *Weilert*, ZaöRV 2009).

Weller, Marc-Philippe/Kaller, Luca/Schulz, Alix, Haftung deutscher Unternehmen für Menschenrechtsverletzungen im Ausland, AcP 216 (2016), 387 (zit. als *Weller/Kaller/Schulz*, AcP 216 2016).

Weller, Marc-Philippe/Thomale, Chris, Menschenrechtsklagen gegen deutsche Unternehmen, ZGR 2017, 509–526 (zit. als *Weller/Thomale*, ZGR 2017).

Wessels, Johanne/Beulke, Werner/Satzger, Helmut, Strafrecht Allgemeiner Teil, Die Straftat und ihr Aufbau, 53. Aufl., Jura auf den /Punkt] gebracht, Heidelberg 2023 (zit. als *Wessels/Beulke/Satzger*, Strafrecht Allgemeiner Teil).

Wilke, Simon, Bremer Anwalt vertritt Hinterbliebene, WESER-KURIER vom 10.02.2021, https://www.weser-kurier.de/bremen/politik/nach-dammbruch-in-brasilien-bremer-anwalt-vertritt-hinterbliebene-doc7e47jkagngm9na54jyo (zugegriffen am 18.04.2024).

Wilshaw, Rachel, Social audits flawed as a way of driving sustainable change, The Guardian vom 12.07.2011, https://www.theguardian.com/sustainable-business/blog/social-audits-flawed-companies-developing-world (zugegriffen am 18.04.2024).

Wittig, Petra, Die Strafbarkeit des Geschäftsherrn nach deutschem Strafrecht für transnationale Menschenrechtsverletzungen, in: Markus Krajewski, Franziska Oehm, Miriam Saage-Maaß (Hrsg.), Zivil- und strafrechtliche Unternehmensverantwortung für Menschenrechtsverletzungen Bd. 1, Berlin, Heidelberg 2018, S. 195–222 (zit. als *Wittig*, Die Strafbarkeit des Geschäftsherrn nach deutschem Strafrecht für transnationale Menschenrechtsverletzungen).

Wittig, Petra, Wirtschaftsstrafrecht, 5. Aufl., München 2020 (zit. als *Wittig*, Wirtschaftsstrafrecht).

Worker Rights Consortium (Hrsg.), Who will bail out the workers that make our clothes?, 2020, https://www.workersrights.org/wp-content/uploads/2020/03/Who-Will-Bail-Out-the-Workers-March-2020.pdf (zugegriffen am 19.04.2024).

Young, Iris Marion, Responsibility and Global Justice: A social connection model, Social Philosophy and Policy 23 (2006), 102 (zit. als *Young*, Social Philosophy and Policy 23 2006).

Zagelmeyer, Stefan/Bianchi, Lara/Shemberg, Andrea, Non-state based non-judicial grievance mechanisms (NSBGM): An exploratory analysis, A report prepared for the Office of the UN High Commissioner for Human Rights, 2018, https://www.ohchr.org/sites/default/files/Documents/Issues/Business/ARP/ManchesterStudy.pdf (zugegriffen am 19.04.2024).

Zajak, Sabrina/Kocher, Eva, Die Selbstregulierung von Arbeits- und Sozialstandards in transnationalen Wertschöpfungsketten – Rechtsschutz in privaten Beschwerdeverfahren?, KJ 50 (2017), 310–325 (zit. als *Zajak/Kocher*, KJ 50 2017).

Zenner, Andreas, Der Vertrag mit Schutzwirkung zu Gunsten Dritter – Ein Institut im Lichte seiner Rechtsgrundlage, NJW 2009, 1030–1034 (zit. als *Zenner*, NJW 2009).

Zielinski, Hiba/Tournois, Nadine, Understanding Consumers' attitudes toward sustainable Fashion, Determination of Key factors of Purchase intentions, 2022, http://archives.marketing-trends-congress.com/2022/pages/PDF/052.pdf (zugegriffen am 19.04.2024).